劳动争议司法解释应用手册

配套规定与典型案例

法律出版社法律应用中心 编

法律出版社
LAW PRESS·CHINA
—— 北京 ——

图书在版编目（CIP）数据

劳动争议司法解释应用手册：配套规定与典型案例／法律出版社法律应用中心编． -- 北京：法律出版社，2025． -- ISBN 978 - 7 - 5244 - 0395 - 1

Ⅰ．D920.5

中国国家版本馆 CIP 数据核字第 2025H8X867 号

劳动争议司法解释应用手册：
配套规定与典型案例
LAODONG ZHENGYI SIFAJIESHI YINGYONG SHOUCE：
PEITAO GUIDING YU DIANXING ANLI

法律出版社
法律应用中心 编

责任编辑 朱海波
　　　　　杨雨晴
装帧设计 臧晓飞

出版发行　法律出版社　　　　　　　　　　　开本　A5
编辑统筹　法律应用出版分社　　　　　　　　印张　14　　字数　408 千
责任校对　张　颖　　　　　　　　　　　　　版本　2025 年 8 月第 1 版
责任印制　刘晓伟　　　　　　　　　　　　　印次　2025 年 8 月第 1 次印刷
经　　销　新华书店　　　　　　　　　　　　印刷　涿州市星河印刷有限公司

地址：北京市丰台区莲花池西里 7 号（100073）
网址：www.lawpress.com.cn　　　　　　　　销售电话：010 - 83938349
投稿邮箱：info@ lawpress.com.cn　　　　　　客服电话：010 - 83938350
举报盗版邮箱：jbwq@ lawpress.com.cn　　　　咨询电话：010 - 63939796
版权所有·侵权必究

书号：ISBN 978 - 7 - 5244 - 0395 - 1　　　　　　定价：55.00 元
凡购买本社图书，如有印装错误，我社负责退换。电话：010 - 83938349

目 录

最高人民法院关于审理劳动争议案件适用法律问题的解释
（一）（2020年12月29日）……………………………… 1
最高人民法院关于审理劳动争议案件适用法律问题的解释
（二）（2025年7月31日）……………………………… 12

一、综 合 规 定

中华人民共和国劳动法（2018年12月29日修正）………… 17
劳动部关于贯彻执行《中华人民共和国劳动法》若干问题的意
见（1995年8月4日）…………………………………… 30
中华人民共和国工会法（节录）（2021年12月24日修正）……… 46
中华人民共和国公司法（节录）（2023年12月29日修订）……… 51

二、劳动关系与劳动合同

中华人民共和国劳动合同法（2012年12月28日修正）………… 56
中华人民共和国劳动合同法实施条例（2008年9月18日）……… 75
集体合同规定（2004年1月20日）………………………… 81
违反《劳动法》有关劳动合同规定的赔偿办法（1995年5月10日）
……………………………………………………………… 90
人力资源社会保障部办公厅关于发布《电子劳动合同订立指
引》的通知（2021年7月1日）………………………… 92
企业经济性裁减人员规定（1994年11月14日）…………… 95

三、劳动报酬

关于工资总额组成的规定(1990年1月1日) ………………… 98
国家统计局《关于工资总额组成的规定》若干具体范围的解释
　(1990年1月1日) ……………………………………………… 101
工资支付暂行规定(1994年12月6日) ……………………… 103
对《工资支付暂行规定》有关问题的补充规定(1995年5月12日)
　……………………………………………………………………… 106
工资集体协商试行办法(2000年11月8日) ………………… 108
最低工资规定(2004年1月20日) …………………………… 112
人力资源社会保障部关于职工全年月平均工作时间和工资折
　算问题的通知(2025年1月1日) …………………………… 116

四、工时与休假

国务院关于职工工作时间的规定(1995年3月25日修订) ……… 118
劳动部贯彻《国务院关于职工工作时间的规定》的实施办法
　(1995年3月26日) …………………………………………… 119
《国务院关于职工工作时间的规定》问题解答(1995年4月22日)
　……………………………………………………………………… 120
劳动部关于企业实行不定时工作制和综合计算工时工作制的
　审批办法(1994年12月14日) ……………………………… 123
劳动部关于职工工作时间有关问题的复函(1997年9月10日)
　……………………………………………………………………… 125
职工带薪年休假条例(2007年12月14日) ………………… 128
企业职工带薪年休假实施办法(2008年9月18日) ………… 130
人力资源和社会保障部办公厅关于《企业职工带薪年休假实施
　办法》有关问题的复函(2009年4月15日) ……………… 132
全国年节及纪念日放假办法(2024年11月10日修订) …… 133
国务院关于职工探亲待遇的规定(1981年3月14日) ……… 134

企业职工患病或非因工负伤医疗期规定(1994年12月1日)…… 136
劳动部关于贯彻《企业职工患病或非因工负伤医疗期规定》的
　通知(1995年5月23日)……………………………………… 137

五、特殊用工场景和形式

劳务派遣暂行规定(2014年1月24日)……………………… 139
人力资源社会保障部、国家发展改革委、交通运输部、应急部、
　市场监管总局、国家医保局、最高人民法院、全国总工会关于
　维护新就业形态劳动者劳动保障权益的指导意见(2021年7
　月16日)……………………………………………………… 144
劳动和社会保障部关于非全日制用工若干问题的意见(2003年
　5月30日)…………………………………………………… 148
外国人在中国就业管理规定(2017年3月13日修正)……… 151
事业单位人事管理条例(2014年4月25日)………………… 156
中共中央组织部、人力资源社会保障部关于印发《事业单位工
　作人员处分规定》的通知(2023年11月6日)……………… 162
中共中央组织部、人力资源社会保障部关于印发《事业单位工
　作人员考核规定》的通知(2023年1月12日)……………… 172

六、女职工等特殊主体保护

女职工劳动保护特别规定(2012年4月28日)……………… 183
禁止使用童工规定(2002年10月1日)……………………… 186
未成年工特殊保护规定(1994年12月9日)………………… 189
保障农民工工资支付条例(2019年12月30日)……………… 193
残疾人就业条例(2007年2月25日)………………………… 204

七、社 会 保 障

中华人民共和国社会保险法(2018年12月29日修正)……… 209

实施《中华人民共和国社会保险法》若干规定(2011年6月29日) …… 225

社会保险费征缴暂行条例(2019年3月24日修订) …… 230

工伤保险条例(2010年12月20日修订) …… 235

人力资源和社会保障部关于执行《工伤保险条例》若干问题的意见(2013年4月25日) …… 249

人力资源社会保障部关于执行《工伤保险条例》若干问题的意见(二)(2016年3月28日) …… 251

最高人民法院行政审判庭关于《工伤保险条例》第六十四条理解和适用问题请示的答复(2009年6月10日) …… 253

工伤认定办法(2010年12月31日) …… 255

最高人民法院行政审判庭关于劳动行政部门在工伤认定程序中是否具有劳动关系确认权请示的答复(2009年7月20日) …… 265

劳动能力鉴定管理办法(2025年5月13日) …… 267

工伤职工劳动能力鉴定管理办法(2018年12月14日修订) …… 274

非法用工单位伤亡人员一次性赔偿办法(2010年12月31日) …… 280

因工死亡职工供养亲属范围规定(2003年9月23日) …… 281

劳动和社会保障部、国家计委、财政部、卫生部、国家中医药管理局关于确定城镇职工基本医疗保险医疗服务设施范围和支付标准的意见(1999年6月30日) …… 283

国务院关于建立统一的企业职工基本养老保险制度的决定(1997年7月16日) …… 286

国务院关于完善企业职工基本养老保险制度的决定(2005年12月3日) …… 289

人力资源社会保障部、财政部关于印发《企业职工基本养老保险病残津贴暂行办法》的通知(2024年9月27日) …… 294

失业保险条例(1999年1月22日) …… 296

住房公积金管理条例(2019年3月24日修订) …… 302

企业年金办法(2017年12月18日) …… 310

机关事业单位职业年金办法(2015 年 3 月 27 日) ………………… 315
人力资源社会保障部、财政部关于做好国有企业津贴补贴和福
　利管理工作的通知(2023 年 2 月 16 日) …………………………… 318

八、争 议 处 理

中华人民共和国劳动争议调解仲裁法(2007 年 12 月 29 日) …… 321
人事争议处理规定(2011 年 8 月 15 日修正) ……………………… 330
人力资源社会保障部、最高人民法院关于劳动人事争议仲裁与
　诉讼衔接有关问题的意见(一)(2022 年 2 月 21 日) …………… 337
劳动人事争议仲裁办案规则(2017 年 5 月 8 日) ………………… 341
劳动人事争议仲裁组织规则(2017 年 5 月 8 日) ………………… 356
最高人民法院关于人民法院审理事业单位人事争议案件若干
　问题的规定(2003 年 8 月 27 日) ………………………………… 361
最高人民法院关于事业单位人事争议案件适用法律等问题的
　答复(2004 年 4 月 30 日) ………………………………………… 362
最高人民法院关于审理拒不支付劳动报酬刑事案件适用法律
　若干问题的解释(2013 年 1 月 16 日) …………………………… 363
最高人民法院关于在民事审判工作中适用《中华人民共和国工
　会法》若干问题的解释(2020 年 12 月 23 日修正) ……………… 365
最高人民法院关于当前形势下做好劳动争议纠纷案件审判工
　作的指导意见(2009 年 7 月 6 日) ………………………………… 367
最高人民法院关于审理工伤保险行政案件若干问题的规定
　(2014 年 6 月 18 日) ……………………………………………… 370

九、典 型 案 例

1. 指导性案例 240 号:秦某丹诉北京某汽车技术开发服务有限
　公司劳动争议案 ……………………………………………………… 374
2. 指导性案例 239 号:王某诉北京某文化传媒有限公司劳动争
　议案 …………………………………………………………………… 377

3. 指导性案例 238 号:圣某欢诉江苏某网络科技有限公司确认劳动关系纠纷案 ………………………………………… 379
4. 指导性案例 237 号:郎溪某服务外包有限公司诉徐某申确认劳动关系纠纷案 ………………………………………… 383
5. 指导性案例 190 号:王山诉万得信息技术股份有限公司竞业限制纠纷案 …………………………………………… 386
6. 指导性案例 184 号:马筱楠诉北京搜狐新动力信息技术有限公司竞业限制纠纷案 ……………………………………… 390
7. 指导性案例 183 号:房玥诉中美联泰大都会人寿保险有限公司劳动合同纠纷案 …………………………………… 394
8. 指导性案例 182 号:彭宇翔诉南京市城市建设开发(集团)有限责任公司追索劳动报酬纠纷案 ……………… 396
9. 指导性案例 181 号:郑某诉霍尼韦尔自动化控制(中国)有限公司劳动合同纠纷案 ………………………………… 399
10. 指导性案例 180 号:孙贤锋诉淮安西区人力资源开发有限公司劳动合同纠纷案 ………………………………… 403
11. 指导性案例 179 号:聂美兰诉北京林氏兄弟文化有限公司确认劳动关系案 ……………………………………… 406
12. 最高人民法院发布 4 起新就业形态劳动者权益保障典型案例(2025 年 4 月 30 日) ……………………………… 409
13. 最高人民法院发布六个劳动争议典型案例(2024 年 4 月 30 日) ……………………………………………… 418
14. 最高人民法院公布 2 起拖欠劳动报酬典型案例(2015 年 12 月 4 日) ……………………………………… 429
15. 最高法发布劳动争议典型案例(2025 年 8 月 1 日) …………… 432

最高人民法院关于审理劳动争议案件适用法律问题的解释(一)

(2020年12月25日最高人民法院审判委员会第1825次会议通过 2020年12月29日公布 法释〔2020〕26号 自2021年1月1日起施行)

为正确审理劳动争议案件,根据《中华人民共和国民法典》《中华人民共和国劳动法》《中华人民共和国劳动合同法》《中华人民共和国劳动争议调解仲裁法》《中华人民共和国民事诉讼法》等相关法律规定,结合审判实践,制定本解释。

第一条 劳动者与用人单位之间发生的下列纠纷,属于劳动争议,当事人不服劳动争议仲裁机构作出的裁决,依法提起诉讼的,人民法院应予受理:

(一)劳动者与用人单位在履行劳动合同过程中发生的纠纷;

(二)劳动者与用人单位之间没有订立书面劳动合同,但已形成劳动关系后发生的纠纷;

(三)劳动者与用人单位因劳动关系是否已经解除或者终止,以及应否支付解除或者终止劳动关系经济补偿金发生的纠纷;

(四)劳动者与用人单位解除或者终止劳动关系后,请求用人单位返还其收取的劳动合同定金、保证金、抵押金、抵押物发生的纠纷,或者办理劳动者的人事档案、社会保险关系等移转手续发生的纠纷;

(五)劳动者以用人单位未为其办理社会保险手续,且社会保险经办机构不能补办导致其无法享受社会保险待遇为由,要求用人单位赔偿损失发生的纠纷;

(六)劳动者退休后,与尚未参加社会保险统筹的原用人单位因追索养老金、医疗费、工伤保险待遇和其他社会保险待遇而发生的纠纷;

(七)劳动者因为工伤、职业病,请求用人单位依法给予工伤保险

待遇发生的纠纷;

（八）劳动者依据劳动合同法第八十五条规定,要求用人单位支付加付赔偿金发生的纠纷;

（九）因企业自主进行改制发生的纠纷。

第二条 下列纠纷不属于劳动争议:

（一）劳动者请求社会保险经办机构发放社会保险金的纠纷;

（二）劳动者与用人单位因住房制度改革产生的公有住房转让纠纷;

（三）劳动者对劳动能力鉴定委员会的伤残等级鉴定结论或者对职业病诊断鉴定委员会的职业病诊断鉴定结论的异议纠纷;

（四）家庭或者个人与家政服务人员之间的纠纷;

（五）个体工匠与帮工、学徒之间的纠纷;

（六）农村承包经营户与受雇人之间的纠纷。

第三条 劳动争议案件由用人单位所在地或者劳动合同履行地的基层人民法院管辖。

劳动合同履行地不明确的,由用人单位所在地的基层人民法院管辖。

法律另有规定的,依照其规定。

第四条 劳动者与用人单位均不服劳动争议仲裁机构的同一裁决,向同一人民法院起诉的,人民法院应当并案审理,双方当事人互为原告和被告,对双方的诉讼请求,人民法院应当一并作出裁决。在诉讼过程中,一方当事人撤诉的,人民法院应当根据另一方当事人的诉讼请求继续审理。双方当事人就同一仲裁裁决分别向有管辖权的人民法院起诉的,后受理的人民法院应当将案件移送给先受理的人民法院。

第五条 劳动争议仲裁机构以无管辖权为由对劳动争议案件不予受理,当事人提起诉讼的,人民法院按照以下情形分别处理:

（一）经审查认为该劳动争议仲裁机构对案件确无管辖权的,应当告知当事人向有管辖权的劳动争议仲裁机构申请仲裁;

（二）经审查认为该劳动争议仲裁机构有管辖权的,应当告知当事人申请仲裁,并将审查意见书面通知该劳动争议仲裁机构;劳动争议仲裁机构仍不受理,当事人就该劳动争议事项提起诉讼的,人民法院应予受理。

第六条 劳动争议仲裁机构以当事人申请仲裁的事项不属于劳动争议为由,作出不予受理的书面裁决、决定或者通知,当事人不服依法提起诉讼的,人民法院应当分别情况予以处理:

(一)属于劳动争议案件的,应当受理;

(二)虽不属于劳动争议案件,但属于人民法院主管的其他案件,应当依法受理。

第七条 劳动争议仲裁机构以申请仲裁的主体不适格为由,作出不予受理的书面裁决、决定或者通知,当事人不服依法提起诉讼,经审查确属主体不适格的,人民法院不予受理;已经受理的,裁定驳回起诉。

第八条 劳动争议仲裁机构为纠正原仲裁裁决错误重新作出裁决,当事人不服依法提起诉讼的,人民法院应当受理。

第九条 劳动争议仲裁机构仲裁的事项不属于人民法院受理的案件范围,当事人不服依法提起诉讼的,人民法院不予受理;已经受理的,裁定驳回起诉。

第十条 当事人不服劳动争议仲裁机构作出的预先支付劳动者劳动报酬、工伤医疗费、经济补偿或者赔偿金的裁决,依法提起诉讼的,人民法院不予受理。

用人单位不履行上述裁决中的给付义务,劳动者依法申请强制执行的,人民法院应予受理。

第十一条 劳动争议仲裁机构作出的调解书已经发生法律效力,一方当事人反悔提起诉讼的,人民法院不予受理;已经受理的,裁定驳回起诉。

第十二条 劳动争议仲裁机构逾期未作出受理决定或仲裁裁决,当事人直接提起诉讼的,人民法院应予受理,但申请仲裁的案件存在下列事由的除外:

(一)移送管辖的;

(二)正在送达或者送达延误的;

(三)等待另案诉讼结果、评残结论的;

(四)正在等待劳动争议仲裁机构开庭的;

(五)启动鉴定程序或者委托其他部门调查取证的;

(六)其他正当事由。

当事人以劳动争议仲裁机构逾期未作出仲裁裁决为由提起诉讼的,应当提交该仲裁机构出具的受理通知书或者其他已接受仲裁申请的凭证、证明。

第十三条 劳动者依据劳动合同法第三十条第二款和调解仲裁法第十六条规定向人民法院申请支付令,符合民事诉讼法第十七章督促程序规定的,人民法院应予受理。

依据劳动合同法第三十条第二款规定申请支付令被人民法院裁定终结督促程序后,劳动者就劳动争议事项直接提起诉讼的,人民法院应当告知其先向劳动争议仲裁机构申请仲裁。

依据调解仲裁法第十六条规定申请支付令被人民法院裁定终结督促程序后,劳动者依据调解协议直接提起诉讼的,人民法院应予受理。

第十四条 人民法院受理劳动争议案件后,当事人增加诉讼请求的,如该诉讼请求与讼争的劳动争议具有不可分性,应当合并审理;如属独立的劳动争议,应当告知当事人向劳动争议仲裁机构申请仲裁。

第十五条 劳动者以用人单位的工资欠条为证据直接提起诉讼,诉讼请求不涉及劳动关系其他争议的,视为拖欠劳动报酬争议,人民法院按照普通民事纠纷受理。

第十六条 劳动争议仲裁机构作出仲裁裁决后,当事人对裁决中的部分事项不服,依法提起诉讼的,劳动争议仲裁裁决不发生法律效力。

第十七条 劳动争议仲裁机构对多个劳动者的劳动争议作出仲裁裁决后,部分劳动者对仲裁裁决不服,依法提起诉讼的,仲裁裁决对提起诉讼的劳动者不发生法律效力;对未提起诉讼的部分劳动者,发生法律效力,如其申请执行的,人民法院应当受理。

第十八条 仲裁裁决的类型以仲裁裁决书确定为准。仲裁裁决书未载明该裁决为终局裁决或者非终局裁决,用人单位不服该仲裁裁决向基层人民法院提起诉讼的,应当按照以下情形分别处理:

（一）经审查认为该仲裁裁决为非终局裁决的,基层人民法院应予受理;

（二）经审查认为该仲裁裁决为终局裁决的,基层人民法院不予受理,但应告知用人单位可以自收到不予受理裁定书之日起三十日内向劳动争议仲裁机构所在地的中级人民法院申请撤销该仲裁裁决;已经受理的,裁定驳回起诉。

第十九条　仲裁裁决书未载明该裁决为终局裁决或者非终局裁决,劳动者依据调解仲裁法第四十七条第一项规定,追索劳动报酬、工伤医疗费、经济补偿或者赔偿金,如果仲裁裁决涉及数项,每项确定的数额均不超过当地月最低工资标准十二个月金额的,应当按照终局裁决处理。

第二十条　劳动争议仲裁机构作出的同一仲裁裁决同时包含终局裁决事项和非终局裁决事项,当事人不服该仲裁裁决向人民法院提起诉讼的,应当按照非终局裁决处理。

第二十一条　劳动者依据调解仲裁法第四十八条规定向基层人民法院提起诉讼,用人单位依据调解仲裁法第四十九条规定向劳动争议仲裁机构所在地的中级人民法院申请撤销仲裁裁决的,中级人民法院应当不予受理;已经受理的,应当裁定驳回申请。

被人民法院驳回起诉或者劳动者撤诉的,用人单位可以自收到裁定书之日起三十日内,向劳动争议仲裁机构所在地的中级人民法院申请撤销仲裁裁决。

第二十二条　用人单位依据调解仲裁法第四十九条规定向中级人民法院申请撤销仲裁裁决,中级人民法院作出的驳回申请或者撤销仲裁裁决的裁定为终审裁定。

第二十三条　中级人民法院审理用人单位申请撤销终局裁决的案件,应当组成合议庭开庭审理。经过阅卷、调查和询问当事人,对没有新的事实、证据或者理由,合议庭认为不需要开庭审理的,可以不开庭审理。

中级人民法院可以组织双方当事人调解。达成调解协议的,可以制作调解书。一方当事人逾期不履行调解协议的,另一方可以申请人民法院强制执行。

第二十四条 当事人申请人民法院执行劳动争议仲裁机构作出的发生法律效力的裁决书、调解书,被申请人提出证据证明劳动争议仲裁裁决书、调解书有下列情形之一,并经审查核实的,人民法院可以根据民事诉讼法第二百三十七条规定,裁定不予执行:

(一)裁决的事项不属于劳动争议仲裁范围,或者劳动争议仲裁机构无权仲裁的;

(二)适用法律、法规确有错误的;

(三)违反法定程序的;

(四)裁决所根据的证据是伪造的;

(五)对方当事人隐瞒了足以影响公正裁决的证据的;

(六)仲裁员在仲裁该案时有索贿受贿、徇私舞弊、枉法裁决行为的;

(七)人民法院认定执行该劳动争议仲裁裁决违背社会公共利益的。

人民法院在不予执行的裁定书中,应当告知当事人在收到裁定书之次日起三十日内,可以就该劳动争议事项向人民法院提起诉讼。

第二十五条 劳动争议仲裁机构作出终局裁决,劳动者向人民法院申请执行,用人单位向劳动争议仲裁机构所在地的中级人民法院申请撤销的,人民法院应当裁定中止执行。

用人单位撤回撤销终局裁决申请或者其申请被驳回的,人民法院应当裁定恢复执行。仲裁裁决被撤销的,人民法院应当裁定终结执行。

用人单位向人民法院申请撤销仲裁裁决被驳回后,又在执行程序中以相同理由提出不予执行抗辩的,人民法院不予支持。

第二十六条 用人单位与其他单位合并的,合并前发生的劳动争议,由合并后的单位为当事人;用人单位分立为若干单位的,其分立前发生的劳动争议,由分立后的实际用人单位为当事人。

用人单位分立为若干单位后,具体承受劳动权利义务的单位不明确的,分立后的单位均为当事人。

第二十七条 用人单位招用尚未解除劳动合同的劳动者,原用人单位与劳动者发生的劳动争议,可以列新的用人单位为第三人。

原用人单位以新的用人单位侵权为由提起诉讼的,可以列劳动者为第三人。

原用人单位以新的用人单位和劳动者共同侵权为由提起诉讼的,新的用人单位和劳动者列为共同被告。

第二十八条 劳动者在用人单位与其他平等主体之间的承包经营期间,与发包方和承包方双方或者一方发生劳动争议,依法提起诉讼的,应当将承包方和发包方作为当事人。

第二十九条 劳动者与未办理营业执照、营业执照被吊销或者营业期限届满仍继续经营的用人单位发生争议的,应当将用人单位或者其出资人列为当事人。

第三十条 未办理营业执照、营业执照被吊销或者营业期限届满仍继续经营的用人单位,以挂靠等方式借用他人营业执照经营的,应当将用人单位和营业执照出借方列为当事人。

第三十一条 当事人不服劳动争议仲裁机构作出的仲裁裁决,依法提起诉讼,人民法院审查认为仲裁裁决遗漏了必须共同参加仲裁的当事人的,应当依法追加遗漏的人为诉讼当事人。

被追加的当事人应当承担责任的,人民法院应当一并处理。

第三十二条 用人单位与其招用的已经依法享受养老保险待遇或者领取退休金的人员发生用工争议而提起诉讼的,人民法院应当按劳务关系处理。①

企业停薪留职人员、未达到法定退休年龄的内退人员、下岗待岗人员以及企业经营性停产放长假人员,因与新的用人单位发生用工争议而提起诉讼的,人民法院应当按劳动关系处理。

第三十三条 外国人、无国籍人未依法取得就业证件即与中华人民共和国境内的用人单位签订劳动合同,当事人请求确认与用人单位存在劳动关系的,人民法院不予支持。

持有《外国专家证》并取得《外国人来华工作许可证》的外国人,与中华人民共和国境内的用人单位建立用工关系的,可以认定为劳动

---

① 本条第一款已被《最高人民法院关于审理劳动争议案件适用法律问题的解释(二)》(法释〔2025〕12号)废止。

关系。

第三十四条 劳动合同期满后,劳动者仍在原用人单位工作,原用人单位未表示异议的,视为双方同意以原条件继续履行劳动合同。一方提出终止劳动关系的,人民法院应予支持。

根据劳动合同法第十四条规定,用人单位应当与劳动者签订无固定期限劳动合同而未签订的,人民法院可以视为双方之间存在无固定期限劳动合同关系,并以原劳动合同确定双方的权利义务关系。

第三十五条 劳动者与用人单位就解除或者终止劳动合同办理相关手续、支付工资报酬、加班费、经济补偿或者赔偿金等达成的协议,不违反法律、行政法规的强制性规定,且不存在欺诈、胁迫或者乘人之危情形的,应当认定有效。

前款协议存在重大误解或者显失公平情形,当事人请求撤销的,人民法院应予支持。

第三十六条 当事人在劳动合同或者保密协议中约定了竞业限制,但未约定解除或者终止劳动合同后给予劳动者经济补偿,劳动者履行了竞业限制义务,要求用人单位按照劳动者在劳动合同解除或者终止前十二个月平均工资的30%按月支付经济补偿的,人民法院应予支持。

前款规定的月平均工资的30%低于劳动合同履行地最低工资标准的,按照劳动合同履行地最低工资标准支付。

第三十七条 当事人在劳动合同或者保密协议中约定了竞业限制和经济补偿,当事人解除劳动合同时,除另有约定外,用人单位要求劳动者履行竞业限制义务,或者劳动者履行了竞业限制义务后要求用人单位支付经济补偿的,人民法院应予支持。

第三十八条 当事人在劳动合同或者保密协议中约定了竞业限制和经济补偿,劳动合同解除或者终止后,因用人单位的原因导致三个月未支付经济补偿,劳动者请求解除竞业限制约定的,人民法院应予支持。

第三十九条 在竞业限制期限内,用人单位请求解除竞业限制协议的,人民法院应予支持。

在解除竞业限制协议时,劳动者请求用人单位额外支付劳动者三个月的竞业限制经济补偿的,人民法院应予支持。

第四十条 劳动者违反竞业限制约定,向用人单位支付违约金后,用人单位要求劳动者按照约定继续履行竞业限制义务的,人民法院应予支持。

第四十一条 劳动合同被确认为无效,劳动者已付出劳动的,用人单位应当按照劳动合同法第二十八条、第四十六条、第四十七条的规定向劳动者支付劳动报酬和经济补偿。

由于用人单位原因订立无效劳动合同,给劳动者造成损害的,用人单位应当赔偿劳动者因合同无效所造成的经济损失。

第四十二条 劳动者主张加班费的,应当就加班事实的存在承担举证责任。但劳动者有证据证明用人单位掌握加班事实存在的证据,用人单位不提供的,由用人单位承担不利后果。

第四十三条 用人单位与劳动者协商一致变更劳动合同,虽未采用书面形式,但已经实际履行了口头变更的劳动合同超过一个月,变更后的劳动合同内容不违反法律、行政法规且不违背公序良俗,当事人以未采用书面形式为由主张劳动合同变更无效的,人民法院不予支持。

第四十四条 因用人单位作出的开除、除名、辞退、解除劳动合同、减少劳动报酬、计算劳动者工作年限等决定而发生的劳动争议,用人单位负举证责任。

第四十五条 用人单位有下列情形之一,迫使劳动者提出解除劳动合同的,用人单位应当支付劳动者的劳动报酬和经济补偿,并可支付赔偿金:

(一)以暴力、威胁或者非法限制人身自由的手段强迫劳动的;

(二)未按照劳动合同约定支付劳动报酬或者提供劳动条件的;

(三)克扣或者无故拖欠劳动者工资的;

(四)拒不支付劳动者延长工作时间工资报酬的;

(五)低于当地最低工资标准支付劳动者工资的。

第四十六条 劳动者非因本人原因从原用人单位被安排到新用人单位工作,原用人单位未支付经济补偿,劳动者依据劳动合同法第三十八条规定与新用人单位解除劳动合同,或者新用人单位向劳动者提出解除、终止劳动合同,在计算支付经济补偿或赔偿金的工作年限时,劳动者请求把在原用人单位的工作年限合并计算为新用人单位工作年限的,人民法院应予支持。

用人单位符合下列情形之一的,应当认定属于"劳动者非因本人原因从原用人单位被安排到新用人单位工作":

(一)劳动者仍在原工作场所、工作岗位工作,劳动合同主体由原用人单位变更为新用人单位;

(二)用人单位以组织委派或任命形式对劳动者进行工作调动;

(三)因用人单位合并、分立等原因导致劳动者工作调动;

(四)用人单位及其关联企业与劳动者轮流订立劳动合同;

(五)其他合理情形。

第四十七条 建立了工会组织的用人单位解除劳动合同符合劳动合同法第三十九条、第四十条规定,但未按照劳动合同法第四十三条规定事先通知工会,劳动者以用人单位违法解除劳动合同为由请求用人单位支付赔偿金的,人民法院应予支持,但起诉前用人单位已经补正有关程序的除外。

第四十八条 劳动合同法施行后,因用人单位经营期限届满不再继续经营导致劳动合同不能继续履行,劳动者请求用人单位支付经济补偿的,人民法院应予支持。

第四十九条 在诉讼过程中,劳动者向人民法院申请采取财产保全措施,人民法院经审查认为申请人经济确有困难,或者有证据证明用人单位存在欠薪逃匿可能的,应当减轻或者免除劳动者提供担保的义务,及时采取保全措施。

人民法院作出的财产保全裁定中,应当告知当事人在劳动争议仲裁机构的裁决书或者在人民法院的裁判文书生效后三个月内申请强制执行。逾期不申请的,人民法院应当裁定解除保全措施。

第五十条 用人单位根据劳动合同法第四条规定,通过民主程序制定的规章制度,不违反国家法律、行政法规及政策规定,并已向劳动者公示的,可以作为确定双方权利义务的依据。

用人单位制定的内部规章制度与集体合同或者劳动合同约定的内容不一致,劳动者请求优先适用合同约定的,人民法院应予支持。

第五十一条 当事人在调解仲裁法第十条规定的调解组织主持下达成的具有劳动权利义务内容的调解协议,具有劳动合同的约束力,可以作为人民法院裁判的根据。

当事人在调解仲裁法第十条规定的调解组织主持下仅就劳动报酬争议达成调解协议,用人单位不履行调解协议确定的给付义务,劳动者直接提起诉讼的,人民法院可以按照普通民事纠纷受理。

第五十二条 当事人在人民调解委员会主持下仅就给付义务达成的调解协议,双方认为有必要的,可以共同向人民调解委员会所在地的基层人民法院申请司法确认。

第五十三条 用人单位对劳动者作出的开除、除名、辞退等处理,或者因其他原因解除劳动合同确有错误的,人民法院可以依法判决予以撤销。

对于追索劳动报酬、养老金、医疗费以及工伤保险待遇、经济补偿金、培训费及其他相关费用等案件,给付数额不当的,人民法院可以予以变更。

第五十四条 本解释自 2021 年 1 月 1 日起施行。

最高人民法院关于审理劳动争议案件适用法律问题的解释(二)

(2025年2月17日最高人民法院审判委员会第1942次会议通过 2025年7月31日公布 法释〔2025〕12号 自2025年9月1日起施行)

为正确审理劳动争议案件,根据《中华人民共和国民法典》《中华人民共和国劳动法》《中华人民共和国劳动合同法》《中华人民共和国民事诉讼法》《中华人民共和国劳动争议调解仲裁法》等相关法律规定,结合审判实践,制定本解释。

第一条 具备合法经营资格的承包人将承包业务转包或者分包给不具备合法经营资格的组织或者个人,该组织或者个人招用的劳动者请求确认承包人为承担用工主体责任单位,承担支付劳动报酬、认定工伤后的工伤保险待遇等责任的,人民法院依法予以支持。

第二条 不具备合法经营资格的组织或者个人挂靠具备合法经营资格的单位对外经营,该组织或者个人招用的劳动者请求确认被挂靠单位为承担用工主体责任单位,承担支付劳动报酬、认定工伤后的工伤保险待遇等责任的,人民法院依法予以支持。

第三条 劳动者被多个存在关联关系的单位交替或者同时用工,其请求确认劳动关系的,人民法院按照下列情形分别处理:

(一)已订立书面劳动合同,劳动者请求按照劳动合同确认劳动关系的,人民法院依法予以支持;

(二)未订立书面劳动合同的,根据用工管理行为,综合考虑工作时间、工作内容、劳动报酬支付、社会保险费缴纳等因素确认劳动关系。

劳动者请求符合前款第二项规定情形的关联单位共同承担支付劳动报酬、福利待遇等责任的,人民法院依法予以支持,但关联单位之间依法对劳动者的劳动报酬、福利待遇等作出约定且经劳动者同意的除外。

第四条 外国人与中华人民共和国境内的用人单位建立用工关系,有下列情形之一,外国人请求确认与用人单位存在劳动关系的,人民法院依法予以支持:

（一）已取得永久居留资格的；

（二）已取得工作许可且在中国境内合法停留居留的；

（三）按照国家有关规定办理相关手续的。

第五条 依法设立的外国企业常驻代表机构可以作为劳动争议案件的当事人。当事人申请追加外国企业参加诉讼的,人民法院依法予以支持。

第六条 用人单位未依法与劳动者订立书面劳动合同,应当支付劳动者的二倍工资按月计算；不满一个月的,按该月实际工作日计算。

第七条 劳动者以用人单位未订立书面劳动合同为由,请求用人单位支付二倍工资的,人民法院依法予以支持,但用人单位举证证明存在下列情形之一的除外:

（一）因不可抗力导致未订立的；

（二）因劳动者本人故意或者重大过失未订立的；

（三）法律、行政法规规定的其他情形。

第八条 劳动合同期满,有下列情形之一的,人民法院认定劳动合同期限依法自动续延,不属于用人单位未订立书面劳动合同的情形:

（一）劳动合同法第四十二条规定的用人单位不得解除劳动合同的；

（二）劳动合同法实施条例第十七条规定的服务期尚未到期的；

（三）工会法第十九条规定的任期未届满的。

第九条 有证据证明存在劳动合同法第十四条第三款规定的"视为用人单位与劳动者已订立无固定期限劳动合同"情形,劳动者请求与用人单位订立书面劳动合同的,人民法院依法予以支持；劳动者以用人单位未及时补订书面劳动合同为由,请求用人单位支付视为已与劳动者订立无固定期限劳动合同期间二倍工资的,人民法院不予支持。

第十条 有下列情形之一的,人民法院应认定为符合劳动合同法第十四条第二款第三项"连续订立二次固定期限劳动合同"的规定:

(一)用人单位与劳动者协商延长劳动合同期限累计达到一年以上,延长期限届满的;

(二)用人单位与劳动者约定劳动合同期满后自动续延,续延期限届满的;

(三)劳动者非因本人原因仍在原工作场所、工作岗位工作,用人单位变换劳动合同订立主体,但继续对劳动者进行劳动管理,合同期限届满的;

(四)以其他违反诚信原则的规避行为再次订立劳动合同,期限届满的。

第十一条 劳动合同期满后,劳动者仍在用人单位工作,用人单位未表示异议超过一个月,劳动者请求用人单位以原条件续订劳动合同的,人民法院依法予以支持。

符合订立无固定期限劳动合同情形,劳动者请求用人单位以原条件订立无固定期限劳动合同的,人民法院依法予以支持。

用人单位解除劳动合同,劳动者请求用人单位依法承担解除劳动合同法律后果的,人民法院依法予以支持。

第十二条 除向劳动者支付正常劳动报酬外,用人单位与劳动者约定服务期限并提供特殊待遇,劳动者违反约定提前解除劳动合同且不符合劳动合同法第三十八条规定的单方解除劳动合同情形时,用人单位请求劳动者承担赔偿损失责任的,人民法院可以综合考虑实际损失、当事人的过错程度、已经履行的年限等因素确定劳动者应当承担的赔偿责任。

第十三条 劳动者未知悉、接触用人单位的商业秘密和与知识产权相关的保密事项,劳动者请求确认竞业限制条款不生效的,人民法院依法予以支持。

竞业限制条款约定的竞业限制范围、地域、期限等内容与劳动者知悉、接触的商业秘密和与知识产权相关的保密事项不相适应,劳动者请求确认竞业限制条款超过合理比例部分无效的,人民法院依法予以支持。

第十四条　用人单位与高级管理人员、高级技术人员和其他负有保密义务的人员约定在职期间竞业限制条款,劳动者以不得约定在职期间竞业限制、未支付经济补偿为由请求确认竞业限制条款无效的,人民法院不予支持。

第十五条　劳动者违反有效的竞业限制约定,用人单位请求劳动者按照约定返还已经支付的经济补偿并支付违约金的,人民法院依法予以支持。

第十六条　用人单位违法解除或者终止劳动合同后,有下列情形之一的,人民法院可以认定为劳动合同法第四十八条规定的"劳动合同已经不能继续履行":

(一)劳动合同在仲裁或者诉讼过程中期满且不存在应当依法续订、续延劳动合同情形的;

(二)劳动者开始依法享受基本养老保险待遇的;

(三)用人单位被宣告破产的;

(四)用人单位解散的,但因合并或者分立需要解散的除外;

(五)劳动者已经与其他用人单位建立劳动关系,对完成用人单位的工作任务造成严重影响,或者经用人单位提出,不与其他用人单位解除劳动合同的;

(六)存在劳动合同客观不能履行的其他情形的。

第十七条　用人单位未按照国务院安全生产监督管理部门、卫生行政部门的规定组织从事接触职业病危害作业的劳动者进行离岗前的职业健康检查,劳动者在双方解除劳动合同后请求继续履行劳动合同的,人民法院依法予以支持,但有下列情形之一的除外:

(一)一审法庭辩论终结前,用人单位已经组织劳动者进行职业健康检查且经检查劳动者未患职业病的;

(二)一审法庭辩论终结前,用人单位组织劳动者进行职业健康检查,劳动者无正当理由拒绝检查的。

第十八条　用人单位违法解除、终止可以继续履行的劳动合同,劳动者请求用人单位支付违法解除、终止决定作出后至劳动合同继续履行前一日工资的,用人单位应当按照劳动者提供正常劳动时的工资标准向劳动者支付上述期间的工资。

用人单位、劳动者对于劳动合同解除、终止都有过错的,应当各自承担相应的责任。

第十九条 用人单位与劳动者约定或者劳动者向用人单位承诺无需缴纳社会保险费的,人民法院应当认定该约定或者承诺无效。用人单位未依法缴纳社会保险费,劳动者根据劳动合同法第三十八条第一款第三项规定请求解除劳动合同、由用人单位支付经济补偿的,人民法院依法予以支持。

有前款规定情形,用人单位依法补缴社会保险费后,请求劳动者返还已支付的社会保险费补偿的,人民法院依法予以支持。

第二十条 当事人在仲裁期间因自身原因未提出仲裁时效抗辩,在一审或者二审诉讼期间提出仲裁时效抗辩的,人民法院不予支持。当事人基于新的证据能够证明对方当事人请求权的仲裁时效期间届满的,人民法院应予支持。

当事人未按照前款规定提出仲裁时效抗辩,以仲裁时效期间届满为由申请再审或者提出再审抗辩的,人民法院不予支持。

第二十一条 本解释自2025年9月1日起施行。《最高人民法院关于审理劳动争议案件适用法律问题的解释(一)》(法释〔2020〕26号)第三十二条第一款同时废止。最高人民法院此前发布的司法解释与本解释不一致的,以本解释为准。

一、综合规定

中华人民共和国劳动法

（1994年7月5日第八届全国人民代表大会常务委员会第八次会议通过 根据2009年8月27日第十一届全国人民代表大会常务委员会第十次会议《关于修改部分法律的决定》第一次修正 根据2018年12月29日第十三届全国人民代表大会常务委员会第七次会议《关于修改〈中华人民共和国劳动法〉等七部法律的决定》第二次修正）

目　　录

第一章　总　　则
第二章　促进就业
第三章　劳动合同和集体合同
第四章　工作时间和休息休假
第五章　工　　资
第六章　劳动安全卫生
第七章　女职工和未成年工特殊保护
第八章　职业培训
第九章　社会保险和福利
第十章　劳动争议
第十一章　监督检查
第十二章　法律责任
第十三章　附　　则

第一章 总 则

第一条 为了保护劳动者的合法权益,调整劳动关系,建立和维护适应社会主义市场经济的劳动制度,促进经济发展和社会进步,根据宪法,制定本法。

第二条 在中华人民共和国境内的企业、个体经济组织(以下统称用人单位)和与之形成劳动关系的劳动者,适用本法。

国家机关、事业组织、社会团体和与之建立劳动合同关系的劳动者,依照本法执行。

第三条 劳动者享有平等就业和选择职业的权利、取得劳动报酬的权利、休息休假的权利、获得劳动安全卫生保护的权利、接受职业技能培训的权利、享受社会保险和福利的权利、提请劳动争议处理的权利以及法律规定的其他劳动权利。

劳动者应当完成劳动任务,提高职业技能,执行劳动安全卫生规程,遵守劳动纪律和职业道德。

第四条 用人单位应当依法建立和完善规章制度,保障劳动者享有劳动权利和履行劳动义务。

第五条 国家采取各种措施,促进劳动就业,发展职业教育,制定劳动标准,调节社会收入,完善社会保险,协调劳动关系,逐步提高劳动者的生活水平。

第六条 国家提倡劳动者参加社会义务劳动,开展劳动竞赛和合理化建议活动,鼓励和保护劳动者进行科学研究、技术革新和发明创造,表彰和奖励劳动模范和先进工作者。

第七条 劳动者有权依法参加和组织工会。

工会代表和维护劳动者的合法权益,依法独立自主地开展活动。

第八条 劳动者依照法律规定,通过职工大会、职工代表大会或者其他形式,参与民主管理或者就保护劳动者合法权益与用人单位进行平等协商。

第九条 国务院劳动行政部门主管全国劳动工作。

县级以上地方人民政府劳动行政部门主管本行政区域内的劳动工作。

第二章 促进就业

第十条 国家通过促进经济和社会发展,创造就业条件,扩大就业机会。

国家鼓励企业、事业组织、社会团体在法律、行政法规规定的范围内兴办产业或者拓展经营,增加就业。

国家支持劳动者自愿组织起来就业和从事个体经营实现就业。

第十一条 地方各级人民政府应当采取措施,发展多种类型的职业介绍机构,提供就业服务。

第十二条 劳动者就业,不因民族、种族、性别、宗教信仰不同而受歧视。

第十三条 妇女享有与男子平等的就业权利。在录用职工时,除国家规定的不适合妇女的工种或者岗位外,不得以性别为由拒绝录用妇女或者提高对妇女的录用标准。

第十四条 残疾人、少数民族人员、退出现役的军人的就业,法律、法规有特别规定的,从其规定。

第十五条 禁止用人单位招用未满十六周岁的未成年人。

文艺、体育和特种工艺单位招用未满十六周岁的未成年人,必须遵守国家有关规定,并保障其接受义务教育的权利。

第三章 劳动合同和集体合同

第十六条 劳动合同是劳动者与用人单位确立劳动关系、明确双方权利和义务的协议。

建立劳动关系应当订立劳动合同。

第十七条 订立和变更劳动合同,应当遵循平等自愿、协商一致的原则,不得违反法律、行政法规的规定。

劳动合同依法订立即具有法律约束力,当事人必须履行劳动合同规定的义务。

第十八条 下列劳动合同无效:

(一)违反法律、行政法规的劳动合同;

(二)采取欺诈、威胁等手段订立的劳动合同。

无效的劳动合同,从订立的时候起,就没有法律约束力。确认劳动合同部分无效的,如果不影响其余部分的效力,其余部分仍然有效。

劳动合同的无效,由劳动争议仲裁委员会或者人民法院确认。

第十九条 劳动合同应当以书面形式订立,并具备以下条款:

(一)劳动合同期限;

(二)工作内容;

(三)劳动保护和劳动条件;

(四)劳动报酬;

(五)劳动纪律;

(六)劳动合同终止的条件;

(七)违反劳动合同的责任。

劳动合同除前款规定的必备条款外,当事人可以协商约定其他内容。

第二十条 劳动合同的期限分为有固定期限、无固定期限和以完成一定的工作为期限。

劳动者在同一用人单位连续工作满十年以上,当事人双方同意续延劳动合同的,如果劳动者提出订立无固定期限的劳动合同,应当订立无固定期限的劳动合同。

第二十一条 劳动合同可以约定试用期。试用期最长不得超过六个月。

第二十二条 劳动合同当事人可以在劳动合同中约定保守用人单位商业秘密的有关事项。

第二十三条 劳动合同期满或者当事人约定的劳动合同终止条件出现,劳动合同即行终止。

第二十四条 经劳动合同当事人协商一致,劳动合同可以解除。

第二十五条 劳动者有下列情形之一的,用人单位可以解除劳动合同:

(一)在试用期间被证明不符合录用条件的;

(二)严重违反劳动纪律或者用人单位规章制度的;

(三)严重失职,营私舞弊,对用人单位利益造成重大损害的;

(四)被依法追究刑事责任的。

第二十六条　有下列情形之一的,用人单位可以解除劳动合同,但是应当提前三十日以书面形式通知劳动者本人:

(一)劳动者患病或者非因工负伤,医疗期满后,不能从事原工作也不能从事由用人单位另行安排的工作的;

(二)劳动者不能胜任工作,经过培训或者调整工作岗位,仍不能胜任工作的;

(三)劳动合同订立时所依据的客观情况发生重大变化,致使原劳动合同无法履行,经当事人协商不能就变更劳动合同达成协议的。

第二十七条　用人单位濒临破产进行法定整顿期间或者生产经营状况发生严重困难,确需裁减人员的,应当提前三十日向工会或者全体职工说明情况,听取工会或者职工的意见,经向劳动行政部门报告后,可以裁减人员。

用人单位依据本条规定裁减人员,在六个月内录用人员的,应当优先录用被裁减的人员。

第二十八条　用人单位依据本法第二十四条、第二十六条、第二十七条的规定解除劳动合同的,应当依照国家有关规定给予经济补偿。

第二十九条　劳动者有下列情形之一的,用人单位不得依据本法第二十六条、第二十七条的规定解除劳动合同:

(一)患职业病或者因工负伤并被确认丧失或者部分丧失劳动能力的;

(二)患病或者负伤,在规定的医疗期内的;

(三)女职工在孕期、产期、哺乳期内的;

(四)法律、行政法规规定的其他情形。

第三十条　用人单位解除劳动合同,工会认为不适当的,有权提出意见。如果用人单位违反法律、法规或者劳动合同,工会有权要求重新处理;劳动者申请仲裁或者提起诉讼的,工会应当依法给予支持和帮助。

第三十一条　劳动者解除劳动合同,应当提前三十日以书面形式通知用人单位。

第三十二条　有下列情形之一的,劳动者可以随时通知用人单位解除劳动合同：

（一）在试用期内的；

（二）用人单位以暴力、威胁或者非法限制人身自由的手段强迫劳动的；

（三）用人单位未按照劳动合同约定支付劳动报酬或者提供劳动条件的。

第三十三条 企业职工一方与企业可以就劳动报酬、工作时间、休息休假、劳动安全卫生、保险福利等事项，签订集体合同。集体合同草案应当提交职工代表大会或者全体职工讨论通过。

集体合同由工会代表职工与企业签订；没有建立工会的企业，由职工推举的代表与企业签订。

第三十四条 集体合同签订后应当报送劳动行政部门；劳动行政部门自收到集体合同文本之日起十五日内未提出异议的，集体合同即行生效。

第三十五条 依法签订的集体合同对企业和企业全体职工具有约束力。职工个人与企业订立的劳动合同中劳动条件和劳动报酬等标准不得低于集体合同的规定。

第四章 工作时间和休息休假

第三十六条 国家实行劳动者每日工作时间不超过八小时、平均每周工作时间不超过四十四小时的工时制度。

第三十七条 对实行计件工作的劳动者，用人单位应当根据本法第三十六条规定的工时制度合理确定其劳动定额和计件报酬标准。

第三十八条 用人单位应当保证劳动者每周至少休息一日。

第三十九条 企业因生产特点不能实行本法第三十六条、第三十八条规定的，经劳动行政部门批准，可以实行其他工作和休息办法。

第四十条 用人单位在下列节日期间应当依法安排劳动者休假：

（一）元旦；

（二）春节；

（三）国际劳动节；

（四）国庆节；

（五）法律、法规规定的其他休假节日。

第四十一条　用人单位由于生产经营需要,经与工会和劳动者协商后可以延长工作时间,一般每日不得超过一小时;因特殊原因需要延长工作时间的,在保障劳动者身体健康的条件下延长工作时间每日不得超过三小时,但是每月不得超过三十六小时。

第四十二条　有下列情形之一的,延长工作时间不受本法第四十一条规定的限制:

（一）发生自然灾害、事故或者因其他原因,威胁劳动者生命健康和财产安全,需要紧急处理的;

（二）生产设备、交通运输线路、公共设施发生故障,影响生产和公众利益,必须及时抢修的;

（三）法律、行政法规规定的其他情形。

第四十三条　用人单位不得违反本法规定延长劳动者的工作时间。

第四十四条　有下列情形之一的,用人单位应当按照下列标准支付高于劳动者正常工作时间工资的工资报酬:

（一）安排劳动者延长工作时间的,支付不低于工资的百分之一百五十的工资报酬;

（二）休息日安排劳动者工作又不能安排补休的,支付不低于工资的百分之二百的工资报酬;

（三）法定休假日安排劳动者工作的,支付不低于工资的百分之三百的工资报酬。

第四十五条　国家实行带薪年休假制度。

劳动者连续工作一年以上的,享受带薪年休假。具体办法由国务院规定。

第五章　工　　资

第四十六条　工资分配应当遵循按劳分配原则,实行同工同酬。

工资水平在经济发展的基础上逐步提高。国家对工资总量实行宏观调控。

第四十七条　用人单位根据本单位的生产经营特点和经济效益,

依法自主确定本单位的工资分配方式和工资水平。

第四十八条 国家实行最低工资保障制度。最低工资的具体标准由省、自治区、直辖市人民政府规定,报国务院备案。

用人单位支付劳动者的工资不得低于当地最低工资标准。

第四十九条 确定和调整最低工资标准应当综合参考下列因素:

(一)劳动者本人及平均赡养人口的最低生活费用;

(二)社会平均工资水平;

(三)劳动生产率;

(四)就业状况;

(五)地区之间经济发展水平的差异。

第五十条 工资应当以货币形式按月支付给劳动者本人。不得克扣或者无故拖欠劳动者的工资。

第五十一条 劳动者在法定休假日和婚丧假期间以及依法参加社会活动期间,用人单位应当依法支付工资。

第六章 劳动安全卫生

第五十二条 用人单位必须建立、健全劳动安全卫生制度,严格执行国家劳动安全卫生规程和标准,对劳动者进行劳动安全卫生教育,防止劳动过程中的事故,减少职业危害。

第五十三条 劳动安全卫生设施必须符合国家规定的标准。

新建、改建、扩建工程的劳动安全卫生设施必须与主体工程同时设计、同时施工、同时投入生产和使用。

第五十四条 用人单位必须为劳动者提供符合国家规定的劳动安全卫生条件和必要的劳动防护用品,对从事有职业危害作业的劳动者应当定期进行健康检查。

第五十五条 从事特种作业的劳动者必须经过专门培训并取得特种作业资格。

第五十六条 劳动者在劳动过程中必须严格遵守安全操作规程。

劳动者对用人单位管理人员违章指挥、强令冒险作业,有权拒绝执行;对危害生命安全和身体健康的行为,有权提出批评、检举和控告。

第五十七条 国家建立伤亡事故和职业病统计报告和处理制度。县级以上各级人民政府劳动行政部门、有关部门和用人单位应当依法对劳动者在劳动过程中发生的伤亡事故和劳动者的职业病状况,进行统计、报告和处理。

第七章 女职工和未成年工特殊保护

第五十八条 国家对女职工和未成年工实行特殊劳动保护。

未成年工是指年满十六周岁未满十八周岁的劳动者。

第五十九条 禁止安排女职工从事矿山井下、国家规定的第四级体力劳动强度的劳动和其他禁忌从事的劳动。

第六十条 不得安排女职工在经期从事高处、低温、冷水作业和国家规定的第三级体力劳动强度的劳动。

第六十一条 不得安排女职工在怀孕期间从事国家规定的第三级体力劳动强度的劳动和孕期禁忌从事的劳动。对怀孕七个月以上的女职工,不得安排其延长工作时间和夜班劳动。

第六十二条 女职工生育享受不少于九十天的产假。

第六十三条 不得安排女职工在哺乳未满一周岁的婴儿期间从事国家规定的第三级体力劳动强度的劳动和哺乳期禁忌从事的其他劳动,不得安排其延长工作时间和夜班劳动。

第六十四条 不得安排未成年工从事矿山井下、有毒有害、国家规定的第四级体力劳动强度的劳动和其他禁忌从事的劳动。

第六十五条 用人单位应当对未成年工定期进行健康检查。

第八章 职 业 培 训

第六十六条 国家通过各种途径,采取各种措施,发展职业培训事业,开发劳动者的职业技能,提高劳动者素质,增强劳动者的就业能力和工作能力。

第六十七条 各级人民政府应当把发展职业培训纳入社会经济发展的规划,鼓励和支持有条件的企业、事业组织、社会团体和个人进行各种形式的职业培训。

第六十八条 用人单位应当建立职业培训制度,按照国家规定提取和使用职业培训经费,根据本单位实际,有计划地对劳动者进行职业培训。

从事技术工种的劳动者,上岗前必须经过培训。

第六十九条 国家确定职业分类,对规定的职业制定职业技能标准,实行职业资格证书制度,由经备案的考核鉴定机构负责对劳动者实施职业技能考核鉴定。

第九章 社会保险和福利

第七十条 国家发展社会保险事业,建立社会保险制度,设立社会保险基金,使劳动者在年老、患病、工伤、失业、生育等情况下获得帮助和补偿。

第七十一条 社会保险水平应当与社会经济发展水平和社会承受能力相适应。

第七十二条 社会保险基金按照保险类型确定资金来源,逐步实行社会统筹。用人单位和劳动者必须依法参加社会保险,缴纳社会保险费。

第七十三条 劳动者在下列情形下,依法享受社会保险待遇:

(一)退休;

(二)患病、负伤;

(三)因工伤残或者患职业病;

(四)失业;

(五)生育。

劳动者死亡后,其遗属依法享受遗属津贴。

劳动者享受社会保险待遇的条件和标准由法律、法规规定。

劳动者享受的社会保险金必须按时足额支付。

第七十四条 社会保险基金经办机构依照法律规定收支、管理和运营社会保险基金,并负有使社会保险基金保值增值的责任。

社会保险基金监督机构依照法律规定,对社会保险基金的收支、管理和运营实施监督。

社会保险基金经办机构和社会保险基金监督机构的设立和职能由法律规定。

任何组织和个人不得挪用社会保险基金。

第七十五条 国家鼓励用人单位根据本单位实际情况为劳动者建立补充保险。

国家提倡劳动者个人进行储蓄性保险。

第七十六条 国家发展社会福利事业,兴建公共福利设施,为劳动者休息、休养和疗养提供条件。

用人单位应当创造条件,改善集体福利,提高劳动者的福利待遇。

第十章 劳动争议

第七十七条 用人单位与劳动者发生劳动争议,当事人可以依法申请调解、仲裁、提起诉讼,也可以协商解决。

调解原则适用于仲裁和诉讼程序。

第七十八条 解决劳动争议,应当根据合法、公正、及时处理的原则,依法维护劳动争议当事人的合法权益。

第七十九条 劳动争议发生后,当事人可以向本单位劳动争议调解委员会申请调解;调解不成,当事人一方要求仲裁的,可以向劳动争议仲裁委员会申请仲裁。当事人一方也可以直接向劳动争议仲裁委员会申请仲裁。对仲裁裁决不服的,可以向人民法院提起诉讼。

第八十条 在用人单位内,可以设立劳动争议调解委员会。劳动争议调解委员会由职工代表、用人单位代表和工会代表组成。劳动争议调解委员会主任由工会代表担任。

劳动争议经调解达成协议的,当事人应当履行。

第八十一条 劳动争议仲裁委员会由劳动行政部门代表、同级工会代表、用人单位方面的代表组成。劳动争议仲裁委员会主任由劳动行政部门代表担任。

第八十二条 提出仲裁要求的一方应当自劳动争议发生之日起六十日内向劳动争议仲裁委员会提出书面申请。仲裁裁决一般应在收到仲裁申请的六十日内作出。对仲裁裁决无异议的,当事人必须履行。

第八十三条 劳动争议当事人对仲裁裁决不服的,可以自收到仲裁裁决书之日起十五日内向人民法院提起诉讼。一方当事人在法定期限内不起诉又不履行仲裁裁决的,另一方当事人可以申请人民法院强制执行。

第八十四条　因签订集体合同发生争议,当事人协商解决不成的,当地人民政府劳动行政部门可以组织有关各方协调处理。

因履行集体合同发生争议,当事人协商解决不成的,可以向劳动争议仲裁委员会申请仲裁;对仲裁裁决不服的,可以自收到仲裁裁决书之日起十五日内向人民法院提起诉讼。

第十一章　监督检查

第八十五条　县级以上各级人民政府劳动行政部门依法对用人单位遵守劳动法律、法规的情况进行监督检查,对违反劳动法律、法规的行为有权制止,并责令改正。

第八十六条　县级以上各级人民政府劳动行政部门监督检查人员执行公务,有权进入用人单位了解执行劳动法律、法规的情况,查阅必要的资料,并对劳动场所进行检查。

县级以上各级人民政府劳动行政部门监督检查人员执行公务,必须出示证件,秉公执法并遵守有关规定。

第八十七条　县级以上各级人民政府有关部门在各自职责范围内,对用人单位遵守劳动法律、法规的情况进行监督。

第八十八条　各级工会依法维护劳动者的合法权益,对用人单位遵守劳动法律、法规的情况进行监督。

任何组织和个人对于违反劳动法律、法规的行为有权检举和控告。

第十二章　法律责任

第八十九条　用人单位制定的劳动规章制度违反法律、法规规定的,由劳动行政部门给予警告,责令改正;对劳动者造成损害的,应当承担赔偿责任。

第九十条　用人单位违反本法规定,延长劳动者工作时间的,由劳动行政部门给予警告,责令改正,并可以处以罚款。

第九十一条　用人单位有下列侵害劳动者合法权益情形之一的,

由劳动行政部门责令支付劳动者的工资报酬、经济补偿,并可以责令支付赔偿金:

(一)克扣或者无故拖欠劳动者工资的;

(二)拒不支付劳动者延长工作时间工资报酬的;

(三)低于当地最低工资标准支付劳动者工资的;

(四)解除劳动合同后,未依照本法规定给予劳动者经济补偿的。

第九十二条 用人单位的劳动安全设施和劳动卫生条件不符合国家规定或者未向劳动者提供必要的劳动防护用品和劳动保护设施的,由劳动行政部门或者有关部门责令改正,可以处以罚款;情节严重的,提请县级以上人民政府决定责令停产整顿;对事故隐患不采取措施,致使发生重大事故,造成劳动者生命和财产损失的,对责任人员依照刑法有关规定追究刑事责任。

第九十三条 用人单位强令劳动者违章冒险作业,发生重大伤亡事故,造成严重后果的,对责任人员依法追究刑事责任。

第九十四条 用人单位非法招用未满十六周岁的未成年人的,由劳动行政部门责令改正,处以罚款;情节严重的,由市场监督管理部门吊销营业执照。

第九十五条 用人单位违反本法对女职工和未成年工的保护规定,侵害其合法权益的,由劳动行政部门责令改正,处以罚款;对女职工或者未成年工造成损害的,应当承担赔偿责任。

第九十六条 用人单位有下列行为之一,由公安机关对责任人员处以十五日以下拘留、罚款或者警告;构成犯罪的,对责任人员依法追究刑事责任:

(一)以暴力、威胁或者非法限制人身自由的手段强迫劳动的;

(二)侮辱、体罚、殴打、非法搜查和拘禁劳动者的。

第九十七条 由于用人单位的原因订立的无效合同,对劳动者造成损害的,应当承担赔偿责任。

第九十八条 用人单位违反本法规定的条件解除劳动合同或者故意拖延不订立劳动合同的,由劳动行政部门责令改正;对劳动者造成损害的,应当承担赔偿责任。

第九十九条 用人单位招用尚未解除劳动合同的劳动者,对原用人单位造成经济损失的,该用人单位应当依法承担连带赔偿责任。

第一百条 用人单位无故不缴纳社会保险费的,由劳动行政部门责令其限期缴纳;逾期不缴的,可以加收滞纳金。

第一百零一条 用人单位无理阻挠劳动行政部门、有关部门及其工作人员行使监督检查权,打击报复举报人员的,由劳动行政部门或者有关部门处以罚款;构成犯罪的,对责任人员依法追究刑事责任。

第一百零二条 劳动者违反本法规定的条件解除劳动合同或者违反劳动合同中约定的保密事项,对用人单位造成经济损失的,应当依法承担赔偿责任。

第一百零三条 劳动行政部门或者有关部门的工作人员滥用职权、玩忽职守、徇私舞弊,构成犯罪的,依法追究刑事责任;不构成犯罪的,给予行政处分。

第一百零四条 国家工作人员和社会保险基金经办机构的工作人员挪用社会保险基金,构成犯罪的,依法追究刑事责任。

第一百零五条 违反本法规定侵害劳动者合法权益,其他法律、行政法规已规定处罚的,依照该法律、行政法规的规定处罚。

第十三章 附 则

第一百零六条 省、自治区、直辖市人民政府根据本法和本地区的实际情况,规定劳动合同制度的实施步骤,报国务院备案。

第一百零七条 本法自1995年1月1日起施行。

劳动部关于贯彻执行
《中华人民共和国劳动法》
若干问题的意见

(1995年8月4日 劳部发〔1995〕309号)

《中华人民共和国劳动法》(以下简称劳动法)已于一九九五年一

月一日起施行,现就劳动法在贯彻执行中遇到的若干问题提出以下意见。

一、适用范围

1. 劳动法第二条中的"个体经济组织"是指一般雇工在七人以下的个体工商户。

2. 中国境内的企业、个体经济组织与劳动者之间,只要形成劳动关系,即劳动者事实上已成为企业、个体经济组织的成员,并为其提供有偿劳动,适用劳动法。

3. 国家机关、事业组织、社会团体实行劳动合同制度的以及按规定应实行劳动合同制度的工勤人员;实行企业化管理的事业组织的人员;其他通过劳动合同与国家机关、事业组织、社会团体建立劳动关系的劳动者,适用劳动法。

4. 公务员和比照实行公务员制度的事业组织和社会团体的工作人员,以及农村劳动者(乡镇企业职工和进城务工、经商的农民除外)、现役军人和家庭保姆等不适用劳动法。

5. 中国境内的企业、个体经济组织在劳动法中被称为用人单位。国家机关、事业组织、社会团体和与之建立劳动合同关系的劳动者依照劳动法执行。根据劳动法的这一规定,国家机关、事业组织、社会团体应当视为用人单位。

二、劳动合同和集体合同

(一)劳动合同的订立

6. 用人单位应与其富余人员、放长假的职工,签订劳动合同,但其劳动合同与在岗职工的劳动合同在内容上可以有所区别。用人单位与劳动者经协商一致可以在劳动合同中就不在岗期间的有关事项作出规定。

7. 用人单位应与其长期被外单位借用的人员、带薪上学人员、以及其他非在岗但仍保持劳动关系的人员签订劳动合同,但在外借和上学期间,劳动合同中的某些相关条款经双方协商可以变更。

8. 请长病假的职工,在病假期间与原单位保持着劳动关系,用人单位应与其签订劳动合同。

9. 原固定工中经批准的停薪留职人员,愿意回原单位继续工作的,原单位应与其签订劳动合同;不愿回原单位继续工作的,原单位可以与其解除劳动关系。

10. 根据劳动部《实施〈劳动法〉中有关劳动合同问题的解答》(劳部发〔1995〕202号)的规定,党委书记、工会主席等党群专职人员也是职工的一员,依照劳动法的规定,与用人单位签订劳动合同。对于有特殊规定的,可以按有关规定办理。

11. 根据劳动部《实施〈劳动法〉中有关劳动合同问题的解答》(劳部发〔1995〕202号)的规定,经理由其上级部门聘任(委任)的,应与聘任(委任)部门签订劳动合同。实行公司制的经理和有关经营管理人员,应依据《中华人民共和国公司法》的规定与董事会签订劳动合同。

12. 在校生利用业余时间勤工助学,不视为就业,未建立劳动关系,可以不签订劳动合同。

13. 用人单位发生分立或合并后,分立或合并后的用人单位可依据其实际情况与原用人单位的劳动者遵循平等自愿、协商一致的原则变更原劳动合同。

14. 派出到合资、参股单位的职工如果与原单位仍保持着劳动关系,应当与原单位签订劳动合同,原单位可就劳动合同的有关内容在与合资、参股单位订立的劳务合同时,明确职工的工资、保险、福利、休假等有关待遇。

15. 租赁经营(生产)、承包经营(生产)的企业,所有权并没有发生改变,法人名称未变,在与职工订立劳动合同时,该企业仍为用人单位一方。依据租赁合同或承包合同,租赁人、承包人如果作为该企业的法定代表人或者该法定代表人的授权委托人时,可代表该企业(用人单位)与劳动者订立劳动合同。

16. 用人单位与劳动者签订劳动合同时,劳动合同可以由用人单位拟定,也可以由双方当事人共同拟定,但劳动合同必须经双方当事人协商一致后才能签订,职工被迫签订的劳动合同或未经协商一致签订的劳动合同为无效劳动合同。

17. 用人单位与劳动者之间形成了事实劳动关系,而用人单位故意拖延不订立劳动合同,劳动行政部门应予以纠正。用人单位因此给劳动者造成损害的,应按劳动部《违反〈劳动法〉有关劳动合同规定的赔偿办法》(劳部发〔1995〕223号)的规定进行赔偿。

(二)劳动合同的内容

18. 劳动者被用人单位录用后,双方可以在劳动合同中约定试用期,试用期应包括在劳动合同期限内。

19. 试用期是用人单位和劳动者为相互了解、选择而约定的不超过六个月的考察期。一般对初次就业或再次就业的职工可以约定。在原固定工进行劳动合同制度的转制过程中,用人单位与原固定工签订劳动合同时,可以不再约定试用期。

20. 无固定期限的劳动合同是指不约定终止日期的劳动合同。按照平等自愿、协商一致的原则,用人单位和劳动者只要达成一致,无论初次就业的,还是由固定工转制的,都可以签订无固定期限的劳动合同。

无固定期限的劳动合同不得将法定解除条件约定为终止条件,以规避解除劳动合同时用人单位应承担支付给劳动者经济补偿的义务。

21. 用人单位经批准招用农民工,其劳动合同期限可以由用人单位和劳动者协商确定。

从事矿山井下以及在其他有害身体健康的工种、岗位工作的农民工,实行定期轮换制度,合同期限最长不超过八年。

22. 劳动法第二十条中的"在同一用人单位连续工作满十年以上"是指劳动者与同一用人单位签订的劳动合同的期限不间断达到十年,劳动合同期满双方同意续订劳动合同时,只要劳动者提出签订无固定期限劳动合同的,用人单位应当与其签订无固定期限的劳动合同。在固定工转制中各地如有特殊规定的,从其规定。

23. 用人单位用于劳动者职业技能培训费用的支付和劳动者违约时培训费的赔偿可以在劳动合同中约定,但约定劳动者违约时负担的培训费和赔偿金的标准不得违反劳动部《违反〈劳动法〉有关劳动合同规定的赔偿办法》(劳部发〔1995〕223号)等有关规定。

24. 用人单位在与劳动者订立劳动合同时,不得以任何形式向劳动者收取定金、保证金(物)或抵押金(物)。对违反以上规定的,应按照劳动部、公安部、全国总工会《关于加强外商投资企业和私营企业劳动管理切实保障职工合法权益的通知》(劳部发〔1994〕118号)和劳动部办公厅《对"关于国有企业和集体所有制企业能否参照执行劳部发〔1994〕118号文件中的有关规定的请示"的复函》(劳办发〔1994〕256号)的规定,由公安部门和劳动行政部门责令用人单位立即退还给劳动者本人。

(三)经济性裁员

25. 依据劳动法第二十七条和劳动部《企业经济性裁减人员规定》(劳部发〔1994〕447号)第四条的规定,用人单位确需裁减人员,应按下列程序进行:

(1)提前三十日向工会或全体职工说明情况,并提供有关生产经营状况的资料;

(2)提出裁减人员方案,内容包括:被裁减人员名单、裁减时间及实施步骤,符合法律、法规规定和集体合同约定的被裁减人员的经济补偿办法;

(3)将裁减人员方案征求工会或者全体职工的意见,并对方案进行修改和完善;

(4)向当地劳动行政部门报告裁减人员方案以及工会或者全体职工的意见,并听取劳动行政部门的意见;

(5)由用人单位正式公布裁减人员方案,与被裁减人员办理解除劳动合同手续,按照有关规定向被裁减人员本人支付经济补偿金,并出具裁减人员证明书。

(四)劳动合同的解除和无效劳动合同

26. 劳动合同的解除是指劳动合同订立后,尚未全部履行以前,由于某种原因导致劳动合同一方或双方当事人提前消灭劳动关系的法律行为。劳动合同的解除分为法定解除和约定解除两种。根据劳动法的规定,劳动合同既可以由单方依法解除,也可以双方协商解除。劳动合同的解除,只对未履行的部分发生效力,不涉及已履行的部分。

27. 无效劳动合同是指所订立的劳动合同不符合法定条件,不能发生当事人预期的法律后果的劳动合同。劳动合同的无效由人民法院或劳动争议仲裁委员会确认,不能由合同双方当事人决定。

28. 劳动者涉嫌违法犯罪被有关机关收容审查、拘留或逮捕的,用人单位在劳动者被限制人身自由期间,可与其暂时停止劳动合同的履行。

暂时停止履行劳动合同期间,用人单位不承担劳动合同规定的相应义务。劳动者经证明被错误限制人身自由的,暂时停止履行劳动合同期间劳动者的损失,可由其依据《国家赔偿法》要求有关部门赔偿。

29. 劳动者被依法追究刑事责任的,用人单位可依据劳动法第二十五条解除劳动合同。

"被依法追究刑事责任"是指:被人民检察院免予起诉的、被人民法院判处刑罚的、被人民法院依据刑法第三十二条免予刑事处分的。

劳动者被人民法院判处拘役、三年以下有期徒刑缓刑的,用人单位可以解除劳动合同。

30. 劳动法第二十五条为用人单位可以解除劳动合同的条款,即使存在第二十九条规定的情况,只要劳动者同时存在第二十五条规定的四种情形之一,用人单位也可以根据第二十五条的规定解除劳动合同。

31. 劳动者被劳动教养的,用人单位可以依据被劳教的事实解除与该劳动者的劳动合同。

32. 按照劳动法第三十一条的规定,劳动者解除劳动合同,应当提前三十日以书面形式通知用人单位。超过三十日,劳动者可以向用人单位提出办理解除劳动合同手续,用人单位予以办理。如果劳动者违法解除劳动合同给原用人单位造成经济损失,应当承担赔偿责任。

33. 劳动者违反劳动法规定或劳动合同的约定解除劳动合同(如擅自离职),给用人单位造成经济损失的,应当根据劳动法第一百零二条和劳动部《违反〈劳动法〉有关劳动合同规定的赔偿办法》(劳部发〔1995〕223号)的规定,承担赔偿责任。

34. 除劳动法第二十五条规定的情形外,劳动者在医疗期、孕期、产期和哺乳期内,劳动合同期限届满时,用人单位不得终止劳动合同。劳动合同的期限应自动延续至医疗期、孕期、产期和哺乳期期满为止。

35. 请长病假的职工在医疗期满后,能从事原工作的,可以继续履行劳动合同;医疗期满后仍不能从事原工作也不能从事由单位另行安排的工作的,由劳动鉴定委员会参照工伤与职业病致残程度鉴定标准进行劳动能力鉴定。被鉴定为一至四级的,应当退出劳动岗位,解除劳动关系,办理因病或非因工负伤退休退职手续,享受相应的退休退职待遇;被鉴定为五至十级的,用人单位可以解除劳动合同,并按规定支付经济补偿金和医疗补助费。

(五)解除劳动合同的经济补偿

36.用人单位依据劳动法第二十四条、第二十六条、第二十七条的规定解除劳动合同,应当按照劳动法和劳动部《违反和解除劳动合同的经济补偿办法》(劳部发〔1994〕481号)支付劳动者经济补偿金。

37.根据《民法通则》第四十四条第二款"企业法人分立、合并,它的权利和义务由变更后的法人享有和承担"的规定,用人单位发生分立或合并后,分立或合并后的用人单位可依据其实际情况与原用人单位的劳动者遵循平等自愿、协商一致的原则变更、解除或重新签订劳动合同。

在此种情况下的重新签订劳动合同视为原劳动合同的变更,用人单位变更劳动合同,劳动者不能依据劳动法第二十八条要求经济补偿。

38.劳动合同期满或者当事人约定的劳动合同终止条件出现,劳动合同即行终止,用人单位可以不支付劳动者经济补偿金。国家另有规定的,可以从其规定。

39.用人单位依据劳动法第二十五条解除劳动合同,可以不支付劳动者经济补偿金。

40.劳动者依据劳动法第三十二条第(一)项解除劳动合同,用人单位可以不支付经济补偿金,但应按照劳动者的实际工作天数支付工资。

41.在原固定工实行劳动合同制度的过程中,企业富余职工辞职,经企业同意可以不与企业签订劳动合同的,企业应根据《国有企业富余职工安置规定》(国务院令第111号,1993年公布)发给劳动者一次性生活补助费。

42.职工在接近退休年龄(按有关规定一般为五年以内)时因劳动合同到期终止劳动合同的,如果符合退休、退职条件,可以办理退休、退职手续;不符合退休、退职条件的,在终止劳动合同后按规定领取失业救济金。享受失业救济金的期限届满后仍未就业,符合社会救济条件的,可以按规定领取社会救济金,达到退休年龄时办理退休手续,领取养老保险金。

43. 劳动合同解除后,用人单位对符合规定的劳动者应支付经济补偿金。不能因劳动者领取了失业救济金而拒付或克扣经济补偿金,失业保险机构也不得以劳动者领取了经济补偿金为由,停发或减发失业救济金。

(六)体制改革过程中实行劳动合同制度的有关政策

44. 困难企业签订劳动合同,应区分不同情况,有些亏损企业属政策性亏损,生产仍在进行,还能发出工资,应该按照劳动法的规定签订劳动合同。已经停产半停产的企业,要根据具体情况签订劳动合同,保证这些企业职工的基本生活。

45. 在国有企业固定工转制过程中,劳动者无正当理由不得单方面与用人单位解除劳动关系;用人单位也不得以实行劳动合同制度为由,借机辞退部分职工。

46. 关于在企业内录干、聘干问题,劳动法规定用人单位内的全体职工统称为劳动者,在同一用人单位内,各种不同的身份界限随之打破。应该按照劳动法的规定,通过签订劳动合同来明确劳动者的工作内容、岗位等。用人单位根据工作需要,调整劳动者的工作岗位时,可以与劳动者协商一致,变更劳动合同的相关内容。

47. 由于各用人单位千差万别,对工作内容、劳动报酬的规定也就差异很大,因此,国家不宜制定统一的劳动合同标准文本。目前,各地、各行业制定并向企业推荐的劳动合同文本,对于用人单位和劳动者双方有一定的指导意义,但这些劳动合同文本只能供用人单位和劳动者参考。

48. 按照劳动部办公厅《对全面实行劳动合同制若干问题的请示的复函》(劳办发〔1995〕19号)的规定,各地企业在与原固定工签订劳动合同时,应注意保护老弱病残职工的合法权益。对工作时间较长,年龄较大的职工,各地可以根据劳动法第一百零六条制定一次性的过渡政策,具体办法由各省、自治区、直辖市确定。

49. 在企业全面建立劳动合同制度以后,原合同制工人与本企业内的原固定工应享受同等待遇。是否发给15%的工资性补贴,可以由各省、自治区、直辖市人民政府根据劳动法第一百零六条在制定劳动合同制度的实施步骤时加以规定。

50. 在目前工伤保险和残疾人康复就业制度尚未建立和完善的情况下，对因工部分丧失劳动能力的职工，劳动合同期满也不能终止劳动合同，仍由原单位按照国家有关规定提供医疗等待遇。

（七）集体合同

51. 当前签订集体合同的重点应在非国有企业和现代企业制度试点的企业进行，积累经验，逐步扩大范围。

52. 关于国有企业在承包制条件下签订的"共保合同"，凡内容符合劳动法和有关法律、法规和规章关于集体合同规定的，应按照有关规定办理集体合同送审、备案手续；凡不符合劳动法和有关法律、法规和规章规定的，应积极创造条件逐步向规范的集体合同过渡。

三、工资

（一）最低工资。

53. 劳动法中的"工资"是指用人单位依据国家有关规定或劳动合同的约定，以货币形式直接支付给本单位劳动者的劳动报酬，一般包括计时工资、计件工资、奖金、津贴和补贴、延长工作时间的工资报酬以及特殊情况下支付的工资等。"工资"是劳动者劳动收入的主要组成部分。

劳动者的以下劳动收入不属于工资范围：

（1）单位支付给劳动者个人的社会保险福利费用，如丧葬抚恤救济费、生活困难补助费、计划生育补贴等；

（2）劳动保护方面的费用，如用人单位支付给劳动者的工作服、解毒剂、清凉饮料费用等；

（3）按规定未列入工资总额的各种劳动报酬及其他劳动收入，如根据国家规定发放的创造发明奖、国家星火奖、自然科学奖、科学技术进步奖、合理化建议和技术改进奖、中华技能大奖等，以及稿费、讲课费、翻译费等。

54. 劳动法第四十八条中的"最低工资"是指劳动者在法定工作时间内履行了正常劳动义务的前提下，由其所在单位支付的最低劳动报酬。最低工资不包括延长工作时间的工资报酬，以货币形式支付的住

一、综合规定　39

房和用人单位支付的伙食补贴,中班、夜班、高温、低温、井下、有毒、有害等特殊工作环境和劳动条件下的津贴,国家法律、法规、规章规定的社会保险福利待遇。

55. 劳动法第四十四条中的"劳动者正常工作时间工资"是指劳动合同规定的劳动者本人所在工作岗位(职位)相对应的工资。鉴于当前劳动合同制度尚处于推进过程中,按上述规定执行确有困难的用人单位,地方或行业劳动部门可在不违反劳动部《关于工资〈支付暂行规定〉有关问题的补充规定》(劳部发〔1995〕226号)文件所确定的总的原则的基础上,制定过渡办法。

56. 在劳动合同中,双方当事人约定的劳动者在未完成劳动定额或承包任务的情况下,用人单位可低于最低工资标准支付劳动者工资的条款不具有法律效力。

57. 劳动者与用人单位形成或建立劳动关系后,试用、熟练、见习期间,在法定工作时间内提供了正常劳动,其所在的用人单位应当支付其不低于最低工资标准的工资。

58. 企业下岗待工人员,由企业依据当地政府的有关规定支付其生活费,生活费可以低于最低工资标准,下岗待工人员中重新就业的,企业应停发其生活费。女职工因生育、哺乳请长假而下岗的,在其享受法定产假期间,依法领取生育津贴;没有参加生育保险的企业,由企业照发原工资。

59. 职工患病或非因工负伤治疗期间,在规定的医疗期间内由企业按有关规定支付其病假工资或疾病救济费,病假工资或疾病救济费可以低于当地最低工资标准支付,但不能低于最低工资标准的80%。

(二)延长工作时间的工资报酬

60. 实行每天不超过8小时,每周不超过44小时或40小时标准工作时间制度的企业,以及经批准实行综合计算工时工作制的企业,应当按照劳动法的规定支付劳动者延长工作时间的工资报酬。全体职工已实行劳动合同制度的企业,一般管理人员(实行不定时工作制人员除外)经批准延长工作时间的,可以支付延长工作时间的工资报酬。

61. 实行计时工资制的劳动者的日工资,按其本人月工资标准除以平均每月法定工作天数(实行每周40小时工作制的为21.16天,实行每周 44 小时工作制的为 23.33 天)进行计算。

62. 实行综合计算工时工作制的企业职工,工作日正好是周休息日的,属于正常工作;工作日正好是法定节假日时,要依照劳动法第四十四条第(三)项的规定支付职工的工资报酬。

(三)有关企业工资支付的政策

63. 企业克扣或无故拖欠劳动者工资的,劳动监察部门应根据劳动法第九十一条、劳动部《违反和解除劳动合同的经济补偿办法》第三条、《违反〈中华人民共和国劳动法〉行政处罚办法》第六条予以处理。

64. 经济困难的企业执行劳动部《工资支付暂行规定》(劳部发〔1994〕489 号)确有困难,应根据以下规定执行:

(1)《关于做好国有企业职工和离退休人员基本生活保障工作的通知》(国发〔1993〕76 号)的规定,"企业发放工资确有困难时,应发给职工基本生活费,具体标准由各地区、各部门根据实际情况确定";

(2)《关于国有企业流动资金贷款的紧急通知》(银传〔1994〕34 号)的规定,"地方政府通过财政补贴,企业主管部门有可能也要拿出一部分资金,银行要拿出一部分贷款,共同保证职工基本生活和社会的稳定";

(3)《国有企业富余职工安置规定》(国务院令第 111 号,1993 年发布)的规定:"企业可以对职工实行有限期的放假。职工放假期间,由企业发给生活费"。

四、工作时间和休假

(一)综合计算工作时间

65. 经批准实行综合计算工作时间的用人单位,分别以周、月、季、年等为周期综合计算工作时间,但其平均日工作时间和平均周工作时间应与法定标准工作时间基本相同。

66. 对于那些在市场竞争中,由于外界因素的影响,生产任务不均衡的企业的部分职工,经劳动行政部门严格审批后,可以参照综合计算工时工作制的办法实施,但用人单位应采取适当方式确保职工的休息休假权利和生产、工作任务的完成。

67. 经批准实行不定时工作制的职工,不受劳动法第四十一条规定的日延长工作时间标准和月延长工作时间标准的限制,但用人单位应采用弹性工作时间等适当的工作和休息方式,确保职工的休息休假权利和生产、工作任务的完成。

68. 实行标准工时制度的企业,延长工作时间应严格按劳动法第四十一条的规定执行,不能按季、年综合计算延长工作时间。

69. 中央直属企业、企业化管理的事业单位实行不定时工作制和综合计算工时工作制等其他工作和休息办法的,须经国务院行业主管部门审核,报国务院劳动行政部门批准。地方企业实行不定时工作制和综合计算工时工作制等其他工作和休息办法的审批办法,由省、自治区、直辖市人民政府劳动行政部门制定,报国务院劳动行政部门备案。

(二)延长工作时间

70. 休息日安排劳动者工作的,应先按同等时间安排其补休,不能安排补休的应按劳动法第四十四条第(二)项的规定支付劳动者延长工作时间的工资报酬。法定节假日(元旦、春节、劳动节、国庆节)安排劳动者工作的,应按劳动法第四十四条第(三)项支付劳动者延长工作时间的工资报酬。

71. 协商是企业决定延长工作时间的程序(劳动法第四十二条和《劳动部贯彻〈国务院关于职工工作时间的规定〉的实施办法》第七条规定除外),企业确因生产经营需要,必须延长工作时间时,应与工会和劳动者协商。协商后,企业可以在劳动法限定的延长工作时数内决定延长工作时间,对企业违反法律、法规强迫劳动者延长工作时间的,劳动者有权拒绝。若由此发生劳动争议,可以提请劳动争议处理机构予以处理。

(三)休假

72. 实行新工时制度后,企业职工原有的年休假制度仍然实行。在国务院尚未作出新的规定之前,企业可以按照1991年6月5日《中共中央国务院关于职工休假问题的通知》,安排职工休假。

五、社会保险

73. 企业实施破产时,按照国家有关企业破产的规定,从其财产清产和土地转让所得中按实际需要划拨出社会保险费用和职工再就业的安置费。其划拨的养老保险费和失业保险费由当地社会保险基金经办机构和劳动部门就业服务机构接收,并负责支付离退休人员的养老保险费用和支付失业人员应享受的失业保险待遇。

74. 企业富余职工、请长假人员、请长病假人员、外借人员和带薪上学人员,其社会保险费仍按规定由原单位和个人继续缴纳,缴纳保险费期间计算为缴费年限。

75. 用人单位全部职工实行劳动合同制度后,职工在用人单位内由转制前的原工人岗位转为原干部(技术)岗位或由原干部(技术)岗位转为原工人岗位,其退休年龄和条件,按现岗位国家规定执行。

76. 依据劳动部《企业职工患病或非因工负伤医疗期的规定》(劳部发〔1994〕479号)和劳动部《关于贯彻〈企业职工患病或非因工负伤医疗期的规定〉的通知》(劳部发〔1995〕236号),职工患病或非因工负伤,根据本人实际参加工作的年限和本企业工作年限长短,享受3-24个月的医疗期。对于某些患特殊疾病(如癌症、精神病、瘫痪等)的职工,在24个月内尚不能痊愈的,经企业和当地劳动部门批准,可以适当延长医疗期。

77. 劳动者的工伤待遇在国家尚未颁布新的工伤保险法律、行政法规之前,各类企业仍要执行《劳动保险条例》及相关的政策规定,如果当地政府已实行工伤保险制度改革的,应执行当地的新规定;个体经济组织的劳动者的工伤保险参照企业职工的规定执行;国家机关、事业组织、社会团体的劳动者的工伤保险,如果包括在地方人民政府的工伤改革规定范围内的,按地方政府的规定执行。

78. 劳动者患职业病按照1987年由卫生部等部门发布的《职业病范围和职业病患者处理办法的规定》和所附的"职业病名单"(〔87〕卫防第60号)处理,经职业病诊断机构确诊并发给《职业病诊断证明书》,劳动行政部门据此确认工伤,并通知用人单位或者社会保险基金经办机构发给有关工伤保险待遇;劳动者因工负伤的,劳动行政部门根据企业的工伤事故报告和工伤者本人的申请,作出工伤认定,由社会保险基金经办机构或用人单位,发给有关工伤保险待遇。患职业病或工伤致残的,由当地劳动鉴定委员会按照劳动部《职工工伤和职业病致残程度鉴定标准》(劳险字〔1992〕6号)评定伤残等级和护理依赖程度。劳动鉴定委员会的伤残等级和护理依赖程度的结论,以医学检查、诊断结果为技术依据。

79. 劳动者因工负伤或患职业病,用人单位应按国家和地方政府的规定进行工伤事故报告,或者经职业病诊断机构确诊进行职业病报告。用人单位和劳动者有权按规定向当地劳动行政部门报告。如果用人单位瞒报、漏报工作或职业病,工会、劳动者可以向劳动行政部门报告。经劳动行政部门确认后,用人单位或社会保险基金经办机构应补发工伤保险待遇。

80. 劳动者对劳动行政部门作出的工伤或职业病的确认意见不服,可依法提起行政复议或行政诉讼。

81. 劳动者被认定患职业病或因工负伤后,对劳动鉴定委员会作出的伤残等级和护理依赖程度鉴定结论不服,可依法提起行政复议或行政诉讼。对劳动能力鉴定结论所依据的医学检查、诊断结果有异议的,可以要求复查诊断,复查诊断按各省、自治区和直辖市劳动鉴定委员会规定的程序进行。

六、劳动争议

82. 用人单位与劳动者发生劳动争议不论是否订立劳动合同,只要存在事实劳动关系,并符合劳动法的适用范围和《中华人民共和国企业劳动争议处理条例》的受案范围,劳动争议仲裁委员会均应受理。

83. 劳动合同鉴证是劳动行政部门审查、证明劳动合同的真实性、合法性的一项行政监督措施,尤其在劳动合同制度全面实施的初期有其必要性。劳动行政部门鼓励并提倡用人单位和劳动者进行劳动合同鉴证。劳动争议仲裁委员会不能以劳动合同未经鉴证为由不受理相关的劳动争议案件。

84. 国家机关、事业组织、社会团体与本单位工人以及其他与之建立劳动合同关系的劳动者之间,个体工商户与帮工、学徒之间,以及军队、武警部队的事业组织和企业与其无军籍的职工之间发生的劳动争议,只要符合劳动争议的受案范围,劳动争议仲裁委员会应予受理。

85. "劳动争议发生之日"是指当事人知道或者应当知道其权利被侵害之日。

86. 根据《中华人民共和国商业银行法》的规定,商业银行为企业法人。商业银行与其职工适用《劳动法》、《中华人民共和国企业劳动争议处理条例》等劳动法律、法规和规章。商业银行与其职工发生的争议属于劳动争议的受案范围的,劳动争议仲裁委员会应予受理。

87. 劳动法第二十五条第(三)项中的"重大损害",应由企业内部规章来规定,不便于在全国对其作统一解释。若用人单位以此为由解除劳动合同,与劳动者发生劳动争议,当事人向劳动争议仲裁委员会申请仲裁的,由劳动争议仲裁委员会根据企业类型、规模和损害程度等情况,对企业规章中规定的"重大损害"进行认定。

88. 劳动监察是劳动法授予劳动行政部门的职责,劳动争议仲裁是劳动法授予各级劳动争议仲裁委员会的职能。用人单位或行业部门不能设立劳动监察机构和劳动争议仲裁委员会,也不能设立劳动行政部门劳动监察机构的派出机构和劳动争议仲裁委员会的派出机构。

89. 劳动争议当事人向企业劳动争议调解委员会申请调解,从当事人提出申请之日起,仲裁申诉时效中止,企业劳动争议调解委员会应当在三十日内结束调解,即中止期间最长不得超过三十日。结束调解之日起,当事人的申诉时效继续计算。调解超过三十日的,申诉时效从三十日之后的第一天继续计算。

90. 劳动争议仲裁委员会的办事机构对未予受理的仲裁申请,应逐件向仲裁委员会报告并说明情况,仲裁委员会认为应当受理的,应及时通知当事人。当事人从申请至受理的期间应视为时效中止。

七、法律责任

91. 劳动法第九十一条的含义是,如果用人单位实施了本条规定的前三项侵权行为之一的,劳动行政部门应责令用人单位支付劳动者的工资报酬和经济补偿,并可以责令支付赔偿金。如果用人单位实施了本条规定的第四项侵权行为,即解除劳动合同后未依法给予劳动者经济补偿的,因不存在支付工资报酬的问题,故劳动行政部门只责令用人单位支付劳动者经济补偿,还可以支付赔偿金。

92. 用人单位实施下列行为之一的,应认定为劳动法第一百零一条中的"无理阻挠"行为:

(1)阻止劳动监督检查人员进入用人单位内(包括进入劳动现场)进行监督检查的;

(2)隐瞒事实真象,出具伪证,或者隐匿、毁灭证据的;

(3)拒绝提供有关资料的；

(4)拒绝在规定的时间和地点就劳动行政部门所提问题作出解释和说明的；

(5)法律、法规和规章规定的其他情况。

八、适用法律

93.劳动部、外经贸部《外商投资企业劳动管理规定》(劳部发〔1994〕246号)与劳动部《违反和解除劳动合同的经济补偿办法》(劳部发〔1994〕481号)中关于解除劳动合同的经济补偿规定是一致的，246号文中的"生活补助费"是劳动法第二十八条所指经济补偿的具体化，与481号文中的"经济补偿金"可视为同一概念。

94.劳动部、外经贸部《外商投资企业劳动管理规定》(劳部发〔1994〕246号)与劳动部《违反〈中华人民共和国劳动法〉行政处罚办法》(劳部发〔1994〕532号)在企业低于当地最低工资标准支付职工工资应付赔偿金的标准，延长工作时间的罚款标准，阻止劳动监察人员行使监督检查权的罚款标准等方面规定不一致，按照同等效力的法律规范新法优于旧法执行的原则，应执行劳动部劳部发〔1994〕532号规章。

95.劳动部《企业最低工资规定》(劳部发〔1993〕333号)与劳动部《违反〈中华人民共和国劳动法〉行政处罚办法》(劳部发〔1994〕532号)在拖欠或低于国家最低工资标准支付工资的赔偿金标准方面规定不一致，应按劳动部劳部发〔1994〕532号规章执行。

96.劳动部《违反〈中华人民共和国劳动法〉行政处罚办法》(劳部发〔1994〕532号)对行政处罚行为、处罚标准未作规定，而其他劳动行政规章和地方政府规章作了规定的，按有关规定执行。

97.对违反劳动法的用人单位，劳动行政部门有权依据劳动法律、法规和规章的规定予以处理，用人单位对劳动行政部门作出的行政处罚决定不服，在法定期限内不提起诉讼或不申请复议又不执行行政处罚决定的，劳动行政部门可以根据行政诉讼法第六十六条申请人民法院强制执行。劳动行政部门依法申请人民法院强制执行时，应当提交申请执行书，据以执行的法律文书和其他必须提交的材料。

98.适用法律、法规、规章及其他规范性文件遵循下列原则：

(1)法律的效力高于行政法规与地方性法规；行政法规与地方性

法规效力高于部门规章和地方政府规章;部门规章和地方政府规章效力高于其他规范性文件。

(2)在适用同一效力层次的文件时,新法律优于旧法律;新法规优于旧法规;新规章优于旧规章;新规范性文件优于旧规范性文件。

99. 依据《法规规章备案规定》(国务院令第 48 号,1990 年发布)"地方人民政府规章同国务院部门规章之间或者国务院部门规章相互之间有矛盾的,由国务院法制局进行协调;经协调不能取得一致意见的,由国务院法制局提出意见,报国务院决定。"地方劳动行政部门在发现劳动部规章与国务院其他部门规章或地方政府规章相矛盾时,可将情况报劳动部,由劳动部报国务院法制局进行协调或决定。

100. 地方或行业劳动部门发现劳动部的规章之间、其他规范性文件之间或规章与其他规范性文件之间相矛盾,一般适用"新文件优于旧文件"的原则,同时可向劳动部请示。

中华人民共和国工会法(节录)

(1992 年 4 月 3 日第七届全国人民代表大会第五次会议通过 根据 2001 年 10 月 27 日第九届全国人民代表大会常务委员会第二十四次会议《关于修改〈中华人民共和国工会法〉的决定》第一次修正 根据 2009 年 8 月 27 日第十一届全国人民代表大会常务委员会第十次会议《关于修改部分法律的决定》第二次修正 根据 2021 年 12 月 24 日第十三届全国人民代表大会常务委员会第三十二次会议《关于修改〈中华人民共和国工会法〉的决定》第三次修正)

第三条 在中国境内的企业、事业单位、机关、社会组织(以下统称用人单位)中以工资收入为主要生活来源的劳动者,不分民族、种族、性别、职业、宗教信仰、教育程度,都有依法参加和组织工会的权利。任何组织和个人不得阻挠和限制。

工会适应企业组织形式、职工队伍结构、劳动关系、就业形态等方面的发展变化,依法维护劳动者参加和组织工会的权利。

第六条 维护职工合法权益、竭诚服务职工群众是工会的基本职责。工会在维护全国人民总体利益的同时,代表和维护职工的合法权益。

工会通过平等协商和集体合同制度等,推动健全劳动关系协调机制,维护职工劳动权益,构建和谐劳动关系。

工会依照法律规定通过职工代表大会或者其他形式,组织职工参与本单位的民主选举、民主协商、民主决策、民主管理和民主监督。

工会建立联系广泛、服务职工的工会工作体系,密切联系职工,听取和反映职工的意见和要求,关心职工的生活,帮助职工解决困难,全心全意为职工服务。

第二十条 企业、事业单位、社会组织违反职工代表大会制度和其他民主管理制度,工会有权要求纠正,保障职工依法行使民主管理的权利。

法律、法规规定应当提交职工大会或者职工代表大会审议、通过、决定的事项,企业、事业单位、社会组织应当依法办理。

第二十一条 工会帮助、指导职工与企业、实行企业化管理的事业单位、社会组织签订劳动合同。

工会代表职工与企业、实行企业化管理的事业单位、社会组织进行平等协商,依法签订集体合同。集体合同草案应当提交职工代表大会或者全体职工讨论通过。

工会签订集体合同,上级工会应当给予支持和帮助。

企业、事业单位、社会组织违反集体合同,侵犯职工劳动权益的,工会可以依法要求企业、事业单位、社会组织予以改正并承担责任;因履行集体合同发生争议,经协商解决不成的,工会可以向劳动争议仲裁机构提请仲裁,仲裁机构不予受理或者对仲裁裁决不服的,可以向人民法院提起诉讼。

第二十二条 企业、事业单位、社会组织处分职工,工会认为不适当的,有权提出意见。

用人单位单方面解除职工劳动合同时,应当事先将理由通知工会,工会认为用人单位违反法律、法规和有关合同,要求重新研究处理时,用人单位应当研究工会的意见,并将处理结果书面通知工会。

职工认为用人单位侵犯其劳动权益而申请劳动争议仲裁或者向人民法院提起诉讼的,工会应当给予支持和帮助。

第二十三条 企业、事业单位、社会组织违反劳动法律法规规定,有下列侵犯职工劳动权益情形,工会应当代表职工与企业、事业单位、社会组织交涉,要求企业、事业单位、社会组织采取措施予以改正;企业、事业单位、社会组织应当予以研究处理,并向工会作出答复;企业、事业单位、社会组织拒不改正的,工会可以提请当地人民政府依法作出处理:

(一)克扣、拖欠职工工资的;

(二)不提供劳动安全卫生条件的;

(三)随意延长劳动时间的;

(四)侵犯女职工和未成年工特殊权益的;

(五)其他严重侵犯职工劳动权益的。

第二十四条 工会依照国家规定对新建、扩建企业和技术改造工程中的劳动条件和安全卫生设施与主体工程同时设计、同时施工、同时投产使用进行监督。对工会提出的意见,企业或者主管部门应当认真处理,并将处理结果书面通知工会。

第二十五条 工会发现企业违章指挥、强令工人冒险作业,或者生产过程中发现明显重大事故隐患和职业危害,有权提出解决的建议,企业应当及时研究答复;发现危及职工生命安全的情况时,工会有权向企业建议组织职工撤离危险现场,企业必须及时作出处理决定。

第二十六条 工会有权对企业、事业单位、社会组织侵犯职工合法权益的问题进行调查,有关单位应当予以协助。

第二十七条 职工因工伤亡事故和其他严重危害职工健康问题的调查处理,必须有工会参加。工会应当向有关部门提出处理意见,并有权要求追究直接负责的主管人员和有关责任人员的责任。对工会提出的意见,应当及时研究,给予答复。

第二十八条 企业、事业单位、社会组织发生停工、怠工事件,工会应当代表职工同企业、事业单位、社会组织或者有关方面协商,反映职工的意见和要求并提出解决意见。对于职工的合理要求,企业、事业单位、社会组织应当予以解决。工会协助企业、事业单位、社会组织做好工作,尽快恢复生产、工作秩序。

第二十九条 工会参加企业的劳动争议调解工作。

地方劳动争议仲裁组织应当有同级工会代表参加。

第三十条 县级以上各级总工会依法为所属工会和职工提供法律援助等法律服务。

第三十一条 工会协助用人单位办好职工集体福利事业,做好工资、劳动安全卫生和社会保险工作。

第三十二条 工会会同用人单位加强对职工的思想政治引领,教育职工以国家主人翁态度对待劳动,爱护国家和单位的财产;组织职工开展群众性的合理化建议、技术革新、劳动和技能竞赛活动,进行业余文化技术学习和职工培训,参加职业教育和文化体育活动,推进职业安全健康教育和劳动保护工作。

第三十三条 根据政府委托,工会与有关部门共同做好劳动模范和先进生产(工作)者的评选、表彰、培养和管理工作。

第三十四条 国家机关在组织起草或者修改直接涉及职工切身利益的法律、法规、规章时,应当听取工会意见。

县级以上各级人民政府制定国民经济和社会发展计划,对涉及职工利益的重大问题,应当听取同级工会的意见。

县级以上各级人民政府及其有关部门研究制定劳动就业、工资、劳动安全卫生、社会保险等涉及职工切身利益的政策、措施时,应当吸收同级工会参加研究,听取工会意见。

第三十五条 县级以上地方各级人民政府可以召开会议或者采取适当方式,向同级工会通报政府的重要的工作部署和与工会工作有关的行政措施,研究解决工会反映的职工群众的意见和要求。

各级人民政府劳动行政部门应当会同同级工会和企业方面代表,建立劳动关系三方协商机制,共同研究解决劳动关系方面的重大问题。

第三十六条 国有企业职工代表大会是企业实行民主管理的基本形式,是职工行使民主管理权力的机构,依照法律规定行使职权。

国有企业的工会委员会是职工代表大会的工作机构,负责职工代表大会的日常工作,检查、督促职工代表大会决议的执行。

第三十七条 集体企业的工会委员会,应当支持和组织职工参加民主管理和民主监督,维护职工选举和罢免管理人员、决定经营管理的重大问题的权力。

第三十八条 本法第三十六条、第三十七条规定以外的其他企业、事业单位的工会委员会,依照法律规定组织职工采取与企业、事业单位相适应的形式,参与企业、事业单位民主管理。

第三十九条 企业、事业单位、社会组织研究经营管理和发展的重大问题应当听取工会的意见;召开会议讨论有关工资、福利、劳动安全卫生、工作时间、休息休假、女职工保护和社会保险等涉及职工切身利益的问题,必须有工会代表参加。

企业、事业单位、社会组织应当支持工会依法开展工作,工会应当支持企业、事业单位、社会组织依法行使经营管理权。

第四十条 公司的董事会、监事会中职工代表的产生,依照公司法有关规定执行。

第四十一条 基层工会委员会召开会议或者组织职工活动,应当在生产或者工作时间以外进行,需要占用生产或者工作时间的,应当事先征得企业、事业单位、社会组织的同意。

基层工会的非专职委员占用生产或者工作时间参加会议或者从事工会工作,每月不超过三个工作日,其工资照发,其他待遇不受影响。

第四十二条 用人单位工会委员会的专职工作人员的工资、奖励、补贴,由所在单位支付。社会保险和其他福利待遇等,享受本单位职工同等待遇。

第五十二条 违反本法规定,对依法履行职责的工会工作人员无正当理由调动工作岗位,进行打击报复的,由劳动行政部门责令改正、恢复原工作;造成损失的,给予赔偿。

对依法履行职责的工会工作人员进行侮辱、诽谤或者进行人身伤害,构成犯罪的,依法追究刑事责任;尚未构成犯罪的,由公安机关依照治安管理处罚法的规定处罚。

第五十三条 违反本法规定,有下列情形之一的,由劳动行政部门责令恢复其工作,并补发被解除劳动合同期间应得的报酬,或者责令给予本人年收入二倍的赔偿:

(一)职工因参加工会活动而被解除劳动合同的;
(二)工会工作人员因履行本法规定的职责而被解除劳动合同的。

第五十四条 违反本法规定,有下列情形之一的,由县级以上人民政府责令改正,依法处理:

(一)妨碍工会组织职工通过职工代表大会和其他形式依法行使民主权利的;
(二)非法撤销、合并工会组织的;
(三)妨碍工会参加职工因工伤亡事故以及其他侵犯职工合法权益问题的调查处理的;
(四)无正当理由拒绝进行平等协商的。

中华人民共和国公司法(节录)

(1993年12月29日第八届全国人民代表大会常务委员会第五次会议通过 根据1999年12月25日第九届全国人民代表大会常务委员会第十三次会议《关于修改〈中华人民共和国公司法〉的决定》第一次修正 根据2004年8月28日第十届全国人民代表大会常务委员会第十一次会议《关于修改〈中华人民共和国公司法〉的决定》第二次修正 2005年10月27日第十届全国人民代表大会常务委员会第十八次会议第一次修订 根据2013年12月28日第十二届全国人民代表大会常务委员会第六次会议《关于修改〈中华人民共和国海洋环境保护法〉等七部法律的决定》第三次修正 根据2018年10月26日第十三届全国人民代表大会常务委员会第六次会议《关于修改〈中华人民共和国公司法〉的决定》第四次修正 2023年12月29日第十四届全国人民代表大会常务委员会第七次会议第二次修订)

第十六条 公司应当保护职工的合法权益,依法与职工签订劳动合同,参加社会保险,加强劳动保护,实现安全生产。

公司应当采用多种形式,加强公司职工的职业教育和岗位培训,提高职工素质。

第十七条 公司职工依照《中华人民共和国工会法》组织工会,开展工会活动,维护职工合法权益。公司应当为本公司工会提供必要的活动条件。公司工会代表职工就职工的劳动报酬、工作时间、休息休假、劳动安全卫生和保险福利等事项依法与公司签订集体合同。

公司依照宪法和有关法律的规定,建立健全以职工代表大会为基本形式的民主管理制度,通过职工代表大会或者其他形式,实行民主管理。

公司研究决定改制、解散、申请破产以及经营方面的重大问题、制定重要的规章制度时,应当听取公司工会的意见,并通过职工代表大会或者其他形式听取职工的意见和建议。

第二十条 公司从事经营活动,应当充分考虑公司职工、消费者等利益相关者的利益以及生态环境保护等社会公共利益,承担社会责任。

国家鼓励公司参与社会公益活动,公布社会责任报告。

第一百七十八条 有下列情形之一的,不得担任公司的董事、监事、高级管理人员:

(一)无民事行为能力或者限制民事行为能力;

(二)因贪污、贿赂、侵占财产、挪用财产或者破坏社会主义市场经济秩序,被判处刑罚,或者因犯罪被剥夺政治权利,执行期满未逾五年,被宣告缓刑的,自缓刑考验期满之日起未逾二年;

(三)担任破产清算的公司、企业的董事或者厂长、经理,对该公司、企业的破产负有个人责任的,自该公司、企业破产清算完结之日起未逾三年;

(四)担任因违法被吊销营业执照、责令关闭的公司、企业的法定代表人,并负有个人责任的,自该公司、企业被吊销营业执照、责令关闭之日起未逾三年;

(五)个人因所负数额较大债务到期未清偿被人民法院列为失信被执行人。

违反前款规定选举、委派董事、监事或者聘任高级管理人员的,该选举、委派或者聘任无效。

董事、监事、高级管理人员在任职期间出现本条第一款所列情形的,公司应当解除其职务。

第一百七十九条 董事、监事、高级管理人员应当遵守法律、行政法规和公司章程。

第一百八十条 董事、监事、高级管理人员对公司负有忠实义务,应当采取措施避免自身利益与公司利益冲突,不得利用职权牟取不正当利益。

董事、监事、高级管理人员对公司负有勤勉义务,执行职务应当为公司的最大利益尽到管理者通常应有的合理注意。

公司的控股股东、实际控制人不担任公司董事但实际执行公司事务的,适用前两款规定。

第一百八十一条 董事、监事、高级管理人员不得有下列行为:

(一)侵占公司财产、挪用公司资金;

(二)将公司资金以其个人名义或者以其他个人名义开立账户存储;

(三)利用职权贿赂或者收受其他非法收入;

(四)接受他人与公司交易的佣金归为己有;

(五)擅自披露公司秘密;

(六)违反对公司忠实义务的其他行为。

第一百八十二条 董事、监事、高级管理人员,直接或者间接与本公司订立合同或者进行交易,应当就与订立合同或者进行交易有关的事项向董事会或者股东会报告,并按照公司章程的规定经董事会或者股东会决议通过。

董事、监事、高级管理人员的近亲属,董事、监事、高级管理人员或者其近亲属直接或者间接控制的企业,以及与董事、监事、高级管理人员有其他关联关系的关联人,与公司订立合同或者进行交易,适用前款规定。

第一百八十三条 董事、监事、高级管理人员,不得利用职务便利为自己或者他人谋取属于公司的商业机会。但是,有下列情形之一的除外：

（一）向董事会或者股东会报告，并按照公司章程的规定经董事会或者股东会决议通过；

（二）根据法律、行政法规或者公司章程的规定，公司不能利用该商业机会。

第一百八十四条 董事、监事、高级管理人员未向董事会或者股东会报告，并按照公司章程的规定经董事会或者股东会决议通过，不得自营或者为他人经营与其任职公司同类的业务。

第一百八十五条 董事会对本法第一百八十二条至第一百八十四条规定的事项决议时，关联董事不得参与表决，其表决权不计入表决权总数。出席董事会会议的无关联关系董事人数不足三人的，应当将该事项提交股东会审议。

第一百八十六条 董事、监事、高级管理人员违反本法第一百八十一条至第一百八十四条规定所得的收入应当归公司所有。

第一百八十七条 股东会要求董事、监事、高级管理人员列席会议的，董事、监事、高级管理人员应当列席并接受股东的质询。

第一百八十八条 董事、监事、高级管理人员执行职务违反法律、行政法规或者公司章程的规定，给公司造成损失的，应当承担赔偿责任。

第一百八十九条 董事、高级管理人员有前条规定的情形的，有限责任公司的股东、股份有限公司连续一百八十日以上单独或者合计持有公司百分之一以上股份的股东，可以书面请求监事会向人民法院提起诉讼；监事有前条规定的情形的，前述股东可以书面请求董事会向人民法院提起诉讼。

监事会或者董事会收到前款规定的股东书面请求后拒绝提起诉讼，或者自收到请求之日起三十日内未提起诉讼，或者情况紧急、不立即提起诉讼将会使公司利益受到难以弥补的损害的，前款规定的股东有权为公司利益以自己的名义直接向人民法院提起诉讼。

他人侵犯公司合法权益，给公司造成损失的，本条第一款规定的股东可以依照前两款的规定向人民法院提起诉讼。

公司全资子公司的董事、监事、高级管理人员有前条规定情形，或者他人侵犯公司全资子公司合法权益造成损失的,有限责任公司的股东、股份有限公司连续一百八十日以上单独或者合计持有公司百分之一以上股份的股东,可以依照前三款规定书面请求全资子公司的监事会、董事会向人民法院提起诉讼或者以自己的名义直接向人民法院提起诉讼。

  第一百九十条 董事、高级管理人员违反法律、行政法规或者公司章程的规定,损害股东利益的,股东可以向人民法院提起诉讼。

  第一百九十一条 董事、高级管理人员执行职务,给他人造成损害的,公司应当承担赔偿责任;董事、高级管理人员存在故意或者重大过失的,也应当承担赔偿责任。

  第一百九十二条 公司的控股股东、实际控制人指示董事、高级管理人员从事损害公司或者股东利益的行为的,与该董事、高级管理人员承担连带责任。

  第一百九十三条 公司可以在董事任职期间为董事因执行公司职务承担的赔偿责任投保责任保险。

  公司为董事投保责任保险或者续保后,董事会应当向股东会报告责任保险的投保金额、承保范围及保险费率等内容。

  第二百六十五条 本法下列用语的含义:

  (一)高级管理人员,是指公司的经理、副经理、财务负责人,上市公司董事会秘书和公司章程规定的其他人员。

  (二)控股股东,是指其出资额占有限责任公司资本总额超过百分之五十或者其持有的股份占股份有限公司股本总额超过百分之五十的股东;出资额或者持有股份的比例虽然低于百分之五十,但依其出资额或者持有的股份所享有的表决权已足以对股东会的决议产生重大影响的股东。

  (三)实际控制人,是指通过投资关系、协议或者其他安排,能够实际支配公司行为的人。

  (四)关联关系,是指公司控股股东、实际控制人、董事、监事、高级管理人员与其直接或者间接控制的企业之间的关系,以及可能导致公司利益转移的其他关系。但是,国家控股的企业之间不仅因为同受国家控股而具有关联关系。

二、劳动关系与劳动合同

中华人民共和国劳动合同法

（2007年6月29日第十届全国人民代表大会常务委员会第二十八次会议通过 根据2012年12月28日第十一届全国人民代表大会常务委员会第三十次会议《关于修改〈中华人民共和国劳动合同法〉的决定》修正）

目 录

第一章 总 则
第二章 劳动合同的订立
第三章 劳动合同的履行和变更
第四章 劳动合同的解除和终止
第五章 特别规定
　第一节 集体合同
　第二节 劳务派遣
　第三节 非全日制用工
第六章 监督检查
第七章 法律责任
第八章 附 则

第一章 总 则

第一条 【立法宗旨】为了完善劳动合同制度，明确劳动合同双方当事人的权利和义务，保护劳动者的合法权益，构建和发展和谐稳定的劳动关系，制定本法。

第二条 【适用范围】中华人民共和国境内的企业、个体经济组织、民办非企业单位等组织(以下称用人单位)与劳动者建立劳动关系,订立、履行、变更、解除或者终止劳动合同,适用本法。

国家机关、事业单位、社会团体和与其建立劳动关系的劳动者,订立、履行、变更、解除或者终止劳动合同,依照本法执行。

第三条 【基本原则】订立劳动合同,应当遵循合法、公平、平等自愿、协商一致、诚实信用的原则。

依法订立的劳动合同具有约束力,用人单位与劳动者应当履行劳动合同约定的义务。

第四条 【规章制度】用人单位应当依法建立和完善劳动规章制度,保障劳动者享有劳动权利、履行劳动义务。

用人单位在制定、修改或者决定有关劳动报酬、工作时间、休息休假、劳动安全卫生、保险福利、职工培训、劳动纪律以及劳动定额管理等直接涉及劳动者切身利益的规章制度或者重大事项时,应当经职工代表大会或者全体职工讨论,提出方案和意见,与工会或者职工代表平等协商确定。

在规章制度和重大事项决定实施过程中,工会或者职工认为不适当的,有权向用人单位提出,通过协商予以修改完善。

用人单位应当将直接涉及劳动者切身利益的规章制度和重大事项决定公示,或者告知劳动者。

第五条 【协调劳动关系三方机制】县级以上人民政府劳动行政部门会同工会和企业方面代表,建立健全协调劳动关系三方机制,共同研究解决有关劳动关系的重大问题。

第六条 【集体协商机制】工会应当帮助、指导劳动者与用人单位依法订立和履行劳动合同,并与用人单位建立集体协商机制,维护劳动者的合法权益。

第二章 劳动合同的订立

第七条 【劳动关系的建立】用人单位自用工之日起即与劳动者建立劳动关系。用人单位应当建立职工名册备查。

第八条 【用人单位的告知义务和劳动者的说明义务】用人单位

招用劳动者时,应当如实告知劳动者工作内容、工作条件、工作地点、职业危害、安全生产状况、劳动报酬,以及劳动者要求了解的其他情况;用人单位有权了解劳动者与劳动合同直接相关的基本情况,劳动者应当如实说明。

第九条 【用人单位不得扣押劳动者证件和要求提供担保】用人单位招用劳动者,不得扣押劳动者的居民身份证和其他证件,不得要求劳动者提供担保或者以其他名义向劳动者收取财物。

第十条 【订立书面劳动合同】建立劳动关系,应当订立书面劳动合同。

已建立劳动关系,未同时订立书面劳动合同的,应当自用工之日起一个月内订立书面劳动合同。

用人单位与劳动者在用工前订立劳动合同的,劳动关系自用工之日起建立。

第十一条 【未订立书面劳动合同时劳动报酬不明确的解决】用人单位未在用工的同时订立书面劳动合同,与劳动者约定的劳动报酬不明确的,新招用的劳动者的劳动报酬按照集体合同规定的标准执行;没有集体合同或者集体合同未规定的,实行同工同酬。

第十二条 【劳动合同的种类】劳动合同分为固定期限劳动合同、无固定期限劳动合同和以完成一定工作任务为期限的劳动合同。

第十三条 【固定期限劳动合同】固定期限劳动合同,是指用人单位与劳动者约定合同终止时间的劳动合同。

用人单位与劳动者协商一致,可以订立固定期限劳动合同。

第十四条 【无固定期限劳动合同】无固定期限劳动合同,是指用人单位与劳动者约定无确定终止时间的劳动合同。

用人单位与劳动者协商一致,可以订立无固定期限劳动合同。有下列情形之一,劳动者提出或者同意续订、订立劳动合同的,除劳动者提出订立固定期限劳动合同外,应当订立无固定期限劳动合同:

(一)劳动者在该用人单位连续工作满十年的;

(二)用人单位初次实行劳动合同制度或者国有企业改制重新订立劳动合同时,劳动者在该用人单位连续工作满十年且距法定退休年龄不足十年的;

（三）连续订立二次固定期限劳动合同,且劳动者没有本法第三十九条和第四十条第一项、第二项规定的情形,续订劳动合同的。

用人单位自用工之日起满一年不与劳动者订立书面劳动合同的,视为用人单位与劳动者已订立无固定期限劳动合同。

第十五条 【以完成一定工作任务为期限的劳动合同】以完成一定工作任务为期限的劳动合同,是指用人单位与劳动者约定以某项工作的完成为合同期限的劳动合同。

用人单位与劳动者协商一致,可以订立以完成一定工作任务为期限的劳动合同。

第十六条 【劳动合同的生效】劳动合同由用人单位与劳动者协商一致,并经用人单位与劳动者在劳动合同文本上签字或者盖章生效。

劳动合同文本由用人单位和劳动者各执一份。

第十七条 【劳动合同的内容】劳动合同应当具备以下条款:

（一）用人单位的名称、住所和法定代表人或者主要负责人;

（二）劳动者的姓名、住址和居民身份证或者其他有效身份证件号码;

（三）劳动合同期限;

（四）工作内容和工作地点;

（五）工作时间和休息休假;

（六）劳动报酬;

（七）社会保险;

（八）劳动保护、劳动条件和职业危害防护;

（九）法律、法规规定应当纳入劳动合同的其他事项。

劳动合同除前款规定的必备条款外,用人单位与劳动者可以约定试用期、培训、保守秘密、补充保险和福利待遇等其他事项。

第十八条 【劳动合同对劳动报酬和劳动条件约定不明确的解决】劳动合同对劳动报酬和劳动条件等标准约定不明确,引发争议的,用人单位与劳动者可以重新协商;协商不成的,适用集体合同规定;没有集体合同或者集体合同未规定劳动报酬的,实行同工同酬;没有集体合同或者集体合同未规定劳动条件等标准的,适用国家有关规定。

第十九条 【试用期】劳动合同期限三个月以上不满一年的,试用期不得超过一个月;劳动合同期限一年以上不满三年的,试用期不得超过二个月;三年以上固定期限和无固定期限的劳动合同,试用期不得超过六个月。

同一用人单位与同一劳动者只能约定一次试用期。

以完成一定工作任务为期限的劳动合同或者劳动合同期限不满三个月的,不得约定试用期。

试用期包含在劳动合同期限内。劳动合同仅约定试用期的,试用期不成立,该期限为劳动合同期限。

第二十条 【试用期工资】劳动者在试用期的工资不得低于本单位相同岗位最低档工资或者劳动合同约定工资的百分之八十,并不得低于用人单位所在地的最低工资标准。

第二十一条 【试用期内解除劳动合同】在试用期中,除劳动者有本法第三十九条和第四十条第一项、第二项规定的情形外,用人单位不得解除劳动合同。用人单位在试用期解除劳动合同的,应当向劳动者说明理由。

第二十二条 【服务期】用人单位为劳动者提供专项培训费用,对其进行专业技术培训的,可以与该劳动者订立协议,约定服务期。

劳动者违反服务期约定的,应当按照约定向用人单位支付违约金。违约金的数额不得超过用人单位提供的培训费用。用人单位要求劳动者支付的违约金不得超过服务期尚未履行部分所应分摊的培训费用。

用人单位与劳动者约定服务期的,不影响按照正常的工资调整机制提高劳动者在服务期期间的劳动报酬。

第二十三条 【保密义务和竞业限制】用人单位与劳动者可以在劳动合同中约定保守用人单位的商业秘密和与知识产权相关的保密事项。

对负有保密义务的劳动者,用人单位可以在劳动合同或者保密协议中与劳动者约定竞业限制条款,并约定在解除或者终止劳动合同后,在竞业限制期限内按月给予劳动者经济补偿。劳动者违反竞业限制约定的,应当按照约定向用人单位支付违约金。

第二十四条 【竞业限制的范围和期限】竞业限制的人员限于用人单位的高级管理人员、高级技术人员和其他负有保密义务的人员。竞业限制的范围、地域、期限由用人单位与劳动者约定,竞业限制的约定不得违反法律、法规的规定。

在解除或者终止劳动合同后,前款规定的人员到与本单位生产或者经营同类产品、从事同类业务的有竞争关系的其他用人单位,或者自己开业生产或者经营同类产品、从事同类业务的竞业限制期限,不得超过二年。

第二十五条 【违约金】除本法第二十二条和第二十三条规定的情形外,用人单位不得与劳动者约定由劳动者承担违约金。

第二十六条 【劳动合同的无效】下列劳动合同无效或者部分无效:

(一)以欺诈、胁迫的手段或者乘人之危,使对方在违背真实意思的情况下订立或者变更劳动合同的;

(二)用人单位免除自己的法定责任、排除劳动者权利的;

(三)违反法律、行政法规强制性规定的。

对劳动合同的无效或者部分无效有争议的,由劳动争议仲裁机构或者人民法院确认。

第二十七条 【劳动合同部分无效】劳动合同部分无效,不影响其他部分效力的,其他部分仍然有效。

第二十八条 【劳动合同无效后劳动报酬的支付】劳动合同被确认无效,劳动者已付出劳动的,用人单位应当向劳动者支付劳动报酬。劳动报酬的数额,参照本单位相同或者相近岗位劳动者的劳动报酬确定。

第三章 劳动合同的履行和变更

第二十九条 【劳动合同的履行】用人单位与劳动者应当按照劳动合同的约定,全面履行各自的义务。

第三十条 【劳动报酬】用人单位应当按照劳动合同约定和国家规定,向劳动者及时足额支付劳动报酬。

用人单位拖欠或者未足额支付劳动报酬的,劳动者可以依法向当地人民法院申请支付令,人民法院应当依法发出支付令。

第三十一条　【加班】用人单位应当严格执行劳动定额标准,不得强迫或者变相强迫劳动者加班。用人单位安排加班的,应当按照国家有关规定向劳动者支付加班费。

第三十二条　【劳动者拒绝违章指挥、强令冒险作业】劳动者拒绝用人单位管理人员违章指挥、强令冒险作业的,不视为违反劳动合同。

劳动者对危害生命安全和身体健康的劳动条件,有权对用人单位提出批评、检举和控告。

第三十三条　【用人单位名称、法定代表人等的变更】用人单位变更名称、法定代表人、主要负责人或者投资人等事项,不影响劳动合同的履行。

第三十四条　【用人单位合并或者分立】用人单位发生合并或者分立等情况,原劳动合同继续有效,劳动合同由承继其权利和义务的用人单位继续履行。

第三十五条　【劳动合同的变更】用人单位与劳动者协商一致,可以变更劳动合同约定的内容。变更劳动合同,应当采用书面形式。

变更后的劳动合同文本由用人单位和劳动者各执一份。

第四章　劳动合同的解除和终止

第三十六条　【协商解除劳动合同】用人单位与劳动者协商一致,可以解除劳动合同。

第三十七条　【劳动者提前通知解除劳动合同】劳动者提前三十日以书面形式通知用人单位,可以解除劳动合同。劳动者在试用期内提前三日通知用人单位,可以解除劳动合同。

第三十八条　【劳动者单方解除劳动合同】用人单位有下列情形之一的,劳动者可以解除劳动合同:

(一)未按照劳动合同约定提供劳动保护或者劳动条件的;

(二)未及时足额支付劳动报酬的;

(三)未依法为劳动者缴纳社会保险费的;

(四)用人单位的规章制度违反法律、法规的规定,损害劳动者权益的;

（五）因本法第二十六条第一款规定的情形致使劳动合同无效的；

（六）法律、行政法规规定劳动者可以解除劳动合同的其他情形。

用人单位以暴力、威胁或者非法限制人身自由的手段强迫劳动者劳动的，或者用人单位违章指挥、强令冒险作业危及劳动者人身安全的，劳动者可以立即解除劳动合同，不需事先告知用人单位。

第三十九条　【用人单位单方解除劳动合同（过失性辞退）】劳动者有下列情形之一的，用人单位可以解除劳动合同：

（一）在试用期间被证明不符合录用条件的；

（二）严重违反用人单位的规章制度的；

（三）严重失职，营私舞弊，给用人单位造成重大损害的；

（四）劳动者同时与其他用人单位建立劳动关系，对完成本单位的工作任务造成严重影响，或者经用人单位提出，拒不改正的；

（五）因本法第二十六条第一款第一项规定的情形致使劳动合同无效的；

（六）被依法追究刑事责任的。

第四十条　【无过失性辞退】有下列情形之一的，用人单位提前三十日以书面形式通知劳动者本人或者额外支付劳动者一个月工资后，可以解除劳动合同：

（一）劳动者患病或者非因工负伤，在规定的医疗期满后不能从事原工作，也不能从事由用人单位另行安排的工作的；

（二）劳动者不能胜任工作，经过培训或者调整工作岗位，仍不能胜任工作的；

（三）劳动合同订立时所依据的客观情况发生重大变化，致使劳动合同无法履行，经用人单位与劳动者协商，未能就变更劳动合同内容达成协议的。

第四十一条　【经济性裁员】有下列情形之一，需要裁减人员二十人以上或者裁减不足二十人但占企业职工总数百分之十以上的，用人单位提前三十日向工会或者全体职工说明情况，听取工会或者职工的意见后，裁减人员方案经向劳动行政部门报告，可以裁减人员：

（一）依照企业破产法规定进行重整的；

（二）生产经营发生严重困难的；

（三）企业转产、重大技术革新或者经营方式调整，经变更劳动合同后，仍需裁减人员的；

（四）其他因劳动合同订立时所依据的客观经济情况发生重大变化，致使劳动合同无法履行的。

裁减人员时，应当优先留用下列人员：

（一）与本单位订立较长期限的固定期限劳动合同的；

（二）与本单位订立无固定期限劳动合同的；

（三）家庭无其他就业人员，有需要扶养的老人或者未成年人的。

用人单位依照本条第一款规定裁减人员，在六个月内重新招用人员的，应当通知被裁减的人员，并在同等条件下优先招用被裁减的人员。

第四十二条　【用人单位不得解除劳动合同的情形】劳动者有下列情形之一的，用人单位不得依照本法第四十条、第四十一条的规定解除劳动合同：

（一）从事接触职业病危害作业的劳动者未进行离岗前职业健康检查，或者疑似职业病病人在诊断或者医学观察期间的；

（二）在本单位患职业病或者因工负伤并被确认丧失或者部分丧失劳动能力的；

（三）患病或者非因工负伤，在规定的医疗期内的；

（四）女职工在孕期、产期、哺乳期的；

（五）在本单位连续工作满十五年，且距法定退休年龄不足五年的；

（六）法律、行政法规规定的其他情形。

第四十三条　【工会在劳动合同解除中的监督作用】用人单位单方解除劳动合同，应当事先将理由通知工会。用人单位违反法律、行政法规规定或者劳动合同约定的，工会有权要求用人单位纠正。用人单位应当研究工会的意见，并将处理结果书面通知工会。

第四十四条　【劳动合同的终止】有下列情形之一的，劳动合同终止：

（一）劳动合同期满的；

（二）劳动者开始依法享受基本养老保险待遇的；

（三）劳动者死亡，或者被人民法院宣告死亡或者宣告失踪的；

（四）用人单位被依法宣告破产的；

（五）用人单位被吊销营业执照、责令关闭、撤销或者用人单位决定提前解散的；

（六）法律、行政法规规定的其他情形。

第四十五条　【劳动合同的逾期终止】劳动合同期满，有本法第四十二条规定情形之一的，劳动合同应当续延至相应的情形消失时终止。但是，本法第四十二条第二项规定丧失或者部分丧失劳动能力劳动者的劳动合同的终止，按照国家有关工伤保险的规定执行。

第四十六条　【经济补偿】有下列情形之一的，用人单位应当向劳动者支付经济补偿：

（一）劳动者依照本法第三十八条规定解除劳动合同的；

（二）用人单位依照本法第三十六条规定向劳动者提出解除劳动合同并与劳动者协商一致解除劳动合同的；

（三）用人单位依照本法第四十条规定解除劳动合同的；

（四）用人单位依照本法第四十一条第一款规定解除劳动合同的；

（五）除用人单位维持或者提高劳动合同约定条件续订劳动合同，劳动者不同意续订的情形外，依照本法第四十四条第一项规定终止固定期限劳动合同的；

（六）依照本法第四十四条第四项、第五项规定终止劳动合同的；

（七）法律、行政法规规定的其他情形。

第四十七条　【经济补偿的计算】经济补偿按劳动者在本单位工作的年限，每满一年支付一个月工资的标准向劳动者支付。六个月以上不满一年的，按一年计算；不满六个月的，向劳动者支付半个月工资的经济补偿。

劳动者月工资高于用人单位所在直辖市、设区的市级人民政府公布的本地区上年度职工月平均工资三倍的，向其支付经济补偿的标准按职工月平均工资三倍的数额支付，向其支付经济补偿的年限最高不超过十二年。

本条所称月工资是指劳动者在劳动合同解除或者终止前十二个月的平均工资。

第四十八条 【违法解除或者终止劳动合同的法律后果】用人单位违反本法规定解除或者终止劳动合同,劳动者要求继续履行劳动合同的,用人单位应当继续履行;劳动者不要求继续履行劳动合同或者劳动合同已经不能继续履行的,用人单位应当依照本法第八十七条规定支付赔偿金。

第四十九条 【社会保险关系跨地区转移接续】国家采取措施,建立健全劳动者社会保险关系跨地区转移接续制度。

第五十条 【劳动合同解除或者终止后双方的义务】用人单位应当在解除或者终止劳动合同时出具解除或者终止劳动合同的证明,并在十五日内为劳动者办理档案和社会保险关系转移手续。

劳动者应当按照双方约定,办理工作交接。用人单位依照本法有关规定应当向劳动者支付经济补偿的,在办结工作交接时支付。

用人单位对已经解除或者终止的劳动合同的文本,至少保存二年备查。

第五章 特别规定

第一节 集体合同

第五十一条 【集体合同的订立和内容】企业职工一方与用人单位通过平等协商,可以就劳动报酬、工作时间、休息休假、劳动安全卫生、保险福利等事项订立集体合同。集体合同草案应当提交职工代表大会或者全体职工讨论通过。

集体合同由工会代表企业职工一方与用人单位订立;尚未建立工会的用人单位,由上级工会指导劳动者推举的代表与用人单位订立。

第五十二条 【专项集体合同】企业职工一方与用人单位可以订立劳动安全卫生、女职工权益保护、工资调整机制等专项集体合同。

第五十三条 【行业性集体合同、区域性集体合同】在县级以下区域内,建筑业、采矿业、餐饮服务业等行业可以由工会与企业方面代表订立行业性集体合同,或者订立区域性集体合同。

第五十四条 【集体合同的报送和生效】集体合同订立后,应当报送劳动行政部门;劳动行政部门自收到集体合同文本之日起十五日内未提出异议的,集体合同即行生效。

依法订立的集体合同对用人单位和劳动者具有约束力。行业性、区域性集体合同对当地本行业、本区域的用人单位和劳动者具有约束力。

第五十五条 【集体合同中劳动报酬、劳动条件等标准】集体合同中劳动报酬和劳动条件等标准不得低于当地人民政府规定的最低标准;用人单位与劳动者订立的劳动合同中劳动报酬和劳动条件等标准不得低于集体合同规定的标准。

第五十六条 【集体合同纠纷和法律救济】用人单位违反集体合同,侵犯职工劳动权益的,工会可以依法要求用人单位承担责任;因履行集体合同发生争议,经协商解决不成的,工会可以依法申请仲裁、提起诉讼。

第二节 劳务派遣

第五十七条 【劳务派遣单位的设立】经营劳务派遣业务应当具备下列条件:

(一)注册资本不得少于人民币二百万元;

(二)有与开展业务相适应的固定的经营场所和设施;

(三)有符合法律、行政法规规定的劳务派遣管理制度;

(四)法律、行政法规规定的其他条件。

经营劳务派遣业务,应当向劳动行政部门依法申请行政许可;经许可的,依法办理相应的公司登记。未经许可,任何单位和个人不得经营劳务派遣业务。

第五十八条 【劳务派遣单位、用工单位及劳动者的权利义务】劳务派遣单位是本法所称用人单位,应当履行用人单位对劳动者的义务。劳务派遣单位与被派遣劳动者订立的劳动合同,除应当载明本法第十七条规定的事项外,还应当载明被派遣劳动者的用工单位以及派遣期限、工作岗位等情况。

劳务派遣单位应当与被派遣劳动者订立二年以上的固定期限劳动合同,按月支付劳动报酬;被派遣劳动者在无工作期间,劳务派遣单位应当按照所在地人民政府规定的最低工资标准,向其按月支付报酬。

第五十九条 【劳务派遣协议】劳务派遣单位派遣劳动者应当与接受以劳务派遣形式用工的单位(以下称用工单位)订立劳务派遣协议。劳务派遣协议应当约定派遣岗位和人员数量、派遣期限、劳动报酬和社会保险费的数额与支付方式以及违反协议的责任。

用工单位应当根据工作岗位的实际需要与劳务派遣单位确定派遣期限,不得将连续用工期限分割订立数个短期劳务派遣协议。

第六十条 【劳务派遣单位的告知义务】劳务派遣单位应当将劳务派遣协议的内容告知被派遣劳动者。

劳务派遣单位不得克扣用工单位按照劳务派遣协议支付给被派遣劳动者的劳动报酬。

劳务派遣单位和用工单位不得向被派遣劳动者收取费用。

第六十一条 【跨地区派遣劳动者的劳动报酬、劳动条件】劳务派遣单位跨地区派遣劳动者的,被派遣劳动者享有的劳动报酬和劳动条件,按照用工单位所在地的标准执行。

第六十二条 【用工单位的义务】用工单位应当履行下列义务:
(一)执行国家劳动标准,提供相应的劳动条件和劳动保护;
(二)告知被派遣劳动者的工作要求和劳动报酬;
(三)支付加班费、绩效奖金,提供与工作岗位相关的福利待遇;
(四)对在岗被派遣劳动者进行工作岗位所必需的培训;
(五)连续用工的,实行正常的工资调整机制。

用工单位不得将被派遣劳动者再派遣到其他用人单位。

第六十三条 【被派遣劳动者同工同酬】被派遣劳动者享有与用工单位的劳动者同工同酬的权利。用工单位应当按照同工同酬原则,对被派遣劳动者与本单位同类岗位的劳动者实行相同的劳动报酬分配办法。用工单位无同类岗位劳动者的,参照用工单位所在地相同或者相近岗位劳动者的劳动报酬确定。

劳务派遣单位与被派遣劳动者订立的劳动合同和与用工单位订立的劳务派遣协议,载明或者约定的向被派遣劳动者支付的劳动报酬应当符合前款规定。

第六十四条 【被派遣劳动者参加或者组织工会】被派遣劳动者

有权在劳务派遣单位或者用工单位依法参加或者组织工会,维护自身的合法权益。

第六十五条 【劳务派遣中解除劳动合同】被派遣劳动者可以依照本法第三十六条、第三十八条的规定与劳务派遣单位解除劳动合同。

被派遣劳动者有本法第三十九条和第四十条第一项、第二项规定情形的,用工单位可以将劳动者退回劳务派遣单位,劳务派遣单位依照本法有关规定,可以与劳动者解除劳动合同。

第六十六条 【劳务派遣的适用岗位】劳动合同用工是我国的企业基本用工形式。劳务派遣用工是补充形式,只能在临时性、辅助性或者替代性的工作岗位上实施。

前款规定的临时性工作岗位是指存续时间不超过六个月的岗位;辅助性工作岗位是指为主营业务岗位提供服务的非主营业务岗位;替代性工作岗位是指用工单位的劳动者因脱产学习、休假等原因无法工作的一定期间内,可以由其他劳动者替代工作的岗位。

用工单位应当严格控制劳务派遣用工数量,不得超过其用工总量的一定比例,具体比例由国务院劳动行政部门规定。

第六十七条 【用人单位不得自设劳务派遣单位】用人单位不得设立劳务派遣单位向本单位或者所属单位派遣劳动者。

第三节 非全日制用工

第六十八条 【非全日制用工的概念】非全日制用工,是指以小时计酬为主,劳动者在同一用人单位一般平均每日工作时间不超过四小时,每周工作时间累计不超过二十四小时的用工形式。

第六十九条 【非全日制用工的劳动合同】非全日制用工双方当事人可以订立口头协议。

从事非全日制用工的劳动者可以与一个或者一个以上用人单位订立劳动合同;但是,后订立的劳动合同不得影响先订立的劳动合同的履行。

第七十条 【非全日制用工不得约定试用期】非全日制用工双方当事人不得约定试用期。

第七十一条 【非全日制用工的终止用工】非全日制用工双方当事人任何一方都可以随时通知对方终止用工。终止用工，用人单位不向劳动者支付经济补偿。

第七十二条 【非全日制用工的劳动报酬】非全日制用工小时计酬标准不得低于用人单位所在地人民政府规定的最低小时工资标准。

非全日制用工劳动报酬结算支付周期最长不得超过十五日。

第六章 监督检查

第七十三条 【劳动合同制度的监督管理体制】国务院劳动行政部门负责全国劳动合同制度实施的监督管理。

县级以上地方人民政府劳动行政部门负责本行政区域内劳动合同制度实施的监督管理。

县级以上各级人民政府劳动行政部门在劳动合同制度实施的监督管理工作中，应当听取工会、企业方面代表以及有关行业主管部门的意见。

第七十四条 【劳动行政部门监督检查事项】县级以上地方人民政府劳动行政部门依法对下列实施劳动合同制度的情况进行监督检查：

（一）用人单位制定直接涉及劳动者切身利益的规章制度及其执行的情况；

（二）用人单位与劳动者订立和解除劳动合同的情况；

（三）劳务派遣单位和用工单位遵守劳务派遣有关规定的情况；

（四）用人单位遵守国家关于劳动者工作时间和休息休假规定的情况；

（五）用人单位支付劳动合同约定的劳动报酬和执行最低工资标准的情况；

（六）用人单位参加各项社会保险和缴纳社会保险费的情况；

（七）法律、法规规定的其他劳动监察事项。

第七十五条 【监督检查措施和依法行政、文明执法】县级以上地方人民政府劳动行政部门实施监督检查时，有权查阅与劳动合同、集体合同有关的材料，有权对劳动场所进行实地检查，用人单位和劳动者都应当如实提供有关情况和材料。

劳动行政部门的工作人员进行监督检查,应当出示证件,依法行使职权,文明执法。

第七十六条 【其他有关主管部门的监督管理】县级以上人民政府建设、卫生、安全生产监督管理等有关主管部门在各自职责范围内,对用人单位执行劳动合同制度的情况进行监督管理。

第七十七条 【劳动者权利救济途径】劳动者合法权益受到侵害的,有权要求有关部门依法处理,或者依法申请仲裁、提起诉讼。

第七十八条 【工会监督检查的权利】工会依法维护劳动者的合法权益,对用人单位履行劳动合同、集体合同的情况进行监督。用人单位违反劳动法律、法规和劳动合同、集体合同的,工会有权提出意见或者要求纠正;劳动者申请仲裁、提起诉讼的,工会依法给予支持和帮助。

第七十九条 【对违法行为的举报】任何组织或者个人对违反本法的行为都有权举报,县级以上人民政府劳动行政部门应当及时核实、处理,并对举报有功人员给予奖励。

第七章 法 律 责 任

第八十条 【规章制度违法的法律责任】用人单位直接涉及劳动者切身利益的规章制度违反法律、法规规定的,由劳动行政部门责令改正,给予警告;给劳动者造成损害的,应当承担赔偿责任。

第八十一条 【缺乏必备条款、不提供劳动合同文本的法律责任】用人单位提供的劳动合同文本未载明本法规定的劳动合同必备条款或者用人单位未将劳动合同文本交付劳动者的,由劳动行政部门责令改正;给劳动者造成损害的,应当承担赔偿责任。

第八十二条 【不订立书面劳动合同的法律责任】用人单位自用工之日起超过一个月不满一年未与劳动者订立书面劳动合同的,应当向劳动者每月支付二倍的工资。

用人单位违反本法规定不与劳动者订立无固定期限劳动合同的,自应当订立无固定期限劳动合同之日起向劳动者每月支付二倍的工资。

第八十三条 【违法约定试用期的法律责任】用人单位违反本法规定与劳动者约定试用期的,由劳动行政部门责令改正;违法约定的试用期已经履行的,由用人单位以劳动者试用期满月工资为标准,按已经履行的超过法定试用期的期间向劳动者支付赔偿金。

第八十四条 【扣押劳动者身份等证件的法律责任】用人单位违反本法规定,扣押劳动者居民身份证等证件的,由劳动行政部门责令限期退还劳动者本人,并依照有关法律规定给予处罚。

用人单位违反本法规定,以担保或者其他名义向劳动者收取财物的,由劳动行政部门责令限期退还劳动者本人,并以每人五百元以上二千元以下的标准处以罚款;给劳动者造成损害的,应当承担赔偿责任。

劳动者依法解除或者终止劳动合同,用人单位扣押劳动者档案或者其他物品的,依照前款规定处罚。

第八十五条 【未依法支付劳动报酬、经济补偿等的法律责任】用人单位有下列情形之一的,由劳动行政部门责令限期支付劳动报酬、加班费或者经济补偿;劳动报酬低于当地最低工资标准的,应当支付其差额部分;逾期不支付的,责令用人单位按应付金额百分之五十以上百分之一百以下的标准向劳动者加付赔偿金:

(一)未按照劳动合同的约定或者国家规定及时足额支付劳动者劳动报酬的;

(二)低于当地最低工资标准支付劳动者工资的;

(三)安排加班不支付加班费的;

(四)解除或者终止劳动合同,未依照本法规定向劳动者支付经济补偿的。

第八十六条 【订立无效劳动合同的法律责任】劳动合同依照本法第二十六条规定被确认无效,给对方造成损害的,有过错的一方应当承担赔偿责任。

第八十七条 【违反解除或者终止劳动合同的法律责任】用人单位违反本法规定解除或者终止劳动合同的,应当依照本法第四十七条规定的经济补偿标准的二倍向劳动者支付赔偿金。

第八十八条 【侵害劳动者人身权益的法律责任】用人单位有下

列情形之一的,依法给予行政处罚;构成犯罪的,依法追究刑事责任;给劳动者造成损害的,应当承担赔偿责任:

（一）以暴力、威胁或者非法限制人身自由的手段强迫劳动的;

（二）违章指挥或者强令冒险作业危及劳动者人身安全的;

（三）侮辱、体罚、殴打、非法搜查或者拘禁劳动者的;

（四）劳动条件恶劣、环境污染严重,给劳动者身心健康造成严重损害的。

第八十九条 【不出具解除、终止书面证明的法律责任】用人单位违反本法规定未向劳动者出具解除或者终止劳动合同的书面证明,由劳动行政部门责令改正;给劳动者造成损害的,应当承担赔偿责任。

第九十条 【劳动者的赔偿责任】劳动者违反本法规定解除劳动合同,或者违反劳动合同中约定的保密义务或者竞业限制,给用人单位造成损失的,应当承担赔偿责任。

第九十一条 【用人单位的连带赔偿责任】用人单位招用与其他用人单位尚未解除或者终止劳动合同的劳动者,给其他用人单位造成损失的,应当承担连带赔偿责任。

第九十二条 【劳务派遣单位的法律责任】违反本法规定,未经许可,擅自经营劳务派遣业务的,由劳动行政部门责令停止违法行为,没收违法所得,并处违法所得一倍以上五倍以下的罚款;没有违法所得的,可以处五万元以下的罚款。

劳务派遣单位、用工单位违反本法有关劳务派遣规定的,由劳动行政部门责令限期改正;逾期不改正的,以每人五千元以上一万元以下的标准处以罚款,对劳务派遣单位,吊销其劳务派遣业务经营许可证。用工单位给被派遣劳动者造成损害的,劳务派遣单位与用工单位承担连带赔偿责任。

第九十三条 【无营业执照经营单位的法律责任】对不具备合法经营资格的用人单位的违法犯罪行为,依法追究法律责任;劳动者已经付出劳动的,该单位或者其出资人应当依照本法有关规定向劳动者支付劳动报酬、经济补偿、赔偿金;给劳动者造成损害的,应当承担赔偿责任。

第九十四条 【个人承包经营者的连带赔偿责任】个人承包经营

违反本法规定招用劳动者,给劳动者造成损害的,发包的组织与个人承包经营者承担连带赔偿责任。

第九十五条　【不履行法定职责、违法行使职权的法律责任】劳动行政部门和其他有关主管部门及其工作人员玩忽职守、不履行法定职责,或者违法行使职权,给劳动者或者用人单位造成损害的,应当承担赔偿责任;对直接负责的主管人员和其他直接责任人员,依法给予行政处分;构成犯罪的,依法追究刑事责任。

第八章　附　　则

第九十六条　【事业单位聘用制劳动合同的法律适用】事业单位与实行聘用制的工作人员订立、履行、变更、解除或者终止劳动合同,法律、行政法规或者国务院另有规定的,依照其规定;未作规定的,依照本法有关规定执行。

第九十七条　【过渡性条款】本法施行前已依法订立且在本法施行之日存续的劳动合同,继续履行;本法第十四条第二款第三项规定连续订立固定期限劳动合同的次数,自本法施行后续订固定期限劳动合同时开始计算。

本法施行前已建立劳动关系,尚未订立书面劳动合同的,应当自本法施行之日起一个月内订立。

本法施行之日存续的劳动合同在本法施行后解除或者终止,依照本法第四十六条规定应当支付经济补偿的,经济补偿年限自本法施行之日起计算;本法施行前按照当时有关规定,用人单位应当向劳动者支付经济补偿的,按照当时有关规定执行。

第九十八条　【施行时间】本法自2008年1月1日起施行。

中华人民共和国劳动合同法实施条例

(2008年9月3日国务院第25次常务会议通过 2008年9月18日国务院令第535号公布 自公布之日起施行)

第一章 总 则

第一条 为了贯彻实施《中华人民共和国劳动合同法》(以下简称劳动合同法),制定本条例。

第二条 各级人民政府和县级以上人民政府劳动行政等有关部门以及工会等组织,应当采取措施,推动劳动合同法的贯彻实施,促进劳动关系的和谐。

第三条 依法成立的会计师事务所、律师事务所等合伙组织和基金会,属于劳动合同法规定的用人单位。

第二章 劳动合同的订立

第四条 劳动合同法规定的用人单位设立的分支机构,依法取得营业执照或者登记证书的,可以作为用人单位与劳动者订立劳动合同;未依法取得营业执照或者登记证书的,受用人单位委托可以与劳动者订立劳动合同。

第五条 自用工之日起一个月内,经用人单位书面通知后,劳动者不与用人单位订立书面劳动合同的,用人单位应当书面通知劳动者终止劳动关系,无需向劳动者支付经济补偿,但是应当依法向劳动者支付其实际工作时间的劳动报酬。

第六条 用人单位自用工之日起超过一个月不满一年未与劳动者订立书面劳动合同的,应当依照劳动合同法第八十二条的规定向劳动者每月支付两倍的工资,并与劳动者补订书面劳动合同;劳动者不与用人单位订立书面劳动合同的,用人单位应当书面通知劳动者终止劳动关系,并依照劳动合同法第四十七条的规定支付经济补偿。

前款规定的用人单位向劳动者每月支付两倍工资的起算时间为用工之日起满一个月的次日，截止时间为补订书面劳动合同的前一日。

第七条 用人单位自用工之日起满一年未与劳动者订立书面劳动合同的，自用工之日起满一个月的次日至满一年的前一日应当依照劳动合同法第八十二条的规定向劳动者每月支付两倍的工资，并视为自用工之日起满一年的当日已经与劳动者订立无固定期限劳动合同，应当立即与劳动者补订书面劳动合同。

第八条 劳动合同法第七条规定的职工名册，应当包括劳动者姓名、性别、公民身份号码、户籍地址及现住址、联系方式、用工形式、用工起始时间、劳动合同期限等内容。

第九条 劳动合同法第十四条第二款规定的连续工作满10年的起始时间，应当自用人单位用工之日起计算，包括劳动合同法施行前的工作年限。

第十条 劳动者非因本人原因从原用人单位被安排到新用人单位工作的，劳动者在原用人单位的工作年限合并计算为新用人单位的工作年限。原用人单位已经向劳动者支付经济补偿的，新用人单位在依法解除、终止劳动合同计算支付经济补偿的工作年限时，不再计算劳动者在原用人单位的工作年限。

第十一条 除劳动者与用人单位协商一致的情形外，劳动者依照劳动合同法第十四条第二款的规定，提出订立无固定期限劳动合同的，用人单位应当与其订立无固定期限劳动合同。对劳动合同的内容，双方应当按照合法、公平、平等自愿、协商一致、诚实信用的原则协商确定；对协商不一致的内容，依照劳动合同法第十八条的规定执行。

第十二条 地方各级人民政府及县级以上地方人民政府有关部门为安置就业困难人员提供的给予岗位补贴和社会保险补贴的公益性岗位，其劳动合同不适用劳动合同法有关无固定期限劳动合同的规定以及支付经济补偿的规定。

第十三条 用人单位与劳动者不得在劳动合同法第四十四条规定的劳动合同终止情形之外约定其他的劳动合同终止条件。

第十四条 劳动合同履行地与用人单位注册地不一致的，有关劳动者的最低工资标准、劳动保护、劳动条件、职业危害防护和本地区上年度职工月平均工资标准等事项,按照劳动合同履行地的有关规定执行;用人单位注册地的有关标准高于劳动合同履行地的有关标准,且用人单位与劳动者约定按照用人单位注册地的有关规定执行的,从其约定。

第十五条 劳动者在试用期的工资不得低于本单位相同岗位最低档工资的80%或者不得低于劳动合同约定工资的80%,并不得低于用人单位所在地的最低工资标准。

第十六条 劳动合同法第二十二条第二款规定的培训费用,包括用人单位为了对劳动者进行专业技术培训而支付的有凭证的培训费用、培训期间的差旅费用以及因培训产生的用于该劳动者的其他直接费用。

第十七条 劳动合同期满,但是用人单位与劳动者依照劳动合同法第二十二条的规定约定的服务期尚未到期的,劳动合同应当续延至服务期满;双方另有约定的,从其约定。

第三章 劳动合同的解除和终止

第十八条 有下列情形之一的,依照劳动合同法规定的条件、程序,劳动者可以与用人单位解除固定期限劳动合同、无固定期限劳动合同或者以完成一定工作任务为期限的劳动合同:

(一)劳动者与用人单位协商一致的;

(二)劳动者提前30日以书面形式通知用人单位的;

(三)劳动者在试用期内提前3日通知用人单位的;

(四)用人单位未按照劳动合同约定提供劳动保护或者劳动条件的;

(五)用人单位未及时足额支付劳动报酬的;

(六)用人单位未依法为劳动者缴纳社会保险费的;

(七)用人单位的规章制度违反法律、法规的规定,损害劳动者权益的;

(八)用人单位以欺诈、胁迫的手段或者乘人之危,使劳动者在违背真实意思的情况下订立或者变更劳动合同的;

（九）用人单位在劳动合同中免除自己的法定责任、排除劳动者权利的；

（十）用人单位违反法律、行政法规强制性规定的；

（十一）用人单位以暴力、威胁或者非法限制人身自由的手段强迫劳动者劳动的；

（十二）用人单位违章指挥、强令冒险作业危及劳动者人身安全的；

（十三）法律、行政法规规定劳动者可以解除劳动合同的其他情形。

第十九条 有下列情形之一的，依照劳动合同法规定的条件、程序，用人单位可以与劳动者解除固定期限劳动合同、无固定期限劳动合同或者以完成一定工作任务为期限的劳动合同：

（一）用人单位与劳动者协商一致的；

（二）劳动者在试用期间被证明不符合录用条件的；

（三）劳动者严重违反用人单位的规章制度的；

（四）劳动者严重失职，营私舞弊，给用人单位造成重大损害的；

（五）劳动者同时与其他用人单位建立劳动关系，对完成本单位的工作任务造成严重影响，或者经用人单位提出，拒不改正的；

（六）劳动者以欺诈、胁迫的手段或者乘人之危，使用人单位在违背真实意思的情况下订立或者变更劳动合同的；

（七）劳动者被依法追究刑事责任的；

（八）劳动者患病或者非因工负伤，在规定的医疗期满后不能从事原工作，也不能从事由用人单位另行安排的工作的；

（九）劳动者不能胜任工作，经过培训或者调整工作岗位，仍不能胜任工作的；

（十）劳动合同订立时所依据的客观情况发生重大变化，致使劳动合同无法履行，经用人单位与劳动者协商，未能就变更劳动合同内容达成协议的；

（十一）用人单位依照企业破产法规定进行重整的；

（十二）用人单位生产经营发生严重困难的；

（十三）企业转产、重大技术革新或者经营方式调整，经变更劳动

合同后,仍需裁减人员的;

(十四)其他因劳动合同订立时所依据的客观经济情况发生重大变化,致使劳动合同无法履行的。

第二十条 用人单位依照劳动合同法第四十条的规定,选择额外支付劳动者一个月工资解除劳动合同的,其额外支付的工资应当按照该劳动者上一个月的工资标准确定。

第二十一条 劳动者达到法定退休年龄的,劳动合同终止。

第二十二条 以完成一定工作任务为期限的劳动合同因任务完成而终止的,用人单位应当依照劳动合同法第四十七条的规定向劳动者支付经济补偿。

第二十三条 用人单位依法终止工伤职工的劳动合同的,除依照劳动合同法第四十七条的规定支付经济补偿外,还应当依照国家有关工伤保险的规定支付一次性工伤医疗补助金和伤残就业补助金。

第二十四条 用人单位出具的解除、终止劳动合同的证明,应当写明劳动合同期限、解除或者终止劳动合同的日期、工作岗位、在本单位的工作年限。

第二十五条 用人单位违反劳动合同法的规定解除或者终止劳动合同,依照劳动合同法第八十七条的规定支付了赔偿金的,不再支付经济补偿。赔偿金的计算年限自用工之日起计算。

第二十六条 用人单位与劳动者约定了服务期,劳动者依照劳动合同法第三十八条的规定解除劳动合同的,不属于违反服务期的约定,用人单位不得要求劳动者支付违约金。

有下列情形之一,用人单位与劳动者解除约定服务期的劳动合同的,劳动者应当按照劳动合同的约定向用人单位支付违约金:

(一)劳动者严重违反用人单位的规章制度的;

(二)劳动者严重失职,营私舞弊,给用人单位造成重大损害的;

(三)劳动者同时与其他用人单位建立劳动关系,对完成本单位的工作任务造成严重影响,或者经用人单位提出,拒不改正的;

(四)劳动者以欺诈、胁迫的手段或者乘人之危,使用人单位在违背真实意思的情况下订立或者变更劳动合同的;

(五)劳动者被依法追究刑事责任的。

第二十七条 劳动合同法第四十七条规定的经济补偿的月工资按照劳动者应得工资计算,包括计时工资或者计件工资以及奖金、津贴和补贴等货币性收入。劳动者在劳动合同解除或者终止前12个月的平均工资低于当地最低工资标准的,按照当地最低工资标准计算。劳动者工作不满12个月的,按照实际工作的月数计算平均工资。

第四章 劳务派遣特别规定

第二十八条 用人单位或者其所属单位出资或者合伙设立的劳务派遣单位,向本单位或者所属单位派遣劳动者的,属于劳动合同法第六十七条规定的不得设立的劳务派遣单位。

第二十九条 用工单位应当履行劳动合同法第六十二条规定的义务,维护被派遣劳动者的合法权益。

第三十条 劳务派遣单位不得以非全日制用工形式招用被派遣劳动者。

第三十一条 劳务派遣单位或者被派遣劳动者依法解除、终止劳动合同的经济补偿,依照劳动合同法第四十六条、第四十七条的规定执行。

第三十二条 劳务派遣单位违法解除或者终止被派遣劳动者的劳动合同的,依照劳动合同法第四十八条的规定执行。

第五章 法律责任

第三十三条 用人单位违反劳动合同法有关建立职工名册规定的,由劳动行政部门责令限期改正;逾期不改正的,由劳动行政部门处2000元以上2万元以下的罚款。

第三十四条 用人单位依照劳动合同法的规定应当向劳动者每月支付两倍的工资或者应当向劳动者支付赔偿金而未支付的,劳动行政部门应当责令用人单位支付。

第三十五条 用工单位违反劳动合同法和本条例有关劳务派遣规定的,由劳动行政部门和其他有关主管部门责令改正;情节严重的,以每位被派遣劳动者1000元以上5000元以下的标准处以罚款;给被派遣劳动者造成损害的,劳务派遣单位和用工单位承担连带赔偿责任。

第六章 附　　则

第三十六条　对违反劳动合同法和本条例的行为的投诉、举报，县级以上地方人民政府劳动行政部门依照《劳动保障监察条例》的规定处理。

第三十七条　劳动者与用人单位因订立、履行、变更、解除或者终止劳动合同发生争议的，依照《中华人民共和国劳动争议调解仲裁法》的规定处理。

第三十八条　本条例自公布之日起施行。

集体合同规定

（2003年12月30日劳动和社会保障部第7次部务会议通过　2004年1月20日劳动和社会保障部令第22号公布　自2004年5月1日起施行）

第一章 总　　则

第一条　为规范集体协商和签订集体合同行为，依法维护劳动者和用人单位的合法权益，根据《中华人民共和国劳动法》和《中华人民共和国工会法》，制定本规定。

第二条　中华人民共和国境内的企业和实行企业化管理的事业单位（以下统称用人单位）与本单位职工之间进行集体协商，签订集体合同，适用本规定。

第三条　本规定所称集体合同，是指用人单位与本单位职工根据法律、法规、规章的规定，就劳动报酬、工作时间、休息休假、劳动安全卫生、职业培训、保险福利等事项，通过集体协商签订的书面协议；所称专项集体合同，是指用人单位与本单位职工根据法律、法规、规章的规定，就集体协商的某项内容签订的专项书面协议。

第四条　用人单位与本单位职工签订集体合同或专项集体合同，

以及确定相关事宜,应当采取集体协商的方式。集体协商主要采取协商会议的形式。

第五条 进行集体协商,签订集体合同或专项集体合同,应当遵循下列原则:

(一)遵守法律、法规、规章及国家有关规定;

(二)相互尊重,平等协商;

(三)诚实守信,公平合作;

(四)兼顾双方合法权益;

(五)不得采取过激行为。

第六条 符合本规定的集体合同或专项集体合同,对用人单位和本单位的全体职工具有法律约束力。

用人单位与职工个人签订的劳动合同约定的劳动条件和劳动报酬等标准,不得低于集体合同或专项集体合同的规定。

第七条 县级以上劳动保障行政部门对本行政区域内用人单位与本单位职工开展集体协商、签订、履行集体合同的情况进行监督,并负责审查集体合同或专项集体合同。

第二章 集体协商内容

第八条 集体协商双方可以就下列多项或某项内容进行集体协商,签订集体合同或专项集体合同:

(一)劳动报酬;

(二)工作时间;

(三)休息休假;

(四)劳动安全与卫生;

(五)补充保险和福利;

(六)女职工和未成年工特殊保护;

(七)职业技能培训;

(八)劳动合同管理;

(九)奖惩;

(十)裁员;

(十一)集体合同期限;

(十二)变更、解除集体合同的程序;
(十三)履行集体合同发生争议时的协商处理办法;
(十四)违反集体合同的责任;
(十五)双方认为应当协商的其他内容。

第九条 劳动报酬主要包括:
(一)用人单位工资水平、工资分配制度、工资标准和工资分配形式;
(二)工资支付办法;
(三)加班、加点工资及津贴、补贴标准和奖金分配办法;
(四)工资调整办法;
(五)试用期及病、事假等期间的工资待遇;
(六)特殊情况下职工工资(生活费)支付办法;
(七)其他劳动报酬分配办法。

第十条 工作时间主要包括:
(一)工时制度;
(二)加班加点办法;
(三)特殊工种的工作时间;
(四)劳动定额标准。

第十一条 休息休假主要包括:
(一)日休息时间、周休息日安排、年休假办法;
(二)不能实行标准工时职工的休息休假;
(三)其他假期。

第十二条 劳动安全卫生主要包括:
(一)劳动安全卫生责任制;
(二)劳动条件和安全技术措施;
(三)安全操作规程;
(四)劳保用品发放标准;
(五)定期健康检查和职业健康体检。

第十三条 补充保险和福利主要包括:
(一)补充保险的种类、范围;
(二)基本福利制度和福利设施;

(三)医疗期延长及其待遇;

(四)职工亲属福利制度。

第十四条 女职工和未成年工的特殊保护主要包括:

(一)女职工和未成年工禁忌从事的劳动;

(二)女职工的经期、孕期、产期和哺乳期的劳动保护;

(三)女职工、未成年工定期健康检查;

(四)未成年工的使用和登记制度。

第十五条 职业技能培训主要包括:

(一)职业技能培训项目规划及年度计划;

(二)职业技能培训费用的提取和使用;

(三)保障和改善职业技能培训的措施。

第十六条 劳动合同管理主要包括:

(一)劳动合同签订时间;

(二)确定劳动合同期限的条件;

(三)劳动合同变更、解除、续订的一般原则及无固定期限劳动合同的终止条件;

(四)试用期的条件和期限。

第十七条 奖惩主要包括:

(一)劳动纪律;

(二)考核奖惩制度;

(三)奖惩程序。

第十八条 裁员主要包括:

(一)裁员的方案;

(二)裁员的程序;

(三)裁员的实施办法和补偿标准。

第三章 集体协商代表

第十九条 本规定所称集体协商代表(以下统称协商代表),是指按照法定程序产生并有权代表本方利益进行集体协商的人员。

集体协商双方的代表人数应当对等,每方至少3人,并各确定1名首席代表。

第二十条　职工一方的协商代表由本单位工会选派。未建立工会的,由本单位职工民主推荐,并经本单位半数以上职工同意。

职工一方的首席代表由本单位工会主席担任。工会主席可以书面委托其他协商代表代理首席代表。工会主席空缺的,首席代表由工会主要负责人担任。未建立工会的,职工一方的首席代表从协商代表中民主推举产生。

第二十一条　用人单位一方的协商代表,由用人单位法定代表人指派,首席代表由单位法定代表人担任或由其书面委托的其他管理人员担任。

第二十二条　协商代表履行职责的期限由被代表方确定。

第二十三条　集体协商双方首席代表可以书面委托本单位以外的专业人员作为本方协商代表。委托人数不得超过本方代表的三分之一。

首席代表不得由非本单位人员代理。

第二十四条　用人单位协商代表与职工协商代表不得相互兼任。

第二十五条　协商代表应履行下列职责：

（一）参加集体协商；

（二）接受本方人员质询,及时向本方人员公布协商情况并征求意见；

（三）提供与集体协商有关的情况和资料；

（四）代表本方参加集体协商争议的处理；

（五）监督集体合同或专项集体合同的履行；

（六）法律、法规和规章规定的其他职责。

第二十六条　协商代表应当维护本单位正常的生产、工作秩序,不得采取威胁、收买、欺骗等行为。

协商代表应当保守在集体协商过程中知悉的用人单位的商业秘密。

第二十七条　企业内部的协商代表参加集体协商视为提供了正常劳动。

第二十八条　职工一方协商代表在其履行协商代表职责期间劳动合同期满的,劳动合同期限自动延长至完成履行协商代表职责之

时,除出现下列情形之一的,用人单位不得与其解除劳动合同:

(一)严重违反劳动纪律或用人单位依法制定的规章制度的;

(二)严重失职、营私舞弊,对用人单位利益造成重大损害的;

(三)被依法追究刑事责任的。

职工一方协商代表履行协商代表职责期间,用人单位无正当理由不得调整其工作岗位。

第二十九条 职工一方协商代表就本规定第二十七条、第二十八条的规定与用人单位发生争议的,可以向当地劳动争议仲裁委员会申请仲裁。

第三十条 工会可以更换职工一方协商代表;未建立工会的,经本单位半数以上职工同意可以更换职工一方协商代表。

用人单位法定代表人可以更换用人单位一方协商代表。

第三十一条 协商代表因更换、辞任或遇有不可抗力等情形造成空缺的,应在空缺之日起15日内按照本规定产生新的代表。

第四章 集体协商程序

第三十二条 集体协商任何一方均可就签订集体合同或专项集体合同以及相关事宜,以书面形式向对方提出进行集体协商的要求。

一方提出进行集体协商要求的,另一方应当在收到集体协商要求之日起20日内以书面形式给以回应,无正当理由不得拒绝进行集体协商。

第三十三条 协商代表在协商前应进行下列准备工作:

(一)熟悉与集体协商内容有关的法律、法规、规章和制度;

(二)了解与集体协商内容有关的情况和资料,收集用人单位和职工对协商意向所持的意见;

(三)拟定集体协商议题,集体协商议题可由提出协商一方起草,也可由双方指派代表共同起草;

(四)确定集体协商的时间、地点等事项;

(五)共同确定一名非协商代表担任集体协商记录员。记录员应保持中立、公正,并为集体协商双方保密。

第三十四条 集体协商会议由双方首席代表轮流主持,并按下列程序进行：

（一）宣布议程和会议纪律；

（二）一方首席代表提出协商的具体内容和要求，另一方首席代表就对方的要求作出回应；

（三）协商双方就商谈事项发表各自意见，开展充分讨论；

（四）双方首席代表归纳意见。达成一致的，应当形成集体合同草案或专项集体合同草案，由双方首席代表签字。

第三十五条　集体协商未达成一致意见或出现事先未预料的问题时，经双方协商，可以中止协商。中止期限及下次协商时间、地点、内容由双方商定。

第五章　集体合同的订立、变更、解除和终止

第三十六条　经双方协商代表协商一致的集体合同草案或专项集体合同草案应当提交职工代表大会或者全体职工讨论。

职工代表大会或者职工大会讨论集体合同草案或专项集体合同草案，应当有三分之二以上职工代表或者职工出席，且须经全体职工代表半数以上或者全体职工半数以上同意，集体合同草案或专项集体合同草案方获通过。

第三十七条　集体合同草案或专项集体合同草案经职工代表大会或者职工大会通过后，由集体协商双方首席代表签字。

第三十八条　集体合同或专项集体合同期限一般为1至3年，期满或双方约定的终止条件出现，即行终止。

集体合同或专项集体合同期满前3个月内，任何一方均可向对方提出重新签订或续订的要求。

第三十九条　双方协商代表协商一致，可以变更或解除集体合同或专项集体合同。

第四十条　有下列情形之一的，可以变更或解除集体合同或专项集体合同：

（一）用人单位因被兼并、解散、破产等原因，致使集体合同或专项集体合同无法履行的；

（二）因不可抗力等原因致使集体合同或专项集体合同无法履行

或部分无法履行的；

（三）集体合同或专项集体合同约定的变更或解除条件出现的；

（四）法律、法规、规章规定的其他情形。

第四十一条 变更或解除集体合同或专项集体合同适用本规定的集体协商程序。

第六章 集体合同审查

第四十二条 集体合同或专项集体合同签订或变更后，应当自双方首席代表签字之日起10日内，由用人单位一方将文本一式三份报送劳动保障行政部门审查。

劳动保障行政部门对报送的集体合同或专项集体合同应当办理登记手续。

第四十三条 集体合同或专项集体合同审查实行属地管辖，具体管辖范围由省级劳动保障行政部门规定。

中央管辖的企业以及跨省、自治区、直辖市的用人单位的集体合同应当报送劳动保障部或劳动保障部指定的省级劳动保障行政部门。

第四十四条 劳动保障行政部门应当对报送的集体合同或专项集体合同的下列事项进行合法性审查：

（一）集体协商双方的主体资格是否符合法律、法规和规章规定；

（二）集体协商程序是否违反法律、法规、规章规定；

（三）集体合同或专项集体合同内容是否与国家规定相抵触。

第四十五条 劳动保障行政部门对集体合同或专项集体合同有异议的，应当自收到文本之日起15日内将《审查意见书》送达双方协商代表。《审查意见书》应当载明以下内容：

（一）集体合同或专项集体合同当事人双方的名称、地址；

（二）劳动保障行政部门收到集体合同或专项集体合同的时间；

（三）审查意见；

（四）作出审查意见的时间。

《审查意见书》应当加盖劳动保障行政部门印章。

第四十六条 用人单位与本单位职工就劳动保障行政部门提出

异议的事项经集体协商重新签订集体合同或专项集体合同的,用人单位一方应当根据本规定第四十二条的规定将文本报送劳动保障行政部门审查。

第四十七条　劳动保障行政部门自收到到文本之日起15日内未提出异议的,集体合同或专项集体合同即行生效。

第四十八条　生效的集体合同或专项集体合同,应当自其生效之日起由协商代表及时以适当的形式向本方全体人员公布。

第七章　集体协商争议的协调处理

第四十九条　集体协商过程中发生争议,双方当事人不能协商解决的,当事人一方或双方可以书面向劳动保障行政部门提出协调处理申请;未提出申请的,劳动保障行政部门认为必要时也可以进行协调处理。

第五十条　劳动保障行政部门应当组织同级工会和企业组织等三方面的人员,共同协调处理集体协商争议。

第五十一条　集体协商争议处理实行属地管辖,具体管辖范围由省级劳动保障行政部门规定。

中央管辖的企业以及跨省、自治区、直辖市用人单位因集体协商发生的争议,由劳动保障部指定的省级劳动保障行政部门组织同级工会和企业组织等三方面的人员协调处理,必要时,劳动保障部也可以组织有关方面协调处理。

第五十二条　协调处理集体协商争议,应当自受理协调处理申请之日起30日内结束协调处理工作。期满未结束的,可以适当延长协调期限,但延长期限不得超过15日。

第五十三条　协调处理集体协商争议应当按照以下程序进行:

(一)受理协调处理申请;

(二)调查了解争议的情况;

(三)研究制定协调处理争议的方案;

(四)对争议进行协调处理;

(五)制作《协调处理协议书》。

第五十四条　《协调处理协议书》应当载明协调处理申请、争议的事实和协调结果,双方当事人就某些协商事项不能达成一致的,应将继续协商的有关事项予以载明。《协调处理协议书》由集体协商争议协调处理人员和争议双方首席代表签字盖章后生效。争议双方均应遵守生效后的《协调处理协议书》。

第八章　附　　则

第五十五条　因履行集体合同发生的争议,当事人协商解决不成的,可以依法向劳动争议仲裁委员会申请仲裁。

第五十六条　用人单位无正当理由拒绝工会或职工代表提出的集体协商要求的,按照《工会法》及有关法律、法规的规定处理。

第五十七条　本规定于 2004 年 5 月 1 日起实施。原劳动部 1994 年 12 月 5 日颁布的《集体合同规定》同时废止。

违反《劳动法》有关劳动合同规定的赔偿办法

（1995 年 5 月 10 日　劳部发〔1995〕223 号）

第一条　为明确违反《劳动法》有关劳动合同规定的赔偿责任,维护劳动合同双方当事人的合法权益,根据《中华人民共和国劳动法》的有关规定,制定本办法。

第二条　用人单位有下列情形之一,对劳动者造成损害的,应赔偿劳动者损失：

（一）用人单位故意拖延不订立劳动合同,即招用后故意不按规定订立劳动合同以及劳动合同到期后故意不及时续订劳动合同的；

（二）由于用人单位的原因订立无效劳动合同,或订立部分无效劳动合同的；

（三）用人单位违反规定或劳动合同的约定侵害女职工或未成年工合法权益的；

（四）用人单位违反规定或劳动合同的约定解除劳动合同的。

第三条 本办法第二条规定的赔偿,按下列规定执行:

(一)造成劳动者工资收入损失的,按劳动者本人应得工资收入支付给劳动者,并加付应得工资收入25%的赔偿费用;

(二)造成劳动者劳动保护待遇损失的,应按国家规定补足劳动者的劳动保护津贴和用品;

(三)造成劳动者工伤、医疗待遇损失的,除按国家规定为劳动者提供工伤、医疗待遇外,还应支付劳动者相当于医疗费用25%的赔偿费用;

(四)造成女职工和未成年工身体健康损害的,除按国家规定提供治疗期间的医疗待遇外,还应支付相当于其医疗费用25%的赔偿费用;

(五)劳动合同约定的其他赔偿费用。

第四条 劳动者违反规定或劳动合同的约定解除劳动合同,对用人单位造成损失的,劳动者应赔偿用人单位下列损失:

(一)用人单位招收录用其所支付的费用;

(二)用人单位为其支付的培训费用,双方另有约定的按约定办理;

(三)对生产、经营和工作造成的直接经济损失;

(四)劳动合同约定的其他赔偿费用。

第五条 劳动者违反劳动合同中约定的保密事项,对用人单位造成经济损失的,按《反不正当竞争法》第二十条的规定支付用人单位赔偿费用。

第六条 用人单位招用尚未解除劳动合同的劳动者,对原用人单位造成经济损失的,除该劳动者承担直接赔偿责任外,该用人单位应当承担连带赔偿责任。其连带赔偿的份额应不低于对原用人单位造成经济损失总额的百分之七十。向原用人单位赔偿下列损失:

(一)对生产、经营和工作造成的直接经济损失;

(二)因获取商业秘密给原用人单位造成的经济损失。

赔偿本条第(二)项规定的损失,按《反不正当竞争法》第二十条的规定执行。

第七条 因赔偿引起争议的,按照国家有关劳动争议处理的规定办理。

第八条 本办法自发布之日起施行。

人力资源社会保障部办公厅关于发布《电子劳动合同订立指引》的通知

（2021年7月1日　人社厅发〔2021〕54号）

各省、自治区、直辖市及新疆生产建设兵团人力资源社会保障厅（局）：

　　为指导用人单位和劳动者依法规范订立电子劳动合同，我部根据《中华人民共和国劳动合同法》《中华人民共和国民法典》《中华人民共和国电子签名法》等法律法规，组织编写了《电子劳动合同订立指引》，现印发给你们。

　　各地要加大《电子劳动合同订立指引》的宣传力度，指导有订立电子劳动合同意愿的用人单位和劳动者，参照《电子劳动合同订立指引》协商一致订立电子劳动合同，确保电子劳动合同真实、完整、准确、不被篡改。要结合本地实际，加快建设电子劳动合同业务信息系统和公共服务平台，及时公布接收电子劳动合同的数据格式和标准，逐步推进电子劳动合同在人力资源社会保障政务服务中的全面应用。

电子劳动合同订立指引

第一章　总　　则

第一条 本指引所指电子劳动合同，是指用人单位与劳动者按照《中华人民共和国劳动合同法》《中华人民共和国民法典》《中华人民共和国电子签名法》等法律法规规定，经协商一致，以可视为书面形式的数据电文为载体，使用可靠的电子签名订立的劳动合同。

第二条 依法订立的电子劳动合同具有法律效力，用人单位与劳动者应当按照电子劳动合同的约定,全面履行各自的义务。

第二章　电子劳动合同的订立

第三条　用人单位与劳动者订立电子劳动合同的,要通过电子劳动合同订立平台订立。

第四条　电子劳动合同订立平台要通过有效的现代信息技术手段提供劳动合同订立、调取、储存、应用等服务,具备身份认证、电子签名、意愿确认、数据安全防护等能力,确保电子劳动合同信息的订立、生成、传递、储存等符合法律法规规定,满足真实、完整、准确、不可篡改和可追溯等要求。

第五条　鼓励用人单位和劳动者使用政府发布的劳动合同示范文本订立电子劳动合同。劳动合同未载明《中华人民共和国劳动合同法》规定的劳动合同必备条款或内容违反法律法规规定的,用人单位依法承担相应的法律责任。

第六条　双方同意订立电子劳动合同的,用人单位要在订立电子劳动合同前,明确告知劳动者订立电子劳动合同的流程、操作方法、注意事项和查看、下载完整的劳动合同文本的途径,并不得向劳动者收取费用。

第七条　用人单位和劳动者要确保向电子劳动合同订立平台提交的身份信息真实、完整、准确。电子劳动合同订立平台要通过数字证书、联网信息核验、生物特征识别验证、手机短信息验证码等技术手段,真实反映订立人身份和签署意愿,并记录和保存验证确认过程。具备条件的,可使用电子社保卡开展实人实名认证。

第八条　用人单位和劳动者要使用符合《中华人民共和国电子签名法》要求、依法设立的电子认证服务机构颁发的数字证书和密钥,进行电子签名。

第九条　电子劳动合同经用人单位和劳动者签署可靠的电子签名后生效,并应附带可信时间戳。

第十条　电子劳动合同订立后,用人单位要以手机短信、微信、电子邮件或者 APP 信息提示等方式通知劳动者电子劳动合同已订立完成。

第三章 电子劳动合同的调取、储存、应用

第十一条 用人单位要提示劳动者及时下载和保存电子劳动合同文本,告知劳动者查看、下载电子劳动合同的方法,并提供必要的指导和帮助。

第十二条 用人单位要确保劳动者可以使用常用设备随时查看、下载、打印电子劳动合同的完整内容,不得向劳动者收取费用。

第十三条 劳动者需要电子劳动合同纸质文本的,用人单位要至少免费提供一份,并通过盖章等方式证明与数据电文原件一致。

第十四条 电子劳动合同的储存期限要符合《中华人民共和国劳动合同法》关于劳动合同保存期限的规定。

第十五条 鼓励用人单位和劳动者优先选用人力资源社会保障部门等政府部门建设的电子劳动合同订立平台(以下简称政府平台)。用人单位和劳动者未通过政府平台订立电子劳动合同的,要按照当地人力资源社会保障部门公布的数据格式和标准,提交满足电子政务要求的电子劳动合同数据,便捷办理就业创业、劳动用工备案、社会保险、人事人才、职业培训等业务。非政府平台的电子劳动合同订立平台要支持用人单位和劳动者及时提交相关数据。

第十六条 电子劳动合同订立平台要留存订立和管理电子劳动合同全过程证据,包括身份认证、签署意愿、电子签名等,保证电子证据链的完整性,确保相关信息可查询、可调用,为用人单位、劳动者以及法律法规授权机构查询和提取电子数据提供便利。

第四章 信息保护和安全

第十七条 电子劳动合同信息的管理、调取和应用要符合《中华人民共和国网络安全法》《互联网信息服务管理办法》等法律法规,不得侵害信息主体合法权益。

第十八条 电子劳动合同订立平台及其所依赖的服务环境,要按照《信息安全等级保护管理办法》第三级的相关要求实施网络安全等级保护,确保平台稳定运行,提供连续服务,防止所收集或使用的身份信息、合同内容信息、日志信息泄漏、篡改、丢失。

第十九条 电子劳动合同订立平台要建立健全电子劳动合同信息保护制度,不得非法收集、使用、加工、传输、提供、公开电子劳动合同信息。未经信息主体同意或者法律法规授权,电子劳动合同订立平台不得向他人非法提供电子劳动合同查阅、调取等服务。

第五章 附 则

第二十条 本指引中主要用语的含义:

(一)数据电文,是指以电子、光学、磁或者类似手段生成、发送、接收或者储存的信息。

(二)可视为书面形式的数据电文,是指能够有形地表现所载内容,并可以随时调取查用的数据电文。

(三)电子签名,是指数据电文中以电子形式所含、所附用于识别签名人身份并表明签名人认可其中内容的数据。

(四)可靠的电子签名,是指同时符合下列条件的电子签名:

1. 电子签名制作数据用于电子签名时,属于电子签名人专有;
2. 签署时电子签名制作数据仅由电子签名人控制;
3. 签署后对电子签名的任何改动能够被发现;
4. 签署后对数据电文内容和形式的任何改动能够被发现。

(五)可信时间戳,是指权威机构使用数字签名技术产生的能够证明所签名的原始文件在签名时间之前已经存在的数据。

第二十一条 本指引未尽事宜,按照有关法律法规和政策规定执行。

企业经济性裁减人员规定

(1994 年 11 月 14 日 劳部发〔1994〕447 号)

第一条 为指导用人单位依法正确行使裁减人员权利,根据《中华人民共和国劳动法》的有关规定,制定本规定。

第二条 用人单位濒临破产,被人民法院宣告进入法定整顿期间或生产经营发生严重困难,达到当地政府规定的严重困难企业标准,确需裁减人员的,可以裁员。

第三条 用人单位有条件的,应为被裁减的人员提供培训或就业帮助。

第四条 用人单位确需裁减人员,应按下列程序进行:

(一)提前三十日向工会或者全体职工说明情况,并提供有关生产经营状况的资料;

(二)提出裁减人员方案,内容包括:被裁减人员名单、裁减时间及实施步骤,符合法律、法规规定和集体合同约定的被裁减人员经济补偿办法;

(三)将裁减人员方案征求工会或者全体职工的意见,并对方案进行修改和完善;

(四)向当地劳动行政部门报告裁减人员方案以及工会或者全体职工的意见,并听取劳动行政部门的意见;

(五)由用人单位正式公布裁减人员方案,与被裁减人员办理解除劳动合同手续,按照有关规定向被裁减人员本人支付经济补偿金,出具裁减人员证明书。

第五条 用人单位不得裁减下列人员:

(一)患职业病或者因工负伤并被确认丧失或者部分丧失劳动能力的;

(二)患病或者负伤,在规定的医疗期内的;

(三)女职工在孕期、产期、哺乳期内的;

(四)法律、行政法规规定的其他情形。

第六条 对于被裁减而失业的人员,参加失业保险的,可到当地劳动就业服务机构登记,申领失业救济金。

第七条 用人单位从裁减人员之日起,六个月内需要新招人员的,必须优先从本单位裁减的人员中录用,并向当地劳动行政部门报告录用人员的数量、时间、条件以及优先录用人员的情况。

第八条 劳动行政部门对用人单位违反法律、法规和有关规定裁减人员的,应依法制止和纠正。

第九条 工会或职工对裁员提出的合理意见,用人单位应认真听取。

用人单位违反法律、法规规定和集体合同约定裁减人员的,工会有权要求重新处理。

第十条 因裁减人员发生的劳动争议,当事人双方应按照劳动争议处理的有关规定执行。

第十一条 各省、自治区、直辖市劳动行政部门可根据本规定和本地区实际情况制定实施办法。

第十二条 本规定自1995年1月1日起施行。

三、劳动报酬

关于工资总额组成的规定

(1989年9月30日国务院批准 1990年1月1日
国家统计局令第1号发布施行)

第一章 总 则

第一条 为了统一工资总额的计算范围,保证国家对工资进行统一的统计核算和会计核算,有利于编制、检查计划和进行工资管理以及正确地反映职工的工资收入,制定本规定。

第二条 全民所有制和集体所有制企业、事业单位,各种合营单位,各级国家机关、政党机关和社会团体,在计划、统计、会计上有关工资总额范围的计算,均应遵守本规定。

第三条 工资总额是指各单位在一定时期内直接支付给本单位全部职工的劳动报酬总额。

工资总额的计算应以直接支付给职工的全部劳动报酬为根据。

第二章 工资总额的组成

第四条 工资总额由下列六个部分组成:

(一)计时工资;

(二)计件工资;

(三)奖金;

(四)津贴和补贴;

(五)加班加点工资;

(六)特殊情况下支付的工资。

第五条 计时工资是指按计时工资标准(包括地区生活费补贴)和工作时间支付给个人的劳动报酬。包括:

(一)对已做工作按计时工资标准支付的工资;

(二)实行结构工资制的单位支付给职工的基础工资和职务(岗位)工资;

(三)新参加工作职工的见习工资(学徒的生活费);

(四)运动员体育津贴。

第六条 计件工资是指对已做工作按计件单价支付的劳动报酬。包括:

(一)实行超额累进计件、直接无限计件、限额计件、超定额计件等工资制,按劳动部门或主管部门批准的定额和计件单价支付给个人的工资;

(二)按工作任务包干方法支付给个人的工资;

(三)按营业额提成或利润提成办法支付给个人的工资。

第七条 奖金是指支付给职工的超额劳动报酬和增收节支的劳动报酬。包括:

(一)生产奖;

(二)节约奖;

(三)劳动竞赛奖;

(四)机关、事业单位的奖励工资;

(五)其他奖金。

第八条 津贴和补贴是指为了补偿职工特殊或额外的劳动消耗和因其他特殊原因支付给职工的津贴,以及为了保证职工工资水平不受物价影响支付给职工的物价补贴。

(一)津贴。包括:补偿职工特殊或额外劳动消耗的津贴,保健性津贴,技术性津贴,年功性津贴及其他津贴。

(二)物价补贴。包括:为保证职工工资水平不受物价上涨或变动影响而支付的各种补贴。

第九条 加班加点工资是指按规定支付的加班工资和加点工资。

第十条 特殊情况下支付的工资。包括:

(一)根据国家法律、法规和政策规定,因病、工伤、产假、计划生育假、婚丧假、事假、探亲假、定期休假、停工学习、执行国家或社会义务等原因按计时工资标准或计时工资标准的一定比例支付的工资；

（二）附加工资、保留工资。

第三章 工资总额不包括的项目

第十一条 下列各项不列入工资总额的范围：

（一）根据国务院发布的有关规定颁发的发明创造奖、自然科学奖、科学技术进步奖和支付的合理化建议和技术改进奖以及支付给运动员、教练员的奖金；

（二）有关劳动保险和职工福利方面的各项费用；

（三）有关离休、退休、退职人员待遇的各项支出；

（四）劳动保护的各项支出；

（五）稿费、讲课费及其他专门工作报酬；

（六）出差伙食补助费、误餐补助、调动工作的旅费和安家费；

（七）对自带工具、牲畜来企业工作职工所支付的工具、牲畜等的补偿费用；

（八）实行租赁经营单位的承租人的风险性补偿收入；

（九）对购买本企业股票和债券的职工所支付的股息（包括股金分红）和利息；

（十）劳动合同制职工解除劳动合同时由企业支付的医疗补助费、生活补助费等；

（十一）因录用临时工而在工资以外向提供劳动力单位支付的手续费或管理费；

（十二）支付给家庭工人的加工费和按加工订货办法支付给承包单位的发包费用；

（十三）支付给参加企业劳动的在校学生的补贴；

（十四）计划生育独生子女补贴。

第十二条 前条所列各项按照国家规定另行统计。

第四章 附 则

第十三条 中华人民共和国境内的私营单位、华侨及港、澳、台工商业者经营单位和外商经营单位有关工资总额范围的计算,参照本规定执行。

　　第十四条　本规定由国家统计局负责解释。

　　第十五条　各地区、各部门可依据本规定制定有关工资总额组成的具体范围的规定。

　　第十六条　本规定自发布之日起施行。国务院一九五五年五月二十一日批准颁发的《关于工资总额组成的暂行规定》同时废止。

国家统计局《关于工资总额组成的规定》若干具体范围的解释

（1990年1月1日　统制字〔1990〕1号）

一、关于工资总额的计算

　　工资总额的计算原则应以直接支付给职工的全部劳动报酬为根据。各单位支付给职工的劳动报酬以及其他根据有关规定支付的工资,不论是计入成本的还是不计入成本的,不论是按国家规定列入计征奖金税项目的还是未列入计征奖金税项目的,不论是以货币形式支付的还是以实物形式支付的,均应列入工资总额的计算范围。

二、关于奖金的范围

　　（一）生产（业务）奖包括超产奖、质量奖、安全（无事故）奖、考核各项经济指标的综合奖、提前竣工奖、外轮速遣奖、年终奖（劳动分红）等。

　　（二）节约奖包括各种动力、燃料、原材料等节约奖。

　　（三）劳动竞赛奖包括发给劳动模范,先进个人的各种奖和实物奖励。

　　（四）其他奖金包括从兼课酬金和业余医疗卫生服务收入提成中支付的奖金等。

三、关于津贴和补贴的范围

　　（一）津贴。包括:

1. 补偿职工特殊或额外劳动消耗的津贴。具体有：高空津贴、井下津贴、流动施工津贴、野外工作津贴、林区津贴、高温作业临时补贴、海岛津贴、艰苦气象台（站）津贴、微波站津贴、高原地区临时补贴、冷库低温津贴、基层审计人员外勤工作补贴、学校班主任津贴、三种艺术（舞蹈、武功、管乐）人员工种补贴、运动队班（队）干部驻队补贴、公安干警值勤岗位津贴、环卫人员岗位津贴、广播电视天线工岗位津贴、盐业岗位津贴、废品回收人员岗位津贴、殡葬特殊行业津贴、城市社会福利事业单位津贴、环境监测津贴、收容遣送岗位津贴等。

2. 保健性津贴。具体有：卫生防疫津贴、医疗卫生贴、科技保健津贴、各种社会福利院职工特殊保健津贴等。

3. 技术性津贴。具体有：特级教师补贴、科研津贴、工人技师津贴、中药老药工技术津贴、特殊教育津贴等。

4. 年功性津贴。具体有：工龄津贴、教龄津贴和护士工龄津贴等。

5. 其他津贴。具体有：直接支付给个人的伙食津贴（火车司机和乘务员的乘务津贴、航行和空勤人员伙食津贴、水产捕捞人员伙食津贴、专业车队汽车司机行车津贴、小伙食单位补贴等）、合同制职工的工资性补贴以及书报费等。

（二）补贴。包括：

为保证职工工资水平不受物价上涨或变动影响而支付的各种补贴，如肉类等价格补贴、副食品价格补贴、食价补贴、煤价补贴、房贴、水电站等。

四、关于工资总额不包括的项目的范围

（一）有关劳动保险和职工福利方面的费用。具体有：职工死亡丧葬费及抚恤费、医疗卫生或公费医疗费用、职工生活困难补助费、集体福利事业补贴、工会文教费、集体福利费、探亲路费、冬季取暖补贴、上下班交通补贴以及洗理费等。

（二）劳动保护的各种支出。具体有：工作服、手套等劳保用品，解毒剂、清凉饮料，以及按照一九六三年七月十九日劳动部等七单位规定的范围对接触有毒物质、砂尘作业、放射线作业和潜水、沉箱作业、高温作业等五类工种所享受的由劳动保护费开支的保健食品待遇。

五、关于标准工资(基本工资,下同)和非标准工资(辅助工资,下同)的定义

(一)标准工资是指按规定的工资标准计算的工资(包括实行结构工资制的基础工资、职务工资和工龄津贴)。

(二)非标准工资是指标准工资以外的各种工资。

六、奖金范围内的节约奖、从兼课酬金和医疗卫生服务收入提成中支付的奖金及津贴和补贴范围内的各种价格补贴,在统计报表中单列统计。

工资支付暂行规定

(1994年12月6日　劳部发〔1994〕489号)

第一条　为维护劳动者通过劳动获得劳动报酬的权利,规范用人单位的工资支付行为,根据《中华人民共和国劳动法》有关规定,制定本规定。

第二条　本规定适用于在中华人民共和国境内的企业、个体经济组织(以下统称用人单位)和与之形成劳动关系的劳动者。

国家机关、事业组织、社会团体和与之建立劳动合同关系的劳动者,依照本规定执行。

第三条　本规定所称工资是指用人单位依据劳动合同的规定,以各种形式支付给劳动者的工资报酬。

第四条　工资支付主要包括:工资支付项目、工资支付水平、工资支付形式、工资支付对象、工资支付时间以及特殊情况下的工资支付。

第五条　工资应当以法定货币支付。不得以实物及有价证券替代货币支付。

第六条　用人单位应将工资支付给劳动者本人。劳动者本人因故不能领取工资时,可由其亲属或委托他人代领。

用人单位可委托银行代发工资。

用人单位必须书面记录支付劳动者工资的数额、时间、领取者的姓名以及签字,并保存两年以上备查。用人单位在支付工资时应向劳动者提供一份其个人的工资清单。

第七条 工资必须在用人单位与劳动者约定的日期支付。如遇节假日或休息日,则应提前在最近的工作日支付。工资至少每月支付一次,实行周、日、小时工资制的可按周、日、小时支付工资。

第八条 对完成一次性临时劳动或某项具体工作的劳动者,用人单位应按有关协议或合同规定在其完成劳动任务后即支付工资。

第九条 劳动关系双方依法解除或终止劳动合同时,用人单位应在解除或终止劳动合同时一次付清劳动者工资。

第十条 劳动者在法定工作时间内依法参加社会活动期间,用人单位应视同其提供了正常劳动而支付工资。社会活动包括:依法行使选举权或被选举权;当选代表出席乡(镇)、区以上政府、党派、工会、青年团、妇女联合会等组织召开的会议;出任人民法庭证明人;出席劳动模范、先进工作者大会;《工会法》规定的不脱产工会基层委员会委员因工会活动占用的生产或工作时间;其它依法参加的社会活动。

第十一条 劳动者依法享受年休假、探亲假、婚假、丧假期间,用人单位应按劳动合同规定的标准支付劳动者工资。

第十二条 非因劳动者原因造成单位停工、停产在一个工资支付周期内的,用人单位应按劳动合同规定的标准支付劳动者工资。超过一个工资支付周期的,若劳动者提供了正常劳动,则支付给劳动者的劳动报酬不得低于当地的最低工资标准;若劳动者没有提供正常劳动,应按国家有关规定办理。

第十三条 用人单位在劳动者完成劳动定额或规定的工作任务后,根据实际需要安排劳动者在法定标准工作时间以外工作的,应按以下标准支付工资:

(一)用人单位依法安排劳动者在日法定标准工作时间以外延长工作时间的,按照不低于劳动合同规定的劳动者本人小时工资标准的150%支付劳动者工资;

(二)用人单位依法安排劳动者在休息日工作,而又不能安排补休的,按照不低于劳动合同规定的劳动者本人日或小时工资标准的

200%支付劳动者工资；

（三）用人单位依法安排劳动者在法定休假节日工作的,按照不低于劳动合同规定的劳动者本人日或小时工资标准的300%支付劳动者工资。

实行计件工资的劳动者,在完成计件定额任务后,由用人单位安排延长工作时间的,应根据上述规定的原则,分别按照不低于其本人法定工作时间计件单价的150%、200%、300%支付其工资。

经劳动行政部门批准实行综合计算工时工作制的,其综合计算工作时间超过法定标准工作时间的部分,应视为延长工作时间,并应按本规定支付劳动者延长工作时间的工资。

实行不定时工时制度的劳动者,不执行上述规定。

第十四条 用人单位依法破产时,劳动者有权获得其工资。在破产清偿中用人单位应按《中华人民共和国企业破产法》规定的清偿顺序,首先支付欠付本单位劳动者的工资。

第十五条 用人单位不得克扣劳动者工资。有下列情况之一的,用人单位可以代扣劳动者工资：

（一）用人单位代扣代缴的个人所得税；

（二）用人单位代扣代缴的应由劳动者个人负担的各项社会保险费用；

（三）法院判决、裁定中要求代扣的抚养费、赡养费；

（四）法律、法规规定可以从劳动者工资中扣除的其他费用。

第十六条 因劳动者本人原因给用人单位造成经济损失的,用人单位可按照劳动合同的约定要求其赔偿经济损失。经济损失的赔偿,可从劳动者本人的工资中扣除。但每月扣除的部分不得超过劳动者当月工资的20%。若扣除后的剩余工资部分低于当地月最低工资标准,则按最低工资标准支付。

第十七条 用人单位应根据本规定,通过与职工大会、职工代表大会或者其他形式协商制定内部的工资支付制度,并告知本单位全体劳动者,同时抄报当地劳动行政部门备案。

第十八条 各级劳动行政部门有权监察用人单位工资支付的情况。用人单位有下列侵害劳动者合法权益行为的,由劳动行政部门责

令其支付劳动者工资和经济补偿,并可责令其支付赔偿金:

(一)克扣或者无故拖欠劳动者工资的;

(二)拒不支付劳动者延长工作时间工资的;

(三)低于当地最低工资标准支付劳动者工资的。

经济补偿和赔偿金的标准,按国家有关规定执行。

第十九条 劳动者与用人单位因工资支付发生劳动争议的,当事人可依法向劳动争议仲裁机关申请仲裁。对仲裁裁决不服的,可以向人民法院提起诉讼。

第二十条 本规定自一九九五年一月一日起施行。

对《工资支付暂行规定》有关问题的补充规定

(1995年5月12日 劳部发〔1995〕226号)

根据《工资支付暂行规定》(劳部发〔1994〕489号,以下简称《规定》)确定的原则,现就有关问题作出如下补充规定:

一、《规定》第十一条、第十二条、第十三条所称"按劳动合同规定的标准",系指劳动合同规定的劳动者本人所在的岗位(职位)相对应的工资标准。

因劳动合同制度尚处于推进的过程中,按上述条款规定执行确有困难的,地方或行业劳动行政部门可在不违反《规定》所确定的总的原则基础上,制定过渡措施。

二、关于加班加点的工资支付问题

1.《规定》第十三条第(一)、(二)、(三)款规定的在符合法定标准工作时间的制度工时以外延长工作时间及安排休息日和法定休假节日工作应支付的工资,是根据加班加点的多少,以劳动合同确定的正常工作时间工资标准的一定倍数所支付的劳动报酬,即凡是安排劳动者在法定工作日延长工作时间或安排在休息日工作而又不能补休的,均应支付给劳动者不低于劳动合同规定的劳动者本人小时或日工资标准150%、200%的工资;安排在法定休假节日工作的,应另外支付给劳动者不低于劳动合同规定的劳动者本人小时或日工资标准300%的工资。

2. 关于劳动者日工资的折算。由于劳动定额等劳动标准都与制度工时相联系,因此,劳动者日工资可统一按劳动者本人的月工资标准除以每月制度工作天数进行折算。

根据国家关于职工每日工作8小时,每周工作时间40小时的规定,每月制度工时天数为21.5天。考虑到国家允许施行每周40小时工时制度有困难的企业最迟可以延期到1997年5月1日施行,因此,在过渡期内,实行每周44小时工时制度的企业,其日工资折算可仍按每月制度工作天数23.5天执行。

三、《规定》第十五条中所称"克扣"系指用人单位无正当理由扣减劳动者应得工资(即在劳动者已提供正常劳动的前提下用人单位按劳动合同规定的标准应当支付给劳动者的全部劳动报酬)。不包括以下减发工资的情况:(1)国家的法律、法规中有明确规定的;(2)依法签订的劳动合同中有明确规定的;(3)用人单位依法制定并经职代会批准的厂规、厂纪中有明确规定的;(4)企业工资总额与经济效益相联系,经济效益下浮时,工资必须下浮的(但支付给劳动者工资不得低于当地最低工资标准);(5)因劳动者请事假等相应减发工资等。

四、《规定》第十八条所称"无故拖欠"系指用人单位无正当理由超过规定付薪时间未支付劳动者工资。不包括:(1)用人单位遇到非人力所能抗拒的自然灾害、战争等原因、无法按时支付工资;(2)用人单位确因生产经营困难、资金周转受到影响,在征得本单位工会同意后,可暂时延期支付劳动者工资,延期时间的最长限制可由各省、自治区、直辖市劳动行政部门根据各地情况确定。其他情况下拖欠工资均属无故拖欠。

五、关于特殊人员的工资支付问题

1. 劳动者受处分后的工资支付:(1)劳动者受行政处分后仍在原单位工作(如留用察看、降级等)或受刑事处分后重新就业的,应主要由用人单位根据具体情况自主确定其工资报酬;(2)劳动者受刑事处分期间,如收容审查、拘留(羁押)、缓刑、监外执行或劳动教养期间,其待遇按国家有关规定执行。

2. 学徒工、熟练工、大中专毕业生在学徒期、熟练期、见习期、试用期及转正定级后的工资待遇由用人单位自主确定。

3. 新就业复员军人的工资待遇由用人单位自主确定;分配到企业的军队转业干部的工资待遇,按国家有关规定执行。

工资集体协商试行办法

(2000年10月10日劳动和社会保障部部务会议通过 2000年11月8日劳动和社会保障部令第9号发布 自发布之日起施行)

第一章 总 则

第一条 为规范工资集体协商和签订工资集体协议(以下简称工资协议)的行为,保障劳动关系双方的合法权益,促进劳动关系的和谐稳定,依据《中华人民共和国劳动法》和国家有关规定,制定本办法。

第二条 中华人民共和国境内的企业依法开展工资集体协商,签订工资协议,适用本办法。

第三条 本办法所称工资集体协商,是指职工代表与企业代表依法就企业内部工资分配制度、工资分配形式、工资收入水平等事项进行平等协商,在协商一致的基础上签订工资协议的行为。

本办法所称工资协议,是指专门就工资事项签订的专项集体合同。已订立集体合同的,工资协议作为集体合同的附件,并与集体合同具有同等效力。

第四条 依法订立的工资协议对企业和职工双方具有同等约束力。双方必须全面履行工资协议规定的义务,任何一方不得擅自变更或解除工资协议。

第五条 职工个人与企业订立的劳动合同中关于工资报酬的标

准,不得低于工资协议规定的最低标准。

第六条 县级以上劳动保障行政部门依法对工资协议进行审查,对协议的履行情况进行监督检查。

第二章 工资集体协商内容

第七条 工资集体协商一般包括以下内容:
(一)工资协议的期限;
(二)工资分配制度、工资标准和工资分配形式;
(三)职工年度平均工资水平及其调整幅度;
(四)奖金、津贴、补贴等分配办法;
(五)工资支付办法;
(六)变更、解除工资协议的程序;
(七)工资协议的终止条件;
(八)工资协议的违约责任;
(九)双方认为应当协商约定的其他事项。

第八条 协商确定职工年度工资水平应符合国家有关工资分配的宏观调控政策,并综合参考下列因素:
(一)地区、行业、企业的人工成本水平;
(二)地区、行业的职工平均工资水平;
(三)当地政府发布的工资指导线、劳动力市场工资指导价位;
(四)本地区城镇居民消费价格指数;
(五)企业劳动生产率和经济效益;
(六)国有资产保值增值;
(七)上年度企业职工工资总额和职工平均工资水平;
(八)其他与工资集体协商有关的情况。

第三章 工资集体协商代表

第九条 工资集体协商代表应依照法定程序产生。职工一方由工会代表。未建工会的企业由职工民主推举代表,并得到半数以上职工的同意。企业代表由法定代表人和法定代表人指定的其他人员担任。

第十条 协商双方各确定一名首席代表。职工首席代表应当由工会主席担任,工会主席可以书面委托其他人员作为自己的代理人;未成立工会的,由职工集体协商代表推举。企业首席代表应当由法定代表人担任,法定代表人可以书面委托其他管理人员作为自己的代理人。

第十一条 协商双方的首席代表在工资集体协商期间轮流担任协商会议执行主席。协商会议执行主席的主要职责是负责工资集体协商有关组织协调工作,并对协商过程中发生的问题提出处理建议。

第十二条 协商双方可书面委托本企业以外的专业人士作为本方协商代表。委托人数不得超过本方代表的三分之一。

第十三条 协商双方享有平等的建议权、否决权和陈述权。

第十四条 由企业内部产生的协商代表参加工资集体协商的活动应视为提供正常劳动,享受的工资、奖金、津贴、补贴、保险福利待遇不变。其中,职工协商代表的合法权益受法律保护。企业不得对职工协商代表采取歧视性行为,不得违法解除或变更其劳动合同。

第十五条 协商代表应遵守双方确定的协商规则,履行代表职责,并负有保守企业商业秘密的责任。协商代表任何一方不得采取过激、威胁、收买、欺骗等行为。

第十六条 协商代表应了解和掌握工资分配的有关情况,广泛征求各方面的意见,接受本方人员对工资集体协商有关问题的质询。

第四章 工资集体协商程序

第十七条 职工和企业任何一方均可提出进行工资集体协商的要求。工资集体协商的提出方应向另一方提出书面的协商意向书,明确协商的时间、地点、内容等。另一方接到协商意向书后,应于 20 日内予以书面答复,并与提出方共同进行工资集体协商。

第十八条 在不违反有关法律、法规的前提下,协商双方有义务按照对方要求,在协商开始前 5 日内,提供与工资集体协商有关的真实情况和资料。

第十九条 工资协议草案应提交职工代表大会或职工大会讨论审议。

第二十条 工资集体协商双方达成一致意见后,由企业行政方制作工资协议文本。工资协议经双方首席代表签字盖章后成立。

第五章 工资协议审查

第二十一条 工资协议签订后,应于 7 日内由企业将工资协议一式三份及说明,报送劳动保障行政部门审查。

第二十二条 劳动保障行政部门应在收到工资协议 15 日内,对工资集体协商双方代表资格、工资协议的条款内容和签订程序等进行审查。

劳动保障行政部门经审查对工资协议无异议,应及时向协商双方送达《工资协议审查意见书》,工资协议即行生效。

劳动保障行政部门对工资协议有修改意见,应将修改意见在《工资协议审查意见书》中通知协商双方。双方应就修改意见及时协商,修改工资协议,并重新报送劳动保障行政部门。

工资协议向劳动保障行政部门报送经过 15 日后,协议双方未收到劳动保障行政部门的《工资协议审查意见书》,视为已经劳动保障行政部门同意,该工资协议即行生效。

第二十三条 协商双方应于 5 日内将已经生效的工资协议以适当形式向本方全体人员公布。

第二十四条 工资集体协商一般情况下一年进行一次。职工和企业双方均可在原工资协议期满前 60 日内,向对方书面提出协商意向书,进行下一轮的工资集体协商,做好新旧工资协议的相互衔接。

第六章 附 则

第二十五条 本办法对工资集体协商和工资协议的有关内容未做规定的,按《集体合同规定》的有关规定执行。

第二十六条 本办法自发布之日起施行。

最低工资规定

(2003年12月30日劳动和社会保障部第7次部务会议通过 2004年1月20日劳动和社会保障部令第21号公布 自2004年3月1日起施行)

第一条 为了维护劳动者取得劳动报酬的合法权益,保障劳动者个人及其家庭成员的基本生活,根据劳动法和国务院有关规定,制定本规定。

第二条 本规定适用于在中华人民共和国境内的企业、民办非企业单位、有雇工的个体工商户(以下统称用人单位)和与之形成劳动关系的劳动者。

国家机关、事业单位、社会团体和与之建立劳动合同关系的劳动者,依照本规定执行。

第三条 本规定所称最低工资标准,是指劳动者在法定工作时间或依法签订的劳动合同约定的工作时间内提供了正常劳动的前提下,用人单位依法应支付的最低劳动报酬。

本规定所称正常劳动,是指劳动者按依法签订的劳动合同约定,在法定工作时间或劳动合同约定的工作时间内从事的劳动。劳动者依法享受带薪年休假、探亲假、婚丧假、生育(产)假、节育手术假等国家规定的假期间,以及法定工作时间内依法参加社会活动期间,视为提供了正常劳动。

第四条 县级以上地方人民政府劳动保障行政部门负责对本行政区域内用人单位执行本规定情况进行监督检查。

各级工会组织依法对本规定执行情况进行监督,发现用人单位支付劳动者工资违反本规定的,有权要求当地劳动保障行政部门处理。

第五条 最低工资标准一般采取月最低工资标准和小时最低工资标准的形式。月最低工资标准适用于全日制就业劳动者,小时最低工资标准适用于非全日制就业劳动者。

第六条 确定和调整月最低工资标准,应参考当地就业者及其赡养人口的最低生活费用、城镇居民消费价格指数、职工个人缴纳的社会保险费和住房公积金、职工平均工资、经济发展水平、就业状况等因素。

确定和调整小时最低工资标准,应在颁布的月最低工资标准的基础上,考虑单位应缴纳的基本养老保险费和基本医疗保险费因素,同时还应适当考虑非全日制劳动者在工作稳定性、劳动条件和劳动强度、福利等方面与全日制就业人员之间的差异。

月最低工资标准和小时最低工资标准具体测算方法见附件。

第七条 省、自治区、直辖市范围内的不同行政区域可以有不同的最低工资标准。

第八条 最低工资标准的确定和调整方案,由省、自治区、直辖市人民政府劳动保障行政部门会同同级工会、企业联合会/企业家协会研究拟订,并将拟订的方案报送劳动保障部。方案内容包括最低工资确定和调整的依据、适用范围、拟订标准和说明。劳动保障部在收到拟订方案后,应征求全国总工会、中国企业联合会/企业家协会的意见。

劳动保障部对方案可以提出修订意见,若在方案收到后 14 日内未提出修订意见的,视为同意。

第九条 省、自治区、直辖市劳动保障行政部门应将本地区最低工资标准方案报省、自治区、直辖市人民政府批准,并在批准后 7 日内在当地政府公报上和至少一种全地区性报纸上发布。省、自治区、直辖市劳动保障行政部门应在发布后 10 日内将最低工资标准报劳动保障部。

第十条 最低工资标准发布实施后,如本规定第六条所规定的相关因素发生变化,应当适时调整。最低工资标准每两年至少调整一次。

第十一条 用人单位应在最低工资标准发布后 10 日内将该标准向本单位全体劳动者公示。

第十二条 在劳动者提供正常劳动的情况下,用人单位应支付给

劳动者的工资在剔除下列各项以后,不得低于当地最低工资标准:

（一）延长工作时间工资;

（二）中班、夜班、高温、低温、井下、有毒有害等特殊工作环境、条件下的津贴;

（三）法律、法规和国家规定的劳动者福利待遇等。

实行计件工资或提成工资等工资形式的用人单位,在科学合理的劳动定额基础上,其支付劳动者的工资不得低于相应的最低工资标准。

劳动者由于本人原因造成在法定工作时间内或依法签订的劳动合同约定的工作时间内未提供正常劳动的,不适用于本条规定。

第十三条　用人单位违反本规定第十一条规定的,由劳动保障行政部门责令其限期改正;违反本规定第十二条规定的,由劳动保障行政部门责令其限期补发所欠劳动者工资,并可责令其按所欠工资的1至5倍支付劳动者赔偿金。

第十四条　劳动者与用人单位之间就执行最低工资标准发生争议,按劳动争议处理有关规定处理。

第十五条　本规定自2004年3月1日起实施。1993年11月24日原劳动部发布的《企业最低工资规定》同时废止。

附件:最低工资标准测算方法

附件:

最低工资标准测算方法

一、确定最低工资标准应考虑的因素

确定最低工资标准一般考虑城镇居民生活费用支出、职工个人缴纳社会保险费、住房公积金、职工平均工资、失业率、经济发展水平等因素。可用公式表示为:

$M = f(C、S、A、U、E、a)$

M 最低工资标准;

C 城镇居民人均生活费用;

S 职工个人缴纳社会保险费、住房公积金;

A 职工平均工资;

U 失业率;

E 经济发展水平;

a 调整因素。

二、确定最低工资标准的通用方法

1. 比重法即根据城镇居民家计调查资料,确定一定比例的最低人均收入户为贫困户,统计出贫困户的人均生活费用支出水平,乘以每一就业者的赡养系数,再加上一个调整数。

2. 恩格尔系数法即根据国家营养学会提供的年度标准食物谱及标准食物摄取量,结合标准食物的市场价格,计算出最低食物支出标准,除以恩格尔系数,得出最低生活费用标准,再乘以每一就业者的赡养系数,再加上一个调整数。

以上方法计算出月最低工资标准后,再考虑职工个人缴纳社会保险费、住房公积金、职工平均工资水平、社会救济金和失业保险金标准、就业状况、经济发展水平等进行必要的修正。

举例:某地区最低收入组人均每月生活费支出为 210 元,每一就业者赡养系数为 1.87,最低食物费用为 127 元,恩格尔系数为 0.604,平均工资为 900 元。

1. 按比重法计算得出该地区月最低工资标准为:

$$月最低工资标准 = 210 \times 1.87 + a = 393 + a(元) \quad (1)$$

2. 按恩格尔系数法计算得出该地区月最低工资标准为:

$$月最低工资标准 = 127 \div 0.604 \times 1.87 + a = 393 + a(元) \quad (2)$$

公式(1)与(2)中 a 的调整因素主要考虑当地个人缴纳养老、失业、医疗保险费和住房公积金等费用。

另,按照国际上一般月最低工资标准相当于月平均工资的 40—60%,则该地区月最低工资标准范围应在 360 元—540 元之间。

小时最低工资标准 =〔(月最低工资标准 ÷ 20.92 ÷ 8)×(1 + 单位应当缴纳的基本养老保险费、基本医疗保险费比例之和)〕×(1 + 浮动系数)

浮动系数的确定主要考虑非全日制就业劳动者工作稳定性、劳动条件和劳动强度、福利等方面与全日制就业人员之间的差异。

各地可参照以上测算办法,根据当地实际情况合理确定月、小时最低工资标准。

人力资源社会保障部关于职工全年月平均工作时间和工资折算问题的通知

(2025年1月1日　人社部发〔2025〕2号)

各省、自治区、直辖市及新疆生产建设兵团人力资源社会保障厅(局):

根据《国务院关于修改〈全国年节及纪念日放假办法〉的决定》(国务院令第795号)的规定,全体公民的节日假期由原来的11天增设为13天。据此,职工全年月平均制度工作时间和工资折算办法分别调整如下:

一、制度工作时间的计算

年工作日:365天－104天(休息日)－13天(法定节假日)＝248天

季工作日:248天÷4季＝62天/季

月工作日:248天÷12月＝20.67天/月

工作小时数的计算:以月、季、年的工作日乘以每日的8小时。

二、日工资、小时工资的折算

按照劳动法第五十一条的规定,法定节假日用人单位应当依法支付工资,即折算日工资、小时工资时不剔除国家规定的13天法定节假日。据此,日工资、小时工资的折算为:

日工资:月工资收入÷月计薪天数

小时工资:月工资收入÷(月计薪天数×8小时)

月计薪天数:(365天－104天)÷12月＝21.75天

三、废止文件

2008年1月3日原劳动和社会保障部发布的《关于职工全年月平均工作时间和工资折算问题的通知》(劳社部发〔2008〕3号)同时废止。

四、工时与休假

国务院关于职工工作时间的规定

（1994年2月3日国务院令第146号发布 根据1995年3月25日《国务院关于修改〈国务院关于职工工作时间的规定〉的决定》修订）

第一条 为了合理安排职工的工作和休息时间，维护职工的休息权利，调动职工的积极性，促进社会主义现代化建设事业的发展，根据宪法有关规定，制定本规定。

第二条 本规定适用于在中华人民共和国境内的国家机关、社会团体、企业事业单位以及其他组织的职工。

第三条 职工每日工作8小时、每周工作40小时。

第四条 在特殊条件下从事劳动和有特殊情况，需要适当缩短工作时间的，按照国家有关规定执行。

第五条 因工作性质或者生产特点的限制，不能实行每日工作8小时、每周工作40小时标准工时制度的，按照国家有关规定，可以实行其他工作和休息办法。

第六条 任何单位和个人不得擅自延长职工工作时间。因特殊情况和紧急任务确需延长工作时间的，按照国家有关规定执行。

第七条 国家机关、事业单位实行统一的工作时间，星期六和星期日为周休息日。

企业和不能实行前款规定的统一工作时间的事业单位，可以根据实际情况灵活安排周休息日。

第八条 本规定由劳动部、人事部负责解释；实施办法由劳动部、人事部制定。

第九条 本规定自1995年5月1日起施行。1995年5月1日施行有困难的企业、事业单位,可以适当延期;但是,事业单位最迟应当自1996年1月1日起施行,企业最迟应当自1997年5月1日起施行。

劳动部贯彻《国务院关于职工工作时间的规定》的实施办法

(1995年3月26日)

第一条 根据《国务院关于职工工作时间的规定》(以下简称《规定》),制定本办法。

第二条 本办法适用于中华人民共和国境内的企业的职工和个体经济组织的劳动者(以下统称职工)。

第三条 职工每日工作8小时、每周工作40小时。实行这一工时制度,应保证完成生产和工作任务,不减少职工的收入。

第四条 在特殊条件下从事劳动和有特殊情况,需要在每周工作40小时的基础上再适当缩短工作时间的,应在保证完成生产和工作任务的前提下,根据《中华人民共和国劳动法》第三十六条的规定,由企业根据实际情况决定。

第五条 因工作性质或生产特点的限制,不能实行每日工作8小时、每周工作40小时标准工时制度的,可以实行不定时工作制或综合计算工时工作制等其他工作和休息办法,并按照劳动部《关于企业实行不定时工作制和综合计算工时工作制的审批办法》执行。

第六条 任何单位和个人不得擅自延长职工工作时间。企业由于生产经营需要而延长职工工作时间的,应按《中华人民共和国劳动法》第四十一条的规定执行。

第七条 有下列特殊情形和紧急任务之一的,延长工作时间不受本办法第六条规定的限制:

(一)发生自然灾害、事故或者因其他原因,使人民的安全健康和

国家资财遭到严重威胁,需要紧急处理的;

(二)生产设备、交通运输线路、公共设施发生故障,影响生产和公众利益,必须及时抢修的;

(三)必须利用法定节日或公休假日的停产期间进行设备检修、保养的;

(四)为完成国防紧急任务,或者完成上级在国家计划外安排的其他紧急生产任务,以及商业、供销企业在旺季完成收购、运输、加工农副产品紧急任务的。

第八条 根据本办法第六条、第七条延长工作时间的,企业应当按照《中华人民共和国劳动法》第四十四条的规定,给职工支付工资报酬或安排补休。

第九条 企业根据所在地的供电、供水和交通等实际情况,经与工会和职工协商后,可以灵活安排周休息日。

第十条 县级以上各级人民政府劳动行政部门对《规定》实施的情况进行监督检查。

第十一条 各省、自治区、直辖市人民政府劳动行政部门和国务院行业主管部门应根据《规定》和本办法及本地区、本行业的实际情况制定实施步骤,并报劳动部备案。

第十二条 本办法与《规定》同时实施。从1995年5月1日起施行每周40小时工时制度有困难的企业,可以延期实行,但最迟应当于1997年5月1日起施行。在本办法施行前劳动部、人事部于1994年2月8日共同颁发的《〈国务院关于职工工作时间的规定〉的实施办法》继续有效。

《国务院关于职工工作时间的规定》问题解答

(1995年4月22日 劳部发〔1995〕187号)

一、问:1995年2月17日《国务院关于职工工作时间的规定》(以下简称《规定》)发布后,企业职工每周工作时间不超过40小时,是否一定要每周休息两天?

答:有条件的企业应尽可能实行职工每日工作8小时、每周工作40小时这一标准工时制度。有些企业因工作性质和生产特点不能实行标准工时制度的,应将贯彻《规定》和贯彻《劳动法》结合起来,保证职工每周工作时间不超过40小时,每周至少休息1天;有些企业还可以实行不定时工作制、综合计算工时工作制等其他工作和休息办法。

二、问:实行新工时制后,企业职工原有的年休假还实行吗?

答:劳动法第四十五条规定,"国家实行带薪年休假制度。劳动者连续工作一年以上的,享受带薪年休假。具体办法由国务院规定"。在国务院没有发布企业职工年休假规定以前,1991年6月15日中共中央、国务院共同发出的《关于职工休假问题的通知》应继续贯彻执行。

三、问:《规定》第九条中"1995年5月1日施行有困难的企业"主要指的是哪些?

答:贯彻执行《规定》有一个很重要的原则,这就是既要维护职工的休息权利,也要保证生产和工作任务的完成,确保全国生产工作秩序的正常,以促进社会主义现代化建设事业的发展。《规定》所提到的有困难的企业主要是指:需要连续生产作业,而劳动组织、班制一时难以调整到位的关系国计民生的行业、企业;确有较多业务技术骨干需经较长时间培训合格上岗才能进一步缩短工时的企业;如立即实行新工时制,可能要严重影响企业完成生产任务、企业信誉和企业职工收入,确需一段准备过渡时间的企业。

这里特别需要指出的是,对于上述暂时存在困难的企业,各地区、各部门务必加强领导,精心指导,帮助他们制定切实可行的实施步骤;上述企业也应立足自身,挖掘潜力,积极创造条件,力争早日实行新工时制度,而不要非拖到1997年5月1日再实行。

四、问:如果有些企业只因极少数技术骨干轮换不过来而影响《规定》的贯彻实施,能不能用加班加点的办法予以解决?

答:为了使更多的企业职工能够实施新工时制度,企业首先要抓紧进行业务、技术骨干的培养,以便有足够的技术力量轮换顶班。只有这样才能既保证全体职工的健康和休息权利,也能保证正常的生产和工作秩序。在抓紧培养技术骨干的同时,为使企业绝大多数职工能尽早实行新工时制度,可以采取一些过渡性措施,即对极少数技术骨干发加班工资或补休。但是,一要与工会和劳动者本人协商,做好工作;二要保障技术骨干的身体健康;三不能无限期地延续下去,必须尽快招聘合格人材或抓紧培养合格人才。

五、问:哪些企业职工可实行不定时工作制?

答:不定时工作制是针对因生产特点、工作特殊需要或职责范围的关系,无法按标准工作时间衡量或需要机动作业的职工所采用的一种工时制度。例如:企业中从事高级管理、推销、货运、装卸、长途运输驾驶、押运、非生产性值班和特殊工作形式的个体工作岗位的职工,出租车驾驶员等,可实行不定时工作制。鉴于每个企业的情况不同,企业可依据上述原则结合企业的实际情况进行研究,并按有关规定报批。

六、问:哪些企业职工可实行综合计算工时工作制?

答:综合计算工时工作制是针对因工作性质特殊,需连续作业或受季节及自然条件限制的企业的部分职工,采用的以周、月、季、年等为周期综合计算工作时间的一种工时制度,但其平均日工作时间和平均周工作时间应与法定标准工作时间基本相同。主要是指:交通、铁路、邮电、水运、航空、渔业等行业中因工作性质特殊,需要连续作业的职工;地质、石油及资源勘探、建筑、制盐、制糖、旅游等受季节和自然条件限制的行业的部分职工;亦工亦农或由于受能源、原材料供应等条件限制难以均衡生产的乡镇企业的职工等。另外,对于那些在市场竞争中,由于外界因素影响,生产任务不均衡的企业的部分职工也可以参照综合计算工时工作制的办法实施。

对于因工作性质或生产特点的限制,实行不定时工作制或综合计算工时工作制等其他工作和休息办法的职工,企业都应根据《中华人民共和国劳动法》和《规定》的有关条款,在保障职工身体健康并充分听取职工意见的基础上,采取集中工作、集中休息、轮休调休、弹性工作时间等适当的工作和休息方式,确保职工的休息休假权利和生产、工作任务的完成。同时,各企业主管部门也应积极创造条件,尽可能使企业的生产任务均衡合理,帮助企业解决贯彻《规定》中的实际问题。

七、问:在特殊条件下从事劳动和有特殊情况的,是否可以进一步缩短工作时间?

答:在特殊条件下从事劳动和有特殊情况,需要在每周工作40小时的基础上再适当缩短工作时间的,应在保证完成生产和工作任务的前提下,根据《中华人民共和国劳动法》第三十六条的规定,由企业根据实际情况决定。

八、问:中外合营企业中外籍人员,应如何执行《规定》?

答:根据《中华人民共和国涉外经济合同法》第四十条规定:"在中华人民共和国境内履行、经国家批准成立的中外合资经营企业合同、中外合作经营企业合同、中外合作勘探开发自然资源合同,在法律有新的规定时,可以仍然按照合同的规定执行。"因此,在《规定》发布前,凡以合同形式聘用的外籍员工,其工作时间仍可按原合同执行。

九、问:企业因生产经营需要延长工作时间是在每周40小时、还是在每周44小时基础上计算?

答:1997年5月1日以前,以企业所执行的工时制度为基础。即实行每周40小时工时制度的企业,以每周40小时为基础计算加班加点时间;实行每周44小时工时制度的企业,以每周44小时为基础计算加班加点时间。上述加班加点,仍然按《劳动法》的有关规定执行。1997年5月1日以后,一律应以每周40小时为基础计算。

劳动部关于企业实行不定时工作制和综合计算工时工作制的审批办法

(1994年12月14日 劳部发〔1994〕503号)

第一条 根据《中华人民共和国劳动法》第三十九条的规定,制定本办法。

第二条 本办法适用于中华人民共和国境内的企业。

第三条 企业因生产特点不能实行《中华人民共和国劳动法》第三十六条、第三十八条规定的,可以实行不定时工作制或综合计算工时工作制等其他工作和休息办法。

第四条 企业对符合下列条件之一的职工,可以实行不定时工作制。

(一)企业中的高级管理人员、外勤人员、推销人员、部分值班人员和其他因工作无法按标准工作时间衡量的职工;

(二)企业中的长途运输人员、出租汽车司机和铁路、港口、仓库的部分装卸人员以及因工作性质特殊,需机动作业的职工;

(三)其他因生产特点、工作特殊需要或职责范围的关系,适合实行不定时工作制的职工。

第五条 企业对符合下列条件之一的职工,可实行综合计算工时工作制,即分别以周、月、季、年等为周期,综合计算工作时间,但其平均日工作时间和平均周工作时间应与法定标准工作时间基本相同。

(一)交通、铁路、邮电、水运、航空、渔业等行业中因工作性质特殊,需连续作业的职工;

(二)地质及资源勘探、建筑、制盐、制糖、旅游等受季节和自然条件限制的行业的部分职工;

(三)其他适合实行综合计算工时工作制的职工。

第六条 对于实行不定时工作制和综合计算工时工作制等其他工作和休息办法的职工,企业应根据《中华人民共和国劳动法》第一章、第四章有关规定,在保障职工身体健康并充分听取职工意见的基础上,采用集中工作、集中休息、轮休调休、弹性工作时间等适当方式,确保职工的休息休假权利和生产、工作任务的完成。

第七条 中央直属企业实行不定时工作制和综合计算工时工作制等其他工作和休息办法的,经国务院行业主管部门审核,报国务院劳动行政部门批准。

地方企业实行不定时工作制和综合计算工时工作制等其他工作和休息办法的审批办法,由各省、自治区、直辖市人民政府劳动行政部门制定,报国务院劳动行政部门备案。

第八条 本办法自一九九五年一月一日起实行。

劳动部关于职工工作时间有关问题的复函

(1997年9月10日 劳部发〔1997〕271号)

广州市劳动局：

你局《关于职工工作时间有关问题的请示》(穗劳函字〔1997〕127号)收悉,经研究,函复如下：

一、企业和部分不能实行统一工作时间的事业单位,可否不实行"双休日"而安排每周工作六天,每天工作不超过6小时40分钟？

根据《劳动法》和《国务院关于职工工作时间的规定》(国务院令第174号)的规定,我国目前实行劳动者每日工作8小时,每周工作40小时这一标准工时制度。有条件的企业应实行标准工时制度。有些企业因工作性质和生产特点不能实行标准工时制度,应保证劳动者每天工作不超过8小时、每周工作不超过40小时、每周至少休息一天。此外,根据一些企业的生产实际情况还可实行不定时工作制和综合计算工时工作制。实行不定时工作制综合计算工时工作制的企业应按劳动部《关于企业实行不定时工作制和综合计算工时工作制的审批办法》(劳部发〔1994〕503号)的规定办理审批手续。

二、用人单位要求劳动者每周工作超过40不时但不超过44小时,且不作延长工作时间处理,劳动行政机关可否认定其违法并依据《劳动法》第九十、九十一条和劳部发〔1994〕489、532号文件的规定予以处罚？

《国务院关于职工工作时间的规定》(国务院令第174号)是依据《劳动法》第三十六条的规定,按照我国经济和社会发展的需要,在标准工时制度方面进一步作出的规定。如果用人单位要求劳动者每周工作超过40小时但不超过44小时,且不作延长工作时间处理,劳动行政机关有权要求其改正。

三、《劳动法》第四十一、四十四条中的"延长工作时间"是否仅指加点,而不包括休息日或节日等法定休假日的加班(即是否加班不受《劳动法》的第四十一条限制)?

《劳动法》第四十一条有关延长工作时间的限制包括正常工作日的加点、休息日和法定休假日的加班。即每月工作日的加点、休息日和法定休假日的加班的总时数不得超过36小时。在国家立法部门没有作出立法解释前,应按此精神执行。

四、休息日或法定休假日加班,用人单位可否不支付加班费而给予补休?补休的标准如何确定?

依据《劳动法》第四十四条规定,休息日安排劳动者加班工作的,应首先安排补休,不能补休时,则应支付不低于工资的百分之二百的工资报酬。补休时间应等同于加班时间。法定休假日安排劳动者加班工作的,应另外支付不低于工资的百分之三百的工资报酬,一般不安排补休。

五、经批准实施综合计算工时工作制的用人单位,在计算周期内若日(或周)的平均工作时间没超过法定标准工作时间,但某一具体日(或周)的实际工作时间工作超过8小时(或40小时),'超过'部分是否视为加点(或加班)且受《劳动法》第四十一条的限制?

依据劳动部《关于企业实行不定时工作制和综合计算工时工作制的审批办法》第五条的规定,综合计算工时工作制采用的是以周、月、季、年等为周期综合计算工作时间,但其平均日工作时间和平均周工作时间应与法定标准工作时间基本相同。也就是说,在综合计算周期内,某一具体日(或周)的实际工作时间可以超过8小时(或40小时),但综合计算周期内的总实际工作时间不应超过总法定标准工作时间,超过部分应视为延长工作时间并按《劳动法》第四十四条第一款的规定支付工资报酬,其中法定休假日安排劳动者工作的,按《劳动法》第四十四条第三款的规定支付工资报酬。而且,延长工作时间的小时数平均每月不得超过36小时。

六、若甲企业经批准以季为周期综合计算工时(总工时应为40时/周×12周/季=480时/季)。若乙职工在该季的第一、二月份刚好完成了480小时的工作,第三个月整月休息。甲企业这样做是否合法且不存在着延长工作时间问题,该季各月的工资及加班费(若认定为延长工作时间的话)应如何计发?

某企业经劳动行政部门批准以季为周期综合计算工时(总工时应为508小时/季)。该企业因生产任务需要,经商工会和劳动者同意,安排劳动者在该季的第一、二月份刚好完成了508小时的工作,第三个月整月休息。该企业这样做应视为合法且没有延长工作时间。对于这种打破常规的工作时间安排,一定要取得工会和劳动者的同意,并且注意劳逸结合,切实保障劳动者身体健康。

工时计算方法应为:

1. 工作日的计算

年工作日:356天/年 - 104天/年(休息日) - 7天/年(法定休假日) = 254天/年

季工作日:254天/年 ÷ 4季 = 63.5天

月工作日:254天/年 ÷ 12月 = 21.16天

2. 工作小时数的计算

以每周、月、季、年的工作日乘以每日的8小时。

七、劳部发〔1994〕489号文第十三条中"其综合工作时间超过法定标准工作时间部分"是指日(或周)平均工作时间超过,还是指某一具体日(或周)实际工作时间超过?

实行综合计算工时工作制的企业,在综合计算周期内,如果劳动者的实际工作时间总数超过该周期的法定标准工作时间总数,超过部分应视为延长工作时间。如果在整个综合计算周期内的实际工作时间总数不超过该周期的法定标准工作时间总数,只是该综合计算周期内的某一具体日(或周、或月、或季)超过法定标准工作时间,其超过部分不应视为延长工作时间。

八、实行不定时工作制的工资如何计发?其休息休假如何确定?

对于实行不定时工作制的劳动者,企业应当根据标准工时制度合理确定劳动者的劳动定额或其他考核标准,以便安排劳动者休息。其工资由企业按照本单位的工资制度和工资分配办法,根据劳动者的实际工作时间和完成劳动定额情况计发。对于符合带薪年休假条件的劳动者,企业可安排其享受带薪年休假。

九、本市拟在审批综合计算工时过程中强制性地附加"保证劳动者每周至少休息一天"和"每日实际工作时间不得超过11小时"两个条件,是否妥当?

实行综合计算工时工作制是从部分企业生产实际出发,允许实行相对集中工作、集中休息的工作制度,以保证生产的正常进行和劳动者的合法权益。因此,在审批综合计算工时工作制过程中不宜再要求企业实行符合标准工时工作制的规定。但是,在审批综合计算工时工作制过程中应要求企业做到以下两点:

1. 企业实行综合计算工时工作制以及在实行综合计算工时工作中采取何种工作方式,一定要与工会和劳动者协商。

2. 对于第三级以上(含第三级)体力劳动强度的工作岗位,劳动者每日连续工作时间不得超过11小时,而且每周至少休息一天。

职工带薪年休假条例

(2007年12月7日国务院第198次常务会议通过 2007年12月14日国务院令第514号公布 自2008年1月1日起施行)

第一条 为了维护职工休息休假权利,调动职工工作积极性,根据劳动法和公务员法,制定本条例。

第二条 机关、团体、企业、事业单位、民办非企业单位、有雇工的个体工商户等单位的职工连续工作1年以上的,享受带薪年休假(以下简称年休假)。单位应当保证职工享受年休假。职工在年休假期间享受与正常工作期间相同的工资收入。

第三条 职工累计工作已满1年不满10年的,年休假5天;已满10年不满20年的,年休假10天;已满20年的,年休假15天。

国家法定休假日、休息日不计入年休假的假期。

第四条 职工有下列情形之一的,不享受当年的年休假:

(一)职工依法享受寒暑假,其休假天数多于年休假天数的;

（二）职工请事假累计20天以上且单位按照规定不扣工资的；

（三）累计工作满1年不满10年的职工，请病假累计2个月以上的；

（四）累计工作满10年不满20年的职工，请病假累计3个月以上的；

（五）累计工作满20年以上的职工，请病假累计4个月以上的。

第五条 单位根据生产、工作的具体情况，并考虑职工本人意愿，统筹安排职工年休假。

年休假在1个年度内可以集中安排，也可以分段安排，一般不跨年度安排。单位因生产、工作特点确有必要跨年度安排职工年休假的，可以跨1个年度安排。

单位确因工作需要不能安排职工休年休假的，经职工本人同意，可以不安排职工休年休假。对职工应休未休的年休假天数，单位应当按照该职工日工资收入的300%支付年休假工资报酬。

第六条 县级以上地方人民政府人事部门、劳动保障部门应当依据职权对单位执行本条例的情况主动进行监督检查。

工会组织依法维护职工的年休假权利。

第七条 单位不安排职工休年休假又不依照本条例规定给予年休假工资报酬的，由县级以上地方人民政府人事部门或者劳动保障部门依据职权责令限期改正；对逾期不改正的，除责令该单位支付年休假工资报酬外，单位还应当按照年休假工资报酬的数额向职工加付赔偿金；对拒不支付年休假工资报酬、赔偿金的，属于公务员和参照公务员法管理的人员所在单位的，对直接负责的主管人员以及其他直接责任人员依法给予处分；属于其他单位的，由劳动保障部门、人事部门或者职工申请人民法院强制执行。

第八条 职工与单位因年休假发生的争议，依照国家有关法律、行政法规的规定处理。

第九条 国务院人事部门、国务院劳动保障部门依据职权，分别制定本条例的实施办法。

第十条 本条例自2008年1月1日起施行。

企业职工带薪年休假实施办法

(2008年7月17日人力资源和社会保障部第6次部务会议通过 2008年9月18日人力资源和社会保障部令第1号公布 自公布之日起施行)

第一条 为了实施《职工带薪年休假条例》(以下简称条例),制定本实施办法。

第二条 中华人民共和国境内的企业、民办非企业单位、有雇工的个体工商户等单位(以下称用人单位)和与其建立劳动关系的职工,适用本办法。

第三条 职工连续工作满12个月以上的,享受带薪年休假(以下简称年休假)。

第四条 年休假天数根据职工累计工作时间确定。职工在同一或者不同用人单位工作期间,以及依照法律、行政法规或者国务院规定视同工作期间,应当计为累计工作时间。

第五条 职工新进用人单位且符合本办法第三条规定的,当年度年休假天数,按照在本单位剩余日历天数折算确定,折算后不足1整天的部分不享受年休假。

前款规定的折算方法为:(当年度在本单位剩余日历天数÷365天)×职工本人全年应当享受的年休假天数。

第六条 职工依法享受的探亲假、婚丧假、产假等国家规定的假期以及因工伤停工留薪期间不计入年休假假期。

第七条 职工享受寒暑假天数多于其年休假天数的,不享受当年的年休假。确因工作需要,职工享受的寒暑假天数少于其年休假天数的,用人单位应当安排补足年休假天数。

第八条 职工已享受当年的年休假,年度内又出现条例第四条第(二)、(三)、(四)、(五)项规定情形之一的,不享受下一年度的年休假。

第九条 用人单位根据生产、工作的具体情况,并考虑职工本人意愿,统筹安排年休假。用人单位确因工作需要不能安排职工年休假或者跨1个年度安排年休假的,应征得职工本人同意。

第十条 用人单位经职工同意不安排年休假或者安排职工年休假天数少于应休年休假天数,应当在本年度内对职工应休未休年休假天数,按照其日工资收入的300%支付未休年休假工资报酬,其中包含用人单位支付职工正常工作期间的工资收入。

用人单位安排职工休年休假,但是职工因本人原因且书面提出不休年休假的,用人单位可以只支付其正常工作期间的工资收入。

第十一条 计算未休年休假工资报酬的日工资收入按照职工本人的月工资除以月计薪天数(21.75天)进行折算。

前款所称月工资是指职工在用人单位支付其未休年休假工资报酬前12个月剔除加班工资后的月平均工资。在本用人单位工作时间不满12个月的,按实际月份计算月平均工资。

职工在年休假期间享受与正常工作期间相同的工资收入。实行计件工资、提成工资或者其他绩效工资制的职工,日工资收入的计发办法按照本条第一款、第二款的规定执行。

第十二条 用人单位与职工解除或者终止劳动合同时,当年度未安排职工休满应休年休假的,应当按照职工当年已工作时间折算应休未休年休假天数并支付未休年休假工资报酬,但折算后不足1整天的部分不支付未休年休假工资报酬。

前款规定的折算方法为:(当年度在本单位已过日历天数÷365天)×职工本人全年应当享受的年休假天数–当年度已安排年休假天数。

用人单位当年已安排职工年休假的,多于折算应休年休假的天数不再扣回。

第十三条 劳动合同、集体合同约定的或者用人单位规章制度规定的年休假天数、未休年休假工资报酬高于法定标准的,用人单位应当按照有关约定或者规定执行。

第十四条 劳务派遣单位的职工符合本办法第三条规定条件的,

享受年休假。

被派遣职工在劳动合同期限内无工作期间由劳务派遣单位依法支付劳动报酬的天数多于其全年应当享受的年休假天数的，不享受当年的年休假；少于其全年应当享受的年休假天数的，劳务派遣单位、用工单位应当协商安排补足被派遣职工年休假天数。

第十五条　县级以上地方人民政府劳动行政部门应当依法监督检查用人单位执行条例及本办法的情况。

用人单位不安排职工休年休假又不依照条例及本办法规定支付未休年休假工资报酬的，由县级以上地方人民政府劳动行政部门依据职权责令限期改正；对逾期不改正的，除责令该用人单位支付未休年休假工资报酬外，用人单位还应当按照未休年休假工资报酬的数额向职工加付赔偿金；对拒不执行支付未休年休假工资报酬、赔偿金行政处理决定的，由劳动行政部门申请人民法院强制执行。

第十六条　职工与用人单位因年休假发生劳动争议的，依照劳动争议处理的规定处理。

第十七条　除法律、行政法规或者国务院另有规定外，机关、事业单位、社会团体和与其建立劳动关系的职工，依照本办法执行。

船员的年休假按《中华人民共和国船员条例》执行。

第十八条　本办法中的"年度"是指公历年度。

第十九条　本办法自发布之日起施行。

人力资源和社会保障部办公厅关于《企业职工带薪年休假实施办法》有关问题的复函

(2009年4月15日　人社厅函〔2009〕149号)

上海市人力资源和社会保障局：

你局《关于〈企业职工带薪年休假实施办法〉若干问题的请示》

(沪人社福字〔2008〕15号)收悉。经研究,现函复如下:

一、关于带薪年休假的享受条件《企业职工带薪年休假实施办法》第三条中的"职工连续工作满12个月以上",既包括职工在同一用人单位连续工作满12个月以上的情形,也包括职工在不同用人单位连续工作满12个月以上的情形。

二、关于累计工作时间的确定《企业职工带薪年休假实施办法》第四条中的"累计工作时间",包括职工在机关、团体、企业、事业单位、民办非企业单位、有雇工的个体工商户等单位从事全日制工作期间,以及依法服兵役和其他按照国家法律、行政法规和国务院规定可以计算为工龄的期间(视同工作期间)。职工的累计工作时间可以根据档案记载、单位缴纳社保费记录、劳动合同或者其他具有法律效力的证明材料确定。

全国年节及纪念日放假办法

(1949年12月23日政务院发布 根据1999年9月18日《国务院关于修改〈全国年节及纪念日放假办法〉的决定》第一次修订 根据2007年12月14日《国务院关于修改〈全国年节及纪念日放假办法〉的决定》第二次修订 根据2013年12月11日《国务院关于修改〈全国年节及纪念日放假办法〉的决定》第三次修订 根据2024年11月10日《国务院关于修改〈全国年节及纪念日放假办法〉的决定》第四次修订)

第一条 为统一全国年节及纪念日的假期,制定本办法。

第二条 全体公民放假的节日:

(一)元旦,放假1天(1月1日);

(二)春节,放假4天(农历除夕、正月初一至初三);

(三)清明节,放假1天(农历清明当日);

(四)劳动节,放假2天(5月1日、2日);

(五)端午节,放假1天(农历端午当日);

(六)中秋节,放假1天(农历中秋当日);

(七)国庆节,放假3天(10月1日至3日)。

第三条 部分公民放假的节日及纪念日:

(一)妇女节(3月8日),妇女放假半天;

(二)青年节(5月4日),14周岁以上的青年放假半天;

(三)儿童节(6月1日),不满14周岁的少年儿童放假1天;

(四)中国人民解放军建军纪念日(8月1日),现役军人放假半天。

第四条 少数民族习惯的节日,由各少数民族聚居地区的地方人民政府,按照各该民族习惯,规定放假日期。

第五条 二七纪念日、五卅纪念日、七七抗战纪念日、九三抗战胜利纪念日、九一八纪念日、教师节、护士节、记者节、植树节等其他节日、纪念日,均不放假。

第六条 全体公民放假的假日,如果适逢周六、周日,应当在工作日补假。部分公民放假的假日,如果适逢周六、周日,则不补假。

第七条 全体公民放假的假日,可合理安排统一放假调休,结合落实带薪年休假等制度,实际形成较长假期。除个别特殊情形外,法定节假日假期前后连续工作一般不超过6天。

第八条 本办法自公布之日起施行。

国务院关于职工探亲待遇的规定

(1981年3月6日第五届全国人民代表大会常务委员会第十七次会议批准 1981年3月14日公布施行)

第一条 为了适当地解决职工同亲属长期远居两地的探亲问题,特制定本规定。

第二条 凡在国家机关、人民团体和全民所有制企业、事业单位工作满一年的固定职工,与配偶不住在一起,又不能在公休假日团聚的,可以享受本规定探望配偶的待遇;与父亲、母亲都不住在一起,又不能在公休假日团聚的,可以享受本规定探望父母的待遇。但是,职工与父亲或与母亲一方能够在公休假日团聚的,不能享受本规定探望父母的待遇。

第三条 职工探亲假期:

(一)职工探望配偶的,每年给予一方探亲假一次,假期为三十天。

(二)未婚职工探望父母,原则上每年给假一次,假期为二十天。如果因为工作需要,本单位当年不能给予假期,或者职工自愿两年探亲一次的,可以两年给假一次,假期为四十五天。

(三)已婚职工探望父母的,每四年给假一次,假期为二十天。

探亲假期是指职工与配偶、父、母团聚的时间,另外,根据实际需要给予路程假。上述假期均包括公休假日和法定节日在内。

第四条 凡实行休假制度的职工(例如学校的教职工),应该在休假期间探亲;如果休假期较短,可由本单位适当安排,补足其探亲假的天数。

第五条 职工在规定的探亲假期和路程假期内,按照本人的标准工资发给工资。

第六条 职工探望配偶和未婚职工探望父母的往返路费,由所在单位负担。已婚职工探望父母的往返路费,在本人月标准工资百分之三十以内的,由本人自理,超过部分由所在单位负担。

第七条 各省、直辖市人民政府可以根据本规定制定实施细则,并抄送国家劳动总局备案。

自治区可以根据本规定的精神制定探亲规定;报国务院批准执行。

第八条 集体所有制企业、事业单位职工的探亲待遇,由各省、自治区、直辖市人民政府根据本地区的实际情况自行规定。

第九条 本规定自发布之日起施行。一九五八年二月九日《国务院关于工人、职员回家探亲的假期和工资待遇的暂行规定》同时废止。

企业职工患病或非因工负伤医疗期规定

(1994年12月1日 劳部发〔1994〕479号)

第一条 为了保障企业职工在患病或非因工负伤期间的合法权益,根据《中华人民共和国劳动法》第二十六、二十九条规定,制定本规定。

第二条 医疗期是指企业职工因患病或非因工负伤停止工作治病休息不得解除劳动合同的时限。

第三条 企业职工因患病或非因工负伤,需要停止工作医疗时,根据本人实际参加工作年限和在本单位工作年限,给予三个月到二十四个月的医疗期:

(一)实际工作年限十年以下的,在本单位工作年限五年以下的为三个月;五年以上的为六个月。

(二)实际工作年限十年以上的,在本单位工作年限五年以下的为六个月;五年以上十年以下的为九个月;十年以上十五年以下的为十二个月;十五年以上二十年以下的为十八个月;二十年以上的为二十四个月。

第四条 医疗期三个月的按六个月内累计病休时间计算;六个月的按十二个月内累计病休时间计算;九个月的按十五个月内累计病休时间计算;十二个月的按十八个月内累计病休时间计算;十八个月的按二十四个月内累计病休时间计算;二十四个月的按三十个月内累计病休时间计算。

第五条 企业职工在医疗期内,其病假工资、疾病救济费和医疗待遇按照有关规定执行。

第六条 企业职工非因工致残和经医生或医疗机构认定患有难以治疗的疾病,在医疗期内医疗终结,不能从事原工作,也不能从事用人单位另行安排的工作的,应当由劳动鉴定委员会参照工伤与职业病致残程度鉴定标准进行劳动能力的鉴定。被鉴定为一至四级的,应当退出劳动岗位,终止劳动关系,办理退休、退职手续,享受退休、退职待遇;被鉴定为五至十级的,医疗期内不得解除劳动合同。

第七条 企业职工非因工致残和经医生或医疗机构认定患有难以治疗的疾病,医疗期满,应当由劳动鉴定委员会参照工伤与职业病致残程度鉴定标准进行劳动能力的鉴定。被鉴定为一至四级的,应当退出劳动岗位,解除劳动关系,并办理退休、退职手续,享受退休、退职待遇。

第八条 医疗期满尚未痊愈者,被解除劳动合同的经济补偿问题按照有关规定执行。

第九条 本规定自一九九五年一月一日起施行。

劳动部关于贯彻《企业职工患病或非因工负伤医疗期规定》的通知

(1995年5月23日 劳部发〔1995〕236号)

各省、自治区、直辖市及计划单列市劳动(劳动人事)厅(局):

1994年12月1日,我部发布了《企业职工患病或非因工负伤医疗期规定》(劳部发〔1994〕479号,以下简称《医疗期规定》)后,一些企业和地方劳动部门反映,《医疗期规定》中医疗期最长为24个月,时间过短,限制较死,在实际执行中遇到一定困难,要求适当延长医疗期,并要求进一步明确计算医疗期的起止时间。经研究,现对贯彻《医疗期规定》提出以下意见:

一、关于医疗期的计算问题

1. 医疗期计算应从病休第一天开始,累计计算。如:应享受三个月医疗期的职工,如果从1995年3月5日起第一次病休,那么,该职工的医疗期应在3月5日至9月5日之间确定,在此期间累计病休三个月即视为医疗期满。其它依此类推。

2. 病休期间,公休、假日和法定节日包括在内。

二、关于特殊疾病的医疗期问题

根据目前的实际情况,对某些患特殊疾病(如癌症、精神病、瘫痪等)的职工,在 24 个月内尚不能痊愈的,经企业和劳动主管部门批准,可以适当延长医疗期。

各省、自治区、直辖市在实施《医疗期规定》时,可根据当地实际情况,抓紧制定具体细则,并及时报我部备案。

五、特殊用工场景和形式

劳务派遣暂行规定

(2013年12月20日人力资源社会保障部第21次部务会审议通过 2014年1月24日人力资源和社会保障部令第22号公布 自2014年3月1日起施行)

第一章 总 则

第一条 为规范劳务派遣,维护劳动者的合法权益,促进劳动关系和谐稳定,依据《中华人民共和国劳动合同法》(以下简称劳动合同法)和《中华人民共和国劳动合同法实施条例》(以下简称劳动合同法实施条例)等法律、行政法规,制定本规定。

第二条 劳务派遣单位经营劳务派遣业务,企业(以下称用工单位)使用被派遣劳动者,适用本规定。

依法成立的会计师事务所、律师事务所等合伙组织和基金会以及民办非企业单位等组织使用被派遣劳动者,依照本规定执行。

第二章 用工范围和用工比例

第三条 用工单位只能在临时性、辅助性或者替代性的工作岗位上使用被派遣劳动者。

前款规定的临时性工作岗位是指存续时间不超过6个月的岗位;辅助性工作岗位是指为主营业务岗位提供服务的非主营业务岗位;替代性工作岗位是指用工单位的劳动者因脱产学习、休假等原因无法工作的一定期间内,可以由其他劳动者替代工作的岗位。

用工单位决定使用被派遣劳动者的辅助性岗位,应当经职工代表大会或者全体职工讨论，提出方案和意见，与工会或者职工代表平等协商确定，并在用工单位内公示。

第四条　用工单位应当严格控制劳务派遣用工数量，使用的被派遣劳动者数量不得超过其用工总量的10%。

前款所称用工总量是指用工单位订立劳动合同人数与使用的被派遣劳动者人数之和。

计算劳务派遣用工比例的用工单位是指依照劳动合同法和劳动合同法实施条例可以与劳动者订立劳动合同的用人单位。

第三章　劳动合同、劳务派遣协议的订立和履行

第五条　劳务派遣单位应当依法与被派遣劳动者订立2年以上的固定期限书面劳动合同。

第六条　劳务派遣单位可以依法与被派遣劳动者约定试用期。劳务派遣单位与同一被派遣劳动者只能约定一次试用期。

第七条　劳务派遣协议应当载明下列内容：

（一）派遣的工作岗位名称和岗位性质；

（二）工作地点；

（三）派遣人员数量和派遣期限；

（四）按照同工同酬原则确定的劳动报酬数额和支付方式；

（五）社会保险费的数额和支付方式；

（六）工作时间和休息休假事项；

（七）被派遣劳动者工伤、生育或者患病期间的相关待遇；

（八）劳动安全卫生以及培训事项；

（九）经济补偿等费用；

（十）劳务派遣协议期限；

（十一）劳务派遣服务费的支付方式和标准；

（十二）违反劳务派遣协议的责任；

（十三）法律、法规、规章规定应当纳入劳务派遣协议的其他事项。

第八条　劳务派遣单位应当对被派遣劳动者履行下列义务：

（一）如实告知被派遣劳动者劳动合同法第八条规定的事项、应遵守的规章制度以及劳务派遣协议的内容；

（二）建立培训制度，对被派遣劳动者进行上岗知识、安全教育培训；

（三）按照国家规定和劳务派遣协议约定，依法支付被派遣劳动者的劳动报酬和相关待遇；

（四）按照国家规定和劳务派遣协议约定，依法为被派遣劳动者缴纳社会保险费，并办理社会保险相关手续；

（五）督促用工单位依法为被派遣劳动者提供劳动保护和劳动安全卫生条件；

（六）依法出具解除或者终止劳动合同的证明；

（七）协助处理被派遣劳动者与用工单位的纠纷；

（八）法律、法规和规章规定的其他事项。

第九条 用工单位应当按照劳动合同法第六十二条规定，向被派遣劳动者提供与工作岗位相关的福利待遇，不得歧视被派遣劳动者。

第十条 被派遣劳动者在用工单位因工作遭受事故伤害的，劳务派遣单位应当依法申请工伤认定，用工单位应当协助工伤认定的调查核实工作。劳务派遣单位承担工伤保险责任，但可以与用工单位约定补偿办法。

被派遣劳动者在申请进行职业病诊断、鉴定时，用工单位应当负责处理职业病诊断、鉴定事宜，并如实提供职业病诊断、鉴定所需的劳动者职业史和职业危害接触史、工作场所职业病危害因素检测结果等资料，劳务派遣单位应当提供被派遣劳动者职业病诊断、鉴定所需的其他材料。

第十一条 劳务派遣单位行政许可有效期未延续或者《劳务派遣经营许可证》被撤销、吊销的，已经与被派遣劳动者依法订立的劳动合同应当履行至期限届满。双方经协商一致，可以解除劳动合同。

第十二条 有下列情形之一的，用工单位可以将被派遣劳动者退回劳务派遣单位：

（一）用工单位有劳动合同法第四十条第三项、第四十一条规定情形的；

（二）用工单位被依法宣告破产、吊销营业执照、责令关闭、撤销、决定提前解散或者经营期限届满不再继续经营的；

(三)劳务派遣协议期满终止的。

被派遣劳动者退回后在无工作期间,劳务派遣单位应当按照不低于所在地人民政府规定的最低工资标准,向其按月支付报酬。

第十三条 被派遣劳动者有劳动合同法第四十二条规定情形的,在派遣期限届满前,用工单位不得依据本规定第十二条第一款第一项规定将被派遣劳动者退回劳务派遣单位;派遣期限届满的,应当延续至相应情形消失时方可退回。

第四章 劳动合同的解除和终止

第十四条 被派遣劳动者提前30日以书面形式通知劳务派遣单位,可以解除劳动合同。被派遣劳动者在试用期内提前3日通知劳务派遣单位,可以解除劳动合同。劳务派遣单位应当将被派遣劳动者通知解除劳动合同的情况及时告知用工单位。

第十五条 被派遣劳动者因本规定第十二条规定被用工单位退回,劳务派遣单位重新派遣时维持或者提高劳动合同约定条件,被派遣劳动者不同意的,劳务派遣单位可以解除劳动合同。

被派遣劳动者因本规定第十二条规定被用工单位退回,劳务派遣单位重新派遣时降低劳动合同约定条件,被派遣劳动者不同意的,劳务派遣单位不得解除劳动合同。但被派遣劳动者提出解除劳动合同的除外。

第十六条 劳务派遣单位被依法宣告破产、吊销营业执照、责令关闭、撤销、决定提前解散或者经营期限届满不再继续经营的,劳动合同终止。用工单位应当与劳务派遣单位协商妥善安置被派遣劳动者。

第十七条 劳务派遣单位因劳动合同法第四十六条或者本规定第十五条、第十六条规定的情形,与被派遣劳动者解除或者终止劳动合同的,应当依法向被派遣劳动者支付经济补偿。

第五章 跨地区劳务派遣的社会保险

第十八条 劳务派遣单位跨地区派遣劳动者的,应当在用工单位所在地为被派遣劳动者参加社会保险,按照用工单位所在地的规定缴纳社会保险费,被派遣劳动者按国家规定享受社会保险待遇。

第十九条　劳务派遣单位在用工单位所在地设立分支机构的,由分支机构为被派遣劳动者办理参保手续,缴纳社会保险费。

劳务派遣单位未在用工单位所在地设立分支机构的,由用工单位代劳务派遣单位为被派遣劳动者办理参保手续,缴纳社会保险费。

第六章　法律责任

第二十条　劳务派遣单位、用工单位违反劳动合同法和劳动合同法实施条例有关劳务派遣规定的,按照劳动合同法第九十二条规定执行。

第二十一条　劳务派遣单位违反本规定解除或者终止被派遣劳动者劳动合同的,按照劳动合同法第四十八条、第八十七条规定执行。

第二十二条　用工单位违反本规定第三条第三款规定的,由人力资源社会保障行政部门责令改正,给予警告;给被派遣劳动者造成损害的,依法承担赔偿责任。

第二十三条　劳务派遣单位违反本规定第六条规定的,按照劳动合同法第八十三条规定执行。

第二十四条　用工单位违反本规定退回被派遣劳动者的,按照劳动合同法第九十二条第二款规定执行。

第七章　附　　则

第二十五条　外国企业常驻代表机构和外国金融机构驻华代表机构等使用被派遣劳动者的,以及船员用人单位以劳务派遣形式使用国际远洋海员的,不受临时性、辅助性、替代性岗位和劳务派遣用工比例的限制。

第二十六条　用人单位将本单位劳动者派往境外工作或者派往家庭、自然人处提供劳动的,不属于本规定所称劳务派遣。

第二十七条　用人单位以承揽、外包等名义,按劳务派遣用工形式使用劳动者的,按照本规定处理。

第二十八条　用工单位在本规定施行前使用被派遣劳动者数量超过其用工总量10%的,应当制定调整用工方案,于本规定施行之日起2年内降至规定比例。但是,《全国人民代表大会常务委员会关于修改〈中华人民共和国劳动合同法〉的决定》公布前已依法订立的劳动合同和劳务派遣协议期限届满日期在本规定施行之日起2年后的,可以依法继续履行至期限届满。

用工单位应当将制定的调整用工方案报当地人力资源社会保障行政部门备案。

用工单位未将本规定施行前使用的被派遣劳动者数量降至符合规定比例之前,不得新用被派遣劳动者。

第二十九条　本规定自2014年3月1日起施行。

人力资源社会保障部、国家发展改革委、交通运输部、应急部、市场监管总局、国家医保局、最高人民法院、全国总工会关于维护新就业形态劳动者劳动保障权益的指导意见

（2021年7月16日　人社部发〔2021〕56号）

各省、自治区、直辖市人民政府、高级人民法院、总工会,新疆生产建设兵团,新疆维吾尔自治区高级人民法院生产建设兵团分院,新疆生产建设兵团总工会:

近年来,平台经济迅速发展,创造了大量就业机会,依托互联网平台就业的网约配送员、网约车驾驶员、货车司机、互联网营销师等新就业形态劳动者数量大幅增加,维护劳动者劳动保障权益面临新情况新问题。为深入贯彻落实党中央、国务院决策部署,支持和规范发展新就业形态,切实维护新就业形态劳动者劳动保障权益,促进平台经济规范健康持续发展,经国务院同意,现提出以下意见:

一、规范用工,明确劳动者权益保障责任

（一）指导和督促企业依法合规用工,积极履行用工责任,稳定劳动者队伍。主动关心关爱劳动者,努力改善劳动条件,拓展职业发展

空间,逐步提高劳动者权益保障水平。培育健康向上的企业文化,推动劳动者共享企业发展成果。

(二)符合确立劳动关系情形的,企业应当依法与劳动者订立劳动合同。不完全符合确立劳动关系情形但企业对劳动者进行劳动管理(以下简称不完全符合确立劳动关系情形)的,指导企业与劳动者订立书面协议,合理确定企业与劳动者的权利义务。个人依托平台自主开展经营活动、从事自由职业等,按照民事法律调整双方的权利义务。

(三)平台企业采取劳务派遣等合作用工方式组织劳动者完成平台工作的,应选择具备合法经营资质的企业,并对其保障劳动者权益情况进行监督。平台企业采用劳务派遣方式用工的,依法履行劳务派遣用工单位责任。对采取外包等其他合作用工方式,劳动者权益受到损害的,平台企业依法承担相应责任。

二、健全制度,补齐劳动者权益保障短板

(四)落实公平就业制度,消除就业歧视。企业招用劳动者不得违法设置性别、民族、年龄等歧视性条件,不得以缴纳保证金、押金或者其他名义向劳动者收取财物,不得违法限制劳动者在多平台就业。

(五)健全最低工资和支付保障制度,推动将不完全符合确立劳动关系情形的新就业形态劳动者纳入制度保障范围。督促企业向提供正常劳动的劳动者支付不低于当地最低工资标准的劳动报酬,按时足额支付,不得克扣或者无故拖欠。引导企业建立劳动报酬合理增长机制,逐步提高劳动报酬水平。

(六)完善休息制度,推动行业明确劳动定员定额标准,科学确定劳动者工作量和劳动强度。督促企业按规定合理确定休息办法,在法定节假日支付高于正常工作时间劳动报酬的合理报酬。

(七)健全并落实劳动安全卫生责任制,严格执行国家劳动安全卫生保护标准。企业要牢固树立安全"红线"意识,不得制定损害劳动者安全健康的考核指标。要严格遵守安全生产相关法律法规,落实全员安全生产责任制,建立健全安全生产规章制度和操作规程,配备必要的劳动安全卫生设施和劳动防护用品,及时对劳动工具的安全和合规状态进行检查,加强安全生产和职业卫生教育培训,重视劳动者身心健康,及时开展心理疏导。强化恶劣天气等特殊情形下的劳动保护,最大限度减少安全生产事故和职业病危害。

（八）完善基本养老保险、医疗保险相关政策，各地要放开灵活就业人员在就业地参加基本养老、基本医疗保险的户籍限制，个别超大型城市难以一步实现的，要结合本地实际，积极创造条件逐步放开。组织未参加职工基本养老、职工基本医疗保险的灵活就业人员，按规定参加城乡居民基本养老、城乡居民基本医疗保险，做到应保尽保。督促企业依法参加社会保险。企业要引导和支持不完全符合确立劳动关系情形的新就业形态劳动者根据自身情况参加相应的社会保险。

（九）强化职业伤害保障，以出行、外卖、即时配送、同城货运等行业的平台企业为重点，组织开展平台灵活就业人员职业伤害保障试点，平台企业应当按规定参加。采取政府主导、信息化引领和社会力量承办相结合的方式，建立健全职业伤害保障管理服务规范和运行机制。鼓励平台企业通过购买人身意外、雇主责任等商业保险，提升平台灵活就业人员保障水平。

（十）督促企业制定修订平台进入退出、订单分配、计件单价、抽成比例、报酬构成及支付、工作时间、奖惩等直接涉及劳动者权益的制度规则和平台算法，充分听取工会或劳动者代表的意见建议，将结果公示并告知劳动者。工会或劳动者代表提出协商要求的，企业应当积极响应，并提供必要的信息和资料。指导企业建立健全劳动者申诉机制，保障劳动者的申诉得到及时回应和客观公正处理。

三、提升效能，优化劳动者权益保障服务

（十一）创新方式方法，积极为各类新就业形态劳动者提供个性化职业介绍、职业指导、创业培训等服务，及时发布职业薪酬和行业人工成本信息等，为企业和劳动者提供便捷化的劳动保障、税收、市场监管等政策咨询服务，便利劳动者求职就业和企业招工用工。

（十二）优化社会保险经办，探索适合新就业形态的社会保险经办服务模式，在参保缴费、权益查询、待遇领取和结算等方面提供更加便捷的服务，做好社会保险关系转移接续工作，提高社会保险经办服务水平，更好保障参保人员公平享受各项社会保险待遇。

（十三）建立适合新就业形态劳动者的职业技能培训模式，保障其平等享有培训的权利。对各类新就业形态劳动者在就业地参加职业技能培训的,优化职业技能培训补贴申领、发放流程,加大培训补贴资金直补企业工作力度,符合条件的按规定给予职业技能培训补贴。健全职业技能等级制度,支持符合条件的企业按规定开展职业技能等级认定。完善职称评审政策,畅通新就业形态劳动者职称申报评价渠道。

(十四)加快城市综合服务网点建设,推动在新就业形态劳动者集中居住区、商业区设置临时休息场所,解决停车、充电、饮水、如厕等难题,为新就业形态劳动者提供工作生活便利。

(十五)保障符合条件的新就业形态劳动者子女在常住地平等接受义务教育的权利。推动公共文体设施向劳动者免费或低收费开放,丰富公共文化产品和服务供给。

四、齐抓共管,完善劳动者权益保障工作机制

(十六)保障新就业形态劳动者权益是稳定就业、改善民生、加强社会治理的重要内容。各地区要加强组织领导,强化责任落实,切实做好新就业形态劳动者权益保障各项工作。人力资源社会保障部、国家发展改革委、交通运输部、应急部、市场监管总局、国家医保局、最高人民法院、全国总工会等部门和单位要认真履行职责,强化工作协同,将保障劳动者权益纳入数字经济协同治理体系,建立平台企业用工情况报告制度,健全劳动者权益保障联合激励惩戒机制,完善相关政策措施和司法解释。

(十七)各级工会组织要加强组织和工作有效覆盖,拓宽维权和服务范围,积极吸纳新就业形态劳动者加入工会。加强对劳动者的思想政治引领,引导劳动者理性合法维权。监督企业履行用工责任,维护好劳动者权益。积极与行业协会、头部企业或企业代表组织开展协商,签订行业集体合同或协议,推动制定行业劳动标准。

(十八)各级法院和劳动争议调解仲裁机构要加强劳动争议办案指导,畅通裁审衔接,根据用工事实认定企业和劳动者的关系,依法依规处理新就业形态劳动者劳动保障权益案件。各类调解组织、法律援助机构及其他专业化社会组织要依法为新就业形态劳动者提供更加便捷、优质高效的纠纷调解、法律咨询、法律援助等服务。

(十九)各级人力资源社会保障行政部门要加大劳动保障监察力

度,督促企业落实新就业形态劳动者权益保障责任,加强治理拖欠劳动报酬、违法超时加班等突出问题,依法维护劳动者权益。各级交通运输、应急、市场监管等职能部门和行业主管部门要规范企业经营行为,加大监管力度,及时约谈、警示、查处侵害劳动者权益的企业。

各地区各有关部门要认真落实本意见要求,出台具体实施办法,加强政策宣传,积极引导社会舆论,增强新就业形态劳动者职业荣誉感,努力营造良好环境,确保各项劳动保障权益落到实处。

劳动和社会保障部关于非全日制用工若干问题的意见

(2003年5月30日 劳社部发〔2003〕12号)

各省、自治区、直辖市劳动和社会保障厅(局):

近年来,以小时工为主要形式的非全日制用工发展较快。这一用工形式突破了传统的全日制用工模式,适应了用人单位灵活用工和劳动者自主择业的需要,已成为促进就业的重要途径。为规范用人单位非全日制用工行为,保障劳动者的合法权益,促进非全日制就业健康发展,根据《中共中央国务院关于进一步做好下岗失业人员再就业工作的通知》(中发〔2002〕12号)精神,对非全日制用工劳动关系等问题,提出以下意见:

一、关于非全日制用工的劳动关系

1. 非全日制用工是指以小时计酬、劳动者在同一用人单位平均每日工作时间不超过5小时累计每周工作时间不超过30小时的用工形式。

从事非全日制工作的劳动者,可以与一个或一个以上用人单位建立劳动关系。用人单位与非全日制劳动者建立劳动关系,应当订立劳动合同。劳动合同一般以书面形式订立。劳动合同期限在一个月以下的,经双方协商同意,可以订立口头劳动合同。但劳动者提出订立书面劳动合同的,应当以书面形式订立。

2. 劳动者通过依法成立的劳务派遣组织为其他单位、家庭或个人提供非全日制劳动的,由劳务派遣组织与非全日制劳动者签订劳动合同。

3. 非全日制劳动合同的内容由双方协商确定,应当包括工作时间和期限、工作内容、劳动报酬、劳动保护和劳动条件五项必备条款,但不得约定试用期。

4. 非全日制劳动合同的终止条件,按照双方的约定办理。劳动合同中,当事人未约定终止劳动合同提前通知期的,任何一方均可以随时通知对方终止劳动合同;双方约定了违约责任的,按照约定承担赔偿责任。

5. 用人单位招用劳动者从事非全日制工作,应当在录用后到当地劳动保障行政部门办理录用备案手续。

6. 从事非全日制工作的劳动者档案可由本人户口所在地劳动保障部门的公共职业介绍机构代管。

二、关于非全日制用工的工资支付

7. 用人单位应当按时足额支付非全日制劳动者的工资。用人单位支付非全日制劳动者的小时工资不得低于当地政府颁布的小时最低工资标准。

8. 非全日制用工的小时最低工资标准由省、自治区、直辖市规定,并报劳动保障部备案。确定和调整小时最低工资标准应当综合参考以下因素:当地政府颁布的月最低工资标准;单位应缴纳的基本养老保险费和基本医疗保险费(当地政府颁布的月最低工资标准未包含个人缴纳社会保险费因素的,还应考虑个人应缴纳的社会保险费);非全日制劳动者在工作稳定性、劳动条件和劳动强度、福利等方面与全日制就业人员之间的差异。小时最低工资标准的测算方法为:

小时最低工资标准 = 〔(月最低工资标准 ÷ 20.92 ÷ 8) × (1 + 单位应当缴纳的基本养老保险费和基本医疗保险费比例之和)〕 × (1 + 浮动系数)

9. 非全日制用工的工资支付可以按小时、日、周或月为单位结算。

三、关于非全日制用工的社会保险

10. 从事非全日制工作的劳动者应当参加基本养老保险，原则上参照个体工商户的参保办法执行。对于已参加过基本养老保险和建立个人账户的人员，前后缴费年限合并计算，跨统筹地区转移的，应办理基本养老保险关系和个人账户的转移、接续手续。符合退休条件时，按国家规定计发基本养老金。

11. 从事非全日制工作的劳动者可以个人身份参加基本医疗保险，并按照待遇水平与缴费水平相挂钩的原则，享受相应的基本医疗保险待遇。参加基本医疗保险的具体办法由各地劳动保障部门研究制定。

12. 用人单位应当按照国家有关规定为建立劳动关系的非全日制劳动者缴纳工伤保险费。从事非全日制工作的劳动者发生工伤，依法享受工伤保险待遇；被鉴定为伤残 5 – 10 级的，经劳动者与用人单位协商一致，可以一次性结算伤残待遇及有关费用。

四、关于非全日制用工的劳动争议处理

13. 从事非全日制工作的劳动者与用人单位因履行劳动合同引发的劳动争议，按照国家劳动争议处理规定执行。

14. 劳动者直接向其他家庭或个人提供非全日制劳动的，当事人双方发生的争议不适用劳动争议处理规定。

五、关于非全日制用工的管理与服务

15. 非全日制用工是劳动用工制度的一种重要形式，是灵活就业的主要方式。各级劳动保障部门要高度重视，从有利于维护非全日制劳动者的权益、有利于促进灵活就业、有利于规范非全日制用工的劳动关系出发，结合本地实际，制定相应的政策措施。要在劳动关系建立、工资支付、劳动争议处理等方面为非全日制用工提供政策指导和服务。

16. 各级劳动保障部门要切实加强劳动保障监察执法工作，对用人单位不按照本意见要求订立劳动合同、低于最低小时工资标准支付工资以及拖欠克扣工资的行为，应当严肃查处，维护从事非全日制工作劳动者的合法权益。

17. 各级社会保险经办机构要为非全日制劳动者参保缴费提供便利条件，开设专门窗口，可以采取按月、季或半年缴费的办法，及时为

非全日制劳动者办理社会保险关系及个人帐户的接续和转移手续；按规定发放社会保险缴费对帐单，及时支付各项社会保险待遇，维护他们的社会保障权益。

18. 各级公共职业介绍机构要积极为从事非全日制工作的劳动者提供档案保管、社会保险代理等服务，推动这项工作顺利开展。

外国人在中国就业管理规定

（1996年1月22日劳动部、公安部、外交部、外经贸部公布　根据2010年11月12日人力资源和社会保障部令第7号、2017年3月13日人力资源和社会保障部令第32号修正）

第一章　总　　则

第一条　为加强外国人在中国就业的管理，根据有关法律、法规的规定，制定本规定。

第二条　本规定所称外国人，指依照《中华人民共和国国籍法》规定不具有中国国籍的人员。本规定所称外国人在中国就业，指没有取得定居权的外国人在中国境内依法从事社会劳动并获取劳动报酬的行为。

第三条　本规定适用于在中国境内就业的外国人和聘用外国人的用人单位。本规定不适用于外国驻华使、领馆和联合国驻华代表机构、其他国际组织中享有外交特权与豁免的人员。

第四条　各省、自治区、直辖市人民政府劳动行政部门及其授权的地市级劳动行政部门负责外国人在中国就业的管理。

第二章　就　业　许　可

第五条　用人单位聘用外国人须为该外国人申请就业许可，经获准并取得《中华人民共和国外国人就业许可证书》（以下简称许可证书)后方可聘用。

第六条 用人单位聘用外国人从事的岗位应是有特殊需要,国内暂缺适当人选,且不违反国家有关规定的岗位。用人单位不得聘用外国人从事营业性文艺演出,但符合本规定第九条第三项规定的人员除外。

第七条 外国人在中国就业须具备下列条件:

(一)年满18周岁,身体健康;

(二)具有从事其工作所必须的专业技能和相应的工作经历;

(三)无犯罪记录;

(四)有确定的聘用单位;

(五)持有有效护照或能代替护照的其他国际旅行证件(以下简称代替护照的证件)。

第八条 在中国就业的外国人应持Z字签证入境(有互免签证协议的,按协议办理),入境后取得《外国人就业证》(以下简称就业证)和外国人居留证件,方可在中国境内就业。

未取得居留证件的外国人(即持F、L、C、G字签证者)、在中国留学、实习的外国人及持职业签证外国人的随行家属不得在中国就业。特殊情况,应由用人单位按本规定规定的审批程序申领许可证书,被聘用的外国人凭许可证书到公安机关改变身份,办理就业证、居留证后方可就业。

外国驻中国使、领馆和联合国系统、其他国际组织驻中国代表机构人员的配偶在中国就业,应按《中华人民共和国外交部关于外国驻中国使领馆和联合国系统组织驻中国代表机构人员的配偶在中国任职的规定》执行,并按本条第二款规定的审批程序办理有关手续。

许可证书和就业证由劳动部统一制作。

第九条 凡符合下列条件之一的外国人可免办就业许可和就业证:

(一)由我国政府直接出资聘请的外籍专业技术和管理人员,或由国家机关和事业单位出资聘请,具有本国或国际权威技术管理部门或行业协会确认的高级技术职称或特殊技能资格证书的外籍专业技术和管理人员,并持有外国专家局签发的《外国专家证》的外国人;

(二)持有《外国人在中华人民共和国从事海上石油作业工作准证》从事海上石油作业、不需登陆、有特殊技能的外籍劳务人员;

(三)经文化部批准持《临时营业演出许可证》进行营业性文艺演出的外国人。

第十条 凡符合下列条件之一的外国人可免办许可证书,入境后凭Z字签证及有关证明直接办理就业证:

(一)按照我国与外国政府间、国际组织间协议、协定,执行中外合作交流项目受聘来中国工作的外国人;

(二)外国企业常驻中国代表机构中的首席代表、代表。

第三章 申请与审批

第十一条 用人单位聘用外国人,须填写《聘用外国人就业申请表》(以下简称申请表),向其与劳动行政主管部门同级的行业主管部门(以下简称行业主管部门)提出申请,并提供下列有效文件:

(一)拟聘用外国人履历证明;

(二)聘用意向书;

(三)拟聘用外国人原因的报告;

(四)拟聘用的外国人从事该项工作的资格证明;

(五)拟聘用的外国人健康状况证明;

(六)法律、法规规定的其他文件。

行业主管部门应按照本规定第六条、第七条及有关法律、法规的规定进行审批。

第十二条 经行业主管部门批准后,用人单位应持申请表到本单位所在地区的省、自治区、直辖市劳动行政部门或其授权的地市级劳动行政部门办理核准手续。省、自治区、直辖市劳动行政部门或授权的地市级劳动行政部门应指定专门机构(以下简称发证机关)具体负责签发许可证书工作。发证机关应根据行业主管部门的意见和劳动力市场的需求状况进行核准,并在核准后向用人单位签发许可证书。

第十三条 中央级用人单位、无行业主管部门的用人单位聘用外国人,可直接到劳动行政部门发证机关提出申请和办理就业许可手续。

外商投资企业聘雇外国人,无须行业主管部门审批,可凭合同、章程、批准证书、营业执照和本规定第十一条所规定的文件直接到劳动行政部门发证机关申领许可证书。

第十四条 获准来中国工作的外国人,应凭许可证书及本国有效护照或能代替护照的证件,到中国驻外使、领馆、处申请Z字签证。

凡符合第九条第二项规定的人员,应凭中国海洋石油总公司签发的通知函电申请Z字签证;凡符合第九条第三项规定的人员,应凭文化部的批件申请Z字签证。

凡符合本规定第十条第一款规定的人员,应凭合作交流项目书申请Z字签证;凡符合第十条第二项规定的人员,应凭工商行政管理部门的登记证明申请Z字签证。

第十五条 用人单位应在被聘用的外国人入境后15日内,持许可证书、与被聘用的外国人签订的劳动合同及其有效护照或能代替护照的证件到原发证机关为外国人办理就业证,并填写《外国人就业登记表》。

就业证只在发证机关规定的区域内有效。

第十六条 已办理就业证的外国人,应在入境后30日内,持就业证到公安机关申请办理居留证。居留证件的有效期限可根据就业证的有效期确定。

第四章 劳动管理

第十七条 用人单位与被聘用的外国人应依法订立劳动合同。劳动合同的期限最长不得超过五年。劳动合同期限届满即行终止,但按本规定第十八条的规定履行审批手续后可以续订。

第十八条 被聘用的外国人与用人单位签订的劳动合同期满时,其就业证即行失效。如需续订,该用人单位应在原合同期满前30日内,向劳动行政部门提出延长聘用时间的申请,经批准并办理就业证延期手续。

第十九条 外国人被批准延长在中国就业期限或变更就业区域、单位后,应在10日内到当地公安机关办理居留证件延期或变更手续。

第二十条 被聘用的外国人与用人单位的劳动合同被解除后,该用人单位应及时报告劳动、公安部门,交还该外国人的就业证和居留

第二十一条 用人单位支付所聘用外国人的工资不得低于当地最低工资标准。

第二十二条 在中国就业的外国人的工作时间、休息、休假劳动安全卫生以及社会保险按国家有关规定执行。

第二十三条 外国人在中国就业的用人单位必须与其就业证所注明的单位相一致。

外国人在发证机关规定的区域内变更用人单位但仍从事原职业的,须经原发证机关批准,并办理就业证变更手续。

外国人离开发证机关规定的区域就业或在原规定的区域内变更用人单位且从事不同职业的,须重新办理就业许可手续。

第二十四条 因违反中国法律被中国公安机关取消居留资格的外国人,用人单位应解除劳动合同,劳动部门应吊销就业证。

第二十五条 用人单位与被聘用的外国人发生劳动争议,应按照《中华人民共和国劳动法》和《中华人民共和国企业劳动争议调解仲裁法》处理。

第二十六条 劳动行政部门对就业证实行年检。用人单位聘用外国人就业每满 1 年,应在期满前 30 日内到劳动行政部门发证机关为被聘用的外国人办理就业证年检手续。逾期未办的,就业证自行失效。

外国人在中国就业期间遗失或损坏其就业证的,应立即到原发证机关办理挂失、补办或换证手续。

第五章 罚 则

第二十七条 对违反本规定未申领就业证擅自就业的外国人和未办理许可证书擅自聘用外国人的用人单位,由公安机关按《中华人民共和国外国人入境出境管理法实施细则》第四十四条处理。

第二十八条 对拒绝劳动行政部门检查就业证、擅自变更用人单位、擅自更换职业、擅自延长就业期限的外国人,由劳动行政部门收回其就业证,并提请公安机关取消其居留资格。对需该机关遣送出境的,遣送费用由聘用单位或该外国人承担。

第二十九条 对伪造、涂改、冒用、转让、买卖就业证和许可证书的外国人和用人单位,由劳动行政部门收缴就业证和许可证书,没收其非法所得,并处以 1 万元以上 10 万元以下的罚款;情节严重构成犯罪的,移送司法机关依法追究刑事责任。

第三十条 发证机关或者有关部门的工作人员滥用职权、非法收费、徇私舞弊,构成犯罪的,依法追究刑事责任;不构成犯罪的,给予行政处分。

第六章 附 则

第三十一条 中国的台湾和香港、澳门地区居民在内地就业按《台湾和香港、澳门居民在内地就业管理规定》执行。

第三十二条 外国人在中国的台湾和香港、澳门地区就业不适用本规定。

第三十三条 禁止个体经济组织和公民个人聘用外国人。

第三十四条 省、自治区、直辖市劳动行政部门可会同公安等部门依据本规定制定本地区的实施细则,并报劳动部、公安部、外交部、对外贸易经济合作部备案。

第三十五条 本规定由劳动部解释。

第三十六条 本规定自 1996 年 5 月 1 日起施行。原劳动人事部和公安部 1987 年 10 月 5 日发布的《关于未取得居留证件的外国人和来中国留学的外国人在中国就业的若干规定》同时废止。

事业单位人事管理条例

(2014 年 2 月 26 日国务院第 40 次常务会议通过 2014 年 4 月 25 日国务院令第 652 号公布 自 2014 年 7 月 1 日起施行)

第一章 总 则

第一条 为了规范事业单位的人事管理,保障事业单位工作人员的合法权益,建设高素质的事业单位工作人员队伍,促进公共服务发展,制定本条例。

第二条 事业单位人事管理,坚持党管干部、党管人才原则,全面准确贯彻民主、公开、竞争、择优方针。

国家对事业单位工作人员实行分级分类管理。

第三条 中央事业单位人事综合管理部门负责全国事业单位人事综合管理工作。

县级以上地方各级事业单位人事综合管理部门负责本辖区事业单位人事综合管理工作。

事业单位主管部门具体负责所属事业单位人事管理工作。

第四条 事业单位应当建立健全人事管理制度。

事业单位制定或者修改人事管理制度,应当通过职工代表大会或者其他形式听取工作人员意见。

第二章 岗位设置

第五条 国家建立事业单位岗位管理制度,明确岗位类别和等级。

第六条 事业单位根据职责任务和工作需要,按照国家有关规定设置岗位。

岗位应当具有明确的名称、职责任务、工作标准和任职条件。

第七条 事业单位拟订岗位设置方案,应当报人事综合管理部门备案。

第三章 公开招聘和竞聘上岗

第八条 事业单位新聘用工作人员,应当面向社会公开招聘。但是、国家政策性安置、按照人事管理权限由上级任命、涉密岗位等人员除外。

第九条 事业单位公开招聘工作人员按照下列程序进行:

(一)制定公开招聘方案;

(二)公布招聘岗位、资格条件等招聘信息;

(三)审查应聘人员资格条件;

（四）考试、考察；

（五）体检；

（六）公示拟聘人员名单；

（七）订立聘用合同，办理聘用手续。

第十条 事业单位内部产生岗位人选，需要竞聘上岗的，按照下列程序进行：

（一）制定竞聘上岗方案；

（二）在本单位公布竞聘岗位、资格条件、聘期等信息；

（三）审查竞聘人员资格条件；

（四）考评；

（五）在本单位公示拟聘人员名单；

（六）办理聘任手续。

第十一条 事业单位工作人员可以按照国家有关规定进行交流。

第四章 聘用合同

第十二条 事业单位与工作人员订立的聘用合同，期限一般不低于3年。

第十三条 初次就业的工作人员与事业单位订立的聘用合同期限3年以上的，试用期为12个月。

第十四条 事业单位工作人员在本单位连续工作满10年且距法定退休年龄不足10年，提出订立聘用至退休的合同的，事业单位应当与其订立聘用至退休的合同。

第十五条 事业单位工作人员连续旷工超过15个工作日，或者1年内累计旷工超过30个工作日的，事业单位可以解除聘用合同。

第十六条 事业单位工作人员年度考核不合格且不同意调整工作岗位，或者连续两年年度考核不合格的，事业单位提前30日书面通知，可以解除聘用合同。

第十七条 事业单位工作人员提前30日书面通知事业单位，可以解除聘用合同。但是，双方对解除聘用合同另有约定的除外。

第十八条 事业单位工作人员受到开除处分的，解除聘用合同。

第十九条 自聘用合同依法解除、终止之日起，事业单位与被解除、终止聘用合同人员的人事关系终止。

第五章　考核和培训

第二十条　事业单位应当根据聘用合同规定的岗位职责任务,全面考核工作人员的表现,重点考核工作绩效。考核应当听取服务对象的意见和评价。

第二十一条　考核分为平时考核、年度考核和聘期考核。

年度考核的结果可以分为优秀、合格、基本合格和不合格等档次,聘期考核的结果可以分为合格和不合格等档次。

第二十二条　考核结果作为调整事业单位工作人员岗位、工资以及续订聘用合同的依据。

第二十三条　事业单位应当根据不同岗位的要求,编制工作人员培训计划,对工作人员进行分级分类培训。

工作人员应当按照所在单位的要求,参加岗前培训、在岗培训、转岗培训和为完成特定任务的专项培训。

第二十四条　培训经费按照国家有关规定列支。

第六章　奖励和处分

第二十五条　事业单位工作人员或者集体有下列情形之一的,给予奖励:

(一)长期服务基层,爱岗敬业,表现突出的;

(二)在执行国家重要任务、应对重大突发事件中表现突出的;

(三)在工作中有重大发明创造、技术革新的;

(四)在培养人才、传播先进文化中作出突出贡献的;

(五)有其他突出贡献的。

第二十六条　奖励坚持精神奖励与物质奖励相结合、以精神奖励为主的原则。

第二十七条　奖励分为嘉奖、记功、记大功、授予荣誉称号。

第二十八条　事业单位工作人员有下列行为之一的,给予处分:

(一)损害国家声誉和利益的;

(二)失职渎职的;

(三)利用工作之便谋取不正当利益的；

(四)挥霍、浪费国家资财的；

(五)严重违反职业道德、社会公德的；

(六)其他严重违反纪律的。

第二十九条 处分分为警告、记过、降低岗位等级或者撤职、开除。

受处分的期间为：警告，6个月；记过，12个月；降低岗位等级或者撤职，24个月。

第三十条 给予工作人员处分，应当事实清楚、证据确凿、定性准确、处理恰当、程序合法、手续完备。

第三十一条 工作人员受开除以外的处分，在受处分期间没有再发生违纪行为的，处分期满后，由处分决定单位解除处分并以书面形式通知本人。

第七章　工资福利和社会保险

第三十二条 国家建立激励与约束相结合的事业单位工资制度。

事业单位工作人员工资包括基本工资、绩效工资和津贴补贴。

事业单位工资分配应当结合不同行业事业单位特点，体现岗位职责、工作业绩、实际贡献等因素。

第三十三条 国家建立事业单位工作人员工资的正常增长机制。

事业单位工作人员的工资水平应当与国民经济发展相协调、与社会进步相适应。

第三十四条 事业单位工作人员享受国家规定的福利待遇。

事业单位执行国家规定的工时制度和休假制度。

第三十五条 事业单位及其工作人员依法参加社会保险，工作人员依法享受社会保险待遇。

第三十六条 事业单位工作人员符合国家规定退休条件的，应当退休。

第八章　人事争议处理

第三十七条 事业单位工作人员与所在单位发生人事争议的，依照《中华人民共和国劳动争议调解仲裁法》等有关规定处理。

第三十八条 事业单位工作人员对涉及本人的考核结果、处分决定等不服的,可以按照国家有关规定申请复核、提出申诉。

第三十九条 负有事业单位聘用、考核、奖励、处分、人事争议处理等职责的人员履行职责,有下列情形之一的,应当回避:

(一)与本人有利害关系的;

(二)与本人近亲属有利害关系的;

(三)其他可能影响公正履行职责的。

第四十条 对事业单位人事管理工作中的违法违纪行为,任何单位或者个人可以向事业单位人事综合管理部门、主管部门或者监察机关投诉、举报,有关部门和机关应当及时调查处理。

第九章 法律责任

第四十一条 事业单位违反本条例规定的,由县级以上事业单位人事综合管理部门或者主管部门责令限期改正;逾期不改正的,对直接负责的主管人员和其他直接责任人员依法给予处分。

第四十二条 对事业单位工作人员的人事处理违反本条例规定给当事人造成名誉损害的,应当赔礼道歉、恢复名誉、消除影响;造成经济损失的,依法给予赔偿。

第四十三条 事业单位人事综合管理部门和主管部门的工作人员在事业单位人事管理工作中滥用职权、玩忽职守、徇私舞弊的,依法给予处分;构成犯罪的,依法追究刑事责任。

第十章 附 则

第四十四条 本条例自2014年7月1日起施行。

中共中央组织部、人力资源社会保障部关于印发《事业单位工作人员处分规定》的通知

（2023年11月6日　人社部发〔2023〕58号）

各省、自治区、直辖市党委组织部、政府人力资源社会保障厅（局），新疆生产建设兵团党委组织部、人力资源社会保障局，中央和国家机关各部委、各人民团体组织人事部门，部分高等学校党委：

为严明事业单位纪律规矩，规范事业单位工作人员行为，保证事业单位及其工作人员依法履职，根据《中华人民共和国公职人员政务处分法》和《事业单位人事管理条例》等法律法规，中央组织部、人力资源社会保障部共同研究制定了《事业单位工作人员处分规定》，现印发给你们，请结合本地区、本部门、本单位实际认真贯彻执行。

事业单位工作人员处分规定

第一章　总　　则

第一条　为严明事业单位纪律规矩，规范事业单位工作人员行为，保证事业单位及其工作人员依法履职，根据《中华人民共和国公职人员政务处分法》和《事业单位人事管理条例》，制定本规定。

第二条　事业单位工作人员违规违纪违法，应当承担纪律责任的，依照本规定给予处分。

任免机关、事业单位对事业单位中从事管理的人员给予处分，适用《中华人民共和国公职人员政务处分法》第二章、第三章规定。处分的程序、申诉等适用本规定。

第三条　给予事业单位工作人员处分，应当坚持党管干部、党管人才原则；坚持公正、公平；坚持惩治与教育相结合。

给予事业单位工作人员处分,应当与其违规违纪违法行为的性质、情节、危害程度相适应。

给予事业单位工作人员处分,应当事实清楚、证据确凿、定性准确、处理恰当、程序合法、手续完备。

第二章　处分的种类和适用

第四条　事业单位工作人员处分的种类为:

(一)警告;

(二)记过;

(三)降低岗位等级;

(四)开除。

第五条　事业单位工作人员受处分的期间为:

(一)警告,六个月;

(二)记过,十二个月;

(三)降低岗位等级,二十四个月。

处分决定自作出之日起生效,处分期自处分决定生效之日起计算。

第六条　事业单位工作人员受到警告处分的,在作出处分决定的当年,参加年度考核,不能确定为优秀档次;受到记过处分的当年,受到降低岗位等级处分的当年及第二年,参加年度考核,只写评语,不确定档次。

事业单位工作人员受到降低岗位等级处分的,自处分决定生效之日起降低一个以上岗位和职员等级聘用,按照事业单位收入分配有关规定确定其工资待遇;对同时在管理和专业技术两类岗位任职的事业单位工作人员发生违规违纪违法行为的,给予降低岗位等级处分时,应当同时降低两类岗位的等级,并根据违规违纪违法的情形与岗位性质的关联度确定降低岗位类别的主次。

事业单位工作人员在受处分期间,不得聘用到高于现聘岗位和职员等级。受到开除处分的,自处分决定生效之日起,终止其与事业单位的人事关系。

第七条　事业单位工作人员受到记过以上处分的,在受处分期间不得参加专业技术职称评审或者工勤技能人员职业技能等级认定。

第八条 事业单位工作人员同时有两种以上需要给予处分的行为的,应当分别确定其处分。应当给予的处分种类不同的,执行其中最重的处分;应当给予开除以外多个相同种类处分的,执行该处分,处分期应当按照一个处分期以上、多个处分期之和以下确定,但是最长不得超过四十八个月。

事业单位工作人员在受处分期间受到新的处分的,其处分期为原处分期尚未执行的期限与新处分期限之和,但是最长不得超过四十八个月。

第九条 事业单位工作人员二人以上共同违规违纪违法,需要给予处分的,按照各自应当承担的责任,分别给予相应的处分。

第十条 有下列情形之一的,应当从重处分:
(一)在处分期内再次故意违规违纪违法,应当受到处分的;
(二)在二人以上的共同违规违纪违法行为中起主要作用的;
(三)隐匿、伪造、销毁证据的;
(四)串供或者阻止他人揭发检举、提供证据材料的;
(五)包庇同案人员的;
(六)胁迫、唆使他人实施违规违纪违法行为的;
(七)拒不上交或者退赔违规违纪违法所得的;
(八)法律、法规、规章规定的其他从重情节。

第十一条 有下列情形之一的,可以从轻或者减轻给予处分:
(一)主动交代本人应当受到处分的违规违纪违法行为的;
(二)配合调查,如实说明本人违规违纪违法事实的;
(三)主动采取措施,有效避免、挽回损失或者消除不良影响的;
(四)检举他人违规违纪违法行为,情况属实的;
(五)在共同违规违纪违法行为中起次要或者辅助作用的;
(六)主动上交或者退赔违规违纪违法所得的;
(七)其他从轻或者减轻情节。

第十二条 违规违纪违法行为情节轻微,且具有本规定第十一条的情形之一的,可以对其进行谈话提醒、批评教育、责令检查或者予以诫勉,免予或者不予处分。

事业单位工作人员因不明真相被裹挟或者被胁迫参与违规违纪违法活动,经批评教育后确有悔改表现的,可以减轻、免予或者不予处分。

第十三条 事业单位工作人员违规违纪违法取得的财物和用于违规违纪违法的财物,除依法应当由其他机关没收、追缴或者责令退赔的,由处分决定单位没收、追缴或者责令退赔;应当退还原所有人或者原持有人的,依法予以退还;属于国家财产或者不应当退还以及无法退还的,上缴国库。

第十四条 已经退休的事业单位工作人员退休前或者退休后有违规违纪违法行为应当受到处分的,不再作出处分决定,但是可以对其立案调查;依规依纪依法应当给予降低岗位等级以上处分的,应当按照规定相应调整其享受的待遇。

第十五条 事业单位有违规违纪违法行为,应当追究纪律责任的,依规依纪依法对负有责任的领导人员和直接责任人员给予处分。

第三章 违规违纪违法行为及其适用的处分

第十六条 有下列行为之一的,给予记过处分;情节较重的,给予降低岗位等级处分;情节严重的,给予开除处分:

(一)散布有损宪法权威、中国共产党领导和国家声誉的言论的;

(二)参加旨在反对宪法、中国共产党领导和国家的集会、游行、示威等活动的;

(三)拒不执行或者变相不执行中国共产党和国家的路线方针政策、重大决策部署的;

(四)参加非法组织、非法活动的;

(五)利用宗教活动破坏民族团结和社会稳定的;挑拨、破坏民族关系,或者参加民族分裂活动的;

(六)在对外交往中损害国家荣誉和利益的;

(七)携带含有依法禁止内容的书刊、音像制品、电子出版物进入境内的;

(八)其他违反政治纪律的行为。

有前款第二项、第四项、第五项行为之一的,对策划者、组织者和骨干分子,给予开除处分。

公开发表反对宪法确立的国家指导思想,反对中国共产党领导,反对社会主义制度,反对改革开放的文章、演说、宣言、声明等的,给予开除处分。

第十七条 有下列行为之一的,给予警告或者记过处分;情节较重的,给予降低岗位等级处分;情节严重的,给予开除处分:

(一)采取不正当手段为本人或者他人谋取岗位;

(二)在事业单位选拔任用、公开招聘、考核、培训、回避、奖励、申诉、职称评审等人事管理工作中有违反组织人事纪律行为的;

(三)其他违反组织人事纪律的行为。

篡改、伪造本人档案资料的,给予记过处分;情节严重的,给予降低岗位等级处分。

违反规定出境或者办理因私出境证件的,给予记过处分;情节严重的,给予降低岗位等级处分。

违反规定取得外国国籍或者获取境外永久居留资格、长期居留许可的,给予降低岗位等级以上处分。

第十八条 有下列行为之一的,给予警告或者记过处分;情节较重的,给予降低岗位等级处分;情节严重的,给予开除处分:

(一)在执行国家重要任务、应对公共突发事件中,不服从指挥、调遣或者消极对抗的;

(二)破坏正常工作秩序,给国家或者公共利益造成损失的;

(三)违章指挥、违规操作,致使人民生命财产遭受损失的;

(四)发生重大事故、灾害、事件,擅离职守或者不按规定报告、不采取措施处置或者处置不力的;

(五)在项目评估评审、产品认证、设备检测检验等工作中徇私舞弊,或者违反规定造成不良影响的;

(六)泄露国家秘密,或者泄露因工作掌握的内幕信息、个人隐私,造成不良后果的;

(七)其他违反工作纪律失职渎职的行为。

第十九条 有下列行为之一的,给予警告或者记过处分;情节较重的,给予降低岗位等级处分;情节严重的,给予开除处分:

（一）贪污、索贿、受贿、行贿、介绍贿赂、挪用公款的；

（二）利用工作之便为本人或者他人谋取不正当利益的；

（三）在公务活动或者工作中接受礼品、礼金、各种有价证券、支付凭证的；

（四）利用知悉或者掌握的内幕信息谋取利益的；

（五）用公款旅游或者变相用公款旅游的；

（六）违反国家规定，从事、参与营利性活动或者兼任职务领取报酬的；

（七）其他违反廉洁从业纪律的行为。

第二十条 有下列行为之一的，给予警告或者记过处分；情节较重的，给予降低岗位等级处分；情节严重的，给予开除处分：

（一）违反国家财政收入上缴有关规定的；

（二）违反规定使用、骗取财政资金或者违反规定使用、骗取、隐匿、转移、侵占、挪用社会保险基金的；

（三）擅自设定收费项目或者擅自改变收费项目的范围、标准和对象的；

（四）挥霍、浪费国家资财或者造成国有资产流失的；

（五）违反国有资产管理规定，擅自占有、使用、处置国有资产的；

（六）在招标投标和物资采购工作中违反有关规定，造成不良影响或者损失的；

（七）其他违反财经纪律的行为。

第二十一条 有下列行为之一的，给予警告或者记过处分；情节较重的，给予降低岗位等级处分；情节严重的，给予开除处分：

（一）利用专业技术或者技能实施违规违纪违法行为的；

（二）有抄袭、剽窃、侵吞他人学术成果，伪造、篡改数据文献，或者捏造事实等学术不端行为的；

（三）利用职业身份进行利诱、威胁或者误导，损害他人合法权益的；

（四）利用权威、地位或者掌控的资源，压制不同观点，限制学术自由，造成重大损失或者不良影响的；

（五）在申报岗位、项目、荣誉等过程中弄虚作假的；

（六）工作态度恶劣,造成不良社会影响的;

（七）其他严重违反职业道德的行为。

有前款第一项规定行为的,给予记过以上处分。

第二十二条 有下列行为之一的,给予警告或者记过处分;情节较重的,给予降低岗位等级处分;情节严重的,给予开除处分:

（一）违背社会公序良俗,在公共场所有不当行为,造成不良影响的;

（二）制造、传播违法违禁物品及信息的;

（三）参与赌博活动的;

（四）有实施家庭暴力,虐待、遗弃家庭成员,或者拒不承担赡养、抚养、扶养义务等的;

（五）其他严重违反公共秩序、社会公德的行为。

吸食、注射毒品,组织赌博,组织、支持、参与卖淫、嫖娼、色情淫乱活动的,给予降低岗位等级以上处分。

第二十三条 事业单位工作人员犯罪,有下列情形之一的,给予开除处分:

（一）因故意犯罪被判处管制、拘役或者有期徒刑以上刑罚(含宣告缓刑)的;

（二）因过失犯罪被判处有期徒刑,刑期超过三年的;

（三）因犯罪被单处或者并处剥夺政治权利的。

因过失犯罪被判处管制、拘役或者三年以下有期徒刑的,一般应当给予开除处分;案件情况特殊,给予降低岗位等级处分更为适当的,可以不予开除,但是应当报请事业单位主管部门批准,并报同级事业单位人事综合管理部门备案。

事业单位工作人员因犯罪被单处罚金,或者犯罪情节轻微,人民检察院依法作出不起诉决定或者人民法院依法免予刑事处罚的,给予降低岗位等级处分;造成不良影响的,给予开除处分。

第四章 处分的权限和程序

第二十四条 对事业单位工作人员的处分,按照干部人事管理权限,由事业单位或者事业单位主管部门决定。

开除处分由事业单位主管部门决定,并报同级事业单位人事综合管理部门备案。

对中央和地方直属事业单位工作人员的处分,按照干部人事管理权限,由本单位或者有关部门决定;其中,由本单位作出开除处分决定的,报同级事业单位人事综合管理部门备案。

第二十五条 对事业单位工作人员的处分,按照以下程序办理:

(一)对事业单位工作人员违规违纪违法行为初步调查后,需要进一步查证的,应当按照干部人事管理权限,经事业单位负责人批准或者有关部门同意后立案;

(二)对被调查的事业单位工作人员的违规违纪违法行为作进一步调查,收集、查证有关证据材料,并形成书面调查报告;

(三)将调查认定的事实及拟给予处分的依据告知被调查的事业单位工作人员,听取其陈述和申辩,并对其所提出的事实、理由和证据进行复核,记录在案。被调查的事业单位工作人员提出的事实、理由和证据成立的,应予采信;

(四)按照处分决定权限,作出对该事业单位工作人员给予处分、免予不予处分或者撤销案件的决定;

(五)处分决定单位印发处分决定;

(六)将处分决定以书面形式通知受处分事业单位工作人员本人和有关单位,并在一定范围内宣布;

(七)将处分决定存入受处分事业单位工作人员的档案。

第二十六条 事业单位工作人员已经被立案调查,不宜继续履职的,可以按照干部人事管理权限,由事业单位或者有关部门暂停其职责。

被调查的事业单位工作人员在案件立案调查期间,不得解除聘用合同、出境,所在单位不得对其交流、晋升、奖励或者办理退休手续。

第二十七条 对事业单位工作人员案件进行调查,应当由二名以上办案人员进行;接受调查的单位和个人应当如实提供情况。

以暴力、威胁、引诱、欺骗等非法方式收集的证据不得作为定案的根据。

在调查中发现事业单位工作人员受到不实检举、控告或者诬告陷害,造成不良影响的,应当按照规定及时澄清事实,恢复名誉,消除不良影响。

第二十八条　参与事业单位工作人员案件调查、处理的人员应当回避的,执行《事业单位人事管理回避规定》等有关规定。

第二十九条　给予事业单位工作人员处分,应当自批准立案之日起六个月内作出决定;案情复杂或者遇有其他特殊情形的可以延长,但是办案期限最长不得超过十二个月。

第三十条　处分决定应当包括下列内容:

(一)受处分事业单位工作人员的姓名、工作单位、原所聘岗位(所任职务)名称及等级、职员等级等基本情况;

(二)经查证的违规违纪违法事实;

(三)处分的种类、受处分的期间和依据;

(四)不服处分决定的申诉途径和期限;

(五)处分决定单位的名称、印章和作出决定的日期。

第三十一条　事业单位工作人员受到处分,应当办理岗位、职员等级、工资及其他有关待遇等的变更手续的,由人事部门按照管理权限在作出处分决定后一个月内办理;特殊情况下,经批准可以适当延长办理期限,但是最长不得超过六个月。

第三十二条　事业单位工作人员受开除以外的处分,在受处分期间有悔改表现,并且没有再出现违规违纪违法情形的,处分期满后自动解除处分。

处分解除后,考核及晋升岗位和职员等级、职称、工资待遇按照国家有关规定执行,不再受原处分的影响。但是,受到降低岗位等级处分的,不恢复受处分前的岗位、职员等级、工资待遇;无岗位、职员等级可降而降低薪级工资的,处分解除后,不恢复受处分前的薪级工资。

第三十三条　事业单位工作人员受到开除处分后,事业单位应当及时办理档案和社会保险关系转移手续,具体办法按照有关规定执行。

第五章　复核和申诉

第三十四条　受到处分的事业单位工作人员对处分决定不服的,

可以自知道或者应当知道该处分决定之日起三十日内向原处分决定单位申请复核。对复核结果不服的,可以自接到复核决定之日起三十日内,按照《事业单位工作人员申诉规定》等有关规定向原处分决定单位的主管部门或者同级事业单位人事综合管理部门提出申诉。

受到处分的中央和地方直属事业单位工作人员的申诉,按照干部人事管理权限,由同级事业单位人事综合管理部门受理。

第三十五条 原处分决定单位应当自接到复核申请后的三十日内作出复核决定。受理申诉的单位应当自受理之日起六十日内作出处理决定;案情复杂的,可以适当延长,但是延长期限最多不超过三十日。

复核、申诉期间不停止处分的执行。

事业单位工作人员不因提出复核、申诉而被加重处分。

第三十六条 有下列情形之一的,受理处分复核、申诉的单位应当撤销处分决定,重新作出决定或者责令原处分决定单位重新作出决定:

(一)处分所依据的事实不清、证据不足的;

(二)违反规定程序,影响案件公正处理的;

(三)超越职权或者滥用职权作出处分决定的。

第三十七条 有下列情形之一的,受理复核、申诉的单位应当变更处分决定或者责令原处分决定单位变更处分决定:

(一)适用法律、法规、规章错误的;

(二)对违规违纪违法行为的情节认定有误的;

(三)处分不当的。

第三十八条 事业单位工作人员的处分决定被变更,需要调整该工作人员的岗位、职员等级或者工资待遇的,应当按照规定予以调整;事业单位工作人员的处分决定被撤销的,需要恢复该工作人员的岗位、职员等级、工资待遇的,按照原岗位、职员等级安排相应的岗位、职员等级,恢复相应的工资待遇,并在原处分决定公布范围内为其恢复名誉。

被撤销处分或者被减轻处分的事业单位工作人员工资待遇受到损失的,应当予以补偿。没收、追缴财物错误的,应当依规依纪依法予以返还、赔偿。

第六章 附 则

第三十九条 对事业单位工作人员处分工作中有滥用职权、玩忽职守、徇私舞弊、收受贿赂等违规违纪违法行为的工作人员,按照有关规定给予处分;涉嫌犯罪的,依法追究刑事责任。

第四十条 对机关工勤人员给予处分,参照本规定执行。

第四十一条 教育、科研、文化、医疗卫生、体育等部门,可以依据本规定,结合自身工作的实际情况,与中央事业单位人事综合管理部门联合制定具体办法。

第四十二条 本规定实施前,已经结案的案件如果需要复核、申诉,适用当时的规定。尚未结案的案件,如果行为发生时的规定不认为是违规违纪违法的,适用当时的规定;如果行为发生时的规定认定是违规违纪违法的,依照当时的规定处理,但是如果本规定不认为是违规违纪违法的或者根据本规定处理较轻的,适用本规定。

第四十三条 本规定所称以上、以下,包括本数。

第四十四条 本规定由中共中央组织部、人力资源社会保障部负责解释。

第四十五条 本规定自发布之日起施行。

中共中央组织部、人力资源社会保障部关于印发《事业单位工作人员考核规定》的通知

(2023年1月12日 人社部发〔2023〕6号)

各省、自治区、直辖市党委组织部、政府人力资源社会保障厅(局),中央和国家机关各部委、各人民团体组织人事部门,新疆生产建设兵团党委组织部、人力资源社会保障局,部分高等学校党委:

为准确评价事业单位工作人员的德才表现和工作实绩,规范事业

单位工作人员考核工作,根据《事业单位人事管理条例》等法律法规,中央组织部、人力资源社会保障部共同研究制定了《事业单位工作人员考核规定》,现印发给你们,请结合本地区、本部门实际认真贯彻执行。

事业单位工作人员考核规定

第一章 总 则

第一条 为了准确评价事业单位工作人员的德才表现和工作实绩,规范事业单位工作人员考核工作,推动建设堪当民族复兴重任、忠诚干净担当的高素质专业化事业单位工作人员队伍,把新时代好干部标准落到实处,根据《事业单位人事管理条例》和有关法律法规,制定本规定。

第二条 事业单位工作人员考核,是指事业单位或者主管机关(部门)按照干部人事管理权限及规定的标准和程序,对事业单位工作人员的政治素质、履职能力、工作实绩、作风表现等进行的了解、核实和评价。

对事业单位领导人员的考核,按照有关规定执行。

第三条 事业单位工作人员考核工作,坚持以习近平新时代中国特色社会主义思想为指导,贯彻新时代党的组织路线和干部工作方针政策,着眼于充分调动事业单位工作人员积极性主动性创造性、促进新时代公益事业高质量发展,坚持尊重劳动、尊重知识、尊重人才、尊重创造,全面准确评价事业单位工作人员,鲜明树立新时代选人用人导向,推动形成能者上、优者奖、庸者下、劣者汰的良好局面。工作中,应当坚持下列原则:

(一)党管干部、党管人才;

(二)德才兼备、以德为先;

(三)事业为上、公道正派;

(四)注重实绩、群众公认;

(五)分级分类、简便有效;

（六）考用结合、奖惩分明。

第四条 事业单位工作人员考核的方式主要是年度考核和聘期考核，根据工作实际开展平时考核、专项考核。

第二章 考核内容

第五条 对事业单位工作人员的考核，以岗位职责和所承担的工作任务为基本依据，全面考核德、能、勤、绩、廉，突出对德和绩的考核。

（一）德。坚持将政治标准放在首位，全面考核政治品质和道德品行，重点了解学习贯彻习近平新时代中国特色社会主义思想，坚定拥护"两个确立"、增强"四个意识"、坚定"四个自信"、做到"两个维护"，坚定理想信念，坚守初心使命，忠于宪法、忠于国家、忠于人民的情况；做到坚持原则、敢于斗争、善于斗争的情况；模范践行社会主义核心价值观，胸怀祖国、服务人民，恪守职业道德，遵守社会公德、家庭美德和个人品德等情况。

（二）能。全面考核适应新时代要求履行岗位职责的政治能力、工作能力、专业素养和技术技能水平，重点了解政治判断力、政治领悟力、政治执行力和学习调研能力、依法办事能力、群众工作能力、沟通协调能力、贯彻执行能力、改革创新能力、应急处突能力等情况。

（三）勤。全面考核精神状态和工作作风，重点了解爱岗敬业、勤勉尽责、担当作为、锐意进取、勇于创造、甘于奉献等情况。

（四）绩。全面考核践行以人民为中心的发展思想，依法依规履行岗位职责、承担急难险重任务、为群众职工办实事等情况，重点了解完成工作的数量、质量、时效、成本，产生的社会效益和经济效益，服务对象满意度等情况。

（五）廉。全面考核廉洁从业情况，重点了解落实中央八项规定及其实施细则精神，执行本系统、本行业、本单位行风建设相关规章制度，遵规守纪、廉洁自律等情况。

第六条 对事业单位工作人员实行分级分类考核，考核内容应当细化明确考核要素和具体指标，体现不同行业、不同类型、不同层次、不同岗位工作人员的特点和具体要求，增强针对性、有效性。

第七条 对面向社会提供公益服务的事业单位工作人员的考核，

突出公益服务职责,加强服务质量、行为规范、技术技能、行风建设等考核。宣传思想文化、教育、科技、卫生健康等重点行业领域事业单位要按照分类推进人才评价机制改革有关要求,分别确定工作人员考核内容的核心要素,合理设置指标权重,实行以行业属性为基础的差别化考核。

对主要为机关提供支持保障的事业单位工作人员的考核,突出履行支持保障职责情况考核。根据实际情况,可以与主管机关(部门)工作人员考核统筹。

第八条 对事业单位专业技术人员的考核,应当结合专业技术工作特点,以创新价值、能力、贡献为导向,注重公共服务意识、专业理论知识、专业能力水平、创新服务及成果等。

对事业单位管理人员的考核,应当结合管理工作特点,注重管理水平、组织协调能力、工作规范性、廉政勤政情况等。

对事业单位工勤技能人员的考核,应当结合工勤技能工作特点,注重技能水平、服务态度、质量、效率等。

第三章 年 度 考 核

第九条 年度考核是以年度为周期对事业单位工作人员总体表现所进行的综合性考核,一般每年年末或者次年年初进行。

第十条 年度考核的结果一般分为优秀、合格、基本合格和不合格四个档次。

第十一条 年度考核确定为优秀档次应当具备下列条件:

(一)思想政治素质高,理想信念坚定,贯彻落实党中央决策部署坚决有力,模范遵守法律法规,恪守职业道德,具有良好社会公德、家庭美德和个人品德;

(二)履行岗位职责能力强,精通本职业务,与岗位要求相应的专业技术技能或者管理水平高;

(三)公共服务意识和工作责任心强,勤勉敬业奉献,改革创新意识强,工作作风好;

(四)全面履行岗位职责,高质量地完成各项工作任务,工作实绩突出,对社会或者单位有贡献,服务对象满意度高;

（五）廉洁从业且在遵守廉洁纪律方面具有模范带头作用。

第十二条 年度考核确定为合格档次应当具备下列条件：

（一）思想政治素质较高，能够贯彻落实党中央决策部署，自觉遵守法律法规和职业道德，具有较好社会公德、家庭美德和个人品德；

（二）履行岗位职责能力较强，熟悉本职业务，与岗位要求相应的专业技术技能或者管理水平较高；

（三）公共服务意识和工作责任心较强，工作认真负责，工作作风较好；

（四）能够履行岗位职责，较好地完成工作任务，服务对象满意度较高；

（五）廉洁从业。

第十三条 事业单位工作人员有下列情形之一的，年度考核应当确定为基本合格档次：

（一）思想政治素质一般，在贯彻落实党中央决策部署以及遵守职业道德、社会公德、家庭美德、个人品德等方面存在明显不足；

（二）履行岗位职责能力较弱，与岗位要求相应的专业技术技能或者管理水平较低；

（三）公共服务意识和工作责任心一般，工作纪律性不强，工作消极，或者工作作风方面存在明显不足；

（四）能够基本履行岗位职责、完成工作任务，但完成工作的数量不足、质量和效率不高，或者在工作中有一定的失误，或者服务对象满意度较低；

（五）能够基本做到廉洁从业，但某些方面存在不足。

第十四条 事业单位工作人员有下列情形之一的，年度考核应当确定为不合格档次：

（一）思想政治素质较差，在贯彻落实党中央决策部署以及职业道德、社会公德、家庭美德、个人品德等方面存在严重问题；

（二）业务素质和工作能力不能适应岗位要求；

（三）公共服务意识和工作责任心缺失，工作不担当、不作为，或者工作作风差；

（四）不履行岗位职责、未能完成工作任务，或者在工作中因严重失职失误造成重大损失或者恶劣社会影响；

（五）在廉洁从业方面存在问题，且情形较为严重。

第十五条　事业单位工作人员年度考核优秀档次人数，一般不超过本单位应参加年度考核的工作人员总人数的20%。优秀档次名额应当向一线岗位、艰苦岗位以及获得表彰奖励的人员倾斜。

事业单位在相应考核年度内有下列情形之一的，经主管机关（部门）或者同级事业单位人事综合管理部门审核同意，工作人员年度考核优秀档次的比例可以适当提高，一般掌握在25%：

（一）单位获得集体记功以上奖励的；

（二）单位取得重大工作创新或者作出突出贡献，取得有关机关（部门）认定的；

（三）单位绩效考核获得优秀档次的。

对单位绩效考核为不合格档次的，以及问题较多、被问责的事业单位，主管机关（部门）或者同级事业单位人事综合管理部门应当降低其年度考核优秀档次比例，一般不超过15%。

第十六条　对事业单位工作人员开展年度考核，可以成立考核委员会或者考核工作领导小组，负责考核工作的组织实施，相应的组织人事部门承担具体工作。考核委员会或者考核工作领导小组由本单位成立的，一般由单位主要负责人担任主任（组长），成员由单位其他领导人员、组织人事部门和纪检监察机构有关人员、职工代表等组成；由主管机关（部门）成立的，一般由主管机关（部门）组织人事部门负责人担任主任（组长），成员由主管机关（部门）组织人事部门有关人员以及事业单位有关领导人员、从事组织人事和纪检监察工作的有关人员、职工代表等组成。

第十七条　年度考核一般按照下列程序进行：

（一）制定方案。考核委员会或者考核工作领导小组制定事业单位年度考核工作方案，通过职工代表大会或者其他形式听取工作人员意见后，面向全单位发布。

（二）总结述职。事业单位工作人员按照岗位职责任务、考核内容以及有关要求进行总结，填写年度考核表，必要时可以在一定范围内述职。

（三）测评、核实与评价。考核委员会或者考核工作领导小组可以采取民主测评、绩效评价、听取主管领导意见以及单位内部评议、服务对象满意度调查、第三方评价等符合岗位特点的方法，对考核对象进行综合评价，提出考核档次建议。

（四）确定档次。事业单位领导班子或者主管机关（部门）组织人事部门集体研究审定考核档次。拟确定为优秀档次的须在本单位范围进行公示，公示期一般不少于5个工作日。考核结果以书面形式告知被考核人员，由本人签署意见。

第四章　聘期考核

第十八条　聘期考核是对事业单位工作人员在一个完整聘期内总体表现所进行的全方位考核，以聘用（任）合同为依据，以聘期内年度考核结果为基础，一般在聘用（任）合同期满前一个月内完成。

聘期考核侧重考核聘期任务目标完成情况。

第十九条　聘期考核的结果一般分为合格和不合格等档次。

第二十条　事业单位工作人员完成聘期目标任务，且聘期内年度考核均在合格及以上档次的，聘期考核应当确定为合格档次。

第二十一条　事业单位工作人员无正当理由，未完成聘期目标任务的，聘期考核应当确定为不合格档次。

第二十二条　事业单位工作人员聘期考核一般应当按照总结述职、测评、核实与评价、实绩分析、确定档次等程序进行，结合实际也可以与年度考核统筹进行。

第五章　平时考核和专项考核

第二十三条　平时考核是对事业单位工作人员日常工作和一贯表现所进行的经常性考核。

第二十四条　对事业单位工作人员开展平时考核，主要结合日常管理工作进行，根据行业和单位特点，可以采取工作检查、考勤记录、谈心谈话、听取意见等方法，具体操作办法由事业单位结合实际确定。

事业单位可以根据自身实际，探索建立平时考核记录，形成考核结果。平时考核结果可以采用考核报告、评语、档次或者鉴定等形式确定。

第二十五条 专项考核是对事业单位工作人员在完成重要专项工作、承担急难险重任务、应对和处置突发事件中的工作态度、担当精神、作用发挥、实际成效等情况所进行的针对性考核。

根据平时掌握情况,对表现突出或者问题反映较多的工作人员,可以进行专项考核。

第二十六条 对事业单位工作人员开展专项考核,可以按照了解核实、综合研判、结果反馈等程序进行,或者结合推进专项工作灵活安排。

专项考核结果可以采用考核报告、评语、档次或者鉴定等形式确定。

第六章 考核结果运用

第二十七条 坚持考用结合,将考核结果与选拔任用、培养教育、管理监督、激励约束、问责追责等结合起来,作为事业单位工作人员调整岗位、职务、职员等级、工资和评定职称、奖励,以及变更、续订、解除、终止聘用(任)合同等的依据。

第二十八条 事业单位工作人员年度考核被确定为合格以上档次的,按照下列规定办理:

(一)增加一级薪级工资;

(二)按照有关规定发放绩效工资;

(三)本考核年度计算为现聘岗位(职员)等级的任职年限。

其中,年度考核被确定为优秀档次的,在绩效工资分配时,同等条件下应当予以倾斜;在岗位晋升、职称评聘时,同等条件下应当予以优先考虑。

第二十九条 事业单位工作人员年度考核被确定为基本合格档次的,按照下列规定办理:

(一)责令作出书面检查,限期改进;

(二)不得增加薪级工资;

(三)相应核减绩效工资;

(四)本考核年度不计算为现聘岗位(职员)等级的任职年限,下一考核年度内不得晋升岗位(职员)等级；

（五）连续两年被确定为基本合格档次的,予以组织调整或者组织处理。

第三十条 事业单位工作人员年度考核被确定为不合格档次的,按照下列规定办理：

（一）不得增加薪级工资；

（二）相应核减绩效工资；

（三）向低一级岗位(职员)等级调整；

（四）本考核年度不计算为现聘岗位(职员)等级的任职年限；

（五）被确定为不合格档次且不同意调整工作岗位,或者连续两年被确定为不合格档次的,可以按规定解除聘用(任)合同。

其中,受处理、处分时已按规定降低岗位(职员)等级且当年年度考核被确定为不合格档次的,为避免重复处罚,不再向低一级岗位(职员)等级调整。

第三十一条 事业单位工作人员年度考核不确定档次的,按照下列规定办理：

（一）不得增加薪级工资；

（二）相应核减绩效工资；

（三）本考核年度不计算为现聘岗位(职员)等级的任职年限,连续两年不确定档次的,视情况调整工作岗位。

第三十二条 事业单位工作人员聘期考核被确定为合格档次且所聘岗位存续的,经本人、单位协商一致,可以续订聘用(任)合同。

聘期考核被确定为不合格档次的,合同期满一般不再续聘；特殊情况确需续订聘用(任)合同的,应当报经主管机关(部门)审核同意。

第三十三条 事业单位工作人员考核形成的结论性材料,应当存入本人干部人事档案。

第三十四条 平时考核、专项考核结果作为年度考核、聘期考核的重要参考。

运用平时考核、专项考核结果,有针对性地加强激励约束、培养教育,鼓励先进、鞭策落后。

第三十五条 考核中发现事业单位工作人员存在问题的,根据问题性质和情节轻重,依规依纪依法给予处理、处分;对涉嫌犯罪的,依法追究刑事责任。

第三十六条 事业单位工作人员对考核确定为基本合格或者不合格档次不服的,可以按照有关规定申请复核、提出申诉。

第七章 相关事宜

第三十七条 对初次就业的事业单位工作人员,在本单位工作不满考核年度半年的(含试用期),参加年度考核,只写评语,不确定档次。

对非初次就业的工作人员,当年在其他单位工作时间与本单位工作时间合并计算,不满考核年度半年的(含试用期),参加年度考核,只写评语,不确定档次;满考核年度半年的(含试用期),由其现所在事业单位进行年度考核并确定档次,原工作单位提供有关情况。

前款所称其他单位工作时间,可以根据干部人事档案有关记载、劳动合同、社会保险缴费证明等综合认定。

第三十八条 对事业单位外派的工作人员进行年度考核,按照下列规定办理:

(一)挂职、援派、驻外的工作人员,在外派期间一般由工作时间超过考核年度半年的单位进行考核并以适当的方式听取派出单位或者接收单位的意见。

(二)单位派出学习培训、执行任务的工作人员,经批准以兼职创新、在职创办企业或者选派到企业工作、参与项目合作等方式进行创新创业的专业技术人员,由人事关系所在单位进行考核,主要根据学习培训、执行任务、创新创业的表现确定档次,由相关单位提供在外表现情况。

第三十九条 对同时在事业单位管理岗位和专业技术岗位两类岗位任职人员的考核,应当以两类岗位的职责任务为依据,实行双岗位双考核。

第四十条 对高校、科研院所等事业单位的科研人员,立足其工作特点,探索完善考核方法,合理确定考核周期和频次,促进科研人员潜心研究、创造科研成果。

第四十一条 病假、事假、非单位派出外出学习培训累计超过考核年度半年的事业单位工作人员,参加年度考核,不确定档次。

女职工按规定休产假超过考核年度半年的,参加年度考核,确定档次。

第四十二条 事业单位工作人员涉嫌违纪违法被立案审查调查尚未结案的,参加年度考核,不写评语,不确定档次。结案后未受处分或者给予警告处分的,按规定补定档次。

第四十三条 受党纪政务处分或者组织处理、诫勉的事业单位工作人员参加年度考核,按照有关规定办理。

同时受党纪政务处分和组织处理的,按照对其年度考核结果影响较重的处理、处分确定年度考核结果。

第四十四条 对无正当理由不参加考核的事业单位工作人员,经教育后仍拒绝参加的,直接确定其考核档次为不合格。

第四十五条 事业单位或者主管机关(部门)应当加强考核工作统筹,优化工作流程,注意运用互联网技术和信息化手段,简便高效开展考核工作,提高考核质量和效率。

第四十六条 各级事业单位人事综合管理部门和主管机关(部门),应当加强对事业单位工作人员考核工作的指导监督。

对在考核过程中有徇私舞弊、打击报复、弄虚作假等行为的,按照有关规定予以严肃处理。

第八章 附　　则

第四十七条 机关工勤人员的考核,参照本规定执行。

第四十八条 各地区各部门可以根据本规定,结合实际制定事业单位工作人员考核具体办法或者细则。

第四十九条 本规定由中共中央组织部、人力资源社会保障部负责解释。

第五十条 本规定自发布之日起施行。

六、女职工等特殊主体保护

女职工劳动保护特别规定

(2012年4月18日国务院第200次常务会议通过 2012年4月28日国务院令第619号公布 自公布之日起施行)

第一条 为了减少和解决女职工在劳动中因生理特点造成的特殊困难,保护女职工健康,制定本规定。

第二条 中华人民共和国境内的国家机关、企业、事业单位、社会团体、个体经济组织以及其他社会组织等用人单位及其女职工,适用本规定。

第三条 用人单位应当加强女职工劳动保护,采取措施改善女职工劳动安全卫生条件,对女职工进行劳动安全卫生知识培训。

第四条 用人单位应当遵守女职工禁忌从事的劳动范围的规定。用人单位应当将本单位属于女职工禁忌从事的劳动范围的岗位书面告知女职工。

女职工禁忌从事的劳动范围由本规定附录列示。国务院安全生产监督管理部门会同国务院人力资源社会保障行政部门、国务院卫生行政部门根据经济社会发展情况,对女职工禁忌从事的劳动范围进行调整。

第五条 用人单位不得因女职工怀孕、生育、哺乳降低其工资、予以辞退、与其解除劳动或者聘用合同。

第六条 女职工在孕期不能适应原劳动的,用人单位应当根据医疗机构的证明,予以减轻劳动量或者安排其他能够适应的劳动。

对怀孕7个月以上的女职工,用人单位不得延长劳动时间或者安排夜班劳动,并应当在劳动时间内安排一定的休息时间。

怀孕女职工在劳动时间内进行产前检查,所需时间计入劳动时间。

第七条 女职工生育享受 98 天产假,其中产前可以休假 15 天;难产的,增加产假 15 天;生育多胞胎的,每多生育 1 个婴儿,增加产假 15 天。

女职工怀孕未满 4 个月流产的,享受 15 天产假;怀孕满 4 个月流产的,享受 42 天产假。

第八条 女职工产假期间的生育津贴,对已经参加生育保险的,按照用人单位上年度职工月平均工资的标准由生育保险基金支付;对未参加生育保险的,按照女职工产假前工资的标准由用人单位支付。

女职工生育或者流产的医疗费用,按照生育保险规定的项目和标准,对已经参加生育保险的,由生育保险基金支付;对未参加生育保险的,由用人单位支付。

第九条 对哺乳未满 1 周岁婴儿的女职工,用人单位不得延长劳动时间或者安排夜班劳动。

用人单位应当在每天的劳动时间内为哺乳期女职工安排 1 小时哺乳时间;女职工生育多胞胎的,每多哺乳 1 个婴儿每天增加 1 小时哺乳时间。

第十条 女职工比较多的用人单位应当根据女职工的需要,建立女职工卫生室、孕妇休息室、哺乳室等设施,妥善解决女职工在生理卫生、哺乳方面的困难。

第十一条 在劳动场所,用人单位应当预防和制止对女职工的性骚扰。

第十二条 县级以上人民政府人力资源社会保障行政部门、安全生产监督管理部门按照各自职责负责对用人单位遵守本规定的情况进行监督检查。

工会、妇女组织依法对用人单位遵守本规定的情况进行监督。

第十三条 用人单位违反本规定第六条第二款、第七条、第九条第一款规定的,由县级以上人民政府人力资源社会保障行政部门责令限期改正,按照受侵害女职工每人 1000 元以上 5000 元以下的标准计算,处以罚款。

用人单位违反本规定附录第一条、第二条规定的,由县级以上人民政府安全生产监督管理部门责令限期改正,按照受侵害女职工每人 1000 元以上 5000 元以下的标准计算,处以罚款。用人单位违反本规定附录第三条、第四条规定的,由县级以上人民政府安全生产监督管理部门责令限期治理,处 5 万元以上 30 万元以下的罚款;情节严重的,责令停止有关作业,或者提请有关人民政府按照国务院规定的权限责令关闭。

第十四条 用人单位违反本规定,侵害女职工合法权益的,女职工可以依法投诉、举报、申诉,依法向劳动人事争议调解仲裁机构申请调解仲裁,对仲裁裁决不服的,依法向人民法院提起诉讼。

第十五条 用人单位违反本规定,侵害女职工合法权益,造成女职工损害的,依法给予赔偿;用人单位及其直接负责的主管人员和其他直接责任人员构成犯罪的,依法追究刑事责任。

第十六条 本规定自公布之日起施行。1988 年 7 月 21 日国务院发布的《女职工劳动保护规定》同时废止。

附录:

女职工禁忌从事的劳动范围

一、女职工禁忌从事的劳动范围:
(一)矿山井下作业;
(二)体力劳动强度分级标准中规定的第四级体力劳动强度的作业;
(三)每小时负重 6 次以上、每次负重超过 20 公斤的作业,或者间断负重、每次负重超过 25 公斤的作业。
二、女职工在经期禁忌从事的劳动范围:
(一)冷水作业分级标准中规定的第二级、第三级、第四级冷水作业;
(二)低温作业分级标准中规定的第二级、第三级、第四级低温作业;
(三)体力劳动强度分级标准中规定的第三级、第四级体力劳动强度的作业;
(四)高处作业分级标准中规定的第三级、第四级高处作业。

三、女职工在孕期禁忌从事的劳动范围:

(一)作业场所空气中铅及其化合物、汞及其化合物、苯、镉、铍、砷、氰化物、氮氧化物、一氧化碳、二硫化碳、氯、己内酰胺、氯丁二烯、氯乙烯、环氧乙烷、苯胺、甲醛等有毒物质浓度超过国家职业卫生标准的作业;

(二)从事抗癌药物、己烯雌酚生产,接触麻醉剂气体等的作业;

(三)非密封源放射性物质的操作,核事故与放射事故的应急处置;

(四)高处作业分级标准中规定的高处作业;

(五)冷水作业分级标准中规定的冷水作业;

(六)低温作业分级标准中规定的低温作业;

(七)高温作业分级标准中规定的第三级、第四级的作业;

(八)噪声作业分级标准中规定的第三级、第四级的作业;

(九)体力劳动强度分级标准中规定的第三级、第四级体力劳动强度的作业;

(十)在密闭空间、高压室作业或者潜水作业,伴有强烈振动的作业,或者需要频繁弯腰、攀高、下蹲的作业。

四、女职工在哺乳期禁忌从事的劳动范围:

(一)孕期禁忌从事的劳动范围的第一项、第三项、第九项;

(二)作业场所空气中锰、氟、溴、甲醇、有机磷化合物、有机氯化合物等有毒物质浓度超过国家职业卫生标准的作业。

禁止使用童工规定

(2002年9月18日国务院第63次常务会议通过 2002年10月1日国务院令第364号公布 自2002年12月1日起施行)

第一条 为保护未成年人的身心健康,促进义务教育制度的实施,维护未成年人的合法权益,根据宪法和劳动法、未成年人保护法,制定本规定。

第二条 国家机关、社会团体、企业事业单位、民办非企业单位或者个体工商户(以下统称用人单位)均不得招用不满16周岁的未成年人(招用不满16周岁的未成年人,以下统称使用童工)。

禁止任何单位或者个人为不满16周岁的未成年人介绍就业。

禁止不满16周岁的未成年人开业从事个体经营活动。

第三条 不满16周岁的未成年人的父母或者其他监护人应当保护其身心健康,保障其接受义务教育的权利,不得允许其被用人单位非法招用。

不满16周岁的未成年人的父母或者其他监护人允许其被用人单位非法招用的,所在地的乡(镇)人民政府、城市街道办事处以及村民委员会、居民委员会应当给予批评教育。

第四条 用人单位招用人员时,必须核查被招用人员的身份证;对不满16周岁的未成年人,一律不得录用。用人单位录用人员的录用登记、核查材料应当妥善保管。

第五条 县级以上各级人民政府劳动保障行政部门负责本规定执行情况的监督检查。

县级以上各级人民政府公安、工商行政管理、教育、卫生等行政部门在各自职责范围内对本规定的执行情况进行监督检查,并对劳动保障行政部门的监督检查给予配合。

工会、共青团、妇联等群众组织应当依法维护未成年人的合法权益。

任何单位或者个人发现使用童工的,均有权向县级以上人民政府劳动保障行政部门举报。

第六条 用人单位使用童工的,由劳动保障行政部门按照每使用一名童工每月处5000元罚款的标准给予处罚;在使用有毒物品的作业场所使用童工的,按照《使用有毒物品作业场所劳动保护条例》规定的罚款幅度,或者按照每使用一名童工每月处5000元罚款的标准,从重处罚。劳动保障行政部门并应当责令用人单位限期将童工送回原居住地交其父母或者其他监护人,所需交通和食宿费用全部由用人单位承担。

用人单位经劳动保障行政部门依照前款规定责令限期改正,逾期仍不将童工送交其父母或者其他监护人的,从责令限期改正之日起,由劳动保障行政部门按照每使用一名童工每月处1万元罚款的标准处罚,并由工商行政管理部门吊销其营业执照或者由民政部门撤销民办非企业单位登记;用人单位是国家机关、事业单位的,由有关单位依法对直接负责的主管人员和其他直接责任人员给予降级或者撤职的行政处分或者纪律处分。

第七条 单位或者个人为不满16周岁的未成年人介绍就业的,由劳动保障行政部门按照每介绍一人处5000元罚款的标准给予处罚;职业中介机构为不满16周岁的未成年人介绍就业的,并由劳动保障行政部门吊销其职业介绍许可证。

第八条 用人单位未按照本规定第四条的规定保存录用登记材料,或者伪造录用登记材料的,由劳动保障行政部门处1万元的罚款。

第九条 无营业执照、被依法吊销营业执照的单位以及未依法登记、备案的单位使用童工或者介绍童工就业的,依照本规定第六条、第七条、第八条规定的标准加一倍罚款,该非法单位由有关的行政主管部门予以取缔。

第十条 童工患病或者受伤的,用人单位应当负责送到医疗机构治疗,并负担治疗期间的全部医疗和生活费用。

童工伤残或者死亡的,用人单位由工商行政管理部门吊销营业执照或者由民政部门撤销民办非企业单位登记;用人单位是国家机关、事业单位的,由有关单位依法对直接负责的主管人员和其他直接责任人员给予降级或者撤职的行政处分或者纪律处分;用人单位还应当一次性地对伤残的童工、死亡童工的直系亲属给予赔偿,赔偿金额按照国家工伤保险的有关规定计算。

第十一条 拐骗童工,强迫童工劳动,使用童工从事高空、井下、放射性、高毒、易燃易爆以及国家规定的第四级体力劳动强度的劳动,使用不满14周岁的童工,或者造成童工死亡或者严重伤残的,依照刑法关于拐卖儿童罪、强迫劳动罪或者其他罪的规定,依法追究刑事责任。

第十二条 国家行政机关工作人员有下列行为之一的,依法给予记大过或者降级的行政处分;情节严重的,依法给予撤职或者开除的行政处分;构成犯罪的,依照刑法关于滥用职权罪、玩忽职守罪或者其他罪的规定,依法追究刑事责任:

(一)劳动保障等有关部门工作人员在禁止使用童工的监督检查工作中发现使用童工的情况,不予制止、纠正、查处的;

(二)公安机关的人民警察违反规定发放身份证或者在身份证上登录虚假出生年月的;

(三)工商行政管理部门工作人员发现申请人是不满16周岁的未成年人,仍然为其从事个体经营发放营业执照的。

第十三条 文艺、体育单位经未成年人的父母或者其他监护人同意,可以招用不满16周岁的专业文艺工作者、运动员。用人单位应当保障被招用的不满16周岁的未成年人的身心健康,保障其接受义务教育的权利。文艺、体育单位招用不满16周岁的专业文艺工作者、运动员的办法,由国务院劳动保障行政部门会同国务院文化、体育行政部门制定。

学校、其他教育机构以及职业培训机构按照国家有关规定组织不满16周岁的未成年人进行不影响其人身安全和身心健康的教育实践劳动、职业技能培训劳动,不属于使用童工。

第十四条 本规定自2002年12月1日起施行。1991年4月15日国务院发布的《禁止使用童工规定》同时废止。

未成年工特殊保护规定

(1994年12月9日 劳部发〔1994〕498号)

第一条 为维护未成年工的合法权益,保护其在生产劳动中的健康,根据《中华人民共和国劳动法》的有关规定,制定本规定。

第二条 未成年工是指年满十六周岁,未满十八周岁的劳动者。

未成年工的特殊保护是针对未成年工处于生长发育期的特点,以及接受义务教育的需要,采取的特殊劳动保护措施。

第三条 用人单位不得安排未成年工从事以下范围的劳动:

(一)《生产性粉尘作业危害程度分级》国家标准中第一级以上的接尘作业;

(二)《有毒作业分级》国家标准中第一级以上的有毒作业;

(三)《高处作业分级》国家标准中第二级以上的高处作业;

(四)《冷水作业分级》国家标准中第二级以上的冷水作业;

(五)《高温作业分级》国家标准中第三级以上的高温作业;

(六)《低温作业分级》国家标准中第三级以上的低温作业;

(七)《体力劳动强度分级》国家标准中第四级体力劳动强度的作业;

(八)矿山井下及矿山地面采石作业;

(九)森林业中的伐木、流放及守林作业;

(十)工作场所接触放射性物质的作业;

(十一)有易燃易爆、化学性烧伤和热烧伤等危险性大的作业;

(十二)地质勘探和资源勘探的野外作业;

(十三)潜水、涵洞、涵道作业和海拔三千米以上的高原作业(不包括世居高原者);

(十四)连续负重每小时在六次以上并每次超过二十公斤,间断负重每次超过二十五公斤的作业;

(十五)使用凿岩机、捣固机、气镐、气铲、铆钉机、电锤的作业;

(十六)工作中需要长时间保持低头、弯腰、上举、下蹲等强迫体位和动作频率每分钟在于五十次的流水线作业;

(十七)锅炉司炉。

第四条 未成年工患有某种疾病或具有某些生理缺陷(非残疾型)时,用人单位不得安排其从事以下范围的劳动:

(一)《高处作业分级》国家标准中第一级以上的高处作业;

(二)《低温作业分级》国家标准中第二级以上的低温作业;

(三)《高温作业分级》国家标准中第二级以上的高温作业;

(四)《体力劳动强度分级》国家标准中第三级以上体力劳动强度

的作业;

（五）接触铅、苯、汞、甲醛、二硫化碳等易引起过敏反应的作业。

第五条 患有某种疾病或具有某些生理缺陷（非残疾型）的未成年工，是指有以下一种或一种以上情况者：

（一）心血管系统

1. 先天性心脏病；

2. 克山病；

3. 收缩期或舒张期二级以上心脏杂音。

（二）呼吸系统

1. 中度以上气管炎或支气管哮喘；

2. 呼吸音明显减弱；

3. 各类结核病；

4. 体弱儿，呼吸道反复感染者。

（三）消化系统

1. 各类肝炎；

2. 肝、脾肿大；

3. 胃、十二指肠溃疡；

4. 各种消化道疝。

（四）泌尿系统

1. 急、慢性肾炎；

2. 泌尿系感染。

（五）内分泌系统

1. 甲状腺机能亢进；

2. 中度以上糖尿病。

（六）精神神经系统

1. 智力明显低下；

2. 精神忧郁或狂暴。

（七）肌肉、骨骼运动系统

1. 身高和体重低于同龄人标准；

2. 一个及一个以上肢体存在明显功能障碍；

3. 躯干四分之一以上部位活动受限，包括强直或不能旋转。

（八）其它

1. 结核性胸膜炎；

2. 各类重度关节炎；

3. 血吸虫病；

4. 严重贫血，其血色素每升低于九十五克（<9.5g/dL）。

第六条 用人单位应按下列要求对未成年工定期进行健康检查：

（一）安排工作岗位之前；

（二）工作满一年；

（三）年满十八周岁，距前一次的体检时间已超过半年。

第七条 未成年工的健康检查，应按本规定所附《未成年工健康检查表》列出的项目进行。

第八条 用人单位应根据未成年工的健康检查结果安排其从事适合的劳动，对不能胜任原劳动岗位的，应根据医务部门的证明，予以减轻劳动量或安排其他劳动。

第九条 对未成年工的使用和特殊保护实行登记制度。

（一）用人单位招收使用未成年工，除符合一般用工要求外，还须向所在地的县级以上劳动行政部门办理登记。劳动行政部门根据《未成年工健康检查表》、《未成年工登记表》，核发《未成年工登记证》。

（二）各级劳动行政部门须按本规定第三、四、五、七条的有关规定，审核体检情况和拟安排的劳动范围。

（三）未成年工须持《未成年工登记证》上岗。

（四）《未成年工登记证》由国务院劳动行政部门统一印制。

第十条 未成年工上岗前用人单位应对其进行有关的职业安全卫生教育、培训；未成年工体检和登记，由用人单位统一办理和承担费用。

第十一条 县级以上劳动行政部门对用人单位执行本规定的情况进行监督检查，对违犯本规定的行为依照有关法规进行处罚。

各级工会组织对本规定的执行情况进行监督。

第十二条 省、自治区、直辖市劳动行政部门可以根据本规定制定实施办法。

第十三条 本规定自一九九五年一月一日起施行。

保障农民工工资支付条例

(2019年12月4日国务院第73次常务会议通过 2019年12月30日国务院令第724号公布 自2020年5月1日起施行)

第一章 总　　则

第一条 为了规范农民工工资支付行为,保障农民工按时足额获得工资,根据《中华人民共和国劳动法》及有关法律规定,制定本条例。

第二条 保障农民工工资支付,适用本条例。

本条例所称农民工,是指为用人单位提供劳动的农村居民。

本条例所称工资,是指农民工为用人单位提供劳动后应当获得的劳动报酬。

第三条 农民工有按时足额获得工资的权利。任何单位和个人不得拖欠农民工工资。

农民工应当遵守劳动纪律和职业道德,执行劳动安全卫生规程,完成劳动任务。

第四条 县级以上地方人民政府对本行政区域内保障农民工工资支付工作负责,建立保障农民工工资支付工作协调机制,加强监管能力建设,健全保障农民工工资支付工作目标责任制,并纳入对本级人民政府有关部门和下级人民政府进行考核和监督的内容。

乡镇人民政府、街道办事处应当加强对拖欠农民工工资矛盾的排查和调处工作,防范和化解矛盾,及时调解纠纷。

第五条 保障农民工工资支付,应当坚持市场主体负责、政府依法监管、社会协同监督,按照源头治理、预防为主、防治结合、标本兼治的要求,依法根治拖欠农民工工资问题。

第六条 用人单位实行农民工劳动用工实名制管理,与招用的农民工书面约定或者通过依法制定的规章制度规定工资支付标准、支付时间、支付方式等内容。

第七条 人力资源社会保障行政部门负责保障农民工工资支付工作的组织协调、管理指导和农民工工资支付情况的监督检查,查处有关拖欠农民工工资案件。

住房城乡建设、交通运输、水利等相关行业工程建设主管部门按照职责履行行业监管责任,督办因违法发包、转包、违法分包、挂靠、拖欠工程款等导致的拖欠农民工工资案件。

发展改革等部门按照职责负责政府投资项目的审批管理,依法审查政府投资项目的资金来源和筹措方式,按规定及时安排政府投资,加强社会信用体系建设,组织对拖欠农民工工资失信联合惩戒对象依法依规予以限制和惩戒。

财政部门负责政府投资资金的预算管理,根据经批准的预算按规定及时足额拨付政府投资资金。

公安机关负责及时受理、侦办涉嫌拒不支付劳动报酬刑事案件,依法处置因农民工工资拖欠引发的社会治安案件。

司法行政、自然资源、人民银行、审计、国有资产管理、税务、市场监管、金融监管等部门,按照职责做好与保障农民工工资支付相关的工作。

第八条 工会、共产主义青年团、妇女联合会、残疾人联合会等组织按照职责依法维护农民工获得工资的权利。

第九条 新闻媒体应当开展保障农民工工资支付法律法规政策的公益宣传和先进典型的报道,依法加强对拖欠农民工工资违法行为的舆论监督,引导用人单位增强依法用工、按时足额支付工资的法律意识,引导农民工依法维权。

第十条 被拖欠工资的农民工有权依法投诉,或者申请劳动争议调解仲裁和提起诉讼。

任何单位和个人对拖欠农民工工资的行为,有权向人力资源社会保障行政部门或者其他有关部门举报。

人力资源社会保障行政部门和其他有关部门应当公开举报投诉电话、网站等渠道,依法接受对拖欠农民工工资行为的举报、投诉。对于举报、投诉的处理实行首问负责制,属于本部门受理的,应当依法及时处理；不属于本部门受理的，应当及时转送相关部门，相关部门应当依法及时处理，并将处理结果告知举报、投诉人。

第二章 工资支付形式与周期

第十一条 农民工工资应当以货币形式，通过银行转账或者现金支付给农民工本人，不得以实物或者有价证券等其他形式替代。

第十二条 用人单位应当按照与农民工书面约定或者依法制定的规章制度规定的工资支付周期和具体支付日期足额支付工资。

第十三条 实行月、周、日、小时工资制的，按照月、周、日、小时为周期支付工资；实行计件工资制的，工资支付周期由双方依法约定。

第十四条 用人单位与农民工书面约定或者依法制定的规章制度规定的具体支付日期，可以在农民工提供劳动的当期或者次期。具体支付日期遇法定节假日或者休息日的，应当在法定节假日或者休息日前支付。

用人单位因不可抗力未能在支付日期支付工资的，应当在不可抗力消除后及时支付。

第十五条 用人单位应当按照工资支付周期编制书面工资支付台账，并至少保存3年。

书面工资支付台账应当包括用人单位名称，支付周期，支付日期，支付对象姓名、身份证号码、联系方式，工作时间，应发工资项目及数额，代扣、代缴、扣除项目和数额，实发工资数额，银行代发工资凭证或者农民工签字等内容。

用人单位向农民工支付工资时，应当提供农民工本人的工资清单。

第三章 工资清偿

第十六条 用人单位拖欠农民工工资的，应当依法予以清偿。

第十七条 不具备合法经营资格的单位招用农民工，农民工已经付出劳动而未获得工资的，依照有关法律规定执行。

第十八条 用工单位使用个人、不具备合法经营资格的单位或者未依法取得劳务派遣许可证的单位派遣的农民工，拖欠农民工工资的,由用工单位清偿,并可以依法进行追偿。

第十九条 用人单位将工作任务发包给个人或者不具备合法经营资格的单位,导致拖欠所招用农民工工资的,依照有关法律规定执行。

用人单位允许个人、不具备合法经营资格或者未取得相应资质的单位以用人单位的名义对外经营,导致拖欠所招用农民工工资的,由用人单位清偿,并可以依法进行追偿。

第二十条 合伙企业、个人独资企业、个体经济组织等用人单位拖欠农民工工资的,应当依法予以清偿;不清偿的,由出资人依法清偿。

第二十一条 用人单位合并或者分立时,应当在实施合并或者分立前依法清偿拖欠的农民工工资;经与农民工书面协商一致的,可以由合并或者分立后承继其权利和义务的用人单位清偿。

第二十二条 用人单位被依法吊销营业执照或者登记证书、被责令关闭、被撤销或者依法解散的,应当在申请注销登记前依法清偿拖欠的农民工工资。

未依据前款规定清偿农民工工资的用人单位主要出资人,应当在注册新用人单位前清偿拖欠的农民工工资。

第四章 工程建设领域特别规定

第二十三条 建设单位应当有满足施工所需要的资金安排。没有满足施工所需要的资金安排的,工程建设项目不得开工建设;依法需要办理施工许可证的,相关行业工程建设主管部门不予颁发施工许可证。

政府投资项目所需资金,应当按照国家有关规定落实到位,不得由施工单位垫资建设。

第二十四条 建设单位应当向施工单位提供工程款支付担保。

建设单位与施工总承包单位依法订立书面工程施工合同,应当约定工程款计量周期、工程款进度结算办法以及人工费用拨付周期,并按照保障农民工工资按时足额支付的要求约定人工费用。人工费用拨付周期不得超过1个月。

建设单位与施工总承包单位应当将工程施工合同保存备查。

第二十五条 施工总承包单位与分包单位依法订立书面分包合同,应当约定工程款计量周期、工程款进度结算办法。

第二十六条 施工总承包单位应当按照有关规定开设农民工工资专用账户,专项用于支付该工程建设项目农民工工资。

开设、使用农民工工资专用账户有关资料应当由施工总承包单位妥善保存备查。

第二十七条 金融机构应当优化农民工工资专用账户开设服务流程,做好农民工工资专用账户的日常管理工作;发现资金未按约定拨付等情况的,及时通知施工总承包单位,由施工总承包单位报告人力资源社会保障行政部门和相关行业工程建设主管部门,并纳入欠薪预警系统。

工程完工且未拖欠农民工工资的,施工总承包单位公示30日后,可以申请注销农民工工资专用账户,账户内余额归施工总承包单位所有。

第二十八条 施工总承包单位或者分包单位应当依法与所招用的农民工订立劳动合同并进行用工实名登记,具备条件的行业应当通过相应的管理服务信息平台进行用工实名登记、管理。未与施工总承包单位或者分包单位订立劳动合同并进行用工实名登记的人员,不得进入项目现场施工。

施工总承包单位应当在工程项目部配备劳资专管员,对分包单位劳动用工实施监督管理,掌握施工现场用工、考勤、工资支付等情况,审核分包单位编制的农民工工资支付表,分包单位应当予以配合。

施工总承包单位、分包单位应当建立用工管理台账,并保存至工程完工且工资全部结清后至少3年。

第二十九条 建设单位应当按照合同约定及时拨付工程款,并将人工费用及时足额拨付至农民工工资专用账户,加强对施工总承包单位按时足额支付农民工工资的监督。

因建设单位未按照合同约定及时拨付工程款导致农民工工资拖欠的,建设单位应当以未结清的工程款为限先行垫付被拖欠的农民工工资。

建设单位应当以项目为单位建立保障农民工工资支付协调机制和工资拖欠预防机制,督促施工总承包单位加强劳动用工管理,妥善处理与农民工工资支付相关的矛盾纠纷。发生农民工集体讨薪事件的,建设单位应当会同施工总承包单位及时处理,并向项目所在地人力资源社会保障行政部门和相关行业工程建设主管部门报告有关情况。

第三十条 分包单位对所招用农民工的实名制管理和工资支付负直接责任。

施工总承包单位对分包单位劳动用工和工资发放等情况进行监督。

分包单位拖欠农民工工资的,由施工总承包单位先行清偿,再依法进行追偿。

工程建设项目转包,拖欠农民工工资的,由施工总承包单位先行清偿,再依法进行追偿。

第三十一条 工程建设领域推行分包单位农民工工资委托施工总承包单位代发制度。

分包单位应当按月考核农民工工作量并编制工资支付表,经农民工本人签字确认后,与当月工程进度等情况一并交施工总承包单位。

施工总承包单位根据分包单位编制的工资支付表,通过农民工工资专用账户直接将工资支付到农民工本人的银行账户,并向分包单位提供代发工资凭证。

用于支付农民工工资的银行账户所绑定的农民工本人社会保障卡或者银行卡,用人单位或者其他人员不得以任何理由扣押或者变相扣押。

第三十二条 施工总承包单位应当按照有关规定存储工资保证金,专项用于支付为所承包工程提供劳动的农民工被拖欠的工资。

工资保证金实行差异化存储办法,对一定时期内未发生工资拖欠的单位实行减免措施,对发生工资拖欠的单位适当提高存储比例。工资保证金可以用金融机构保函替代。

工资保证金的存储比例、存储形式、减免措施等具体办法,由国务院人力资源社会保障行政部门会同有关部门制定。

第三十三条　除法律另有规定外,农民工工资专用账户资金和工资保证金不得因支付为本项目提供劳动的农民工工资之外的原因被查封、冻结或者划拨。

第三十四条　施工总承包单位应当在施工现场醒目位置设立维权信息告示牌,明示下列事项：

（一）建设单位、施工总承包单位及所在项目部、分包单位、相关行业工程建设主管部门、劳资专管员等基本信息；

（二）当地最低工资标准、工资支付日期等基本信息；

（三）相关行业工程建设主管部门和劳动保障监察投诉举报电话、劳动争议调解仲裁申请渠道、法律援助申请渠道、公共法律服务热线等信息。

第三十五条　建设单位与施工总承包单位或者承包单位与分包单位因工程数量、质量、造价等产生争议的,建设单位不得因争议不按照本条例第二十四条的规定拨付工程款中的人工费用,施工总承包单位也不得因争议不按照规定代发工资。

第三十六条　建设单位或者施工总承包单位将建设工程发包或者分包给个人或者不具备合法经营资格的单位,导致拖欠农民工工资的,由建设单位或者施工总承包单位清偿。

施工单位允许其他单位和个人以施工单位的名义对外承揽建设工程,导致拖欠农民工工资的,由施工单位清偿。

第三十七条　工程建设项目违反国土空间规划、工程建设等法律法规,导致拖欠农民工工资的,由建设单位清偿。

第五章　监督检查

第三十八条　县级以上地方人民政府应当建立农民工工资支付监控预警平台,实现人力资源社会保障、发展改革、司法行政、财政、住房城乡建设、交通运输、水利等部门的工程项目审批、资金落实、施工许可、劳动用工、工资支付等信息及时共享。

人力资源社会保障行政部门根据水电燃气供应、物业管理、信贷、税收等反映企业生产经营相关指标的变化情况,及时监控和预警工资支付隐患并做好防范工作,市场监管、金融监管、税务等部门应当予以配合。

第三十九条 人力资源社会保障行政部门、相关行业工程建设主管部门和其他有关部门应当按照职责,加强对用人单位与农民工签订劳动合同、工资支付以及工程建设项目实行农民工实名制管理、农民工工资专用账户管理、施工总承包单位代发工资、工资保证金存储、维权信息公示等情况的监督检查,预防和减少拖欠农民工工资行为的发生。

第四十条 人力资源社会保障行政部门在查处拖欠农民工工资案件时,需要依法查询相关单位金融账户和相关当事人拥有房产、车辆等情况的,应当经设区的市级以上地方人民政府人力资源社会保障行政部门负责人批准,有关金融机构和登记部门应当予以配合。

第四十一条 人力资源社会保障行政部门在查处拖欠农民工工资案件时,发生用人单位拒不配合调查、清偿责任主体及相关当事人无法联系等情形的,可以请求公安机关和其他有关部门协助处理。

人力资源社会保障行政部门发现拖欠农民工工资的违法行为涉嫌构成拒不支付劳动报酬罪的,应当按照有关规定及时移送公安机关审查并作出决定。

第四十二条 人力资源社会保障行政部门作出责令支付被拖欠的农民工工资的决定,相关单位不支付的,可以依法申请人民法院强制执行。

第四十三条 相关行业工程建设主管部门应当依法规范本领域建设市场秩序,对违法发包、转包、违法分包、挂靠等行为进行查处,并对导致拖欠农民工工资的违法行为及时予以制止、纠正。

第四十四条 财政部门、审计机关和相关行业工程建设主管部门按照职责,依法对政府投资项目建设单位按照工程施工合同约定向农民工工资专用账户拨付资金情况进行监督。

第四十五条 司法行政部门和法律援助机构应当将农民工列为法律援助的重点对象,并依法为请求支付工资的农民工提供便捷的法律援助。

公共法律服务相关机构应当积极参与相关诉讼、咨询、调解等活动,帮助解决拖欠农民工工资问题。

第四十六条 人力资源社会保障行政部门、相关行业工程建设主管部门和其他有关部门应当按照"谁执法谁普法"普法责任制的要求,通过以案释法等多种形式,加大对保障农民工工资支付相关法律法规的普及宣传。

第四十七条 人力资源社会保障行政部门应当建立用人单位及相关责任人劳动保障守法诚信档案,对用人单位开展守法诚信等级评价。

用人单位有严重拖欠农民工工资违法行为的,由人力资源社会保障行政部门向社会公布,必要时可以通过召开新闻发布会等形式向媒体公开曝光。

第四十八条 用人单位拖欠农民工工资,情节严重或者造成严重不良社会影响的,有关部门应当将该用人单位及其法定代表人或者主要负责人、直接负责的主管人员和其他直接责任人员列入拖欠农民工工资失信联合惩戒对象名单,在政府资金支持、政府采购、招投标、融资贷款、市场准入、税收优惠、评优评先、交通出行等方面依法依规予以限制。

拖欠农民工工资需要列入失信联合惩戒名单的具体情形,由国务院人力资源社会保障行政部门规定。

第四十九条 建设单位未依法提供工程款支付担保或者政府投资项目拖欠工程款,导致拖欠农民工工资的,县级以上地方人民政府应当限制其新建项目,并记入信用记录,纳入国家信用信息系统进行公示。

第五十条 农民工与用人单位就拖欠工资存在争议,用人单位应当提供依法由其保存的劳动合同、职工名册、工资支付台账和清单等材料;不提供的,依法承担不利后果。

第五十一条 工会依法维护农民工工资权益,对用人单位工资支付情况进行监督;发现拖欠农民工工资的,可以要求用人单位改正,拒不改正的,可以请求人力资源社会保障行政部门和其他有关部门依法处理。

第五十二条 单位或者个人编造虚假事实或者采取非法手段讨要农民工工资,或者以拖欠农民工工资为名讨要工程款的,依法予以处理。

第六章 法 律 责 任

第五十三条 违反本条例规定拖欠农民工工资的,依照有关法律规定执行。

第五十四条 有下列情形之一的,由人力资源社会保障行政部门责令限期改正;逾期不改正的,对单位处2万元以上5万元以下的罚款,对法定代表人或者主要负责人、直接负责的主管人员和其他直接责任人员处1万元以上3万元以下的罚款:

(一)以实物、有价证券等形式代替货币支付农民工工资;

(二)未编制工资支付台账并依法保存,或者未向农民工提供工资清单;

(三)扣押或者变相扣押用于支付农民工工资的银行账户所绑定的农民工本人社会保障卡或者银行卡。

第五十五条 有下列情形之一的,由人力资源社会保障行政部门、相关行业工程建设主管部门按照职责责令限期改正;逾期不改正的,责令项目停工,并处5万元以上10万元以下的罚款;情节严重的,给予施工单位限制承接新工程、降低资质等级、吊销资质证书等处罚:

(一)施工总承包单位未按规定开设或者使用农民工工资专用账户;

(二)施工总承包单位未按规定存储工资保证金或者未提供金融机构保函;

(三)施工总承包单位、分包单位未实行劳动用工实名制管理。

第五十六条 有下列情形之一的,由人力资源社会保障行政部门、相关行业工程建设主管部门按照职责责令限期改正;逾期不改正的,处5万元以上10万元以下的罚款:

(一)分包单位未按月考核农民工工作量、编制工资支付表并经农民工本人签字确认;

(二)施工总承包单位未对分包单位劳动用工实施监督管理;

(三)分包单位未配合施工总承包单位对其劳动用工进行监督管理;

（四）施工总承包单位未实行施工现场维权信息公示制度。

第五十七条　有下列情形之一的，由人力资源社会保障行政部门、相关行业工程建设主管部门按照职责责令限期改正；逾期不改正的，责令项目停工，并处 5 万元以上 10 万元以下的罚款：

（一）建设单位未依法提供工程款支付担保；

（二）建设单位未按约定及时足额向农民工工资专用账户拨付工程款中的人工费用；

（三）建设单位或者施工总承包单位拒不提供或者无法提供工程施工合同、农民工工资专用账户有关资料。

第五十八条　不依法配合人力资源社会保障行政部门查询相关单位金融账户的，由金融监管部门责令改正；拒不改正的，处 2 万元以上 5 万元以下的罚款。

第五十九条　政府投资项目政府投资资金不到位拖欠农民工工资的，由人力资源社会保障行政部门报本级人民政府批准，责令限期足额拨付所拖欠的资金；逾期不拨付的，由上一级人民政府人力资源社会保障行政部门约谈直接责任部门和相关监管部门负责人，必要时进行通报，约谈地方人民政府负责人。情节严重的，对地方人民政府及其有关部门负责人、直接负责的主管人员和其他直接责任人员依法依规给予处分。

第六十条　政府投资项目建设单位未经批准立项建设、擅自扩大建设规模、擅自增加投资概算、未及时拨付工程款等导致拖欠农民工工资的，除依法承担责任外，由人力资源社会保障行政部门、其他有关部门按照职责约谈建设单位负责人，并作为其业绩考核、薪酬分配、评优评先、职务晋升等的重要依据。

第六十一条　对于建设资金不到位、违法违规开工建设的社会投资工程建设项目拖欠农民工工资的，由人力资源社会保障行政部门、其他有关部门按照职责依法对建设单位进行处罚；对建设单位负责人依法依规给予处分。相关部门工作人员未依法履行职责的，由有关机关依法依规给予处分。

第六十二条　县级以上地方人民政府人力资源社会保障、发展改革、财政、公安等部门和相关行业工程建设主管部门工作人员，在履行农民工工资支付监督管理职责过程中滥用职权、玩忽职守、徇私舞弊的,依法依规给予处分;构成犯罪的,依法追究刑事责任。

第七章 附　则

第六十三条　用人单位一时难以支付拖欠的农民工工资或者拖欠农民工工资逃匿的,县级以上地方人民政府可以动用应急周转金,先行垫付用人单位拖欠的农民工部分工资或者基本生活费。对已经垫付的应急周转金,应当依法向拖欠农民工工资的用人单位进行追偿。

第六十四条　本条例自2020年5月1日起施行。

残疾人就业条例

(2007年2月14日国务院第169次常务会议通过　2007年2月25日国务院令第488号公布　自2007年5月1日起施行)

第一章 总　则

第一条　为了促进残疾人就业,保障残疾人的劳动权利,根据《中华人民共和国残疾人保障法》和其他有关法律,制定本条例。

第二条　国家对残疾人就业实行集中就业与分散就业相结合的方针,促进残疾人就业。

县级以上人民政府应当将残疾人就业纳入国民经济和社会发展规划,并制定优惠政策和具体扶持保护措施,为残疾人就业创造条件。

第三条　机关、团体、企业、事业单位和民办非企业单位(以下统称用人单位)应当依照有关法律、本条例和其他有关行政法规的规定,履行扶持残疾人就业的责任和义务。

第四条　国家鼓励社会组织和个人通过多种渠道、多种形式,帮助、支持残疾人就业,鼓励残疾人通过应聘等多种形式就业。禁止在就业中歧视残疾人。

残疾人应当提高自身素质,增强就业能力。

第五条 各级人民政府应当加强对残疾人就业工作的统筹规划,综合协调。县级以上人民政府负责残疾人工作的机构,负责组织、协调、指导、督促有关部门做好残疾人就业工作。

县级以上人民政府劳动保障、民政等有关部门在各自的职责范围内,做好残疾人就业工作。

第六条 中国残疾人联合会及其地方组织依照法律、法规或者接受政府委托,负责残疾人就业工作的具体组织实施与监督。

工会、共产主义青年团、妇女联合会,应当在各自的工作范围内,做好残疾人就业工作。

第七条 各级人民政府对在残疾人就业工作中做出显著成绩的单位和个人,给予表彰和奖励。

第二章 用人单位的责任

第八条 用人单位应当按照一定比例安排残疾人就业,并为其提供适当的工种、岗位。

用人单位安排残疾人就业的比例不得低于本单位在职职工总数的1.5%。具体比例由省、自治区、直辖市人民政府根据本地区的实际情况规定。

用人单位跨地区招用残疾人的,应当计入所安排的残疾人职工人数之内。

第九条 用人单位安排残疾人就业达不到其所在地省、自治区、直辖市人民政府规定比例的,应当缴纳残疾人就业保障金。

第十条 政府和社会依法兴办的残疾人福利企业、盲人按摩机构和其他福利性单位(以下统称集中使用残疾人的用人单位),应当集中安排残疾人就业。

集中使用残疾人的用人单位的资格认定,按照国家有关规定执行。

第十一条 集中使用残疾人的用人单位中从事全日制工作的残疾人职工,应当占本单位在职职工总数的25%以上。

第十二条 用人单位招用残疾人职工,应当依法与其签订劳动合同或者服务协议。

第十三条 用人单位应当为残疾人职工提供适合其身体状况的劳动条件和劳动保护,不得在晋职、晋级、评定职称、报酬、社会保险、生活福利等方面歧视残疾人职工。

第十四条 用人单位应当根据本单位残疾人职工的实际情况,对残疾人职工进行上岗、在岗、转岗等培训。

第三章 保障措施

第十五条 县级以上人民政府应当采取措施,拓宽残疾人就业渠道,开发适合残疾人就业的公益性岗位,保障残疾人就业。

县级以上地方人民政府发展社区服务事业,应当优先考虑残疾人就业。

第十六条 依法征收的残疾人就业保障金应当纳入财政预算,专项用于残疾人职业培训以及为残疾人提供就业服务和就业援助,任何组织或者个人不得贪污、挪用、截留或者私分。残疾人就业保障金征收、使用、管理的具体办法,由国务院财政部门会同国务院有关部门规定。

财政部门和审计机关应当依法加强对残疾人就业保障金使用情况的监督检查。

第十七条 国家对集中使用残疾人的用人单位依法给予税收优惠,并在生产、经营、技术、资金、物资、场地使用等方面给予扶持。

第十八条 县级以上地方人民政府及其有关部门应当确定适合残疾人生产、经营的产品、项目,优先安排集中使用残疾人的用人单位生产或者经营,并根据集中使用残疾人的用人单位的生产特点确定某些产品由其专产。

政府采购,在同等条件下,应当优先购买集中使用残疾人的用人单位的产品或者服务。

第十九条 国家鼓励扶持残疾人自主择业、自主创业。对残疾人从事个体经营的,应当依法给予税收优惠,有关部门应当在经营场地等方面给予照顾,并按照规定免收管理类、登记类和证照类的行政事业性收费。

国家对自主择业、自主创业的残疾人在一定期限内给予小额信贷等扶持。

第二十条 地方各级人民政府应当多方面筹集资金,组织和扶持农村残疾人从事种植业、养殖业、手工业和其他形式的生产劳动。

有关部门对从事农业生产劳动的农村残疾人,应当在生产服务、技术指导、农用物资供应、农副产品收购和信贷等方面给予帮助。

第四章 就业服务

第二十一条 各级人民政府和有关部门应当为就业困难的残疾人提供有针对性的就业援助服务,鼓励和扶持职业培训机构为残疾人提供职业培训,并组织残疾人定期开展职业技能竞赛。

第二十二条 中国残疾人联合会及其地方组织所属的残疾人就业服务机构应当免费为残疾人就业提供下列服务:

(一)发布残疾人就业信息;

(二)组织开展残疾人职业培训;

(三)为残疾人提供职业心理咨询、职业适应评估、职业康复训练、求职定向指导、职业介绍等服务;

(四)为残疾人自主择业提供必要的帮助;

(五)为用人单位安排残疾人就业提供必要的支持。

国家鼓励其他就业服务机构为残疾人就业提供免费服务。

第二十三条 受劳动保障部门的委托,残疾人就业服务机构可以进行残疾人失业登记、残疾人就业与失业统计;经所在地劳动保障部门批准,残疾人就业服务机构还可以进行残疾人职业技能鉴定。

第二十四条 残疾人职工与用人单位发生争议的,当地法律援助机构应当依法为其提供法律援助,各级残疾人联合会应当给予支持和帮助。

第五章 法律责任

第二十五条 违反本条例规定,有关行政主管部门及其工作人员滥用职权、玩忽职守、徇私舞弊,构成犯罪的,依法追究刑事责任;尚不构成犯罪的,依法给予处分。

第二十六条 违反本条例规定,贪污、挪用、截留、私分残疾人就业保障金,构成犯罪的,依法追究刑事责任;尚不构成犯罪的,对有关责任单位、直接负责的主管人员和其他直接责任人员依法给予处分或者处罚。

第二十七条 违反本条例规定,用人单位未按照规定缴纳残疾人就业保障金的,由财政部门给予警告,责令限期缴纳;逾期仍不缴纳的,除补缴欠缴数额外,还应当自欠缴之日起,按日加收5‰的滞纳金。

第二十八条 违反本条例规定,用人单位弄虚作假,虚报安排残疾人就业人数,骗取集中使用残疾人的用人单位享受的税收优惠待遇的,由税务机关依法处理。

第六章 附 则

第二十九条 本条例所称残疾人就业,是指符合法定就业年龄有就业要求的残疾人从事有报酬的劳动。

第三十条 本条例自2007年5月1日起施行。

七、社会保障

中华人民共和国社会保险法

（2010年10月28日第十一届全国人民代表大会常务委员会第十七次会议通过 根据2018年12月29日第十三届全国人民代表大会常务委员会第七次会议《关于修改〈中华人民共和国社会保险法〉的决定》修正）

目 录

第一章 总 则
第二章 基本养老保险
第三章 基本医疗保险
第四章 工伤保险
第五章 失业保险
第六章 生育保险
第七章 社会保险费征缴
第八章 社会保险基金
第九章 社会保险经办
第十章 社会保险监督
第十一章 法律责任
第十二章 附 则

第一章 总 则

第一条 为了规范社会保险关系，维护公民参加社会保险和享受社会保险待遇的合法权益，使公民共享发展成果，促进社会和谐稳定，根据宪法,制定本法。

第二条 国家建立基本养老保险、基本医疗保险、工伤保险、失业保险、生育保险等社会保险制度,保障公民在年老、疾病、工伤、失业、生育等情况下依法从国家和社会获得物质帮助的权利。

第三条 社会保险制度坚持广覆盖、保基本、多层次、可持续的方针,社会保险水平应当与经济社会发展水平相适应。

第四条 中华人民共和国境内的用人单位和个人依法缴纳社会保险费,有权查询缴费记录、个人权益记录,要求社会保险经办机构提供社会保险咨询等相关服务。

个人依法享受社会保险待遇,有权监督本单位为其缴费情况。

第五条 县级以上人民政府将社会保险事业纳入国民经济和社会发展规划。

国家多渠道筹集社会保险资金。县级以上人民政府对社会保险事业给予必要的经费支持。

国家通过税收优惠政策支持社会保险事业。

第六条 国家对社会保险基金实行严格监管。

国务院和省、自治区、直辖市人民政府建立健全社会保险基金监督管理制度,保障社会保险基金安全、有效运行。

县级以上人民政府采取措施,鼓励和支持社会各方面参与社会保险基金的监督。

第七条 国务院社会保险行政部门负责全国的社会保险管理工作,国务院其他有关部门在各自的职责范围内负责有关的社会保险工作。

县级以上地方人民政府社会保险行政部门负责本行政区域的社会保险管理工作,县级以上地方人民政府其他有关部门在各自的职责范围内负责有关的社会保险工作。

第八条 社会保险经办机构提供社会保险服务,负责社会保险登记、个人权益记录、社会保险待遇支付等工作。

第九条 工会依法维护职工的合法权益,有权参与社会保险重大事项的研究,参加社会保险监督委员会,对与职工社会保险权益有关的事项进行监督。

第二章　基本养老保险

第十条　职工应当参加基本养老保险,由用人单位和职工共同缴纳基本养老保险费。

无雇工的个体工商户、未在用人单位参加基本养老保险的非全日制从业人员以及其他灵活就业人员可以参加基本养老保险,由个人缴纳基本养老保险费。

公务员和参照公务员法管理的工作人员养老保险的办法由国务院规定。

第十一条　基本养老保险实行社会统筹与个人账户相结合。

基本养老保险基金由用人单位和个人缴费以及政府补贴等组成。

第十二条　用人单位应当按照国家规定的本单位职工工资总额的比例缴纳基本养老保险费,记入基本养老保险统筹基金。

职工应当按照国家规定的本人工资的比例缴纳基本养老保险费,记入个人账户。

无雇工的个体工商户、未在用人单位参加基本养老保险的非全日制从业人员以及其他灵活就业人员参加基本养老保险的,应当按照国家规定缴纳基本养老保险费,分别记入基本养老保险统筹基金和个人账户。

第十三条　国有企业、事业单位职工参加基本养老保险前,视同缴费年限期间应当缴纳的基本养老保险费由政府承担。

基本养老保险基金出现支付不足时,政府给予补贴。

第十四条　个人账户不得提前支取,记账利率不得低于银行定期存款利率,免征利息税。个人死亡的,个人账户余额可以继承。

第十五条　基本养老金由统筹养老金和个人账户养老金组成。

基本养老金根据个人累计缴费年限、缴费工资、当地职工平均工资、个人账户金额、城镇人口平均预期寿命等因素确定。

第十六条　参加基本养老保险的个人,达到法定退休年龄时累计缴费满十五年的,按月领取基本养老金。

参加基本养老保险的个人,达到法定退休年龄时累计缴费不足十五年的,可以缴费至满十五年,按月领取基本养老金;也可以转入新型农村社会养老保险或者城镇居民社会养老保险,按照国务院规定享受相应的养老保险待遇。

第十七条 参加基本养老保险的个人,因病或者非因工死亡的,其遗属可以领取丧葬补助金和抚恤金;在未达到法定退休年龄时因病或者非因工致残完全丧失劳动能力的,可以领取病残津贴。所需资金从基本养老保险基金中支付。

第十八条 国家建立基本养老金正常调整机制。根据职工平均工资增长、物价上涨情况,适时提高基本养老保险待遇水平。

第十九条 个人跨统筹地区就业的,其基本养老保险关系随本人转移,缴费年限累计计算。个人达到法定退休年龄时,基本养老金分段计算、统一支付。具体办法由国务院规定。

第二十条 国家建立和完善新型农村社会养老保险制度。

新型农村社会养老保险实行个人缴费、集体补助和政府补贴相结合。

第二十一条 新型农村社会养老保险待遇由基础养老金和个人账户养老金组成。

参加新型农村社会养老保险的农村居民,符合国家规定条件的,按月领取新型农村社会养老保险待遇。

第二十二条 国家建立和完善城镇居民社会养老保险制度。

省、自治区、直辖市人民政府根据实际情况,可以将城镇居民社会养老保险和新型农村社会养老保险合并实施。

第三章　基本医疗保险

第二十三条 职工应当参加职工基本医疗保险,由用人单位和职工按照国家规定共同缴纳基本医疗保险费。

无雇工的个体工商户、未在用人单位参加职工基本医疗保险的非全日制从业人员以及其他灵活就业人员可以参加职工基本医疗保险,由个人按照国家规定缴纳基本医疗保险费。

第二十四条 国家建立和完善新型农村合作医疗制度。

新型农村合作医疗的管理办法,由国务院规定。

第二十五条 国家建立和完善城镇居民基本医疗保险制度。

城镇居民基本医疗保险实行个人缴费和政府补贴相结合。

享受最低生活保障的人、丧失劳动能力的残疾人、低收入家庭六十周岁以上的老年人和未成年人等所需个人缴费部分,由政府给予补贴。

第二十六条 职工基本医疗保险、新型农村合作医疗和城镇居民基本医疗保险的待遇标准按照国家规定执行。

第二十七条 参加职工基本医疗保险的个人,达到法定退休年龄时累计缴费达到国家规定年限的,退休后不再缴纳基本医疗保险费,按照国家规定享受基本医疗保险待遇;未达到国家规定年限的,可以缴费至国家规定年限。

第二十八条 符合基本医疗保险药品目录、诊疗项目、医疗服务设施标准以及急诊、抢救的医疗费用,按照国家规定从基本医疗保险基金中支付。

第二十九条 参保人员医疗费用中应当由基本医疗保险基金支付的部分,由社会保险经办机构与医疗机构、药品经营单位直接结算。

社会保险行政部门和卫生行政部门应当建立异地就医医疗费用结算制度,方便参保人员享受基本医疗保险待遇。

第三十条 下列医疗费用不纳入基本医疗保险基金支付范围:

(一)应当从工伤保险基金中支付的;

(二)应当由第三人负担的;

(三)应当由公共卫生负担的;

(四)在境外就医的。

医疗费用依法应当由第三人负担,第三人不支付或者无法确定第三人的,由基本医疗保险基金先行支付。基本医疗保险基金先行支付后,有权向第三人追偿。

第三十一条 社会保险经办机构根据管理服务的需要,可以与医疗机构、药品经营单位签订服务协议,规范医疗服务行为。

医疗机构应当为参保人员提供合理、必要的医疗服务。

第三十二条 个人跨统筹地区就业的,其基本医疗保险关系随本人转移,缴费年限累计计算。

第四章 工 伤 保 险

第三十三条 职工应当参加工伤保险，由用人单位缴纳工伤保险费，职工不缴纳工伤保险费。

第三十四条 国家根据不同行业的工伤风险程度确定行业的差别费率，并根据使用工伤保险基金、工伤发生率等情况在每个行业内确定费率档次。行业差别费率和行业内费率档次由国务院社会保险行政部门制定，报国务院批准后公布施行。

社会保险经办机构根据用人单位使用工伤保险基金、工伤发生率和所属行业费率档次等情况，确定用人单位缴费费率。

第三十五条 用人单位应当按照本单位职工工资总额，根据社会保险经办机构确定的费率缴纳工伤保险费。

第三十六条 职工因工作原因受到事故伤害或者患职业病，且经工伤认定的，享受工伤保险待遇；其中，经劳动能力鉴定丧失劳动能力的，享受伤残待遇。

工伤认定和劳动能力鉴定应当简捷、方便。

第三十七条 职工因下列情形之一导致本人在工作中伤亡的，不认定为工伤：

（一）故意犯罪；

（二）醉酒或者吸毒；

（三）自残或者自杀；

（四）法律、行政法规规定的其他情形。

第三十八条 因工伤发生的下列费用，按照国家规定从工伤保险基金中支付：

（一）治疗工伤的医疗费用和康复费用；

（二）住院伙食补助费；

（三）到统筹地区以外就医的交通食宿费；

（四）安装配置伤残辅助器具所需费用；

（五）生活不能自理的，经劳动能力鉴定委员会确认的生活护理费；

（六）一次性伤残补助金和一至四级伤残职工按月领取的伤残

津贴；

（七）终止或者解除劳动合同时，应当享受的一次性医疗补助金；

（八）因工死亡的，其遗属领取的丧葬补助金、供养亲属抚恤金和因工死亡补助金；

（九）劳动能力鉴定费。

第三十九条 因工伤发生的下列费用，按照国家规定由用人单位支付：

（一）治疗工伤期间的工资福利；

（二）五级、六级伤残职工按月领取的伤残津贴；

（三）终止或者解除劳动合同时，应当享受的一次性伤残就业补助金。

第四十条 工伤职工符合领取基本养老金条件的，停发伤残津贴，享受基本养老保险待遇。基本养老保险待遇低于伤残津贴的，从工伤保险基金中补足差额。

第四十一条 职工所在用人单位未依法缴纳工伤保险费，发生工伤事故的，由用人单位支付工伤保险待遇。用人单位不支付的，从工伤保险基金中先行支付。

从工伤保险基金中先行支付的工伤保险待遇应当由用人单位偿还。用人单位不偿还的，社会保险经办机构可以依照本法第六十三条的规定追偿。

第四十二条 由于第三人的原因造成工伤，第三人不支付工伤医疗费用或者无法确定第三人的，由工伤保险基金先行支付。工伤保险基金先行支付后，有权向第三人追偿。

第四十三条 工伤职工有下列情形之一的，停止享受工伤保险待遇：

（一）丧失享受待遇条件的；

（二）拒不接受劳动能力鉴定的；

（三）拒绝治疗的。

第五章 失 业 保 险

第四十四条 职工应当参加失业保险，由用人单位和职工按照国家规定共同缴纳失业保险费。

第四十五条 失业人员符合下列条件的,从失业保险基金中领取失业保险金:

(一)失业前用人单位和本人已经缴纳失业保险费满一年的;

(二)非因本人意愿中断就业的;

(三)已经进行失业登记,并有求职要求的。

第四十六条 失业人员失业前用人单位和本人累计缴费满一年不足五年的,领取失业保险金的期限最长为十二个月;累计缴费满五年不足十年的,领取失业保险金的期限最长为十八个月;累计缴费十年以上的,领取失业保险金的期限最长为二十四个月。重新就业后,再次失业的,缴费时间重新计算,领取失业保险金的期限与前次失业应当领取而尚未领取的失业保险金的期限合并计算,最长不超过二十四个月。

第四十七条 失业保险金的标准,由省、自治区、直辖市人民政府确定,不得低于城市居民最低生活保障标准。

第四十八条 失业人员在领取失业保险金期间,参加职工基本医疗保险,享受基本医疗保险待遇。

失业人员应当缴纳的基本医疗保险费从失业保险基金中支付,个人不缴纳基本医疗保险费。

第四十九条 失业人员在领取失业保险金期间死亡的,参照当地对在职职工死亡的规定,向其遗属发给一次性丧葬补助金和抚恤金。所需资金从失业保险基金中支付。

个人死亡同时符合领取基本养老保险丧葬补助金、工伤保险丧葬补助金和失业保险丧葬补助金条件的,其遗属只能选择领取其中的一项。

第五十条 用人单位应当及时为失业人员出具终止或者解除劳动关系的证明,并将失业人员的名单自终止或者解除劳动关系之日起十五日内告知社会保险经办机构。

失业人员应当持本单位为其出具的终止或者解除劳动关系的证明,及时到指定的公共就业服务机构办理失业登记。

失业人员凭失业登记证明和个人身份证明,到社会保险经办机构办理领取失业保险金的手续。失业保险金领取期限自办理失业登记之日起计算。

第五十一条 失业人员在领取失业保险金期间有下列情形之一的,停止领取失业保险金,并同时停止享受其他失业保险待遇:

(一)重新就业的;

(二)应征服兵役的;

(三)移居境外的;

(四)享受基本养老保险待遇的;

(五)无正当理由,拒不接受当地人民政府指定部门或者机构介绍的适当工作或者提供的培训的。

第五十二条 职工跨统筹地区就业的,其失业保险关系随本人转移,缴费年限累计计算。

第六章 生 育 保 险

第五十三条 职工应当参加生育保险,由用人单位按照国家规定缴纳生育保险费,职工不缴纳生育保险费。

第五十四条 用人单位已经缴纳生育保险费的,其职工享受生育保险待遇;职工未就业配偶按照国家规定享受生育医疗费用待遇。所需资金从生育保险基金中支付。

生育保险待遇包括生育医疗费用和生育津贴。

第五十五条 生育医疗费用包括下列各项:

(一)生育的医疗费用;

(二)计划生育的医疗费用;

(三)法律、法规规定的其他项目费用。

第五十六条 职工有下列情形之一的,可以按照国家规定享受生育津贴:

(一)女职工生育享受产假;

(二)享受计划生育手术休假;

(三)法律、法规规定的其他情形。

生育津贴按照职工所在用人单位上年度职工月平均工资计发。

第七章　社会保险费征缴

第五十七条　用人单位应当自成立之日起三十日内凭营业执照、登记证书或者单位印章,向当地社会保险经办机构申请办理社会保险登记。社会保险经办机构应当自收到申请之日起十五日内予以审核,发给社会保险登记证件。

用人单位的社会保险登记事项发生变更或者用人单位依法终止的,应当自变更或者终止之日起三十日内,到社会保险经办机构办理变更或者注销社会保险登记。

市场监督管理部门、民政部门和机构编制管理机关应当及时向社会保险经办机构通报用人单位的成立、终止情况,公安机关应当及时向社会保险经办机构通报个人的出生、死亡以及户口登记、迁移、注销等情况。

第五十八条　用人单位应当自用工之日起三十日内为其职工向社会保险经办机构申请办理社会保险登记。未办理社会保险登记的,由社会保险经办机构核定其应当缴纳的社会保险费。

自愿参加社会保险的无雇工的个体工商户、未在用人单位参加社会保险的非全日制从业人员以及其他灵活就业人员,应当向社会保险经办机构申请办理社会保险登记。

国家建立全国统一的个人社会保障号码。个人社会保障号码为公民身份号码。

第五十九条　县级以上人民政府加强社会保险费的征收工作。

社会保险费实行统一征收,实施步骤和具体办法由国务院规定。

第六十条　用人单位应当自行申报、按时足额缴纳社会保险费,非因不可抗力等法定事由不得缓缴、减免。职工应当缴纳的社会保险费由用人单位代扣代缴,用人单位应当按月将缴纳社会保险费的明细情况告知本人。

无雇工的个体工商户、未在用人单位参加社会保险的非全日制从业人员以及其他灵活就业人员,可以直接向社会保险费征收机构缴纳社会保险费。

第六十一条　社会保险费征收机构应当依法按时足额征收社会

保险费,并将缴费情况定期告知用人单位和个人。

第六十二条 用人单位未按规定申报应当缴纳的社会保险费数额的,按照该单位上月缴费额的百分之一百一十确定应当缴纳数额;缴费单位补办申报手续后,由社会保险费征收机构按照规定结算。

第六十三条 用人单位未按时足额缴纳社会保险费的,由社会保险费征收机构责令其限期缴纳或者补足。

用人单位逾期仍未缴纳或者补足社会保险费的,社会保险费征收机构可以向银行和其他金融机构查询其存款账户;并可以申请县级以上有关行政部门作出划拨社会保险费的决定,书面通知其开户银行或者其他金融机构划拨社会保险费。用人单位账户余额少于应当缴纳的社会保险费的,社会保险费征收机构可以要求该用人单位提供担保,签订延期缴费协议。

用人单位未足额缴纳社会保险费且未提供担保的,社会保险费征收机构可以申请人民法院扣押、查封、拍卖其价值相当于应当缴纳社会保险费的财产,以拍卖所得抵缴社会保险费。

第八章　社会保险基金

第六十四条 社会保险基金包括基本养老保险基金、基本医疗保险基金、工伤保险基金、失业保险基金和生育保险基金。除基本医疗保险基金与生育保险基金合并建账及核算外,其他各项社会保险基金按照社会保险险种分别建账,分账核算。社会保险基金执行国家统一的会计制度。

社会保险基金专款专用,任何组织和个人不得侵占或者挪用。

基本养老保险基金逐步实行全国统筹,其他社会保险基金逐步实行省级统筹,具体时间、步骤由国务院规定。

第六十五条 社会保险基金通过预算实现收支平衡。

县级以上人民政府在社会保险基金出现支付不足时,给予补贴。

第六十六条 社会保险基金按照统筹层次设立预算。除基本医疗保险基金与生育保险基金预算合并编制外,其他社会保险基金预算按照社会保险项目分别编制。

第六十七条 社会保险基金预算、决算草案的编制、审核和批准,依照法律和国务院规定执行。

第六十八条 社会保险基金存入财政专户,具体管理办法由国务院规定。

第六十九条 社会保险基金在保证安全的前提下,按照国务院规定投资运营实现保值增值。

社会保险基金不得违规投资运营,不得用于平衡其他政府预算,不得用于兴建、改建办公场所和支付人员经费、运行费用、管理费用,或者违反法律、行政法规规定挪作其他用途。

第七十条 社会保险经办机构应当定期向社会公布参加社会保险情况以及社会保险基金的收入、支出、结余和收益情况。

第七十一条 国家设立全国社会保障基金,由中央财政预算拨款以及国务院批准的其他方式筹集的资金构成,用于社会保障支出的补充、调剂。全国社会保障基金由全国社会保障基金管理运营机构负责管理运营,在保证安全的前提下实现保值增值。

全国社会保障基金应当定期向社会公布收支、管理和投资运营的情况。国务院财政部门、社会保险行政部门、审计机关对全国社会保障基金的收支、管理和投资运营情况实施监督。

第九章 社会保险经办

第七十二条 统筹地区设立社会保险经办机构。社会保险经办机构根据工作需要,经所在地的社会保险行政部门和机构编制管理机关批准,可以在本统筹地区设立分支机构和服务网点。

社会保险经办机构的人员经费和经办社会保险发生的基本运行费用、管理费用,由同级财政按照国家规定予以保障。

第七十三条 社会保险经办机构应当建立健全业务、财务、安全和风险管理制度。

社会保险经办机构应当按时足额支付社会保险待遇。

第七十四条 社会保险经办机构通过业务经办、统计、调查获取社会保险工作所需的数据,有关单位和个人应当及时、如实提供。

社会保险经办机构应当及时为用人单位建立档案,完整、准确地记录参加社会保险的人员、缴费等社会保险数据,妥善保管登记、申报的原始凭证和支付结算的会计凭证。

社会保险经办机构应当及时、完整、准确地记录参加社会保险的个人缴费和用人单位为其缴费,以及享受社会保险待遇等个人权益记录,定期将个人权益记录单免费寄送本人。

用人单位和个人可以免费向社会保险经办机构查询、核对其缴费和享受社会保险待遇记录,要求社会保险经办机构提供社会保险咨询等相关服务。

第七十五条 全国社会保险信息系统按照国家统一规划,由县级以上人民政府按照分级负责的原则共同建设。

第十章 社会保险监督

第七十六条 各级人民代表大会常务委员会听取和审议本级人民政府对社会保险基金的收支、管理、投资运营以及监督检查情况的专项工作报告,组织对本法实施情况的执法检查等,依法行使监督职权。

第七十七条 县级以上人民政府社会保险行政部门应当加强对用人单位和个人遵守社会保险法律、法规情况的监督检查。

社会保险行政部门实施监督检查时,被检查的用人单位和个人应当如实提供与社会保险有关的资料,不得拒绝检查或者谎报、瞒报。

第七十八条 财政部门、审计机关按照各自职责,对社会保险基金的收支、管理和投资运营情况实施监督。

第七十九条 社会保险行政部门对社会保险基金的收支、管理和投资运营情况进行监督检查,发现存在问题的,应当提出整改建议,依法作出处理决定或者向有关行政部门提出处理建议。社会保险基金检查结果应当定期向社会公布。

社会保险行政部门对社会保险基金实施监督检查,有权采取下列措施:

(一)查阅、记录、复制与社会保险基金收支、管理和投资运营相关的资料,对可能被转移、隐匿或者灭失的资料予以封存;

(二)询问与调查事项有关的单位和个人,要求其对与调查事项有关的问题作出说明、提供有关证明材料;

（三）对隐匿、转移、侵占、挪用社会保险基金的行为予以制止并责令改正。

第八十条 统筹地区人民政府成立由用人单位代表、参保人员代表，以及工会代表、专家等组成的社会保险监督委员会，掌握、分析社会保险基金的收支、管理和投资运营情况，对社会保险工作提出咨询意见和建议，实施社会监督。

社会保险经办机构应当定期向社会保险监督委员会汇报社会保险基金的收支、管理和投资运营情况。社会保险监督委员会可以聘请会计师事务所对社会保险基金的收支、管理和投资运营情况进行年度审计和专项审计。审计结果应当向社会公开。

社会保险监督委员会发现社会保险基金收支、管理和投资运营中存在问题的，有权提出改正建议；对社会保险经办机构及其工作人员的违法行为，有权向有关部门提出依法处理建议。

第八十一条 社会保险行政部门和其他有关行政部门、社会保险经办机构、社会保险费征收机构及其工作人员，应当依法为用人单位和个人的信息保密，不得以任何形式泄露。

第八十二条 任何组织或者个人有权对违反社会保险法律、法规的行为进行举报、投诉。

社会保险行政部门、卫生行政部门、社会保险经办机构、社会保险费征收机构和财政部门、审计机关对属于本部门、本机构职责范围的举报、投诉，应当依法处理；对不属于本部门、本机构职责范围的，应当书面通知并移交有权处理的部门、机构处理。有权处理的部门、机构应当及时处理，不得推诿。

第八十三条 用人单位或者个人认为社会保险费征收机构的行为侵害自己合法权益的，可以依法申请行政复议或者提起行政诉讼。

用人单位或者个人对社会保险经办机构不依法办理社会保险登记、核定社会保险费、支付社会保险待遇、办理社会保险转移接续手续或者侵害其他社会保险权益的行为，可以依法申请行政复议或者提起行政诉讼。

个人与所在用人单位发生社会保险争议的，可以依法申请调解、仲裁，提起诉讼。用人单位侵害个人社会保险权益的，个人也可以要求社会保险行政部门或者社会保险费征收机构依法处理。

第十一章 法 律 责 任

第八十四条 用人单位不办理社会保险登记的,由社会保险行政部门责令限期改正;逾期不改正的,对用人单位处应缴社会保险费数额一倍以上三倍以下的罚款,对其直接负责的主管人员和其他直接责任人员处五百元以上三千元以下的罚款。

第八十五条 用人单位拒不出具终止或者解除劳动关系证明的,依照《中华人民共和国劳动合同法》的规定处理。

第八十六条 用人单位未按时足额缴纳社会保险费的,由社会保险费征收机构责令限期缴纳或者补足,并自欠缴之日起,按日加收万分之五的滞纳金;逾期仍不缴纳的,由有关行政部门处欠缴数额一倍以上三倍以下的罚款。

第八十七条 社会保险经办机构以及医疗机构、药品经营单位等社会保险服务机构以欺诈、伪造证明材料或者其他手段骗取社会保险基金支出的,由社会保险行政部门责令退回骗取的社会保险金,处骗取金额二倍以上五倍以下的罚款;属于社会保险服务机构的,解除服务协议;直接负责的主管人员和其他直接责任人员有执业资格的,依法吊销其执业资格。

第八十八条 以欺诈、伪造证明材料或者其他手段骗取社会保险待遇的,由社会保险行政部门责令退回骗取的社会保险金,处骗取金额二倍以上五倍以下的罚款。

第八十九条 社会保险经办机构及其工作人员有下列行为之一的,由社会保险行政部门责令改正;给社会保险基金、用人单位或者个人造成损失的,依法承担赔偿责任;对直接负责的主管人员和其他直接责任人员依法给予处分:

(一)未履行社会保险法定职责的;

(二)未将社会保险基金存入财政专户的;

(三)克扣或者拒不按时支付社会保险待遇的;

(四)丢失或者篡改缴费记录、享受社会保险待遇记录等社会保险数据、个人权益记录的;

（五）有违反社会保险法律、法规的其他行为的。

第九十条 社会保险费征收机构擅自更改社会保险费缴费基数、费率，导致少收或者多收社会保险费的，由有关行政部门责令其追缴应当缴纳的社会保险费或者退还不应当缴纳的社会保险费；对直接负责的主管人员和其他直接责任人员依法给予处分。

第九十一条 违反本法规定，隐匿、转移、侵占、挪用社会保险基金或者违规投资运营的，由社会保险行政部门、财政部门、审计机关责令追回；有违法所得的，没收违法所得；对直接负责的主管人员和其他直接责任人员依法给予处分。

第九十二条 社会保险行政部门和其他有关行政部门、社会保险经办机构、社会保险费征收机构及其工作人员泄露用人单位和个人信息的，对直接负责的主管人员和其他直接责任人员依法给予处分；给用人单位或者个人造成损失的，应当承担赔偿责任。

第九十三条 国家工作人员在社会保险管理、监督工作中滥用职权、玩忽职守、徇私舞弊的，依法给予处分。

第九十四条 违反本法规定，构成犯罪的，依法追究刑事责任。

第十二章　附　　则

第九十五条 进城务工的农村居民依照本法规定参加社会保险。

第九十六条 征收农村集体所有的土地，应当足额安排被征地农民的社会保险费，按照国务院规定将被征地农民纳入相应的社会保险制度。

第九十七条 外国人在中国境内就业的，参照本法规定参加社会保险。

第九十八条 本法自2011年7月1日起施行。

实施《中华人民共和国社会保险法》若干规定

（2011年6月29日人力资源和社会保障部令第13号公布　自2011年7月1日起施行）

为了实施《中华人民共和国社会保险法》（以下简称社会保险法），制定本规定。

第一章　关于基本养老保险

第一条　社会保险法第十五条规定的统筹养老金，按照国务院规定的基础养老金计发办法计发。

第二条　参加职工基本养老保险的个人达到法定退休年龄时，累计缴费不足十五年的，可以延长缴费至满十五年。社会保险法实施前参保、延长缴费五年后仍不足十五年的，可以一次性缴费至满十五年。

第三条　参加职工基本养老保险的个人达到法定退休年龄后，累计缴费不足十五年（含依照第二条规定延长缴费）的，可以申请转入户籍所在地新型农村社会养老保险或者城镇居民社会养老保险，享受相应的养老保险待遇。

参加职工基本养老保险的个人达到法定退休年龄后，累计缴费不足十五年（含依照第二条规定延长缴费），且未转入新型农村社会养老保险或者城镇居民社会养老保险的，个人可以书面申请终止职工基本养老保险关系。社会保险经办机构收到申请后，应当书面告知其转入新型农村社会养老保险或者城镇居民社会养老保险的权利以及终止职工基本养老保险关系的后果，经本人书面确认后，终止其职工基本养老保险关系，并将个人账户储存额一次性支付给本人。

第四条　参加职工基本养老保险的个人跨省流动就业，达到法定退休年龄时累计缴费不足十五年的，按照《国务院办公厅关于转发人力资源社会保障部财政部城镇企业职工基本养老保险关系转移接续暂行办法的通知》(国办发〔2009〕66号)有关待遇领取地的规定确定继续缴费地后,按照本规定第二条办理。

第五条 参加职工基本养老保险的个人跨省流动就业,符合按月领取基本养老金条件时,基本养老金分段计算、统一支付的具体办法,按照《国务院办公厅关于转发人力资源社会保障部财政部城镇企业职工基本养老保险关系转移接续暂行办法的通知》(国办发〔2009〕66号)执行。

第六条 职工基本养老保险个人账户不得提前支取。个人在达到法定的领取基本养老金条件前离境定居的,其个人账户予以保留,达到法定领取条件时,按照国家规定享受相应的养老保险待遇。其中,丧失中华人民共和国国籍的,可以在其离境时或者离境后书面申请终止职工基本养老保险关系。社会保险经办机构收到申请后,应当书面告知其保留个人账户的权利以及终止职工基本养老保险关系的后果,经本人书面确认后,终止其职工基本养老保险关系,并将个人账户储存额一次性支付给本人。

参加职工基本养老保险的个人死亡后,其个人账户中的余额可以全部依法继承。

第二章 关于基本医疗保险

第七条 社会保险法第二十七条规定的退休人员享受基本医疗保险待遇的缴费年限按照各地规定执行。

参加职工基本医疗保险的个人,基本医疗保险关系转移接续时,基本医疗保险缴费年限累计计算。

第八条 参保人员在协议医疗机构发生的医疗费用,符合基本医疗保险药品目录、诊疗项目、医疗服务设施标准的,按照国家规定从基本医疗保险基金中支付。

参保人员确需急诊、抢救的,可以在非协议医疗机构就医;因抢救必须使用的药品可以适当放宽范围。参保人员急诊、抢救的医疗服务具体管理办法由统筹地区根据当地实际情况制定。

第三章 关于工伤保险

第九条 职工(包括非全日制从业人员)在两个或者两个以上用

人单位同时就业的,各用人单位应当分别为职工缴纳工伤保险费。职工发生工伤,由职工受到伤害时工作的单位依法承担工伤保险责任。

第十条 社会保险法第三十七条第二项中的醉酒标准,按照《车辆驾驶人员血液、呼气酒精含量阈值与检验》(GB 19522－2004)执行。公安机关交通管理部门、医疗机构等有关单位依法出具的检测结论、诊断证明等材料,可以作为认定醉酒的依据。

第十一条 社会保险法第三十八条第八项中的因工死亡补助金是指《工伤保险条例》第三十九条的一次性工亡补助金,标准为工伤发生时上一年度全国城镇居民人均可支配收入的20倍。

上一年度全国城镇居民人均可支配收入以国家统计局公布的数据为准。

第十二条 社会保险法第三十九条第一项治疗工伤期间的工资福利,按照《工伤保险条例》第三十三条有关职工在停工留薪期内应当享受的工资福利和护理等待遇的规定执行。

第四章　关于失业保险

第十三条 失业人员符合社会保险法第四十五条规定条件的,可以申请领取失业保险金并享受其他失业保险待遇。其中,非因本人意愿中断就业包括下列情形:

(一)依照劳动合同法第四十四条第一项、第四项、第五项规定终止劳动合同的;

(二)由用人单位依照劳动合同法第三十九条、第四十条、第四十一条规定解除劳动合同的;

(三)用人单位依照劳动合同法第三十六条规定向劳动者提出解除劳动合同并与劳动者协商一致解除劳动合同的;

(四)由用人单位提出解除聘用合同或者被用人单位辞退、除名、开除的;

(五)劳动者本人依照劳动合同法第三十八条规定解除劳动合同的;

(六)法律、法规、规章规定的其他情形。

第十四条 失业人员领取失业保险金后重新就业的,再次失业时,缴费时间重新计算。失业人员因当期不符合失业保险金领取条件的,原有缴费时间予以保留,重新就业并参保的,缴费时间累计计算。

第十五条 失业人员在领取失业保险金期间,应当积极求职,接受职业介绍和职业培训。失业人员接受职业介绍、职业培训的补贴由失业保险基金按照规定支付。

第五章 关于基金管理和经办服务

第十六条 社会保险基金预算、决算草案的编制、审核和批准,依照《国务院关于试行社会保险基金预算的意见》(国发〔2010〕2号)的规定执行。

第十七条 社会保险经办机构应当每年至少一次将参保人员个人权益记录单通过邮寄方式寄送本人。同时,社会保险经办机构可以通过手机短信或者电子邮件等方式向参保人员发送个人权益记录。

第十八条 社会保险行政部门、社会保险经办机构及其工作人员应当依法为用人单位和个人的信息保密,不得违法向他人泄露下列信息：

(一)涉及用人单位商业秘密或者公开后可能损害用人单位合法利益的信息；

(二)涉及个人权益的信息。

第六章 关于法律责任

第十九条 用人单位在终止或者解除劳动合同时拒不向职工出具终止或者解除劳动关系证明,导致职工无法享受社会保险待遇的,用人单位应当依法承担赔偿责任。

第二十条 职工应当缴纳的社会保险费由用人单位代扣代缴。用人单位未依法代扣代缴的,由社会保险费征收机构责令用人单位限期代缴,并自欠缴之日起向用人单位按日加收万分之五的滞纳金。用人单位不得要求职工承担滞纳金。

第二十一条 用人单位因不可抗力造成生产经营出现严重困难的,经省级人民政府社会保险行政部门批准后,可以暂缓缴纳一定期限的社会保险费,期限一般不超过一年。暂缓缴费期间,免收滞纳金。

到期后,用人单位应当缴纳相应的社会保险费。

第二十二条 用人单位按照社会保险法第六十三条的规定,提供担保并与社会保险费征收机构签订缓缴协议的,免收缓缴期间的滞纳金。

第二十三条 用人单位按照本规定第二十一条、第二十二条缓缴社会保险费期间,不影响其职工依法享受社会保险待遇。

第二十四条 用人单位未按月将缴纳社会保险费的明细情况告知职工本人的,由社会保险行政部门责令改正;逾期不改的,按照《劳动保障监察条例》第三十条的规定处理。

第二十五条 医疗机构、药品经营单位等社会保险服务机构以欺诈、伪造证明材料或者其他手段骗取社会保险基金支出的,由社会保险行政部门责令退回骗取的社会保险金,处骗取金额二倍以上五倍以下的罚款。对与社会保险经办机构签订服务协议的医疗机构、药品经营单位,由社会保险经办机构按照协议追究责任,情节严重的,可以解除与其签订的服务协议。对有执业资格的直接负责的主管人员和其他直接责任人员,由社会保险行政部门建议授予其执业资格的有关主管部门依法吊销其执业资格。

第二十六条 社会保险经办机构、社会保险费征收机构、社会保险基金投资运营机构、开设社会保险基金专户的机构和专户管理银行及其工作人员有下列违法情形的,由社会保险行政部门按照社会保险法第九十一条的规定查处:

(一)将应征和已征的社会保险基金,采取隐藏、非法放置等手段,未按规定征缴、入账的;

(二)违规将社会保险基金转入社会保险基金专户以外的账户的;

(三)侵吞社会保险基金的;

(四)将各项社会保险基金互相挤占或者其他社会保障基金挤占社会保险基金的;

(五)将社会保险基金用于平衡财政预算,兴建、改建办公场所和支付人员经费、运行费用、管理费用的;

(六)违反国家规定的投资运营政策的。

第七章 其 他

第二十七条 职工与所在用人单位发生社会保险争议的,可以依照《中华人民共和国劳动争议调解仲裁法》、《劳动人事争议仲裁办案规则》的规定,申请调解、仲裁,提起诉讼。

职工认为用人单位有未按时足额为其缴纳社会保险费等侵害其社会保险权益行为的,也可以要求社会保险行政部门或者社会保险费征收机构依法处理。社会保险行政部门或者社会保险费征收机构应当按照社会保险法和《劳动保障监察条例》等相关规定处理。在处理过程中,用人单位对双方的劳动关系提出异议的,社会保险行政部门应当依法查明相关事实后继续处理。

第二十八条 在社会保险经办机构征收社会保险费的地区,社会保险行政部门应当依法履行社会保险法第六十三条所规定的有关行政部门的职责。

第二十九条 2011年7月1日后对用人单位未按时足额缴纳社会保险费的处理,按照社会保险法和本规定执行;对2011年7月1日前发生的用人单位未按时足额缴纳社会保险费的行为,按照国家和地方人民政府的有关规定执行。

第三十条 本规定自2011年7月1日起施行。

社会保险费征缴暂行条例

(1999年1月22日国务院令第259号发布 根据2019年3月24日《国务院关于修改部分行政法规的决定》修订)

第一章 总 则

第一条 为了加强和规范社会保险费征缴工作,保障社会保险金的发放,制定本条例。

第二条 基本养老保险费、基本医疗保险费、失业保险费(以下统称社会保险费)的征收、缴纳,适用本条例。

本条例所称缴费单位、缴费个人,是指依照有关法律、行政法规和国务院的规定,应当缴纳社会保险费的单位和个人。

第三条 基本养老保险费的征缴范围:国有企业、城镇集体企业、外商投资企业、城镇私营企业和其他城镇企业及其职工,实行企业化管理的事业单位及其职工。

基本医疗保险费的征缴范围:国有企业、城镇集体企业、外商投资企业、城镇私营企业和其他城镇企业及其职工,国家机关及其工作人员,事业单位及其职工,民办非企业单位及其职工,社会团体及其专职人员。

失业保险费的征缴范围:国有企业、城镇集体企业、外商投资企业、城镇私营企业和其他城镇企业及其职工,事业单位及其职工。

省、自治区、直辖市人民政府根据当地实际情况,可以规定将城镇个体工商户纳入基本养老保险、基本医疗保险的范围,并可以规定将社会团体及其专职人员、民办非企业单位及其职工以及有雇工的城镇个体工商户及其雇工纳入失业保险的范围。

社会保险费的费基、费率依照有关法律、行政法规和国务院的规定执行。

第四条 缴费单位、缴费个人应当按时足额缴纳社会保险费。

征缴的社会保险费纳入社会保险基金,专款专用,任何单位和个人不得挪用。

第五条 国务院劳动保障行政部门负责全国的社会保险费征缴管理和监督检查工作。县级以上地方各级人民政府劳动保障行政部门负责本行政区域内的社会保险费征缴管理和监督检查工作。

第六条 社会保险费实行三项社会保险费集中、统一征收。社会保险费的征收机构由省、自治区、直辖市人民政府规定,可以由税务机关征收,也可以由劳动保障行政部门按照国务院规定设立的社会保险经办机构(以下简称社会保险经办机构)征收。

第二章 征缴管理

第七条 缴费单位必须向当地社会保险经办机构办理社会保险登记,参加社会保险。

登记事项包括：单位名称、住所、经营地点、单位类型、法定代表人或者负责人、开户银行账号以及国务院劳动保障行政部门规定的其他事项。

第八条 企业在办理登记注册时，同步办理社会保险登记。

前款规定以外的缴费单位应当自成立之日起30日内，向当地社会保险经办机构申请办理社会保险登记。

第九条 缴费单位的社会保险登记事项发生变更或者缴费单位依法终止的，应当自变更或者终止之日起30日内，到社会保险经办机构办理变更或者注销社会保险登记手续。

第十条 缴费单位必须按月向社会保险经办机构申报应缴纳的社会保险费数额，经社会保险经办机构核定后，在规定的期限内缴纳社会保险费。

缴费单位不按规定申报应缴纳的社会保险费数额的，由社会保险经办机构暂按该单位上月缴费数额的110%确定应缴数额；没有上月缴费数额的，由社会保险经办机构暂按该单位的经营状况、职工人数等有关情况确定应缴数额。缴费单位补办申报手续并按核定数额缴纳社会保险费后，由社会保险经办机构按照规定结算。

第十一条 省、自治区、直辖市人民政府规定由税务机关征收社会保险费的，社会保险经办机构应当及时向税务机关提供缴费单位社会保险登记、变更登记、注销登记以及缴费申报的情况。

第十二条 缴费单位和缴费个人应当以货币形式全额缴纳社会保险费。

缴费个人应当缴纳的社会保险费，由所在单位从其本人工资中代扣代缴。

社会保险费不得减免。

第十三条 缴费单位未按规定缴纳和代扣代缴社会保险费的，由劳动保障行政部门或者税务机关责令限期缴纳；逾期仍不缴纳的，除补缴欠缴数额外，从欠缴之日起，按日加收2‰的滞纳金。滞纳金并入社会保险基金。

第十四条 征收的社会保险费存入财政部门在国有商业银行开设的社会保障基金财政专户。

社会保险基金按照不同险种的统筹范围,分别建立基本养老保险基金、基本医疗保险基金、失业保险基金。各项社会保险基金分别单独核算。

社会保险基金不计征税、费。

第十五条 省、自治区、直辖市人民政府规定由税务机关征收社会保险费的,税务机关应当及时向社会保险经办机构提供缴费单位和缴费个人的缴费情况;社会保险经办机构应当将有关情况汇总,报劳动保障行政部门。

第十六条 社会保险经办机构应当建立缴费记录,其中基本养老保险、基本医疗保险并应当按照规定记录个人账户。社会保险经办机构负责保存缴费记录,并保证其完整、安全。社会保险经办机构应当至少每年向缴费个人发送一次基本养老保险、基本医疗保险个人账户通知单。

缴费单位、缴费个人有权按照规定查询缴费记录。

第三章 监督检查

第十七条 缴费单位应当每年向本单位职工公布本单位全年社会保险费缴纳情况,接受职工监督。

社会保险经办机构应当定期向社会公告社会保险费征收情况,接受社会监督。

第十八条 按照省、自治区、直辖市人民政府关于社会保险费征缴机构的规定,劳动保障行政部门或者税务机关依法对单位缴费情况进行检查时,被检查的单位应当提供与缴纳社会保险费有关的用人情况、工资表、财务报表等资料,如实反映情况,不得拒绝检查,不得谎报、瞒报。劳动保障行政部门或者税务机关可以记录、录音、录像、照相和复制有关资料;但是,应当为缴费单位保密。

劳动保障行政部门、税务机关的工作人员在行使前款所列职权时,应当出示执行公务证件。

第十九条 劳动保障行政部门或者税务机关调查社会保险费征缴违法案件时,有关部门、单位应当给予支持、协助。

第二十条 社会保险经办机构受劳动保障行政部门的委托,可以进行与社会保险费征缴有关的检查、调查工作。

第二十一条 任何组织和个人对有关社会保险费征缴的违法行为,有权举报。劳动保障行政部门或者税务机关对举报应当及时调查,按照规定处理,并为举报人保密。

第二十二条 社会保险基金实行收支两条线管理,由财政部门依法进行监督。

审计部门依法对社会保险基金的收支情况进行监督。

第四章 罚 则

第二十三条 缴费单位未按照规定办理社会保险登记、变更登记或者注销登记,或者未按照规定申报应缴纳的社会保险费数额的,由劳动保障行政部门责令限期改正;情节严重的,对直接负责的主管人员和其他直接责任人员可以处 1000 元以上 5000 元以下的罚款;情节特别严重的,对直接负责的主管人员和其他直接责任人员可以处 5000 元以上 10000 元以下的罚款。

第二十四条 缴费单位违反有关财务、会计、统计的法律、行政法规和国家有关规定,伪造、变造、故意毁灭有关账册、材料,或者不设账册,致使社会保险费缴费基数无法确定的,除依照有关法律、行政法规的规定给予行政处罚、纪律处分、刑事处罚外,依照本条例第十条的规定征缴;迟延缴纳的,由劳动保障行政部门或者税务机关依照第十三条的规定决定加收滞纳金,并对直接负责的主管人员和其他直接责任人员处 5000 元以上 20000 元以下的罚款。

第二十五条 缴费单位和缴费个人对劳动保障行政部门或者税务机关的处罚决定不服的,可以依法申请复议;对复议决定不服的,可以依法提起诉讼。

第二十六条 缴费单位逾期拒不缴纳社会保险费、滞纳金的,由劳动保障行政部门或者税务机关申请人民法院依法强制征缴。

第二十七条 劳动保障行政部门、社会保险经办机构或者税务机关的工作人员滥用职权、徇私舞弊、玩忽职守,致使社会保险费流失的,由劳动保障行政部门或者税务机关追回流失的社会保险费;构成犯罪的,依法追究刑事责任;尚不构成犯罪的,依法给予行政处分。

第二十八条　任何单位、个人挪用社会保险基金的,追回被挪用的社会保险基金;有违法所得的,没收违法所得,并入社会保险基金;构成犯罪的,依法追究刑事责任;尚不构成犯罪的,对直接负责的主管人员和其他直接责任人员依法给予行政处分。

第五章　附　　则

第二十九条　省、自治区、直辖市人民政府根据本地实际情况,可以决定本条例适用于本行政区域内工伤保险费和生育保险费的征收、缴纳。

第三十条　税务机关、社会保险经办机构征收社会保险费,不得从社会保险基金中提取任何费用,所需经费列入预算,由财政拨付。

第三十一条　本条例自发布之日起施行。

工伤保险条例

(2003年4月27日国务院令第375号公布　根据2010年12月20日《国务院关于修改〈工伤保险条例〉的决定》修订)

第一章　总　　则

第一条　为了保障因工作遭受事故伤害或者患职业病的职工获得医疗救治和经济补偿,促进工伤预防和职业康复,分散用人单位的工伤风险,制定本条例。

第二条　中华人民共和国境内的企业、事业单位、社会团体、民办非企业单位、基金会、律师事务所、会计师事务所等组织和有雇工的个体工商户(以下称用人单位)应当依照本条例规定参加工伤保险,为本单位全部职工或者雇工(以下称职工)缴纳工伤保险费。

中华人民共和国境内的企业、事业单位、社会团体、民办非企业单位、基金会、律师事务所、会计师事务所等组织的职工和个体工商户的雇工,均有依照本条例的规定享受工伤保险待遇的权利。

第三条 工伤保险费的征缴按照《社会保险费征缴暂行条例》关于基本养老保险费、基本医疗保险费、失业保险费的征缴规定执行。

第四条 用人单位应当将参加工伤保险的有关情况在本单位内公示。

用人单位和职工应当遵守有关安全生产和职业病防治的法律法规,执行安全卫生规程和标准,预防工伤事故发生,避免和减少职业病危害。

职工发生工伤时,用人单位应当采取措施使工伤职工得到及时救治。

第五条 国务院社会保险行政部门负责全国的工伤保险工作。

县级以上地方各级人民政府社会保险行政部门负责本行政区域内的工伤保险工作。

社会保险行政部门按照国务院有关规定设立的社会保险经办机构(以下称经办机构)具体承办工伤保险事务。

第六条 社会保险行政部门等部门制定工伤保险的政策、标准,应当征求工会组织、用人单位代表的意见。

第二章 工伤保险基金

第七条 工伤保险基金由用人单位缴纳的工伤保险费、工伤保险基金的利息和依法纳入工伤保险基金的其他资金构成。

第八条 工伤保险费根据以支定收、收支平衡的原则,确定费率。

国家根据不同行业的工伤风险程度确定行业的差别费率,并根据工伤保险费使用、工伤发生率等情况在每个行业内确定若干费率档次。行业差别费率及行业内费率档次由国务院社会保险行政部门制定,报国务院批准后公布施行。

统筹地区经办机构根据用人单位工伤保险费使用、工伤发生率等情况,适用所属行业内相应的费率档次确定单位缴费费率。

第九条 国务院社会保险行政部门应当定期了解全国各统筹地区工伤保险基金收支情况,及时提出调整行业差别费率及行业内费率档次的方案,报国务院批准后公布施行。

第十条 用人单位应当按时缴纳工伤保险费。职工个人不缴纳工伤保险费。

用人单位缴纳工伤保险费的数额为本单位职工工资总额乘以单位缴费费率之积。

对难以按照工资总额缴纳工伤保险费的行业,其缴纳工伤保险费的具体方式,由国务院社会保险行政部门规定。

第十一条 工伤保险基金逐步实行省级统筹。

跨地区、生产流动性较大的行业,可以采取相对集中的方式异地参加统筹地区的工伤保险。具体办法由国务院社会保险行政部门会同有关行业的主管部门制定。

第十二条 工伤保险基金存入社会保障基金财政专户,用于本条例规定的工伤保险待遇,劳动能力鉴定,工伤预防的宣传、培训等费用,以及法律、法规规定的用于工伤保险的其他费用的支付。

工伤预防费用的提取比例、使用和管理的具体办法,由国务院社会保险行政部门会同国务院财政、卫生行政、安全生产监督管理等部门规定。

任何单位或者个人不得将工伤保险基金用于投资运营、兴建或者改建办公场所、发放奖金,或者挪作其他用途。

第十三条 工伤保险基金应当留有一定比例的储备金,用于统筹地区重大事故的工伤保险待遇支付;储备金不足支付的,由统筹地区的人民政府垫付。储备金占基金总额的具体比例和储备金的使用办法,由省、自治区、直辖市人民政府规定。

第三章 工伤认定

第十四条 职工有下列情形之一的,应当认定为工伤:

(一)在工作时间和工作场所内,因工作原因受到事故伤害的;

(二)工作时间前后在工作场所内,从事与工作有关的预备性或者收尾性工作受到事故伤害的;

(三)在工作时间和工作场所内,因履行工作职责受到暴力等意外伤害的;

(四)患职业病的;

（五）因工外出期间，由于工作原因受到伤害或者发生事故下落不明的；

（六）在上下班途中，受到非本人主要责任的交通事故或者城市轨道交通、客运轮渡、火车事故伤害的；

（七）法律、行政法规规定应当认定为工伤的其他情形。

第十五条　职工有下列情形之一的，视同工伤：

（一）在工作时间和工作岗位，突发疾病死亡或者在 48 小时之内经抢救无效死亡的；

（二）在抢险救灾等维护国家利益、公共利益活动中受到伤害的；

（三）职工原在军队服役，因战、因公负伤致残，已取得革命伤残军人证，到用人单位后旧伤复发的。

职工有前款第（一）项、第（二）项情形的，按照本条例的有关规定享受工伤保险待遇；职工有前款第（三）项情形的，按照本条例的有关规定享受除一次性伤残补助金以外的工伤保险待遇。

第十六条　职工符合本条例第十四条、第十五条的规定，但是有下列情形之一的，不得认定为工伤或者视同工伤：

（一）故意犯罪的；

（二）醉酒或者吸毒的；

（三）自残或者自杀的。

第十七条　职工发生事故伤害或者按照职业病防治法规定被诊断、鉴定为职业病，所在单位应当自事故伤害发生之日或者被诊断、鉴定为职业病之日起 30 日内，向统筹地区社会保险行政部门提出工伤认定申请。遇有特殊情况，经报社会保险行政部门同意，申请时限可以适当延长。

用人单位未按前款规定提出工伤认定申请的，工伤职工或者其近亲属、工会组织在事故伤害发生之日或者被诊断、鉴定为职业病之日起 1 年内，可以直接向用人单位所在地统筹地区社会保险行政部门提出工伤认定申请。

按照本条第一款规定应当由省级社会保险行政部门进行工伤认定的事项，根据属地原则由用人单位所在地的设区的市级社会保险行政部门办理。

用人单位未在本条第一款规定的时限内提交工伤认定申请,在此期间发生符合本条例规定的工伤待遇等有关费用由该用人单位负担。

第十八条 提出工伤认定申请应当提交下列材料:

(一)工伤认定申请表;

(二)与用人单位存在劳动关系(包括事实劳动关系)的证明材料;

(三)医疗诊断证明或者职业病诊断证明书(或者职业病诊断鉴定书)。

工伤认定申请表应当包括事故发生的时间、地点、原因以及职工伤害程度等基本情况。

工伤认定申请人提供材料不完整的,社会保险行政部门应当一次性书面告知工伤认定申请人需要补正的全部材料。申请人按照书面告知要求补正材料后,社会保险行政部门应当受理。

第十九条 社会保险行政部门受理工伤认定申请后,根据审核需要可以对事故伤害进行调查核实,用人单位、职工、工会组织、医疗机构以及有关部门应当予以协助。职业病诊断和诊断争议的鉴定,依照职业病防治法的有关规定执行。对依法取得职业病诊断证明书或者职业病诊断鉴定书的,社会保险行政部门不再进行调查核实。

职工或者其近亲属认为是工伤,用人单位不认为是工伤的,由用人单位承担举证责任。

第二十条 社会保险行政部门应当自受理工伤认定申请之日起60日内作出工伤认定的决定,并书面通知申请工伤认定的职工或者其近亲属和该职工所在单位。

社会保险行政部门对受理的事实清楚、权利义务明确的工伤认定申请,应当在15日内作出工伤认定的决定。

作出工伤认定决定需要以司法机关或者有关行政主管部门的结论为依据的,在司法机关或者有关行政主管部门尚未作出结论期间,作出工伤认定决定的时限中止。

社会保险行政部门工作人员与工伤认定申请人有利害关系的,应当回避。

第四章　劳动能力鉴定

第二十一条　职工发生工伤，经治疗伤情相对稳定后存在残疾、影响劳动能力的，应当进行劳动能力鉴定。

第二十二条　劳动能力鉴定是指劳动功能障碍程度和生活自理障碍程度的等级鉴定。

劳动功能障碍分为十个伤残等级，最重的为一级，最轻的为十级。

生活自理障碍分为三个等级：生活完全不能自理、生活大部分不能自理和生活部分不能自理。

劳动能力鉴定标准由国务院社会保险行政部门会同国务院卫生行政部门等部门制定。

第二十三条　劳动能力鉴定由用人单位、工伤职工或者其近亲属向设区的市级劳动能力鉴定委员会提出申请，并提供工伤认定决定和职工工伤医疗的有关资料。

第二十四条　省、自治区、直辖市劳动能力鉴定委员会和设区的市级劳动能力鉴定委员会分别由省、自治区、直辖市和设区的市级社会保险行政部门、卫生行政部门、工会组织、经办机构代表以及用人单位代表组成。

劳动能力鉴定委员会建立医疗卫生专家库。列入专家库的医疗卫生专业技术人员应当具备下列条件：

（一）具有医疗卫生高级专业技术职务任职资格；

（二）掌握劳动能力鉴定的相关知识；

（三）具有良好的职业品德。

第二十五条　设区的市级劳动能力鉴定委员会收到劳动能力鉴定申请后，应当从其建立的医疗卫生专家库中随机抽取3名或者5名相关专家组成专家组，由专家组提出鉴定意见。设区的市级劳动能力鉴定委员会根据专家组的鉴定意见作出工伤职工劳动能力鉴定结论；必要时，可以委托具备资格的医疗机构协助进行有关的诊断。

设区的市级劳动能力鉴定委员会应当自收到劳动能力鉴定申请之日起60日内作出劳动能力鉴定结论，必要时，作出劳动能力鉴定结论的期限可以延长30日。劳动能力鉴定结论应当及时送达申请鉴定的单位和个人。

第二十六条　申请鉴定的单位或者个人对设区的市级劳动能力鉴定委员会作出的鉴定结论不服的,可以在收到该鉴定结论之日起15日内向省、自治区、直辖市劳动能力鉴定委员会提出再次鉴定申请。省、自治区、直辖市劳动能力鉴定委员会作出的劳动能力鉴定结论为最终结论。

第二十七条　劳动能力鉴定工作应当客观、公正。劳动能力鉴定委员会组成人员或者参加鉴定的专家与当事人有利害关系的,应当回避。

第二十八条　自劳动能力鉴定结论作出之日起1年后,工伤职工或者其近亲属、所在单位或者经办机构认为伤残情况发生变化的,可以申请劳动能力复查鉴定。

第二十九条　劳动能力鉴定委员会依照本条例第二十六条和第二十八条的规定进行再次鉴定和复查鉴定的期限,依照本条例第二十五条第二款的规定执行。

第五章　工伤保险待遇

第三十条　职工因工作遭受事故伤害或者患职业病进行治疗,享受工伤医疗待遇。

职工治疗工伤应当在签订服务协议的医疗机构就医,情况紧急时可以先到就近的医疗机构急救。

治疗工伤所需费用符合工伤保险诊疗项目目录、工伤保险药品目录、工伤保险住院服务标准的,从工伤保险基金支付。工伤保险诊疗项目目录、工伤保险药品目录、工伤保险住院服务标准,由国务院社会保险行政部门会同国务院卫生行政部门、食品药品监督管理部门等部门规定。

职工住院治疗工伤的伙食补助费,以及经医疗机构出具证明,报经办机构同意,工伤职工到统筹地区以外就医所需的交通、食宿费用从工伤保险基金支付,基金支付的具体标准由统筹地区人民政府规定。

工伤职工治疗非工伤引发的疾病,不享受工伤医疗待遇,按照基本医疗保险办法处理。

工伤职工到签订服务协议的医疗机构进行工伤康复的费用,符合规定的,从工伤保险基金支付。

第三十一条　社会保险行政部门作出认定为工伤的决定后发生行政复议、行政诉讼的,行政复议和行政诉讼期间不停止支付工伤职工治疗工伤的医疗费用。

第三十二条　工伤职工因日常生活或者就业需要,经劳动能力鉴定委员会确认,可以安装假肢、矫形器、假眼、假牙和配置轮椅等辅助器具,所需费用按照国家规定的标准从工伤保险基金支付。

第三十三条　职工因工作遭受事故伤害或者患职业病需要暂停工作接受工伤医疗的,在停工留薪期内,原工资福利待遇不变,由所在单位按月支付。

停工留薪期一般不超过12个月。伤情严重或者情况特殊,经设区的市级劳动能力鉴定委员会确认,可以适当延长,但延长不得超过12个月。工伤职工评定伤残等级后,停发原待遇,按照本章的有关规定享受伤残待遇。工伤职工在停工留薪期满后仍需治疗的,继续享受工伤医疗待遇。

生活不能自理的工伤职工在停工留薪期需要护理的,由所在单位负责。

第三十四条　工伤职工已经评定伤残等级并经劳动能力鉴定委员会确认需要生活护理的,从工伤保险基金按月支付生活护理费。

生活护理费按照生活完全不能自理、生活大部分不能自理或者生活部分不能自理3个不同等级支付,其标准分别为统筹地区上年度职工月平均工资的50%、40%或者30%。

第三十五条　职工因工致残被鉴定为一级至四级伤残的,保留劳动关系,退出工作岗位,享受以下待遇:

(一)从工伤保险基金按伤残等级支付一次性伤残补助金,标准为:一级伤残为27个月的本人工资,二级伤残为25个月的本人工资,三级伤残为23个月的本人工资,四级伤残为21个月的本人工资;

(二)从工伤保险基金按月支付伤残津贴,标准为:一级伤残为本人工资的90%,二级伤残为本人工资的85%,三级伤残为本人工资的80%,四级伤残为本人工资的75%。伤残津贴实际金额低于当地最低工资标准的,由工伤保险基金补足差额;

（三）工伤职工达到退休年龄并办理退休手续后，停发伤残津贴，按照国家有关规定享受基本养老保险待遇。基本养老保险待遇低于伤残津贴的，由工伤保险基金补足差额。

职工因工致残被鉴定为一级至四级伤残的，由用人单位和职工个人以伤残津贴为基数，缴纳基本医疗保险费。

第三十六条　职工因工致残被鉴定为五级、六级伤残的，享受以下待遇：

（一）从工伤保险基金按伤残等级支付一次性伤残补助金，标准为：五级伤残为18个月的本人工资，六级伤残为16个月的本人工资；

（二）保留与用人单位的劳动关系，由用人单位安排适当工作。难以安排工作的，由用人单位按月发给伤残津贴，标准为：五级伤残为本人工资的70%，六级伤残为本人工资的60%，并由用人单位按照规定为其缴纳应缴纳的各项社会保险费。伤残津贴实际金额低于当地最低工资标准的，由用人单位补足差额。

经工伤职工本人提出，该职工可以与用人单位解除或者终止劳动关系，由工伤保险基金支付一次性工伤医疗补助金，由用人单位支付一次性伤残就业补助金。一次性工伤医疗补助金和一次性伤残就业补助金的具体标准由省、自治区、直辖市人民政府规定。

第三十七条　职工因工致残被鉴定为七级至十级伤残的，享受以下待遇：

（一）从工伤保险基金按伤残等级支付一次性伤残补助金，标准为：七级伤残为13个月的本人工资，八级伤残为11个月的本人工资，九级伤残为9个月的本人工资，十级伤残为7个月的本人工资；

（二）劳动、聘用合同期满终止，或者职工本人提出解除劳动、聘用合同的，由工伤保险基金支付一次性工伤医疗补助金，由用人单位支付一次性伤残就业补助金。一次性工伤医疗补助金和一次性伤残就业补助金的具体标准由省、自治区、直辖市人民政府规定。

第三十八条　工伤职工工伤复发，确认需要治疗的，享受本条例第三十条、第三十二条和第三十三条规定的工伤待遇。

第三十九条　职工因工死亡，其近亲属按照下列规定从工伤保险基金领取丧葬补助金、供养亲属抚恤金和一次性工亡补助金：

（一）丧葬补助金为6个月的统筹地区上年度职工月平均工资；

（二）供养亲属抚恤金按照职工本人工资的一定比例发给由因工死亡职工生前提供主要生活来源、无劳动能力的亲属。标准为：配偶每月40%，其他亲属每人每月30%，孤寡老人或者孤儿每人每月在上述标准的基础上增加10%。核定的各供养亲属的抚恤金之和不应高于因工死亡职工生前的工资。供养亲属的具体范围由国务院社会保险行政部门规定；

（三）一次性工亡补助金标准为上一年度全国城镇居民人均可支配收入的20倍。

伤残职工在停工留薪期内因工伤导致死亡的，其近亲属享受本条第一款规定的待遇。

一级至四级伤残职工在停工留薪期满后死亡的，其近亲属可以享受本条第一款第（一）项、第（二）项规定的待遇。

第四十条 伤残津贴、供养亲属抚恤金、生活护理费由统筹地区社会保险行政部门根据职工平均工资和生活费用变化等情况适时调整。调整办法由省、自治区、直辖市人民政府规定。

第四十一条 职工因工外出期间发生事故或者在抢险救灾中下落不明的，从事故发生当月起3个月内照发工资，从第4个月起停发工资，由工伤保险基金向其供养亲属按月支付供养亲属抚恤金。生活有困难的，可以预支一次性工亡补助金的50%。职工被人民法院宣告死亡的，按照本条例第三十九条职工因工死亡的规定处理。

第四十二条 工伤职工有下列情形之一的，停止享受工伤保险待遇：

（一）丧失享受待遇条件的；

（二）拒不接受劳动能力鉴定的；

（三）拒绝治疗的。

第四十三条 用人单位分立、合并、转让的，承继单位应当承担原用人单位的工伤保险责任；原用人单位已经参加工伤保险的，承继单位应当到当地经办机构办理工伤保险变更登记。

用人单位实行承包经营的，工伤保险责任由职工劳动关系所在单位承担。

职工被借调期间受到工伤事故伤害的，由原用人单位承担工伤保险责任,但原用人单位与借调单位可以约定补偿办法。

企业破产的,在破产清算时依法拨付应当由单位支付的工伤保险待遇费用。

第四十四条 职工被派遣出境工作,依据前往国家或者地区的法律应当参加当地工伤保险的,参加当地工伤保险,其国内工伤保险关系中止;不能参加当地工伤保险的,其国内工伤保险关系不中止。

第四十五条 职工再次发生工伤,根据规定应当享受伤残津贴的,按照新认定的伤残等级享受伤残津贴待遇。

第六章　监　督　管　理

第四十六条 经办机构具体承办工伤保险事务,履行下列职责:

(一)根据省、自治区、直辖市人民政府规定,征收工伤保险费;

(二)核查用人单位的工资总额和职工人数,办理工伤保险登记,并负责保存用人单位缴费和职工享受工伤保险待遇情况的记录;

(三)进行工伤保险的调查、统计;

(四)按照规定管理工伤保险基金的支出;

(五)按照规定核定工伤保险待遇;

(六)为工伤职工或者其近亲属免费提供咨询服务。

第四十七条 经办机构与医疗机构、辅助器具配置机构在平等协商的基础上签订服务协议,并公布签订服务协议的医疗机构、辅助器具配置机构的名单。具体办法由国务院社会保险行政部门分别会同国务院卫生行政部门、民政部门等部门制定。

第四十八条 经办机构按照协议和国家有关目录、标准对工伤职工医疗费用、康复费用、辅助器具费用的使用情况进行核查,并按时足额结算费用。

第四十九条 经办机构应当定期公布工伤保险基金的收支情况,及时向社会保险行政部门提出调整费率的建议。

第五十条 社会保险行政部门、经办机构应当定期听取工伤职工、医疗机构、辅助器具配置机构以及社会各界对改进工伤保险工作的意见。

第五十一条 社会保险行政部门依法对工伤保险费的征缴和工

伤保险基金的支付情况进行监督检查。

财政部门和审计机关依法对工伤保险基金的收支、管理情况进行监督。

第五十二条 任何组织和个人对有关工伤保险的违法行为，有权举报。社会保险行政部门对举报应当及时调查，按照规定处理，并为举报人保密。

第五十三条 工会组织依法维护工伤职工的合法权益，对用人单位的工伤保险工作实行监督。

第五十四条 职工与用人单位发生工伤待遇方面的争议，按照处理劳动争议的有关规定处理。

第五十五条 有下列情形之一的，有关单位或者个人可以依法申请行政复议，也可以依法向人民法院提起行政诉讼：

（一）申请工伤认定的职工或者其近亲属、该职工所在单位对工伤认定申请不予受理的决定不服的；

（二）申请工伤认定的职工或者其近亲属、该职工所在单位对工伤认定结论不服的；

（三）用人单位对经办机构确定的单位缴费费率不服的；

（四）签订服务协议的医疗机构、辅助器具配置机构认为经办机构未履行有关协议或者规定的；

（五）工伤职工或者其近亲属对经办机构核定的工伤保险待遇有异议的。

第七章 法 律 责 任

第五十六条 单位或者个人违反本条例第十二条规定挪用工伤保险基金，构成犯罪的，依法追究刑事责任；尚不构成犯罪的，依法给予处分或者纪律处分。被挪用的基金由社会保险行政部门追回，并入工伤保险基金；没收的违法所得依法上缴国库。

第五十七条 社会保险行政部门工作人员有下列情形之一的，依法给予处分；情节严重，构成犯罪的，依法追究刑事责任：

（一）无正当理由不受理工伤认定申请，或者弄虚作假将不符合工伤条件的人员认定为工伤职工的；

（二）未妥善保管申请工伤认定的证据材料,致使有关证据灭失的;

（三）收受当事人财物的。

第五十八条 经办机构有下列行为之一的,由社会保险行政部门责令改正,对直接负责的主管人员和其他责任人员依法给予纪律处分;情节严重,构成犯罪的,依法追究刑事责任;造成当事人经济损失的,由经办机构依法承担赔偿责任:

（一）未按规定保存用人单位缴费和职工享受工伤保险待遇情况记录的;

（二）不按规定核定工伤保险待遇的;

（三）收受当事人财物的。

第五十九条 医疗机构、辅助器具配置机构不按服务协议提供服务的,经办机构可以解除服务协议。

经办机构不按时足额结算费用的,由社会保险行政部门责令改正;医疗机构、辅助器具配置机构可以解除服务协议。

第六十条 用人单位、工伤职工或者其近亲属骗取工伤保险待遇,医疗机构、辅助器具配置机构骗取工伤保险基金支出的,由社会保险行政部门责令退还,处骗取金额2倍以上5倍以下的罚款;情节严重,构成犯罪的,依法追究刑事责任。

第六十一条 从事劳动能力鉴定的组织或者个人有下列情形之一的,由社会保险行政部门责令改正,处2000元以上1万元以下的罚款;情节严重,构成犯罪的,依法追究刑事责任:

（一）提供虚假鉴定意见的;

（二）提供虚假诊断证明的;

（三）收受当事人财物的。

第六十二条 用人单位依照本条例规定应当参加工伤保险而未参加的,由社会保险行政部门责令限期参加,补缴应当缴纳的工伤保险费,并自欠缴之日起,按日加收万分之五的滞纳金;逾期仍不缴纳的,处欠缴数额1倍以上3倍以下的罚款。

依照本条例规定应当参加工伤保险而未参加工伤保险的用人单位职工发生工伤的,由该用人单位按照本条例规定的工伤保险待遇项目和标准支付费用。

用人单位参加工伤保险并补缴应当缴纳的工伤保险费、滞纳金后，由工伤保险基金和用人单位依照本条例的规定支付新发生的费用。

第六十三条　用人单位违反本条例第十九条的规定，拒不协助社会保险行政部门对事故进行调查核实的，由社会保险行政部门责令改正，处2000元以上2万元以下的罚款。

第八章　附　　则

第六十四条　本条例所称工资总额，是指用人单位直接支付给本单位全部职工的劳动报酬总额。

本条例所称本人工资，是指工伤职工因工作遭受事故伤害或者患职业病前12个月平均月缴费工资。本人工资高于统筹地区职工平均工资300%的，按照统筹地区职工平均工资的300%计算；本人工资低于统筹地区职工平均工资60%的，按照统筹地区职工平均工资的60%计算。

第六十五条　公务员和参照公务员法管理的事业单位、社会团体的工作人员因工作遭受事故伤害或者患职业病的，由所在单位支付费用。具体办法由国务院社会保险行政部门会同国务院财政部门规定。

第六十六条　无营业执照或者未经依法登记、备案的单位以及被依法吊销营业执照或者撤销登记、备案的单位的职工受到事故伤害或者患职业病的，由该单位向伤残职工或者死亡职工的近亲属给予一次性赔偿，赔偿标准不得低于本条例规定的工伤保险待遇；用人单位不得使用童工，用人单位使用童工造成童工伤残、死亡的，由该单位向童工或者童工的近亲属给予一次性赔偿，赔偿标准不得低于本条例规定的工伤保险待遇。具体办法由国务院社会保险行政部门规定。

前款规定的伤残职工或者死亡职工的近亲属就赔偿数额与单位发生争议的，以及前款规定的童工或者童工的近亲属就赔偿数额与单位发生争议的，按照处理劳动争议的有关规定处理。

第六十七条　本条例自2004年1月1日起施行。本条例施行前已受到事故伤害或者患职业病的职工尚未完成工伤认定的，按照本条例的规定执行。

人力资源和社会保障部关于执行《工伤保险条例》若干问题的意见

(2013年4月25日 人社部发〔2013〕34号)

各省、自治区、直辖市及新疆生产建设兵团人力资源社会保障厅（局）：

《国务院关于修改〈工伤保险条例〉的决定》（国务院令第586号）已经于2011年1月1日实施。为贯彻执行新修订的《工伤保险条例》，妥善解决实际工作中的问题，更好地保障职工和用人单位的合法权益，现提出如下意见。

一、《工伤保险条例》（以下简称《条例》）第十四条第（五）项规定的"因工外出期间"的认定，应当考虑职工外出是否属于用人单位指派的因工作外出，遭受的事故伤害是否因工作原因所致。

二、《条例》第十四条第（六）项规定的"非本人主要责任"的认定，应当以有关机关出具的法律文书或者人民法院的生效裁决为依据。

三、《条例》第十六条第（一）项"故意犯罪"的认定，应当以司法机关的生效法律文书或者结论性意见为依据。

四、《条例》第十六条第（二）项"醉酒或者吸毒"的认定，应当以有关机关出具的法律文书或者人民法院的生效裁决为依据。无法获得上述证据的，可以结合相关证据认定。

五、社会保险行政部门受理工伤认定申请后，发现劳动关系存在争议且无法确认的，应告知当事人可以向劳动人事争议仲裁委员会申请仲裁。在此期间，作出工伤认定决定的时限中止，并书面通知申请工伤认定的当事人。劳动关系依法确认后，当事人应将有关法律文书送交受理工伤认定申请的社会保险行政部门，该部门自收到生效法律文书之日起恢复工伤认定程序。

六、符合《条例》第十五条第（一）项情形的，职工所在用人单位原则上应自职工死亡之日起5个工作日内向用人单位所在统筹地区社会保险行政部门报告。

七、具备用工主体资格的承包单位违反法律、法规规定,将承包业务转包、分包给不具备用工主体资格的组织或者自然人,该组织或者自然人招用的劳动者从事承包业务时因工伤亡的,由该具备用工主体资格的承包单位承担用人单位依法应承担的工伤保险责任。

八、曾经从事接触职业病危害作业、当时没有发现罹患职业病、离开工作岗位后被诊断或鉴定为职业病的符合下列条件的人员,可以自诊断、鉴定为职业病之日起一年内申请工伤认定,社会保险行政部门应当受理:

(一)办理退休手续后,未再从事接触职业病危害作业的退休人员;

(二)劳动或聘用合同期满后或者本人提出而解除劳动或聘用合同后,未再从事接触职业病危害作业的人员。

经工伤认定和劳动能力鉴定,前款第(一)项人员符合领取一次性伤残补助金条件的,按就高原则以本人退休前12个月平均月缴费工资或者确诊职业病前12个月的月平均养老金为基数计发。前款第(二)项人员被鉴定为一级至十级伤残、按《条例》规定应以本人工资作为基数享受相关待遇的,按本人终止或者解除劳动、聘用合同前12个月平均月缴费工资计发。

九、按照本意见第八条规定被认定为工伤的职业病人员,职业病诊断证明书(或职业病诊断鉴定书)中明确的用人单位,在该职工从业期间依法为其缴纳工伤保险费的,按《条例》的规定,分别由工伤保险基金和用人单位支付工伤保险待遇;未依法为该职工缴纳工伤保险费的,由用人单位按照《条例》规定的相关项目和标准支付待遇。

十、职工在同一用人单位连续工作期间多次发生工伤的,符合《条例》第三十六、第三十七条规定领取相关待遇时,按照其在同一用人单位发生工伤的最高伤残级别,计发一次性伤残就业补助金和一次性工伤医疗补助金。

十一、依据《条例》第四十二条的规定停止支付工伤保险待遇的,在停止支付待遇的情形消失后,自下月起恢复工伤保险待遇,停止支付的工伤保险待遇不予补发。

十二、《条例》第六十二条第三款规定的"新发生的费用",是指用人单位职工参加工伤保险前发生工伤的,在参加工伤保险后新发生的费用。

十三、由工伤保险基金支付的各项待遇应按《条例》相关规定支付,不得采取将长期待遇改为一次性支付的办法。

十四、核定工伤职工工伤保险待遇时,若上一年度相关数据尚未公布,可暂按前一年度的全国城镇居民人均可支配收入、统筹地区职工月平均工资核定和计发,待相关数据公布后再重新核定,社会保险经办机构或者用人单位予以补发差额部分。

本意见自发文之日起执行,此前有关规定与本意见不一致的,按本意见执行。执行中有重大问题,请及时报告我部。

人力资源社会保障部关于执行《工伤保险条例》若干问题的意见(二)

(2016年3月28日 人社部发〔2016〕29号)

各省、自治区、直辖市及新疆生产建设兵团人力资源社会保障厅(局):

为更好地贯彻执行新修订的《工伤保险条例》,提高依法行政能力和水平,妥善解决实际工作中的问题,保障职工和用人单位合法权益,现提出如下意见:

一、一级至四级工伤职工死亡,其近亲属同时符合领取工伤保险丧葬补助金、供养亲属抚恤金待遇和职工基本养老保险丧葬补助金、抚恤金待遇条件的,由其近亲属选择领取工伤保险或职工基本养老保险其中一种。

二、达到或超过法定退休年龄,但未办理退休手续或者未依法享受城镇职工基本养老保险待遇,继续在原用人单位工作期间受到事故伤害或患职业病的,用人单位依法承担工伤保险责任。

用人单位招用已经达到、超过法定退休年龄或已经领取城镇职工基本养老保险待遇的人员,在用工期间因工作原因受到事故伤害或患职业病的,如招用单位已按项目参保等方式为其缴纳工伤保险费的,应适用《工伤保险条例》。

三、《工伤保险条例》第六十二条规定的"新发生的费用",是指用人单位参加工伤保险前发生工伤的职工,在参加工伤保险后新发生的费用。其中由工伤保险基金支付的费用,按不同情况予以处理:

(一)因工受伤的,支付参保后新发生的工伤医疗费、工伤康复费、住院伙食补助费、统筹地区以外就医交通食宿费、辅助器具配置费、生活护理费、一级至四级伤残职工伤残津贴,以及参保后解除劳动合同时的一次性工伤医疗补助金;

(二)因工死亡的,支付参保后新发生的符合条件的供养亲属抚恤金。

四、职工在参加用人单位组织或者受用人单位指派参加其他单位组织的活动中受到事故伤害的,应当视为工作原因,但参加与工作无关的活动除外。

五、职工因工作原因驻外,有固定的住所、有明确的作息时间,工伤认定时按照在驻在地当地正常工作的情形处理。

六、职工以上下班为目的、在合理时间内往返于工作单位和居住地之间的合理路线,视为上下班途中。

七、用人单位注册地与生产经营地不在同一统筹地区的,原则上应在注册地为职工参加工伤保险;未在注册地参加工伤保险的职工,可由用人单位在生产经营地为其参加工伤保险。

劳务派遣单位跨地区派遣劳动者,应根据《劳务派遣暂行规定》参加工伤保险。建筑施工企业按项目参保的,应在施工项目所在地参加工伤保险。

职工受到事故伤害或者患职业病后,在参保地进行工伤认定、劳动能力鉴定,并按照参保地的规定依法享受工伤保险待遇;未参加工伤保险的职工,应当在生产经营地进行工伤认定、劳动能力鉴定,并按照生产经营地的规定依法由用人单位支付工伤保险待遇。

八、有下列情形之一的,被延误的时间不计算在工伤认定申请时限内。

（一）受不可抗力影响的；

（二）职工由于被国家机关依法采取强制措施等人身自由受到限制不能申请工伤认定的；

（三）申请人正式提交了工伤认定申请，但因社会保险机构未登记或者材料遗失等原因造成申请超时限的；

（四）当事人就确认劳动关系申请劳动仲裁或提起民事诉讼的；

（五）其他符合法律法规规定的情形。

九、《工伤保险条例》第六十七条规定的"尚未完成工伤认定的"，是指在《工伤保险条例》施行前遭受事故伤害或被诊断鉴定为职业病，且在工伤认定申请法定时限内（从《工伤保险条例》施行之日起算）提出工伤认定申请，尚未做出工伤认定的情形。

十、因工伤认定申请人或者用人单位隐瞒有关情况或者提供虚假材料，导致工伤认定决定错误的，社会保险行政部门发现后，应当及时予以更正。

本意见自发文之日起执行，此前有关规定与本意见不一致的，按本意见执行。执行中有重大问题，请及时报告我部。

最高人民法院行政审判庭关于《工伤保险条例》第六十四条理解和适用问题请示的答复

（2009年6月10日 〔2009〕行他字第5号）

江西省高级人民法院：

你院《关于国务院〈工伤保险条例〉第六十四条的理解和适用问题的请示》收悉。经研究，答复如下：

原则同意你院第一种意见。即，企业职工因工伤害发生在《企业职工工伤保险试行办法》施行之前，当时有关单位已按照有关政策作出处理的，不属于《工伤保险条例》第六十四条规定的"尚未完成工伤认定的情形"。

此复。

附：

江西省高级人民法院关于国务院《工伤保险条例》第六十四条的理解和适用问题的请示

（2009年2月25日 〔2008〕赣行终字第20号）

最高人民法院：

我院在审理赣州市崔荣伟劳动行政复议上诉一案中，对国务院《工伤保险条例》第六十四条规定的理解和适用问题，有两种不同意见：一种意见认为，崔荣伟追补工伤认定不符合《工伤保险条例》第六十四条的规定，崔荣伟已按当时的政策作了妥善处理，不属于本条例规定的"尚未完成工伤认定的情形"，如再按现行法律法规重新处理，有违法律不溯及既往的原则。且劳动部1996年10月1日已颁布实施《企业职工工伤保险试行办法》，按办法规定，崔荣伟已超过工伤认定申请期限。第二种意见认为，崔荣伟申请追补工伤认定符合《工伤保险条例》第六十四条的规定，崔荣伟虽然按当时的政策规定享受了工伤职工待遇，但只要未经劳动行政部门备案或作出决定的，应认定为尚未完成工伤认定的情形。且《工伤保险条例》对实施前受到事故伤害的职工未明确限定，其是否超过工伤认定申请期限，应以《工伤保险条例》为依据。经本院审判委员会讨论，倾向第一种意见。当否，请批复。

工伤认定办法

(2010年12月31日人力资源和社会保障部令第8号公布
自2011年1月1日起施行)

第一条 为规范工伤认定程序,依法进行工伤认定,维护当事人的合法权益,根据《工伤保险条例》的有关规定,制定本办法。

第二条 社会保险行政部门进行工伤认定按照本办法执行。

第三条 工伤认定应当客观公正、简捷方便,认定程序应当向社会公开。

第四条 职工发生事故伤害或者按照职业病防治法规定被诊断、鉴定为职业病,所在单位应当自事故伤害发生之日或者被诊断、鉴定为职业病之日起30日内,向统筹地区社会保险行政部门提出工伤认定申请。遇有特殊情况,经报社会保险行政部门同意,申请时限可以适当延长。

按照前款规定应当向省级社会保险行政部门提出工伤认定申请的,根据属地原则应当向用人单位所在地设区的市级社会保险行政部门提出。

第五条 用人单位未在规定的时限内提出工伤认定申请的,受伤害职工或者其近亲属、工会组织在事故伤害发生之日或者被诊断、鉴定为职业病之日起1年内,可以直接按照本办法第四条规定提出工伤认定申请。

第六条 提出工伤认定申请应当填写《工伤认定申请表》,并提交下列材料:

(一)劳动、聘用合同文本复印件或者与用人单位存在劳动关系(包括事实劳动关系)、人事关系的其他证明材料;

(二)医疗机构出具的受伤后诊断证明书或者职业病诊断证明书(或者职业病诊断鉴定书)。

第七条 工伤认定申请人提交的申请材料符合要求,属于社会保险行政部门管辖范围且在受理时限内的,社会保险行政部门应当受理。

第八条 社会保险行政部门收到工伤认定申请后,应当在15日内对申请人提交的材料进行审核,材料完整的,作出受理或者不予受理的决定;材料不完整的,应当以书面形式一次性告知申请人需要补正的全部材料。社会保险行政部门收到申请人提交的全部补正材料后,应当在15日内作出受理或者不予受理的决定。

社会保险行政部门决定受理的,应当出具《工伤认定申请受理决定书》;决定不予受理的,应当出具《工伤认定申请不予受理决定书》。

第九条 社会保险行政部门受理工伤认定申请后,可以根据需要对申请人提供的证据进行调查核实。

第十条 社会保险行政部门进行调查核实,应当由两名以上工作人员共同进行,并出示执行公务的证件。

第十一条 社会保险行政部门工作人员在工伤认定中,可以进行以下调查核实工作:

(一)根据工作需要,进入有关单位和事故现场;

(二)依法查阅与工伤认定有关的资料,询问有关人员并作出调查笔录;

(三)记录、录音、录像和复制与工伤认定有关的资料。

调查核实工作的证据收集参照行政诉讼证据收集的有关规定执行。

第十二条 社会保险行政部门工作人员进行调查核实时,有关单位和个人应当予以协助。用人单位、工会组织、医疗机构以及有关部门应当负责安排相关人员配合工作,据实提供情况和证明材料。

第十三条 社会保险行政部门在进行工伤认定时,对申请人提供的符合国家有关规定的职业病诊断证明书或者职业病诊断鉴定书,不再进行调查核实。职业病诊断证明书或者职业病诊断鉴定书不符合国家规定的要求和格式的,社会保险行政部门可以要求出具证据部门重新提供。

第十四条 社会保险行政部门受理工伤认定申请后,可以根据工作需要,委托其他统筹地区的社会保险行政部门或者相关部门进行调查核实。

第十五条　社会保险行政部门工作人员进行调查核实时,应当履行下列义务:

(一)保守有关单位商业秘密以及个人隐私;

(二)为提供情况的有关人员保密。

第十六条　社会保险行政部门工作人员与工伤认定申请人有利害关系的,应当回避。

第十七条　职工或者其近亲属认为是工伤,用人单位不认为是工伤的,由该用人单位承担举证责任。用人单位拒不举证的,社会保险行政部门可以根据受伤害职工提供的证据或者调查取得的证据,依法作出工伤认定决定。

第十八条　社会保险行政部门应当自受理工伤认定申请之日起60日内作出工伤认定决定,出具《认定工伤决定书》或者《不予认定工伤决定书》。

第十九条　《认定工伤决定书》应当载明下列事项:

(一)用人单位全称;

(二)职工的姓名、性别、年龄、职业、身份证号码;

(三)受伤害部位、事故时间和诊断时间或职业病名称、受伤害经过和核实情况、医疗救治的基本情况和诊断结论;

(四)认定工伤或者视同工伤的依据;

(五)不服认定决定申请行政复议或者提起行政诉讼的部门和时限;

(六)作出认定工伤或者视同工伤决定的时间。

《不予认定工伤决定书》应当载明下列事项:

(一)用人单位全称;

(二)职工的姓名、性别、年龄、职业、身份证号码;

(三)不予认定工伤或者不视同工伤的依据;

(四)不服认定决定申请行政复议或者提起行政诉讼的部门和时限;

(五)作出不予认定工伤或者不视同工伤决定的时间。

《认定工伤决定书》和《不予认定工伤决定书》应当加盖社会保险行政部门工伤认定专用印章。

第二十条　社会保险行政部门受理工伤认定申请后，作出工伤认定决定需要以司法机关或者有关行政主管部门的结论为依据的，在司法机关或者有关行政主管部门尚未作出结论期间，作出工伤认定决定的时限中止，并书面通知申请人。

第二十一条　社会保险行政部门对于事实清楚、权利义务明确的工伤认定申请，应当自受理工伤认定申请之日起15日内作出工伤认定决定。

第二十二条　社会保险行政部门应当自工伤认定决定作出之日起20日内，将《认定工伤决定书》或者《不予认定工伤决定书》送达受伤害职工（或者其近亲属）和用人单位，并抄送社会保险经办机构。

《认定工伤决定书》和《不予认定工伤决定书》的送达参照民事法律有关送达的规定执行。

第二十三条　职工或者其近亲属、用人单位对不予受理决定不服或者对工伤认定决定不服的，可以依法申请行政复议或者提起行政诉讼。

第二十四条　工伤认定结束后，社会保险行政部门应当将工伤认定的有关资料保存50年。

第二十五条　用人单位拒不协助社会保险行政部门对事故伤害进行调查核实的，由社会保险行政部门责令改正，处2000元以上2万元以下的罚款。

第二十六条　本办法中的《工伤认定申请表》、《工伤认定申请受理决定书》、《工伤认定申请不予受理决定书》、《认定工伤决定书》、《不予认定工伤决定书》的样式由国务院社会保险行政部门统一制定。

第二十七条　本办法自2011年1月1日起施行。劳动和社会保障部2003年9月23日颁布的《工伤认定办法》同时废止。

编号：

工伤认定申请表

申请人：
受伤害职工：
申请人与受伤害职工关系：
填表日期：　　　年　　月　　日

职工姓名		性别		出生日期	年　　月　　日	
身份证号码				联系电话		
家庭地址				邮政编码		
工作单位				联系电话		
单位地址				邮政编码		
职业、工种或工作岗位				参加工作时间		
事故时间、地点及主要原因				诊断时间		
受伤害部位				职业病名称		
接触职业病危害岗位				接触职业病危害时间		
受伤害经过简述（可附页）						

续表

申请事项：	
	申请人签字： 　　年　　月　　日
用人单位意见：	
	经办人签字： 　　　（公章） 　　年　　月　　日
社会保险行政部门审查资料和受理意见	经办人签字： 　　年　　月　　日
	负责人签字： 　　　（公章） 　　年　　月　　日
备注：	

填表说明：

1. 用钢笔或签字笔填写，字体工整清楚。

2. 申请人为用人单位的，在首页申请人处加盖单位公章。

3. 受伤害部位一栏填写受伤害的具体部位。

4. 诊断时间一栏，职业病者，按职业病确诊时间填写；受伤或死亡的，按初诊时间填写。

5. 受伤害经过简述，应写明事故发生的时间、地点，当时所从事的工作，受伤害的原因以及伤害部位和程度。职业病患者应写明在何单位从事何种有害作业,起止时间,确诊结果。

6. 申请人提出工伤认定申请时,应当提交受伤害职工的居民身份证;医疗机构出具的职工受伤害时初诊诊断证明书,或者依法承担职业病诊断的医疗机构出具的职业病诊断证明书(或者职业病诊断鉴定书);职工受伤害或者诊断患职业病时与用人单位之间的劳动、聘用合同或者其他存在劳动、人事关系的证明。

有下列情形之一的,还应当分别提交相应证据:

(一)职工死亡的,提交死亡证明;

(二)在工作时间和工作场所内,因履行工作职责受到暴力等意外伤害的,提交公安部门的证明或者其他相关证明;

(三)因工外出期间,由于工作原因受到伤害或者发生事故下落不明的,提交公安部门的证明或者相关部门的证明;

(四)上下班途中,受到非本人主要责任的交通事故或者城市轨道交通、客运轮渡、火车事故伤害的,提交公安机关交通管理部门或者其他相关部门的证明;

(五)在工作时间和工作岗位,突发疾病死亡或者在 48 小时之内经抢救无效死亡的,提交医疗机构的抢救证明;

(六)在抢险救灾等维护国家利益、公共利益活动中受到伤害的,提交民政部门或者其他相关部门的证明;

(七)属于因战、因公负伤致残的转业、复员军人,旧伤复发的,提交《革命伤残军人证》及劳动能力鉴定机构对旧伤复发的确认。

7. 申请事项栏,应写明受伤害职工或者其近亲属、工会组织提出工伤认定申请并签字。

8. 用人单位意见栏,应签署是否同意申请工伤,所填情况是否属实,经办人签字并加盖单位公章。

9. 社会保险行政部门审查资料和受理意见栏,应填写补正材料或是否受理的意见。

10. 此表一式二份,社会保险行政部门、申请人各留存一份。

编号：

工伤认定申请受理决定书

_____：

  你(单位)于_____年___月___日提交_____的工伤认定申请收悉。经审查，符合工伤认定受理的条件，现予受理。

（盖章）
年 月 日

  注：本决定书一式三份，社会保险行政部门、职工或者其近亲属、用人单位各留存一份。

编号：

工伤认定申请不予受理决定书

_____：

  你(单位)于_____年___月___日提交_____的工伤认定申请收悉。

  经审查：_____不符合《工伤保险条例》第___条_____规定的受理条件，现决定不予受理。

  如对本决定不服，可在接到决定书之日起60日内向_____申请行政复议，或者向人民法院提起行政诉讼。

（盖章）
年 月 日

  注：本决定书一式三份，社会保险行政部门、职工或者其近亲属、用人单位各留存一份。

编号：

认定工伤决定书

申请人：
职工姓名：　　　　性别：　　　年龄：
身份证号码：
用人单位：
职业/工种/工作岗位：
事故时间：　　　　年　　月　　日
事故地点：
诊断时间：　　　　年　　月　　日
受伤害部位/职业病名称：
受伤害经过、医疗救治的基本情况和诊断结论：
　　_____年___月___日受理_____的工伤认定申请后，根据提交的材料调查核实情况如下：

　　同志受到的事故伤害（或患职业病），符合《工伤保险条例》第____条第____款第____项之规定，属于工伤认定范围，现予以认定（或视同）为工伤。
　　如对本工伤认定决定不服的，可自接到本决定书之日起60日内向_____申请行政复议，或者向人民法院提起行政诉讼。

（工伤认定专用章）
年　　月　　日

注：本通知一式四份，社会保险行政部门、职工或者其近亲属、用人单位、社会保险经办机构各留存一份。

编号：

不予认定工伤决定书

申请人：
职工姓名：　　　　性别：　　　年龄：
身份证号码：
用人单位：
职业/工种/工作岗位：
　　　　年　　月　　日受理　　　　　　的工伤认定申请后，根据提交的材料调查核实情况如下：

　　　　　　同志受到的伤害，不符合《工伤保险条例》第十四条、第十五条认定工伤或者视同工伤的情形；或者根据《工伤保险条例》第十六条第　　　项之规定，属于不得认定或者视同工伤的情形。现决定不予认定或者视同工伤。　　如对本工伤认定结论不服的，可自接到本决定书之日起60日内向　　　　　　申请行政复议，或者向人民法院提起行政诉讼。

（工伤认定专用章）
　　　　　　　　　　　　　　　　年　　月　　日

注：本通知一式三份，社会保险行政部门、职工或者其近亲属、用人单位各留存一份。

最高人民法院行政审判庭关于劳动行政部门在工伤认定程序中是否具有劳动关系确认权请示的答复

(2009年7月20日 〔2009〕行他字第12号)

湖北省高级人民法院:

你院《关于劳动行政部门在工伤认定程序中是否具有劳动关系确认权的请示》收悉。经研究,答复如下:

根据《劳动法》第九条和《工伤保险条例》第五条、第十八条的规定,劳动行政部门在工伤认定程序中,具有认定受到伤害的职工与企业之间是否存在劳动关系的职权。

此复。

附:

湖北省高级人民法院关于劳动行政部门在工伤认定程序中是否具有劳动关系确认权的请示

(2009年4月1日 〔2009〕鄂行他字第2号)

最高人民法院:

我省荆门市中级人民法院在审理李学良诉沙洋县人民政府工伤认定行政复议一案中,因对劳动行政部门是否具有认定劳动关系的职权问题认识不一,向我院请示。我院审判委员会经过讨论提出以下请示:

一、基本案情

原告李学良在沙洋黄土坡砖瓦厂从事切砖工种劳动时,因机器上的钢丝突然断裂而被刺伤左眼,经荆门市劳动能力鉴定委员会鉴定为七级伤残。原告向沙洋县人事劳动和社会保障局申请工伤认定。沙洋县人事劳动和社会保障局于2007年11月20日作出沙工伤决(2007)29号工伤认定决定书,认定原告与用人单位湖北沙洋新园农工贸有限公司存在劳动关系,认定原告为工伤。湖北沙洋新园农工贸有限公司不服,申请行政复议。沙洋县人民政府于2008年3月10日作出行政复议决定,以湖北沙洋新园农工贸有限公司与原告不存在劳动关系为由,撤销了沙工伤决(2007)29号工伤认定决定书。原告不服,诉至法院。

二、需要请示的问题

在工伤认定的行政程序中,劳动者与用人单位之间发生劳动争议时,工伤认定机关(劳动行政部门)是否对劳动关系具有确认权?

我院审判委员会讨论时形成两种意见:多数人意见认为,在工伤认定行政程序中,当事人之间对劳动关系是否存在产生争议时,应当先申请劳动争议仲裁,对仲裁裁决不服的,可向人民法院提起诉讼,即只有仲裁机关和人民法院才有权认定劳动关系。理由:第一,职权法定是依法行政的基本原则,对行政机关的行政职权而言,法无明文规定即禁止。《劳动法》是调整劳动关系的基本法律,该法第九条规定劳动行政部门主管劳动工作,但没有规定劳动行政部门认定劳动关系的职权,也没有规定在发生劳动争议(含劳动关系的确认)时,向劳动行政部门申请确认劳动关系的程序。第二,从《劳动法》第七十九条和《劳动争议调解仲裁法》第五条的规定看,发生劳动争议时,当事人可以申请调解,不愿调解或者调解不成的,只能向劳动争议仲裁委员会申请仲裁,对仲裁裁决不服的,可以向人民法院提起诉讼。因此,只有劳动争议仲裁委员会和人民法院有权对劳动关系作出认定。第三,如果赋予劳动行政部门认定劳动关系的职权,则剥夺了当事人申请劳动争议仲裁和提起诉讼的权利。同时,如果一方当事人对劳动行政部门劳动关系的认定不服,另行向劳动争议仲裁机关申请仲裁或提起诉讼的,则有可能出现仲裁裁决或法院裁判结果与劳动行政部门作出的确认不一致的情况。

少数人意见认为,劳动行政部门在工伤认定程序中有权认定劳动关系。理由是：第一，根据《工伤保险条例》的规定，工伤认定是劳动行政部门的法定职责，而劳动关系的存在与否是作出工伤认定的前提。第二，如果先通过劳动仲裁确认劳动关系，再进行工伤认定，不符合行政效率原则，也容易给当事人造成极大负担，不利于保护劳动者合法权益。

以上意见哪种正确，请予答复。

劳动能力鉴定管理办法

(2025 年 5 月 13 日人力资源社会保障部、国家卫生健康委令第 55 号公布　自 2025 年 7 月 1 日起施行)

第一章　总　　则

第一条　为了加强劳动能力鉴定管理，规范劳动能力鉴定程序，根据《中华人民共和国社会保险法》、《中华人民共和国职业病防治法》、《工伤保险条例》、《社会保险经办条例》，制定本办法。

第二条　劳动能力鉴定委员会对工伤职工劳动功能障碍程度和生活自理障碍程度组织进行技术性等级鉴定(以下简称工伤职工劳动能力鉴定)、对因病或非因工致残申请领取病残津贴人员丧失劳动能力程度组织进行技术性鉴定(以下简称因病或非因工致残人员丧失劳动能力鉴定)，适用本办法。

第三条　省、自治区、直辖市劳动能力鉴定委员会和设区的市级(含直辖市的市辖区、县，下同)劳动能力鉴定委员会分别由省、自治区、直辖市和设区的市级人力资源社会保障行政部门、卫生健康行政部门、工会组织、用人单位代表以及社会保险经办机构等代表组成。

承担劳动能力鉴定委员会日常工作的机构，其设置方式由各地根据实际情况决定，接受人力资源社会保障行政部门的监督。

第四条　劳动能力鉴定委员会履行下列职责：

(一)选聘医疗卫生专家，组建劳动能力鉴定专家库，对专家进行培训和管理；

（二）依据相关规定和标准组织劳动能力鉴定；

（三）根据专家组的鉴定意见作出劳动能力鉴定结论；

（四）建立完整的鉴定数据库，依法保管鉴定工作档案；

（五）法律、法规、规章规定的其他职责。

第五条 设区的市级劳动能力鉴定委员会负责本辖区内的工伤职工劳动能力初次鉴定、复查鉴定以及因病或非因工致残人员丧失劳动能力初次鉴定。

省、自治区、直辖市劳动能力鉴定委员会负责对工伤职工劳动能力初次鉴定或者复查鉴定结论不服提出的再次鉴定，负责对因病或非因工致残人员丧失劳动能力初次鉴定结论不服提出的再次鉴定。

第六条 劳动能力鉴定应当客观、公正。劳动能力鉴定相关政策、工作制度和业务流程应当向社会公开。

第二章 鉴定程序

第七条 职工发生工伤，经治疗伤情相对稳定后存在残疾、影响劳动能力的，或者停工留薪期满（含劳动能力鉴定委员会确认的延长期限），工伤职工或者其用人单位应当及时向设区的市级劳动能力鉴定委员会提出劳动能力鉴定申请。

因申请领取病残津贴进行劳动能力鉴定的，因病或非因工致残人员或者其用人单位应当向待遇领取地或者最后参保地的设区的市级劳动能力鉴定委员会提出劳动能力鉴定申请。

第八条 工伤职工、因病或非因工致残人员因身体等原因无法提出劳动能力鉴定申请的，可由其近亲属代为提出。

第九条 申请劳动能力鉴定应当填写劳动能力鉴定申请表，并提交下列材料：

（一）有效的诊断证明、按照医疗机构病历管理有关规定复印或者复制的检查、检验报告等完整病历资料；

（二）被鉴定人的居民身份证或者社会保障卡等其他有效身份证明原件。

通过信息共享能够获取的申请材料，不得要求重复提交。

有条件的地方可以通过网络接收劳动能力鉴定申请。

第十条 劳动能力鉴定委员会收到劳动能力鉴定申请后,应当及时对申请人提交的材料进行审核;材料不完整的,劳动能力鉴定委员会应当自收到鉴定申请之日起5个工作日内以书面或者电子形式一次性告知申请人需要补正的全部材料和合理期限。申请人无正当理由逾期未补正的,视为放弃当次劳动能力鉴定申请。

申请人提供材料完整的,劳动能力鉴定委员会应当及时组织鉴定,并在收到劳动能力鉴定申请之日起60日内作出劳动能力鉴定结论。伤病情复杂、涉及医疗卫生专业较多的,作出劳动能力鉴定结论的期限可以延长30日。

第十一条 劳动能力鉴定委员会应当从劳动能力鉴定专家库中随机抽取3名或者5名相关专家组成专家组进行鉴定。

第十二条 劳动能力鉴定委员会应当提前通知被鉴定人进行鉴定的时间、地点以及应当携带的材料。被鉴定人应当按照通知的时间、地点参加现场鉴定。组织劳动能力鉴定的工作人员应当对被鉴定人的身份进行核实。

被鉴定人因故不能按时参加鉴定的,经劳动能力鉴定委员会同意,可以调整现场鉴定的时间,作出劳动能力鉴定结论的期限相应顺延。

对伤病情危重无法按要求参加现场鉴定的被鉴定人,劳动能力鉴定委员会可以采取上门鉴定、委托鉴定等方式进行鉴定。

第十三条 专家组应当按照工伤认定范围和相关鉴定标准开展鉴定,准确记录伤病情。因鉴定工作需要,专家组认为应当进行有关检查和诊断的,劳动能力鉴定委员会可以委托具备资格的医疗机构协助进行有关的检查和诊断。

第十四条 用人单位、被鉴定人或者其近亲属应当如实提供鉴定需要的材料,遵守劳动能力鉴定相关规定,按照要求配合劳动能力鉴定工作。

有下列情形之一的,当次鉴定终止:

(一)无正当理由不参加现场鉴定的;

(二)拒不参加劳动能力鉴定委员会安排的检查和诊断的;

（三）在鉴定过程中弄虚作假导致不能真实反映伤病情的；

（四）其他拒绝配合劳动能力鉴定工作的。

第十五条 专家组根据被鉴定人伤病情，结合医疗诊断情况，依据《劳动能力鉴定 职工工伤与职业病致残等级》国家标准、职工因病或非因工致残丧失劳动能力鉴定标准提出鉴定意见。参加鉴定的专家都应当签署意见并签名。

专家意见不一致时，按照少数服从多数的原则确定专家组的鉴定意见。

第十六条 劳动能力鉴定委员会根据专家组的鉴定意见作出劳动能力鉴定结论。

劳动能力鉴定结论书应当载明下列事项：

（一）被鉴定人及其用人单位的基本信息；

（二）伤病情介绍，包括伤病残部位、器官功能障碍程度、诊断情况等；

（三）作出鉴定的依据；

（四）鉴定结论；

（五）权益告知。

第十七条 劳动能力鉴定委员会应当自作出鉴定结论之日起15日内将劳动能力鉴定结论及时送达被鉴定人及其用人单位，并抄送人力资源社会保障行政部门和社会保险经办机构。

第十八条 劳动能力鉴定委员会应当加强信息系统应用管理，探索线上办理，及时将业务数据信息推送至人力资源社会保障行政部门和社会保险经办机构。

劳动能力鉴定委员会应当加强与卫生健康、医疗保障等行政部门以及医疗机构的信息共享，通过信息比对核验被鉴定人诊断证明、病历资料等申请材料的真实性和准确性。

劳动能力鉴定委员会应当优化服务能力，压缩鉴定时限，加强无障碍环境建设，完善无障碍服务设施设备，为被鉴定人提供便利。

第十九条 工伤职工或者其用人单位、因病或非因工致残人员或者其用人单位对初次鉴定结论不服的，可以在收到该鉴定结论之日起15日内，向省、自治区、直辖市劳动能力鉴定委员会申请再次鉴定。

省、自治区、直辖市劳动能力鉴定委员会作出的劳动能力鉴定结论为最终结论。

第二十条 自工伤职工劳动能力鉴定结论作出之日起 1 年后,工伤职工、用人单位或者社会保险经办机构认为伤残情况发生变化的,可以向设区的市级劳动能力鉴定委员会申请复查鉴定。

对复查鉴定结论不服的,可以按照本办法第十九条规定申请再次鉴定。

第二十一条 因病或非因工致残人员经鉴定未达到完全丧失劳动能力程度,申请人认为伤病残情况发生变化的,自劳动能力鉴定生效结论作出之日起 1 年后,可以重新向待遇领取地或者最后参保地的设区的市级劳动能力鉴定委员会申请鉴定。

对鉴定结论不服的,可以按照本办法第十九条规定申请再次鉴定。

第二十二条 工伤职工劳动能力再次鉴定和复查鉴定以及因病或非因工致残人员丧失劳动能力再次鉴定的程序、期限等按照本办法第七条至第十七条的规定执行。

第二十三条 劳动能力鉴定委员会在鉴定结束后,应当根据社会保险业务档案管理有关规定,做好档案的管理和保存工作。有条件的地方可以使用电子档案。

第三章 监督管理

第二十四条 劳动能力鉴定委员会选聘医疗卫生专家,由所在医疗机构或者卫生健康行政部门推荐,经劳动能力鉴定委员会培训合格,方可纳入劳动能力鉴定专家库。专家聘期一般为 3 年,可以连续聘任。

聘任的专家应当具备下列条件:

(一)具有医疗卫生高级专业技术职务任职资格;

(二)掌握劳动能力鉴定的相关知识;

(三)健康状况良好,能够胜任劳动能力鉴定工作;

(四)具有良好的职业品德。

第二十五条 劳动能力鉴定委员会应当每 3 年对专家库进行一

次调整和补充,实行动态管理。确有需要的,可以根据实际情况适时调整。

探索建立全省统一的专家库,有条件的地方可以跨地市抽取专家开展劳动能力鉴定。

劳动能力鉴定委员会应当做好专家个人信息保护。

第二十六条 对劳动能力鉴定工作中表现突出的专家,在评定专业技术职称、聘用岗位时,同等条件下予以优先考虑。

第二十七条 参加劳动能力鉴定的专家应当按照规定的时间、地点进行现场鉴定,严格执行劳动能力鉴定政策和标准,客观、公正地提出鉴定意见。

第二十八条 劳动能力鉴定委员会组成人员、劳动能力鉴定工作人员以及参加鉴定的专家与当事人有利害关系的,应当回避。

第二十九条 医疗机构及其医务人员应当如实出具与劳动能力鉴定有关的各项诊断证明和病历资料。

第三十条 劳动能力鉴定委员会应当明确岗位权责,建立健全业务、安全和风险管理等内部控制制度。

第三十一条 以伪造诊断证明、病历资料、工伤认定结论等申请材料或者以冒名顶替检查等手段骗取的劳动能力鉴定结论,原作出鉴定结论的劳动能力鉴定委员会应当予以撤销。

劳动能力鉴定结论存在与伤病情、鉴定标准不符以及超出工伤认定范围等严重错误的,原作出鉴定结论的劳动能力鉴定委员会应当及时予以纠正。

第三十二条 人力资源社会保障行政部门应当加强与财政、审计等部门的协同配合,加强劳动能力鉴定相关信息共享、分析,加大协同查处力度,共同维护社会保险基金安全。

第三十三条 任何组织或者个人有权对劳动能力鉴定中的违法行为进行举报、投诉。

第四章 法 律 责 任

第三十四条 劳动能力鉴定委员会和承担劳动能力鉴定委员会日常工作的机构及其工作人员在从事或者组织劳动能力鉴定时,有下列行为之一的,由人力资源社会保障行政部门或者有关部门责令改正;造成严重后果的,对直接负责的主管人员和其他直接责任人员依法给予相应处分;构成犯罪的,依法追究刑事责任:

(一)未及时审核并告知申请人需要补正的全部材料的;
(二)未在规定期限内作出劳动能力鉴定结论的;
(三)未按照规定及时送达劳动能力鉴定结论的;
(四)未按照规定随机抽取相关专家进行鉴定的;
(五)未根据专家组意见作出鉴定结论的;
(六)擅自篡改劳动能力鉴定委员会作出的鉴定结论的;
(七)利用职务之便非法收受当事人财物的;
(八)接受请托为当事人谋取不正当利益的;
(九)有违反法律法规和本办法的其他行为的。

第三十五条 从事劳动能力鉴定的专家有下列行为之一的,劳动能力鉴定委员会应当予以解聘;情节严重的,由卫生健康行政部门依法处理;构成犯罪的,依法追究刑事责任:

(一)提供虚假鉴定意见的;
(二)利用职务之便非法收受当事人财物的;
(三)接受请托为当事人谋取不正当利益的;
(四)无正当理由不履行职责的;
(五)有违反法律法规和本办法的其他行为的。

第三十六条 在劳动能力鉴定过程中,参与医疗救治、检查、诊断等活动的医疗机构及其医务人员有下列情形之一的,由卫生健康行政部门依法处理;构成犯罪的,依法追究刑事责任:

(一)提供与伤病情不符的虚假诊断证明的;
(二)篡改、伪造、隐匿、擅自销毁病历资料的。

第三十七条 以欺诈、伪造证明材料或者其他手段骗取鉴定结论、领取工伤、养老保险待遇的,按照《中华人民共和国社会保险法》第八十八条的规定,由人力资源社会保障行政部门责令退回骗取的社会保险金,处骗取金额2倍以上5倍以下的罚款;构成犯罪的,依法追究刑事责任。

第五章 附　　则

第三十八条　本办法中的劳动能力鉴定申请表等文书基本样式由人力资源社会保障部制定。各地可以根据实际,适当调整、细化相关表格。

第三十九条　本办法自2025年7月1日起施行。《工伤职工劳动能力鉴定管理办法》(人力资源社会保障部、国家卫生和计划生育委员会令第21号)同时废止。

本办法施行前已完成工伤认定,尚未完成劳动能力鉴定的,按照本办法的规定执行。

附件:1. 劳动能力鉴定申请表(工伤职工劳动能力鉴定)(略)
　　　2. 劳动能力鉴定申请表(因病或非因工致残人员丧失劳动能力鉴定)(略)

工伤职工劳动能力鉴定管理办法

(2014年2月20日人力资源和社会保障部、国家卫生和计划生育委员会令第21号公布　根据2018年12月14日《人力资源社会保障部关于修改部分规章的决定》修订)

第一章 总　　则

第一条　为了加强劳动能力鉴定管理,规范劳动能力鉴定程序,根据《中华人民共和国社会保险法》《中华人民共和国职业病防治法》和《工伤保险条例》,制定本办法。

第二条　劳动能力鉴定委员会依据《劳动能力鉴定 职工工伤与职业病致残等级》国家标准,对工伤职工劳动功能障碍程度和生活自理障碍程度组织进行技术性等级鉴定,适用本办法。

第三条　省、自治区、直辖市劳动能力鉴定委员会和设区的市级(含直辖市的市辖区、县,下同)劳动能力鉴定委员会分别由省、自治区、直辖市和设区的市级人力资源社会保障行政部门、卫生计生行政部门、工会组织、用人单位代表以及社会保险经办机构代表组成。

承担劳动能力鉴定委员会日常工作的机构,其设置方式由各地根据实际情况决定。

第四条 劳动能力鉴定委员会履行下列职责：

(一)选聘医疗卫生专家,组建医疗卫生专家库,对专家进行培训和管理；

(二)组织劳动能力鉴定；

(三)根据专家组的鉴定意见作出劳动能力鉴定结论；

(四)建立完整的鉴定数据库,保管鉴定工作档案50年；

(五)法律、法规、规章规定的其他职责。

第五条 设区的市级劳动能力鉴定委员会负责本辖区内的劳动能力初次鉴定、复查鉴定。

省、自治区、直辖市劳动能力鉴定委员会负责对初次鉴定或者复查鉴定结论不服提出的再次鉴定。

第六条 劳动能力鉴定相关政策、工作制度和业务流程应当向社会公开。

第二章 鉴定程序

第七条 职工发生工伤,经治疗伤情相对稳定后存在残疾、影响劳动能力的,或者停工留薪期满(含劳动能力鉴定委员会确认的延长期限),工伤职工或者其用人单位应当及时向设区的市级劳动能力鉴定委员会提出劳动能力鉴定申请。

第八条 申请劳动能力鉴定应当填写劳动能力鉴定申请表,并提交下列材料：

(一)有效的诊断证明、按照医疗机构病历管理有关规定复印或者复制的检查、检验报告等完整病历材料；

(二)工伤职工的居民身份证或者社会保障卡等其他有效身份证明原件。

第九条 劳动能力鉴定委员会收到劳动能力鉴定申请后,应当及时对申请人提交的材料进行审核；申请人提供材料不完整的,劳动能力鉴定委员会应当自收到劳动能力鉴定申请之日起5个工作日内一次性书面告知申请人需要补正的全部材料。

申请人提供材料完整的,劳动能力鉴定委员会应当及时组织鉴定,并在收到劳动能力鉴定申请之日起60日内作出劳动能力鉴定结论。伤情复杂、涉及医疗卫生专业较多的,作出劳动能力鉴定结论的期限可以延长30日。

第十条 劳动能力鉴定委员会应当视伤情程度等从医疗卫生专家库中随机抽取3名或者5名与工伤职工伤情相关科别的专家组成专家组进行鉴定。

第十一条 劳动能力鉴定委员会应当提前通知工伤职工进行鉴定的时间、地点以及应当携带的材料。工伤职工应当按照通知的时间、地点参加现场鉴定。对行动不便的工伤职工,劳动能力鉴定委员会可以组织专家上门进行劳动能力鉴定。组织劳动能力鉴定的工作人员应当对工伤职工的身份进行核实。

工伤职工因故不能按时参加鉴定的,经劳动能力鉴定委员会同意,可以调整现场鉴定的时间,作出劳动能力鉴定结论的期限相应顺延。

第十二条 因鉴定工作需要,专家组提出应当进行有关检查和诊断的,劳动能力鉴定委员会可以委托具备资格的医疗机构协助进行有关的检查和诊断。

第十三条 专家组根据工伤职工伤情,结合医疗诊断情况,依据《劳动能力鉴定 职工工伤与职业病致残等级》国家标准提出鉴定意见。参加鉴定的专家都应当签署意见并签名。

专家意见不一致时,按照少数服从多数的原则确定专家组的鉴定意见。

第十四条 劳动能力鉴定委员会根据专家组的鉴定意见作出劳动能力鉴定结论。劳动能力鉴定结论书应当载明下列事项:

(一)工伤职工及其用人单位的基本信息;

(二)伤情介绍,包括伤残部位、器官功能障碍程度、诊断情况等;

(三)作出鉴定的依据;

(四)鉴定结论。

第十五条 劳动能力鉴定委员会应当自作出鉴定结论之日起20日内将劳动能力鉴定结论及时送达工伤职工及其用人单位,并抄送社会保险经办机构。

第十六条 工伤职工或者其用人单位对初次鉴定结论不服的,可以在收到该鉴定结论之日起15日内向省、自治区、直辖市劳动能力鉴定委员会申请再次鉴定。

申请再次鉴定,应当提供劳动能力鉴定申请表,以及工伤职工的居民身份证或者社会保障卡等有效身份证明原件。

省、自治区、直辖市劳动能力鉴定委员会作出的劳动能力鉴定结论为最终结论。

第十七条 自劳动能力鉴定结论作出之日起1年后,工伤职工、用人单位或者社会保险经办机构认为伤残情况发生变化的,可以向设区的市级劳动能力鉴定委员会申请劳动能力复查鉴定。

对复查鉴定结论不服的,可以按照本办法第十六条规定申请再次鉴定。

第十八条 工伤职工本人因身体等原因无法提出劳动能力初次鉴定、复查鉴定、再次鉴定申请的,可由其近亲属代为提出。

第十九条 再次鉴定和复查鉴定的程序、期限等按照本办法第九条至第十五条的规定执行。

第三章 监督管理

第二十条 劳动能力鉴定委员会应当每3年对专家库进行一次调整和补充,实行动态管理。确有需要的,可以根据实际情况适时调整。

第二十一条 劳动能力鉴定委员会选聘医疗卫生专家,聘期一般为3年,可以连续聘任。

聘任的专家应当具备下列条件:

(一)具有医疗卫生高级专业技术职务任职资格;

(二)掌握劳动能力鉴定的相关知识;

(三)具有良好的职业品德。

第二十二条 参加劳动能力鉴定的专家应当按照规定的时间、地点进行现场鉴定,严格执行劳动能力鉴定政策和标准,客观、公正地提出鉴定意见。

第二十三条 用人单位、工伤职工或者其近亲属应当如实提供鉴定需要的材料,遵守劳动能力鉴定相关规定,按照要求配合劳动能力鉴定工作。

工伤职工有下列情形之一的,当次鉴定终止:

(一)无正当理由不参加现场鉴定的;

(二)拒不参加劳动能力鉴定委员会安排的检查和诊断的。

第二十四条 医疗机构及其医务人员应当如实出具与劳动能力鉴定有关的各项诊断证明和病历材料。

第二十五条 劳动能力鉴定委员会组成人员、劳动能力鉴定工作人员以及参加鉴定的专家与当事人有利害关系的,应当回避。

第二十六条 任何组织或者个人有权对劳动能力鉴定中的违法行为进行举报、投诉。

第四章 法 律 责 任

第二十七条 劳动能力鉴定委员会和承担劳动能力鉴定委员会日常工作的机构及其工作人员在从事或者组织劳动能力鉴定时,有下列行为之一的,由人力资源社会保障行政部门或者有关部门责令改正,对直接负责的主管人员和其他直接责任人员依法给予相应处分;构成犯罪的,依法追究刑事责任:

(一)未及时审核并书面告知申请人需要补正的全部材料的;

(二)未在规定期限内作出劳动能力鉴定结论的;

(三)未按照规定及时送达劳动能力鉴定结论的;

(四)未按照规定随机抽取相关科别专家进行鉴定的;

(五)擅自篡改劳动能力鉴定委员会作出的鉴定结论的;

(六)利用职务之便非法收受当事人财物的;

(七)有违反法律法规和本办法的其他行为的。

第二十八条 从事劳动能力鉴定的专家有下列行为之一的,劳动能力鉴定委员会应当予以解聘;情节严重的,由卫生计生行政部门依法处理:

（一）提供虚假鉴定意见的；

（二）利用职务之便非法收受当事人财物的；

（三）无正当理由不履行职责的；

（四）有违反法律法规和本办法的其他行为的。

第二十九条 参与工伤救治、检查、诊断等活动的医疗机构及其医务人员有下列情形之一的，由卫生计生行政部门依法处理：

（一）提供与病情不符的虚假诊断证明的；

（二）篡改、伪造、隐匿、销毁病历材料的；

（三）无正当理由不履行职责的。

第三十条 以欺诈、伪造证明材料或者其他手段骗取鉴定结论、领取工伤保险待遇的，按照《中华人民共和国社会保险法》第八十八条的规定，由人力资源社会保障行政部门责令退回骗取的社会保险金，处骗取金额2倍以上5倍以下的罚款。

第五章 附 则

第三十一条 未参加工伤保险的公务员和参照公务员法管理的事业单位、社会团体工作人员因工（公）致残的劳动能力鉴定，参照本办法执行。

第三十二条 本办法中的劳动能力鉴定申请表、初次（复查）鉴定结论书、再次鉴定结论书、劳动能力鉴定材料收讫补正告知书等文书基本样式由人力资源社会保障部制定。

第三十三条 本办法自2014年4月1日起施行。

附件：1. 劳动能力鉴定申请表（略）

　　　2. 初次（复查）鉴定结论书（略）

　　　3. 再次鉴定结论书（略）

　　　4. 劳动能力鉴定材料收讫补正告知书（略）

非法用工单位伤亡人员一次性赔偿办法

(2010年12月31日人力资源和社会保障部令第9号公布 自2011年1月1日起施行）

第一条 根据《工伤保险条例》第六十六条第一款的授权,制定本办法。

第二条 本办法所称非法用工单位伤亡人员,是指无营业执照或者未经依法登记、备案的单位以及被依法吊销营业执照或者撤销登记、备案的单位受到事故伤害或者患职业病的职工,或者用人单位使用童工造成的伤残、死亡童工。

前款所列单位必须按照本办法的规定向伤残职工或者死亡职工的近亲属、伤残童工或者死亡童工的近亲属给予一次性赔偿。

第三条 一次性赔偿包括受到事故伤害或者患职业病的职工或童工在治疗期间的费用和一次性赔偿金。一次性赔偿金数额应当在受到事故伤害或者患职业病的职工或童工死亡或者经劳动能力鉴定后确定。

劳动能力鉴定按照属地原则由单位所在地设区的市级劳动能力鉴定委员会办理。劳动能力鉴定费用由伤亡职工或童工所在单位支付。

第四条 职工或童工受到事故伤害或者患职业病,在劳动能力鉴定之前进行治疗期间的生活费按照统筹地区上年度职工月平均工资标准确定,医疗费、护理费、住院期间的伙食补助费以及所需的交通费等费用按照《工伤保险条例》规定的标准和范围确定,并全部由伤残职工或童工所在单位支付。

第五条 一次性赔偿金按照以下标准支付:

一级伤残的为赔偿基数的16倍,二级伤残的为赔偿基数的14倍,三级伤残的为赔偿基数的12倍,四级伤残的为赔偿基数的10倍,五级伤残的为赔偿基数的8倍,六级伤残的为赔偿基数的6倍,七级伤残的为赔偿基数的 4 倍,八级伤残的为赔偿基数的 3 倍,九级伤残的为赔偿基数的 2 倍,十级伤残的为赔偿基数的 1 倍。

前款所称赔偿基数,是指单位所在工伤保险统筹地区上年度职工年平均工资。

第六条 受到事故伤害或者患职业病造成死亡的,按照上一年度全国城镇居民人均可支配收入的 20 倍支付一次性赔偿金,并按照上一年度全国城镇居民人均可支配收入的 10 倍一次性支付丧葬补助等其他赔偿金。

第七条 单位拒不支付一次性赔偿的,伤残职工或者死亡职工的近亲属、伤残童工或者死亡童工的近亲属可以向人力资源和社会保障行政部门举报。经查证属实的,人力资源和社会保障行政部门应当责令该单位限期改正。

第八条 伤残职工或者死亡职工的近亲属、伤残童工或者死亡童工的近亲属就赔偿数额与单位发生争议的,按照劳动争议处理的有关规定处理。

第九条 本办法自 2011 年 1 月 1 日起施行。劳动和社会保障部 2003 年 9 月 23 日颁布的《非法用工单位伤亡人员一次性赔偿办法》同时废止。

因工死亡职工供养亲属范围规定

(2003 年 9 月 18 日劳动和社会保障部第 5 次部务会议通过 2003 年 9 月 23 日劳动和社会保障部令第 18 号发布 自 2004 年 1 月 1 日起施行)

第一条 为明确因工死亡职工供养亲属范围,根据《工伤保险条例》第三十七条第一款第二项的授权,制定本规定。

第二条 本规定所称因工死亡职工供养亲属,是指该职工的配偶、子女、父母、祖父母、外祖父母、孙子女、外孙子女、兄弟姐妹。

本规定所称子女,包括婚生子女、非婚生子女、养子女和有抚养关系的继子女,其中,婚生子女、非婚生子女包括遗腹子女;

本规定所称父母,包括生父母、养父母和有抚养关系的继父母;

本规定所称兄弟姐妹,包括同父母的兄弟姐妹、同父异母或者同母异父的兄弟姐妹、养兄弟姐妹、有抚养关系的继兄弟姐妹。

第三条 上条规定的人员,依靠因工死亡职工生前提供主要生活来源,并有下列情形之一的,可按规定申请供养亲属抚恤金:

(一)完全丧失劳动能力的;

(二)工亡职工配偶男年满60周岁、女年满55周岁的;

(三)工亡职工父母男年满60周岁、女年满55周岁的;

(四)工亡职工子女未满18周岁的;

(五)工亡职工父母均已死亡,其祖父、外祖父年满60周岁,祖母、外祖母年满55周岁的;

(六)工亡职工子女已经死亡或完全丧失劳动能力,其孙子女、外孙子女未满18周岁的;

(七)工亡职工父母均已死亡或完全丧失劳动能力,其兄弟姐妹未满18周岁的。

第四条 领取抚恤金人员有下列情形之一的,停止享受抚恤金待遇:

(一)年满18周岁且未完全丧失劳动能力的;

(二)就业或参军的;

(三)工亡职工配偶再婚的;

(四)被他人或组织收养的;

(五)死亡的。

第五条 领取抚恤金的人员,在被判刑收监执行期间,停止享受抚恤金待遇。刑满释放仍符合领取抚恤金资格的,按规定的标准享受抚恤金。

第六条 因工死亡职工供养亲属享受抚恤金待遇的资格,由统筹地区社会保险经办机构核定。

因工死亡职工供养亲属的劳动能力鉴定,由因工死亡职工生前单位所在地设区的市级劳动能力鉴定委员会负责。

第七条 本办法自2004年1月1日起施行。

劳动和社会保障部、国家计委、财政部、卫生部、国家中医药管理局关于确定城镇职工基本医疗保险医疗服务设施范围和支付标准的意见

(1999年6月30日)

各省、自治区、直辖市劳动(劳动和社会保障)厅(局)、财政厅(局)、卫生厅(局)、物价局(委员会)、中医(药)管理局：

为了贯彻落实《国务院关于建立城镇职工基本医疗保险制度的决定》(国发[1998]44号)，我们制定了《关于城镇职工基本医疗保险诊疗项目管理的意见》和《关于确定城镇职工基本医疗保险医疗服务设施范围和支付标准的意见》，现印发给你们，请结合实际贯彻执行。

为了指导各地确定基本医疗保险医疗服务设施范围和支付标准，根据《国务院关于建立城镇职工基本医疗保险制度的决定》(国发[1998]44号)，现提出以下意见。

一、基本医疗保险医疗服务设施是指由定点医疗机构提供的，参保人员在接受诊断、治疗和护理过程中必需的生活服务设施。

二、基本医疗保险医疗服务设施费用主要包括住院床位费及门(急)诊留观床位费。对已包含在住院床位费或门(急)诊留观床位费中的日常生活用品、院内运输用品和水、电等费用，基本医疗保险基金不另行支付，定点医疗机构也不得再向参保人员单独收费。

三、基本医疗保险基金不予支付的生活服务项目和服务设施费用，主要包括：

(一)就(转)诊交通费、急救车费；

(二)空调费、电视费、电话费、婴儿保温箱费、食品保温箱费、电炉费、电冰箱费及损坏公物赔偿费；

(三)陪护费、护工费、洗理费、门诊煎药费;

(四)膳食费;

(五)文娱活动费以及其他特需生活服务费用。

其他医疗服务设施项目是否纳入基本医疗保险基金支付范围,由各省(自治区、直辖市,下同)劳动保障行政部门规定。

四、基本医疗保险住院床位费支付标准,由各统筹地区劳动保障行政部门按照本省物价部门规定的普通住院病房床位费标准确定。需隔离以及危重病人的住院床位费支付标准,由各统筹地区根据实际情况确定。

基本医疗保险门(急)诊留观床位费支付标准按本省物价部门规定的收费标准确定,但不得超过基本医疗保险住院床位费支付标准。

五、定点医疗机构要公开床位收费标准和基本医疗保险床位费支付标准,在安排病房或门(急)诊留观床位时,应将所安排的床位收费标准告知参保人员或家属。参保人员可以根据定点医疗机构的建议,自主选择不同档次的病房或门(急)诊留观床位。由于床位紧张或其他原因,定点医疗机构必须把参保人员安排在超标准病房时,应首先征得参保人员或家属的同意。

六、参保人员的实际床位费低于基本医疗保险住院床位费支付标准的,以实际床位费按基本医疗保险的规定支付;高于基本医疗保险住院床位费支付标准的,在支付标准以内的费用,按基本医疗保险的规定支付,超出部分由参保人员自付。

七、各省劳动保障行政部门要按照本意见的要求,组织制定基本医疗保险医疗服务设施项目范围。各统筹地区劳动保障行政部门要根据本省规定的基本医疗保险医疗服务设施项目,确定基本医疗保险基金的支付标准。统筹地区社会保险经办机构要加强对医疗服务设施费用的审核工作,严格按照基本医疗保险医疗服务设施项目范围和支付标准支付费用。

八、劳动保障部门在组织制定基本医疗保险医疗服务设施范围和支付标准时,要充分征求财政、卫生、物价、中医药管理部门和有关专家的意见。物价部门在组织制定有关基本医疗保险的医疗服务设施项目收费标准时,要充分征求劳动保障、财政、卫生部门的意见。各有关部门要加强联系,密切协作,共同做好基本医疗保险医疗服务设施项目的管理工作。

附:

国家基本医疗保险诊疗项目范围

一、基本医疗保险不予支付费用的诊疗项目范围

(一)服务项目类

1. 挂号费、院外会诊费、病历工本费等。

2. 出诊费、检查治疗加急费、点名手术附加费、优质优价费、自请特别护士等特需医疗服务。

(二)非疾病治疗项目类

1. 各种美容、健美项目以及非功能性整容、矫形手术等。

2. 各种减肥、增胖、增高项目。

3. 各种健康体检。

4. 各种预防、保健性的诊疗项目。

5. 各种医疗咨询、医疗鉴定。

(三)诊疗设备及医用材料类

1. 应用正电子发射断层扫描装置(PET)、电子束CT、眼科准分子激光治疗仪等大型医疗设备进行的检查、治疗项目。

2. 眼镜、义齿、义眼、义肢、助听器等康复性器具。

3. 各种自用的保健、按摩、检查和治疗器械。

4. 各省物价部门规定不可单独收费的一次性医用材料。

(四)治疗项目类

1. 各类器官或组织移植的器官源或组织源。

2. 除肾脏、心脏瓣膜、角膜、皮肤、血管、骨、骨髓移植外的其他器官或组织移植。

3. 近视眼矫形术。

4. 气功疗法、音乐疗法、保健性的营养疗法、磁疗等辅助性治疗项目。

（五）其他

1. 各种不育（孕）症、性功能障碍的诊疗项目。

2. 各种科研性、临床验证性的诊疗项目。

二、基本医疗保险支付部分费用的诊疗项目范围

（一）诊疗设备及医用材料类

1. 振成像装置（MRI）、单光子发射电子计算机扫描装置（SPECT）、彩色多普勒仪、医疗直线加速器等大型医疗设备进行的检查、治疗项目。

2. 体外震波碎石与高压氧治疗。

3. 心脏起搏器、人工关节、人工晶体、血管支架等体内置换的人工器官、体内置放材料。

4. 各省物价部门规定的可单独收费的一次性医用材料。

（二）治疗项目类

1. 血液透析、腹膜透析。

2. 肾脏、心脏瓣膜、角膜、皮肤、血管、骨、骨髓移植。

3. 心脏激光打孔、抗肿瘤细胞免疫疗法和快中子治疗项目。

（三）各省劳动保障部门规定的价格昂贵的医疗仪器与设备的检查、治疗项目和医用材料。

国务院关于建立统一的企业职工基本养老保险制度的决定

（1997年7月16日 国发〔1997〕26号）

各省、自治区、直辖市人民政府，国务院各部委、各直属机构：

近年来，各地区和有关部门按照《国务院关于深化企业职工养老保险制度改革的通知》（国发〔1995〕6号）要求，制定了社会统筹与个人帐户相结合的养老保险制度改革方案，建立了职工基本养老保险个人帐户,促进了养老保险新机制的形成,保障了离退休人员的基本生活,企业职工养老保险制度改革取得了新的进展。但是,由于这项改革仍处在试点阶段,目前还存在基本养老保险制度不统一、企业负担重、统筹层次低、管理制度不健全等问题,必须按照党中央、国务院确定的目标和原则,进一步加快改革步伐,建立统一的企业职工基本养老保险制度,促进经济与社会健康发展。为此,国务院在总结近几年改革试点经验的基础上作出如下决定:

一、到本世纪末,要基本建立起适应社会主义市场经济体制要求,适用城镇各类企业职工和个体劳动者,资金来源多渠道、保障方式多层次、社会统筹与个人帐户相结合、权利与义务相对应、管理服务社会化的养老保险体系。企业职工养老保险要贯彻社会互济与自我保障相结合、公平与效率相结合、行政管理与基金管理分开等原则,保障水平要与我国社会生产力发展水平及各方面的承受能力相适应。

二、各级人民政府要把社会保险事业纳入本地区国民经济与社会发展计划,贯彻基本养老保险只能保障退休人员基本生活的原则,把改革企业职工养老保险制度与建立多层次的社会保障体系紧密结合起来,确保离退休人员基本养老金和失业人员失业救济金的发放,积极推行城市居民最低生活保障制度。为使离退休人员的生活随着经济与社会发展不断得到改善,体现按劳分配原则和地区发展水平及企业经济效益的差异,各地区和有关部门要在国家政策指导下大力发展企业补充养老保险,同时发挥商业保险的补充作用。

三、企业缴纳基本养老保险费(以下简称企业缴费)的比例,一般不得超过企业工资总额的20%(包括划入个人帐户的部分),具体比例由省、自治区、直辖市人民政府确定。少数省、自治区、直辖市因离退休人数较多、养老保险负担过重,确需超过企业工资总额20%的,应报劳动部、财政部审批。个人缴纳基本养老保险费(以下简称个人缴费)的比例,1997年不得低于本人缴费工资的4%,1998年起每两年提高1个百分点,最终达到本人缴费工资的8%。有条件的地区和工资增长较快的年份,个人缴费比例提高的速度应适当加快。

四、按本人缴费工资11%的数额为职工建立基本养老保险个人帐户,个人缴费全部记入个人帐户,其余部分从企业缴费中划入。随着个人缴费比例的提高,企业划入的部分要逐步降至3%。个人帐户储存额,每年参考银行同期存款利率计算利息。个人帐户储存额只用于职工养老,不得提前支取。职工调动时,个人帐户全部随同转移。职工或退休人员死亡,个人帐户中的个人缴费部分可以继承。

五、本决定实施后参加工作的职工,个人缴费年限累计满15年的,退休后按月发给基本养老金。基本养老金由基础养老金和个人帐户养老金组成。退休时的基础养老金月标准为省、自治区、直辖市或地(市)上年度职工月平均工资的20%,个人帐户养老金月标准为本人帐户储存额除以120。个人缴费年限累计不满15年的,退休后不享受基础养老金待遇,其个人帐户储存额一次支付给本人。

本决定实施前已经离退休的人员,仍按国家原来的规定发给养老金,同时执行养老金调整办法。各地区和有关部门要按照国家规定进一步完善基本养老金正常调整机制,认真抓好落实。

本决定实施前参加工作、实施后退休且个人缴费和视同缴费年限累计满15年的人员,按照新老办法平稳衔接、待遇水平基本平衡等原则,在发给基础养老金和个人帐户养老金的基础上再确定过渡性养老金,过渡性养老金从养老保险基金中解决。具体办法,由劳动部会同有关部门制订并指导实施。

六、进一步扩大养老保险的覆盖范围,基本养老保险制度要逐步扩大到城镇所有企业及其职工。城镇个体劳动者也要逐步实行基本养老保险制度,其缴费比例和待遇水平由省、自治区、直辖市人民政府参照本决定精神确定。

七、抓紧制定企业职工养老保险基金管理条例,加强对养老保险基金的管理。基本养老保险基金实行收支两条线管理,要保证专款专用,全部用于职工养老保险,严禁挤占挪用和挥霍浪费。基金结余额,除预留相当于2个月的支付费用外,应全部购买国家债券和存入专户,严格禁止投入其他金融和经营性事业。要建立健全社会保险基金监督机构,财政、审计部门要依法加强监督,确保基金的安全。

八、为有利于提高基本养老保险基金的统筹层次和加强宏观调控,要逐步由县级统筹向省或省授权的地区统筹过渡。待全国基本实现省级统筹后,原经国务院批准由有关部门和单位组织统筹的企业,参加所在地区的社会统筹。

九、提高社会保险管理服务的社会化水平,尽快将目前由企业发放养老金改为社会化发放,积极创造条件将离退休人员的管理服务工作逐步由企业转向社会,减轻企业的社会事务负担。各级社会保险机构要进一步加强基础建设,改进和完善服务与管理工作,不断提高工作效率和服务质量,促进养老保险制度的改革。

十、实行企业化管理的事业单位,原则上按照企业养老保险制度执行。

建立统一的企业职工基本养老保险制度是深化社会保险制度改革的重要步骤,关系改革、发展和稳定的全局。各地区和有关部门要予以高度重视,切实加强领导,精心组织实施。劳动部要会同国家体改委等有关部门加强工作指导和监督检查,及时研究解决工作中遇到的问题,确保本决定的贯彻实施。

国务院关于完善企业职工基本养老保险制度的决定

(2005年12月3日 国发〔2005〕38号)

各省、自治区、直辖市人民政府,国务院各部委、各直属机构:

近年来,各地区和有关部门按照党中央、国务院关于完善企业职工基本养老保险制度的部署和要求,以确保企业离退休人员基本养老金按时足额发放为中心,努力扩大基本养老保险覆盖范围,切实加强基本养老保险基金征缴,积极推进企业退休人员社会化管理服务,各项工作取得明显成效,为促进改革、发展和维护社会稳定发挥了重要作用。但是,随着人口老龄化、就业方式多样化和城市化的发展,现行企业职工基本养老保险制度还存在个人账户没有做实、计发办法不尽合理、覆盖范围不够广泛等不适应的问题,需要加以改革和完善。为此,在充分调查研究和总结东北三省完善城镇社会保障体系试点经验的基础上,国务院对完善企业职工基本养老保险制度作出如下决定:

一、完善企业职工基本养老保险制度的指导思想和主要任务。以邓小平理论和"三个代表"重要思想为指导，认真贯彻党的十六大和十六届三中、四中、五中全会精神，按照落实科学发展观和构建社会主义和谐社会的要求，统筹考虑当前和长远的关系，坚持覆盖广泛、水平适当、结构合理、基金平衡的原则，完善政策，健全机制，加强管理，建立起适合我国国情，实现可持续发展的基本养老保险制度。主要任务是：确保基本养老金按时足额发放，保障离退休人员基本生活；逐步做实个人账户，完善社会统筹与个人账户相结合的基本制度；统一城镇个体工商户和灵活就业人员参保缴费政策，扩大覆盖范围；改革基本养老金计发办法，建立参保缴费的激励约束机制；根据经济发展水平和各方面承受能力，合理确定基本养老金水平；建立多层次养老保险体系，划清中央与地方、政府与企业及个人的责任；加强基本养老保险基金征缴和监管，完善多渠道筹资机制；进一步做好退休人员社会化管理工作，提高服务水平。

二、确保基本养老金按时足额发放。要继续把确保企业离退休人员基本养老金按时足额发放作为首要任务，进一步完善各项政策和工作机制，确保离退休人员基本养老金按时足额发放，不得发生新的基本养老金拖欠，切实保障离退休人员的合法权益。对过去拖欠的基本养老金，各地要根据《中共中央办公厅国务院办公厅关于进一步做好补发拖欠基本养老金和企业调整工资工作的通知》要求，认真加以解决。

三、扩大基本养老保险覆盖范围。城镇各类企业职工、个体工商户和灵活就业人员都要参加企业职工基本养老保险。当前及今后一个时期，要以非公有制企业、城镇个体工商户和灵活就业人员参保工作为重点，扩大基本养老保险覆盖范围。要进一步落实国家有关社会保险补贴政策，帮助就业困难人员参保缴费。城镇个体工商户和灵活就业人员参加基本养老保险的缴费基数为当地上年度在岗职工平均工资，缴费比例为20%，其中8%记入个人账户，退休后按企业职工基本养老金计发办法计发基本养老金。

四、逐步做实个人账户。做实个人账户，积累基本养老保险基金，是应对人口老龄化的重要举措，也是实现企业职工基本养老保险制度可持续发展的重要保证。要继续抓好东北三省做实个人账户试点工作,抓紧研究制订其他地区扩大做实个人账户试点的具体方案,报国务院批准后实施。国家制订个人账户基金管理和投资运营办法,实现保值增值。

五、加强基本养老保险基金征缴与监管。要全面落实《社会保险费征缴暂行条例》的各项规定,严格执行社会保险登记和缴费申报制度,强化社会保险稽核和劳动保障监察执法工作,努力提高征缴率。凡是参加企业职工基本养老保险的单位和个人,都必须按时足额缴纳基本养老保险费;对拒缴、瞒报少缴基本养老保险费的,要依法处理;对欠缴基本养老保险费的,要采取各种措施,加大追缴力度,确保基本养老保险基金应收尽收。各地要按照建立公共财政的要求,积极调整财政支出结构,加大对社会保障的资金投入。

基本养老保险基金要纳入财政专户,实行收支两条线管理,严禁挤占挪用。要制定和完善社会保险基金监督管理的法律法规,实现依法监督。各省、自治区、直辖市人民政府要完善工作机制,保证基金监管制度的顺利实施。要继续发挥审计监督、社会监督和舆论监督的作用,共同维护基金安全。

六、改革基本养老金计发办法。为与做实个人账户相衔接,从2006年1月1日起,个人账户的规模统一由本人缴费工资的11%调整为8%,全部由个人缴费形成,单位缴费不再划入个人账户。同时,进一步完善鼓励职工参保缴费的激励约束机制,相应调整基本养老金计发办法。

《国务院关于建立统一的企业职工基本养老保险制度的决定》(国发〔1997〕26号)实施后参加工作、缴费年限(含视同缴费年限,下同)累计满15年的人员,退休后按月发给基本养老金。基本养老金由基础养老金和个人账户养老金组成。退休时的基础养老金月标准以当地上年度在岗职工月平均工资和本人指数化月平均缴费工资的平均值为基数,缴费每满1年发给1%。个人账户养老金月标准为个人账户储存额除以计发月数,计发月数根据职工退休时城镇人口平均预期寿命、本人退休年龄、利息等因素确定。

国发〔1997〕26号文件实施前参加工作,本决定实施后退休且缴费年限累计满15年的人员,在发给基础养老金和个人账户养老金的基础上,再发给过渡性养老金。各省、自治区、直辖市人民政府要按照待遇水平合理衔接、新老政策平稳过渡的原则,在认真测算的基础上,制订具体的过渡办法,并报劳动保障部、财政部备案。

本决定实施后到达退休年龄但缴费年限累计不满15年的人员,不发给基础养老金;个人账户储存额一次性支付给本人,终止基本养老保险关系。

本决定实施前已经离退休的人员,仍按国家原来的规定发给基本养老金,同时执行基本养老金调整办法。

七、建立基本养老金正常调整机制。根据职工工资和物价变动等情况,国务院适时调整企业退休人员基本养老金水平,调整幅度为省、自治区、直辖市当地企业在岗职工平均工资年增长率的一定比例。各地根据本地实际情况提出具体调整方案,报劳动保障部、财政部审批后实施。

八、加快提高统筹层次。进一步加强省级基金预算管理,明确省、市、县各级人民政府的责任,建立健全省级基金调剂制度,加大基金调剂力度。在完善市级统筹的基础上,尽快提高统筹层次,实现省级统筹,为构建全国统一的劳动力市场和促进人员合理流动创造条件。

九、发展企业年金。为建立多层次的养老保险体系,增强企业的人才竞争能力,更好地保障企业职工退休后的生活,具备条件的企业可为职工建立企业年金。企业年金基金实行完全积累,采取市场化的方式进行管理和运营。要切实做好企业年金基金监管工作,实现规范运作,切实维护企业和职工的利益。

十、做好退休人员社会化管理服务工作。要按照建立独立于企业事业单位之外社会保障体系的要求,继续做好企业退休人员社会化管理工作。要加强街道、社区劳动保障工作平台建设,加快公共老年服务设施和服务网络建设,条件具备的地方,可开展老年护理服务,兴建退休人员公寓,为退休人员提供更多更好的服务,不断提高退休人员的生活质量。

十一、不断提高社会保险管理服务水平。要高度重视社会保险经办能力建设,加快社会保障信息服务网络建设步伐,建立高效运转的经办管理服务体系,把社会保险的政策落到实处。各级社会保险经办机构要完善管理制度,制定技术标准,规范业务流程,实现规范化、信息化和专业化管理。同时,要加强人员培训,提高政治和业务素质,不断提高工作效率和服务质量。

完善企业职工基本养老保险制度是构建社会主义和谐社会的重要内容,事关改革发展稳定的大局。各地区和有关部门要高度重视,加强领导,精心组织实施,研究制订具体的实施意见和办法,并报劳动保障部备案。劳动保障部要会同有关部门加强指导和监督检查,及时研究解决工作中遇到的问题,确保本决定的贯彻实施。

本决定自发布之日起实施,已有规定与本决定不一致的,按本决定执行。

附件:个人账户养老金计发月数表

附件:

个人账户养老金计发月数表

退休年龄	计发月数	退休年龄	计发月数
40	233	56	164
41	230	57	158
42	226	58	152
43	223	59	145
44	220	60	139
45	216	61	132
46	212	62	125
47	208	63	117
48	204	64	109
49	199	65	101
50	195	66	93
51	190	67	84
52	185	68	75
53	180	69	65
54	175	70	56
55	170		

人力资源社会保障部、财政部
关于印发《企业职工基本养老保险病残津贴暂行办法》的通知

（2024年9月27日　人社部发〔2024〕72号）

各省、自治区、直辖市及新疆生产建设兵团人力资源社会保障厅（局）、财政厅（局）：

为保障企业职工基本养老保险参保人员的合法权益，按照党中央、国务院改革和完善养老保险制度的部署和社会保险法要求，我们制定了《企业职工基本养老保险病残津贴暂行办法》。现印发给你们，请结合实际，认真贯彻落实。实施中遇到新情况、新问题，请及时向两部报告。

企业职工基本养老保险病残津贴暂行办法

第一条　为对因病或者非因工致残完全丧失劳动能力（以下简称完全丧失劳动能力）的企业职工基本养老保险（以下简称基本养老保险）参保人员（以下简称参保人员）给予适当帮助，根据《中华人民共和国社会保险法》，制定本办法。

第二条　参保人员达到法定退休年龄前因病或者非因工致残经鉴定为完全丧失劳动能力的，可以申请按月领取病残津贴。

第三条　参保人员申请病残津贴时，累计缴费年限（含视同缴费年限，下同）满领取基本养老金最低缴费年限且距离法定退休年龄5年（含）以内的，病残津贴月标准执行参保人员待遇领取地退休人员基本养老金计发办法，并在国家统一调整基本养老金水平时按待遇领取地退休人员政策同步调整。

领取病残津贴人员达到法定退休年龄时，应办理退休手续，基本养老金不再重新计算。符合弹性提前退休条件的,可申请弹性提前退休。

第四条 参保人员申请病残津贴时,累计缴费年限满领取基本养老金最低缴费年限且距离法定退休年龄5年以上的,病残津贴月标准执行参保人员待遇领取地退休人员基础养老金计发办法,并在国家统一调整基本养老金水平时按照基本养老金全国总体调整比例同步调整。

参保人员距离法定退休年龄5年时,病残津贴重新核算,按第三条规定执行。

第五条 参保人员申请病残津贴时,累计缴费年限不满领取基本养老金最低缴费年限的,病残津贴月标准执行参保人员待遇领取地退休人员基础养老金计发办法,并在国家统一调整基本养老金水平时按照基本养老金全国总体调整比例同步调整。参保人员累计缴费年限不足5年的,支付12个月的病残津贴;累计缴费年限满5年以上的,每多缴费1年(不满1年按1年计算),增加3个月的病残津贴。

第六条 病残津贴所需资金由基本养老保险基金支付。

第七条 参保人员申请领取病残津贴,按国家基本养老保险有关规定确定待遇领取地,并将基本养老保险关系归集至待遇领取地,应在待遇领取地申请领取病残津贴。

第八条 参保人员领取病残津贴期间,不再缴纳基本养老保险费。继续就业并按国家规定缴费的,自恢复缴费次月起,停发病残津贴。

第九条 参保人员领取病残津贴期间死亡的,其遗属待遇按在职人员标准执行。

第十条 申请领取病残津贴人员应持有待遇领取地或最后参保地地级(设区市)以上劳动能力鉴定机构作出的完全丧失劳动能力鉴定结论。完全丧失劳动能力鉴定结论1年内有效。劳动能力鉴定标准和流程按照国家现行鉴定标准和政策执行。因不符合完全丧失劳动能力而不能领取病残津贴的,再次申请劳动能力鉴定应自上次劳动能力鉴定结论作出之日起1年后。劳动能力鉴定所需经费列入同级人力资源社会保障行政部门预算。

第十一条 建立病残津贴领取人员劳动能力复查鉴定制度,由省级人力资源社会保障行政部门负责组织实施。劳动能力鉴定机构提供技术支持,所需经费列入同级人力资源社会保障行政部门预算。经复查鉴定不符合完全丧失劳动能力的,自做出复查鉴定结论的次月起停发病残津贴。对于无正当理由不按时参加复查鉴定的病残津贴领取人员,自告知应复查鉴定的60日后暂停发放病残津贴,经复查鉴定为完全丧失劳动能力的,恢复其病残津贴,自暂停发放之日起补发。具体办法另行制定。

第十二条 省级人力资源社会保障行政部门负责病残津贴领取资格审核确定,可委托地市级人力资源社会保障行政部门进行初审。审核通过后符合领取条件的人员,从本人申请的次月发放病残津贴,通过参保人员社会保障卡银行账户发放。在做出正式审核决定前,需经过参保人员本人工作或生活场所及人力资源社会保障部门政府网站进行不少于5个工作日的公示,并告知本人相关政策及权益。

第十三条 以欺诈、伪造证明材料或者其他手段骗取病残津贴的,由人力资源社会保障行政部门责令退回,并按照有关法律规定追究相关人员责任。

第十四条 本办法自2025年1月1日起实施。各地区企业职工因病或非因工完全丧失劳动能力退休和退职政策从本办法实施之日起停止执行。本办法实施前,参保人员已按规定领取病退、退职待遇,本办法实施后原则上继续领取相关待遇。

失业保险条例

(1998年12月26日国务院第11次常务会议通过 1999年1月22日国务院令第258号发布 自发布之日起施行)

第一章 总 则

第一条 为了保障失业人员失业期间的基本生活,促进其再就业,制定本条例。

第二条 城镇企业事业单位、城镇企业事业单位职工依照本条例的规定,缴纳失业保险费。

城镇企业事业单位失业人员依照本条例的规定,享受失业保险待遇。

本条所称城镇企业,是指国有企业、城镇集体企业、外商投资企业、城镇私营企业以及其他城镇企业。

第三条 国务院劳动保障行政部门主管全国的失业保险工作。县级以上地方各级人民政府劳动保障行政部门主管本行政区域内的失业保险工作。劳动保障行政部门按照国务院规定设立的经办失业保险业务的社会保险经办机构依照本条例的规定,具体承办失业保险工作。

第四条 失业保险费按照国家有关规定征缴。

第二章 失业保险基金

第五条 失业保险基金由下列各项构成:

(一)城镇企业事业单位、城镇企业事业单位职工缴纳的失业保险费;

(二)失业保险基金的利息;

(三)财政补贴;

(四)依法纳入失业保障基金的其他资金。

第六条 城镇企业事业单位按照本单位工资总额的百分之二缴纳失业保险费。城镇企业事业单位职工按照本人工资的百分之一缴纳失业保险费。城镇企业事业单位招用的农民合同制工人本人不缴纳失业保险费。

第七条 失业保险基金在直辖市和设区的市实行全市统筹;其他地区的统筹层次由省、自治区人民政府规定。

第八条 省、自治区可以建立失业保险调剂金。

失业保险调剂金以统筹地区依法应当征收的失业保险费为基数,按照省、自治区人民政府规定的比例筹集。

统筹地区的失业保险基金不敷使用时,由失业保险调剂金调剂、地方财政补贴。

失业保险调剂金的筹集、调剂使用以及地方财政补贴的具体办法,由省、自治区人民政府规定。

第九条 省、自治区、直辖市人民政府根据本行政区域失业人员数量和失业保险基金数额,报经国务院批准,可以适当调整本行政区域失业保险费的费率。

第十条 失业保险基金用于下列支出:

(一)失业保险金;

(二)领取失业保险金期间的医疗补助金;

(三)领取失业保险金期间死亡的失业人员的丧葬补助金和其供养的配偶、直系亲属的抚恤金;

(四)领取失业保险金期间接受职业培训、职业介绍的补贴,补贴的办法和标准由省、自治区、直辖市人民政府规定;

(五)国务院规定或者批准的与失业保险有关的其他费用。

第十一条 失业保险基金必须存入财政部门在国有商业银行开设的社会保障基金财政专户,实行收支两条线管理,由财政部门依法进行监督。

存入银行和按照国家规定购买国债的失业保险基金,分别按照城乡居民同期存款利率和国债利息计息。失业保险基金的利息并入失业保险基金。

失业保险基金专款专用,不得挪作他用,不得用于平衡财政收支。

第十二条 失业保险基金收支的预算、决算,由统筹地区社会保险经办机构编制,经同级劳动保障行政部门复核、同级财政部门审核,报同级人民政府审批。

第十三条 失业保险基金的财务制度和会计制度按照国家有关规定执行。

第三章 失业保险待遇

第十四条 具备下列条件的失业人员,可以领取失业保险金:

(一)按照规定参加失业保险,所在单位和本人已按照规定履行缴费义务满1年的;

（二）非因本人意愿中断就业的；

（三）已办理失业登记，并有求职要求的。

失业人员在领取失业保险金期间，按照规定同时享受其他失业保险待遇。

第十五条　失业人员在领取失业保险金期间有下列情形之一的，停止领取失业保险金，并同时停止享受其他失业保险待遇：

（一）重新就业的；

（二）应征服兵役的；

（三）移居境外的；

（四）享受基本养老保险待遇的；

（五）被判刑收监执行或者被劳动教养的；

（六）无正当理由，拒不接受当地人民政府指定的部门或者机构介绍的工作的；

（七）有法律、行政法规规定的其他情形的。

第十六条　城镇企业事业单位应当及时为失业人员出具终止或者解除劳动关系的证明，告知其按照规定享受失业保险待遇的权利，并将失业人员的名单自终止或者解除劳动关系之日起 7 日内报社会保险经办机构备案。

城镇企业事业单位职工失业后，应当持本单位为其出具的终止或者解除劳动关系的证明，及时到指定的社会保险经办机构办理失业登记。失业保险金自办理失业登记之日起计算。

失业保险金由社会保险经办机构按月发放。社会保险经办机构为失业人员开具领取失业保险金的单证，失业人员凭单证到指定银行领取失业保险金。

第十七条　失业人员失业前所在单位和本人按照规定累计缴费时间满 1 年不足 5 年的，领取失业保险金的期限最长为 12 个月；累计缴费时间满 5 年不足 10 年的，领取失业保险金的期限最长为 18 个月；累计缴费时间 10 年以上的，领取失业保险金的期限最长为 24 个月。重新就业后，再次失业的，缴费时间重新计算，领取失业保险金的期限可以与前次失业应领取而尚未领取的失业保险金的期限合并计算，但是最长不得超过 24 个月。

第十八条 失业保险金的标准,按照低于当地最低工资标准、高于城市居民最低生活保障标准的水平,由省、自治区、直辖市人民政府确定。

第十九条 失业人员在领取失业保险金期间患病就医的,可以按照规定向社会保险经办机构申请领取医疗补助金。医疗补助金的标准由省、自治区、直辖市人民政府规定。

第二十条 失业人员在领取失业保险金期间死亡的,参照当地对在职职工的规定,对其家属一次性发给丧葬补助金和抚恤金。

第二十一条 单位招用的农民合同制工人连续工作满1年,本单位并已缴纳失业保险费,劳动合同期满未续订或者提前解除劳动合同的,由社会保险经办机构根据其工作时间长短,对其支付一次性生活补助。补助的办法和标准由省、自治区、直辖市人民政府规定。

第二十二条 城镇企业事业单位成建制跨统筹地区转移,失业人员跨统筹地区流动的,失业保险关系随之转迁。

第二十三条 失业人员符合城市居民最低生活保障条件的,按照规定享受城市居民最低生活保障待遇。

第四章 管理和监督

第二十四条 劳动保障行政部门管理失业保险工作,履行下列职责:

(一)贯彻实施失业保险法律、法规;

(二)指导社会保险经办机构的工作;

(三)对失业保险费的征收和失业保险待遇的支付进行监督检查。

第二十五条 社会保险经办机构具体承办失业保险工作,履行下列职责:

(一)负责失业人员的登记、调查、统计;

(二)按照规定负责失业保险基金的管理;

(三)按照规定核定失业保险待遇,开具失业人员在指定银行领取失业保险金和其他补助金的单证;

(四)拨付失业人员职业培训、职业介绍补贴费用;

(五)为失业人员提供免费咨询服务;

（六）国家规定由其履行的其他职责。

第二十六条 财政部门和审计部门依法对失业保险基金的收支、管理情况进行监督。

第二十七条 社会保险经办机构所需经费列入预算，由财政拨付。

第五章 罚 则

第二十八条 不符合享受失业保险待遇条件，骗取失业保险金和其他失业保险待遇的，由社会保险经办机构责令退还；情节严重的，由劳动保障行政部门处骗取金额1倍以上3倍以下的罚款。

第二十九条 社会保险经办机构工作人员违反规定向失业人员开具领取失业保险金或者享受其他失业保险待遇单证，致使失业保险基金损失的，由劳动保障行政部门责令追回；情节严重的，依法给予行政处分。

第三十条 劳动保障行政部门和社会保险经办机构的工作人员滥用职权、徇私舞弊、玩忽职守，造成失业保险基金损失的，由劳动保障行政部门追回损失的失业保险基金；构成犯罪的，依法追究刑事责任；尚不构成犯罪的，依法给予行政处分。

第三十一条 任何单位、个人挪用失业保险基金的，追回挪用的失业保险基金；有违法所得的，没收违法所得，并入失业保险基金；构成犯罪的，依法追究刑事责任；尚不构成犯罪的，对直接负责的主管人员和其他直接责任人员依法给予行政处分。

第六章 附 则

第三十二条 省、自治区、直辖市人民政府根据当地实际情况，可以决定本条例适用于本行政区域内的社会团体及其专职人员、民办非企业单位及其职工、有雇工的城镇个体工商户及其雇工。

第三十三条 本条例自发布之日起施行。1993年4月12日国务院发布的《国有企业职工待业保险规定》同时废止。

住房公积金管理条例

(1999年4月3日国务院令第262号发布 根据2002年3月24日《国务院关于修改〈住房公积金管理条例〉的决定》第一次修订 根据2019年3月24日《国务院关于修改部分行政法规的决定》第二次修订)

第一章 总 则

第一条 为了加强对住房公积金的管理,维护住房公积金所有者的合法权益,促进城镇住房建设,提高城镇居民的居住水平,制定本条例。

第二条 本条例适用于中华人民共和国境内住房公积金的缴存、提取、使用、管理和监督。

本条例所称住房公积金,是指国家机关、国有企业、城镇集体企业、外商投资企业、城镇私营企业及其他城镇企业、事业单位、民办非企业单位、社会团体(以下统称单位)及其在职职工缴存的长期住房储金。

第三条 职工个人缴存的住房公积金和职工所在单位为职工缴存的住房公积金,属于职工个人所有。

第四条 住房公积金的管理实行住房公积金管理委员会决策、住房公积金管理中心运作、银行专户存储、财政监督的原则。

第五条 住房公积金应当用于职工购买、建造、翻建、大修自住住房,任何单位和个人不得挪作他用。

第六条 住房公积金的存、贷利率由中国人民银行提出,经征求国务院建设行政主管部门的意见后,报国务院批准。

第七条 国务院建设行政主管部门会同国务院财政部门、中国人民银行拟定住房公积金政策,并监督执行。

省、自治区人民政府建设行政主管部门会同同级财政部门以及中国人民银行分支机构,负责本行政区域内住房公积金管理法规、政策执行情况的监督。

第二章 机构及其职责

第八条 直辖市和省、自治区人民政府所在地的市以及其他设区的市(地、州、盟),应当设立住房公积金管理委员会,作为住房公积金管理的决策机构。住房公积金管理委员会的成员中,人民政府负责人和建设、财政、人民银行等有关部门负责人以及有关专家占1/3,工会代表和职工代表占1/3,单位代表占1/3。

住房公积金管理委员会主任应当由具有社会公信力的人士担任。

第九条 住房公积金管理委员会在住房公积金管理方面履行下列职责:

(一)依据有关法律、法规和政策,制定和调整住房公积金的具体管理措施,并监督实施;

(二)根据本条例第十八条的规定,拟订住房公积金的具体缴存比例;

(三)确定住房公积金的最高贷款额度;

(四)审批住房公积金归集、使用计划;

(五)审议住房公积金增值收益分配方案;

(六)审批住房公积金归集、使用计划执行情况的报告。

第十条 直辖市和省、自治区人民政府所在地的市以及其他设区的市(地、州、盟)应当按照精简、效能的原则,设立一个住房公积金管理中心,负责住房公积金的管理运作。县(市)不设立住房公积金管理中心。

前款规定的住房公积金管理中心可以在有条件的县(市)设立分支机构。住房公积金管理中心与其分支机构应当实行统一的规章制度,进行统一核算。

住房公积金管理中心是直属城市人民政府的不以营利为目的的独立的事业单位。

第十一条 住房公积金管理中心履行下列职责:

(一)编制、执行住房公积金的归集、使用计划;

（二）负责记载职工住房公积金的缴存、提取、使用等情况；

（三）负责住房公积金的核算；

（四）审批住房公积金的提取、使用；

（五）负责住房公积金的保值和归还；

（六）编制住房公积金归集、使用计划执行情况的报告；

（七）承办住房公积金管理委员会决定的其他事项。

第十二条 住房公积金管理委员会应当按照中国人民银行的有关规定，指定受委托办理住房公积金金融业务的商业银行（以下简称受委托银行）；住房公积金管理中心应当委托受委托银行办理住房公积金贷款、结算等金融业务和住房公积金账户的设立、缴存、归还等手续。

住房公积金管理中心应当与受委托银行签订委托合同。

第三章　缴　　存

第十三条 住房公积金管理中心应当在受委托银行设立住房公积金专户。

单位应当向住房公积金管理中心办理住房公积金缴存登记，并为本单位职工办理住房公积金账户设立手续。每个职工只能有一个住房公积金账户。

住房公积金管理中心应当建立职工住房公积金明细账，记载职工个人住房公积金的缴存、提取等情况。

第十四条 新设立的单位应当自设立之日起 30 日内向住房公积金管理中心办理住房公积金缴存登记，并自登记之日起 20 日内，为本单位职工办理住房公积金账户设立手续。

单位合并、分立、撤销、解散或者破产的，应当自发生上述情况之日起 30 日内由原单位或者清算组织向住房公积金管理中心办理变更登记或者注销登记，并自办妥变更登记或者注销登记之日起 20 日内，为本单位职工办理住房公积金账户转移或者封存手续。

第十五条 单位录用职工的，应当自录用之日起 30 日内向住房公积金管理中心办理缴存登记，并办理职工住房公积金账户的设立或者转移手续。

单位与职工终止劳动关系的,单位应当自劳动关系终止之日起30日内向住房公积金管理中心办理变更登记,并办理职工住房公积金账户转移或者封存手续。

第十六条　职工住房公积金的月缴存额为职工本人上一年度月平均工资乘以职工住房公积金缴存比例。

单位为职工缴存的住房公积金的月缴存额为职工本人上一年度月平均工资乘以单位住房公积金缴存比例。

第十七条　新参加工作的职工从参加工作的第二个月开始缴存住房公积金,月缴存额为职工本人当月工资乘以职工住房公积金缴存比例。

单位新调入的职工从调入单位发放工资之日起缴存住房公积金,月缴存额为职工本人当月工资乘以职工住房公积金缴存比例。

第十八条　职工和单位住房公积金的缴存比例均不得低于职工上一年度月平均工资的5%;有条件的城市,可以适当提高缴存比例。具体缴存比例由住房公积金管理委员会拟订,经本级人民政府审核后,报省、自治区、直辖市人民政府批准。

第十九条　职工个人缴存的住房公积金,由所在单位每月从其工资中代扣代缴。

单位应当于每月发放职工工资之日起5日内将单位缴存的和为职工代缴的住房公积金汇缴到住房公积金专户内,由受委托银行计入职工住房公积金账户。

第二十条　单位应当按时、足额缴存住房公积金,不得逾期缴存或者少缴。

对缴存住房公积金确有困难的单位,经本单位职工代表大会或者工会讨论通过,并经住房公积金管理中心审核,报住房公积金管理委员会批准后,可以降低缴存比例或者缓缴;待单位经济效益好转后,再提高缴存比例或者补缴缓缴。

第二十一条　住房公积金自存入职工住房公积金账户之日起按照国家规定的利率计息。

第二十二条　住房公积金管理中心应当为缴存住房公积金的职工发放缴存住房公积金的有效凭证。

第二十三条 单位为职工缴存的住房公积金,按照下列规定列支:

(一)机关在预算中列支;

(二)事业单位由财政部门核定收支后,在预算或者费用中列支;

(三)企业在成本中列支。

第四章 提取和使用

第二十四条 职工有下列情形之一的,可以提取职工住房公积金账户内的存储余额:

(一)购买、建造、翻建、大修自住住房的;

(二)离休、退休的;

(三)完全丧失劳动能力,并与单位终止劳动关系的;

(四)出境定居的;

(五)偿还购房贷款本息的;

(六)房租超出家庭工资收入的规定比例的。

依照前款第(二)、(三)、(四)项规定,提取职工住房公积金的,应当同时注销职工住房公积金账户。

职工死亡或者被宣告死亡的,职工的继承人、受遗赠人可以提取职工住房公积金账户内的存储余额;无继承人也无受遗赠人的,职工住房公积金账户内的存储余额纳入住房公积金的增值收益。

第二十五条 职工提取住房公积金账户内的存储余额的,所在单位应当予以核实,并出具提取证明。

职工应当持提取证明向住房公积金管理中心申请提取住房公积金。住房公积金管理中心应当自受理申请之日起3日内作出准予提取或者不准提取的决定,并通知申请人;准予提取的,由受委托银行办理支付手续。

第二十六条 缴存住房公积金的职工,在购买、建造、翻建、大修自住住房时,可以向住房公积金管理中心申请住房公积金贷款。

住房公积金管理中心应当自受理申请之日起15日内作出准予贷款或者不准贷款的决定,并通知申请人;准予贷款的,由受委托银行办理贷款手续。

住房公积金贷款的风险,由住房公积金管理中心承担。

第二十七条 申请人申请住房公积金贷款的,应当提供担保。

第二十八条 住房公积金管理中心在保证住房公积金提取和贷款的前提下,经住房公积金管理委员会批准,可以将住房公积金用于购买国债。

住房公积金管理中心不得向他人提供担保。

第二十九条 住房公积金的增值收益应当存入住房公积金管理中心在受委托银行开立的住房公积金增值收益专户,用于建立住房公积金贷款风险准备金、住房公积金管理中心的管理费用和建设城市廉租住房的补充资金。

第三十条 住房公积金管理中心的管理费用,由住房公积金管理中心按照规定的标准编制全年预算支出总额,报本级人民政府财政部门批准后,从住房公积金增值收益中上交本级财政,由本级财政拨付。

住房公积金管理中心的管理费用标准,由省、自治区、直辖市人民政府建设行政主管部门会同同级财政部门按照略高于国家规定的事业单位费用标准制定。

第五章 监 督

第三十一条 地方有关人民政府财政部门应当加强对本行政区域内住房公积金归集、提取和使用情况的监督,并向本级人民政府的住房公积金管理委员会通报。

住房公积金管理中心在编制住房公积金归集、使用计划时,应当征求财政部门的意见。

住房公积金管理委员会在审批住房公积金归集、使用计划和计划执行情况的报告时,必须有财政部门参加。

第三十二条 住房公积金管理中心编制的住房公积金年度预算、决算,应当经财政部门审核后,提交住房公积金管理委员会审议。

住房公积金管理中心应当每年定期向财政部门和住房公积金管理委员会报送财务报告,并将财务报告向社会公布。

第三十三条 住房公积金管理中心应当依法接受审计部门的审计监督。

第三十四条　住房公积金管理中心和职工有权督促单位按时履行下列义务：

（一）住房公积金的缴存登记或者变更、注销登记；

（二）住房公积金账户的设立、转移或者封存；

（三）足额缴存住房公积金。

第三十五条　住房公积金管理中心应当督促受委托银行及时办理委托合同约定的业务。

受委托银行应当按照委托合同的约定，定期向住房公积金管理中心提供有关的业务资料。

第三十六条　职工、单位有权查询本人、本单位住房公积金的缴存、提取情况，住房公积金管理中心、受委托银行不得拒绝。

职工、单位对住房公积金账户内的存储余额有异议的，可以申请受委托银行复核；对复核结果有异议的，可以申请住房公积金管理中心重新复核。受委托银行、住房公积金管理中心应当自收到申请之日起5日内给予书面答复。

职工有权揭发、检举、控告挪用住房公积金的行为。

第六章　罚　　则

第三十七条　违反本条例的规定，单位不办理住房公积金缴存登记或者不为本单位职工办理住房公积金账户设立手续的，由住房公积金管理中心责令限期办理；逾期不办理的，处1万元以上5万元以下的罚款。

第三十八条　违反本条例的规定，单位逾期不缴或者少缴住房公积金的，由住房公积金管理中心责令限期缴存；逾期仍不缴存的，可以申请人民法院强制执行。

第三十九条　住房公积金管理委员会违反本条例规定审批住房公积金使用计划的，由国务院建设行政主管部门会同国务院财政部门或者由省、自治区人民政府建设行政主管部门会同同级财政部门，依据管理职权责令限期改正。

第四十条　住房公积金管理中心违反本条例规定，有下列行为之一的，由国务院建设行政主管部门或者省、自治区人民政府建设行政

主管部门依据管理职权,责令限期改正;对负有责任的主管人员和其他直接责任人员,依法给予行政处分:

(一)未按照规定设立住房公积金专户的;

(二)未按照规定审批职工提取、使用住房公积金的;

(三)未按照规定使用住房公积金增值收益的;

(四)委托住房公积金管理委员会指定的银行以外的机构办理住房公积金金融业务的;

(五)未建立职工住房公积金明细账的;

(六)未为缴存住房公积金的职工发放缴存住房公积金的有效凭证的;

(七)未按照规定用住房公积金购买国债的。

第四十一条 违反本条例规定,挪用住房公积金的,由国务院建设行政主管部门或者省、自治区人民政府建设行政主管部门依据管理职权,追回挪用的住房公积金,没收违法所得;对挪用或者批准挪用住房公积金的人民政府负责人和政府有关部门负责人以及住房公积金管理中心负有责任的主管人员和其他直接责任人员,依照刑法关于挪用公款罪或者其他罪的规定,依法追究刑事责任;尚不够刑事处罚的,给予降级或者撤职的行政处分。

第四十二条 住房公积金管理中心违反财政法规的,由财政部门依法给予行政处罚。

第四十三条 违反本条例规定,住房公积金管理中心向他人提供担保的,对直接负责的主管人员和其他直接责任人员依法给予行政处分。

第四十四条 国家机关工作人员在住房公积金监督管理工作中滥用职权、玩忽职守、徇私舞弊,构成犯罪的,依法追究刑事责任;尚不构成犯罪的,依法给予行政处分。

第七章 附 则

第四十五条 住房公积金财务管理和会计核算的办法,由国务院财政部门商国务院建设行政主管部门制定。

第四十六条 本条例施行前尚未办理住房公积金缴存登记和职

工住房公积金账户设立手续的单位,应当自本条例施行之日起 60 日内到住房公积金管理中心办理缴存登记,并到受委托银行办理职工住房公积金账户设立手续。

第四十七条 本条例自发布之日起施行。

企业年金办法

(2017 年 12 月 18 日人力资源和社会保障部、财政部令第 36 号公布 自 2018 年 2 月 1 日起施行)

第一章 总 则

第一条 为建立多层次的养老保险制度,推动企业年金发展,更好地保障职工退休后的生活,根据《中华人民共和国劳动法》、《中华人民共和国劳动合同法》、《中华人民共和国社会保险法》、《中华人民共和国信托法》和国务院有关规定,制定本办法。

第二条 本办法所称企业年金,是指企业及其职工在依法参加基本养老保险的基础上,自主建立的补充养老保险制度。国家鼓励企业建立企业年金。建立企业年金,应当按照本办法执行。

第三条 企业年金所需费用由企业和职工个人共同缴纳。企业年金基金实行完全积累,为每个参加企业年金的职工建立个人账户,按照国家有关规定投资运营。企业年金基金投资运营收益并入企业年金基金。

第四条 企业年金有关税收和财务管理,按照国家有关规定执行。

第五条 企业和职工建立企业年金,应当确定企业年金受托人,由企业代表委托人与受托人签订受托管理合同。受托人可以是符合国家规定的法人受托机构,也可以是企业按照国家有关规定成立的企业年金理事会。

第二章　企业年金方案的订立、变更和终止

第六条　企业和职工建立企业年金,应当依法参加基本养老保险并履行缴费义务,企业具有相应的经济负担能力。

第七条　建立企业年金,企业应当与职工一方通过集体协商确定,并制定企业年金方案。企业年金方案应当提交职工代表大会或者全体职工讨论通过。

第八条　企业年金方案应当包括以下内容:

(一)参加人员;

(二)资金筹集与分配的比例和办法;

(三)账户管理;

(四)权益归属;

(五)基金管理;

(六)待遇计发和支付方式;

(七)方案的变更和终止;

(八)组织管理和监督方式;

(九)双方约定的其他事项。

企业年金方案适用于企业试用期满的职工。

第九条　企业应当将企业年金方案报送所在地县级以上人民政府人力资源社会保障行政部门。

中央所属企业的企业年金方案报送人力资源社会保障部。

跨省企业的企业年金方案报送其总部所在地省级人民政府人力资源社会保障行政部门。

省内跨地区企业的企业年金方案报送其总部所在地设区的市级以上人民政府人力资源社会保障行政部门。

第十条　人力资源社会保障行政部门自收到企业年金方案文本之日起15日内未提出异议的,企业年金方案即行生效。

第十一条　企业与职工一方可以根据本企业情况,按照国家政策规定,经协商一致,变更企业年金方案。变更后的企业年金方案应当经职工代表大会或者全体职工讨论通过,并重新报送人力资源社会保障行政部门。

第十二条 有下列情形之一的,企业年金方案终止:

(一)企业因依法解散、被依法撤销或者被依法宣告破产等原因,致使企业年金方案无法履行的;

(二)因不可抗力等原因致使企业年金方案无法履行的;

(三)企业年金方案约定的其他终止条件出现的。

第十三条 企业应当在企业年金方案变更或者终止后10日内报告人力资源社会保障行政部门,并通知受托人。企业应当在企业年金方案终止后,按国家有关规定对企业年金基金进行清算,并按照本办法第四章相关规定处理。

第三章 企业年金基金筹集

第十四条 企业年金基金由下列各项组成:

(一)企业缴费;

(二)职工个人缴费;

(三)企业年金基金投资运营收益。

第十五条 企业缴费每年不超过本企业职工工资总额的8%。企业和职工个人缴费合计不超过本企业职工工资总额的12%。具体所需费用,由企业和职工一方协商确定。

职工个人缴费由企业从职工个人工资中代扣代缴。

第十六条 实行企业年金后,企业如遇到经营亏损、重组并购等当期不能继续缴费的情况,经与职工一方协商,可以中止缴费。不能继续缴费的情况消失后,企业和职工恢复缴费,并可以根据本企业实际情况,按照中止缴费时的企业年金方案予以补缴。补缴的年限和金额不得超过实际中止缴费的年限和金额。

第四章 账户管理

第十七条 企业缴费应当按照企业年金方案确定的比例和办法计入职工企业年金个人账户,职工个人缴费计入本人企业年金个人账户。

第十八条 企业应当合理确定本单位当期缴费计入职工企业年金个人账户的最高额与平均额的差距。企业当期缴费计入职工企业年金个人账户的最高额与平均额不得超过 5 倍。

第十九条　职工企业年金个人账户中个人缴费及其投资收益自始归属于职工个人。

职工企业年金个人账户中企业缴费及其投资收益,企业可以与职工一方约定其自始归属于职工个人,也可以约定随着职工在本企业工作年限的增加逐步归属于职工个人,完全归属于职工个人的期限最长不超过 8 年。

第二十条　有下列情形之一的,职工企业年金个人账户中企业缴费及其投资收益完全归属于职工个人:

(一)职工达到法定退休年龄、完全丧失劳动能力或者死亡的;

(二)有本办法第十二条规定的企业年金方案终止情形之一的;

(三)非因职工过错企业解除劳动合同的,或者因企业违反法律规定职工解除劳动合同的;

(四)劳动合同期满,由于企业原因不再续订劳动合同的;

(五)企业年金方案约定的其他情形。

第二十一条　企业年金暂时未分配至职工企业年金个人账户的企业缴费及其投资收益,以及职工企业年金个人账户中未归属于职工个人的企业缴费及其投资收益,计入企业年金企业账户。

企业年金企业账户中的企业缴费及其投资收益应当按照企业年金方案确定的比例和办法计入职工企业年金个人账户。

第二十二条　职工变动工作单位时,新就业单位已经建立企业年金或者职业年金的,原企业年金个人账户权益应当随同转入新就业单位企业年金或者职业年金。

职工新就业单位没有建立企业年金或者职业年金的,或者职工升学、参军、失业期间,原企业年金个人账户可以暂时由原管理机构继续管理,也可以由法人受托机构发起的集合计划设置的保留账户暂时管理;原受托人是企业年金理事会的,由企业与职工协商选择法人受托机构管理。

第二十三条　企业年金方案终止后,职工原企业年金个人账户由法人受托机构发起的集合计划设置的保留账户暂时管理;原受托人是企业年金理事会的,由企业与职工一方协商选择法人受托机构管理。

第五章　企业年金待遇

第二十四条　符合下列条件之一的,可以领取企业年金:

(一)职工在达到国家规定的退休年龄或者完全丧失劳动能力时,可以从本人企业年金个人账户中按月、分次或者一次性领取企业年金,也可以将本人企业年金个人账户资金全部或者部分购买商业养老保险产品,依据保险合同领取待遇并享受相应的继承权;

(二)出国(境)定居人员的企业年金个人账户资金,可以根据本人要求一次性支付给本人;

(三)职工或者退休人员死亡后,其企业年金个人账户余额可以继承。

第二十五条　未达到上述企业年金领取条件之一的,不得从企业年金个人账户中提前提取资金。

第六章　管　理　监　督

第二十六条　企业成立企业年金理事会作为受托人的,企业年金理事会应当由企业和职工代表组成,也可以聘请企业以外的专业人员参加,其中职工代表应不少于三分之一。

企业年金理事会除管理本企业的企业年金事务之外,不得从事其他任何形式的营业性活动。

第二十七条　受托人应当委托具有企业年金管理资格的账户管理人、投资管理人和托管人,负责企业年金基金的账户管理、投资运营和托管。

第二十八条　企业年金基金应当与委托人、受托人、账户管理人、投资管理人、托管人和其他为企业年金基金管理提供服务的自然人、法人或者其他组织的自有资产或者其他资产分开管理,不得挪作其他用途。

企业年金基金管理应当执行国家有关规定。

第二十九条　县级以上人民政府人力资源社会保障行政部门负责对本办法的执行情况进行监督检查。对违反本办法的,由人力资源社会保障行政部门予以警告,责令改正。

第三十条 因订立或者履行企业年金方案发生争议的,按照国家有关集体合同的规定执行。

因履行企业年金基金管理合同发生争议的,当事人可以依法申请仲裁或者提起诉讼。

第七章 附 则

第三十一条 参加企业职工基本养老保险的其他用人单位及其职工建立补充养老保险的,参照本办法执行。

第三十二条 本办法自2018年2月1日起施行。原劳动和社会保障部2004年1月6日发布的《企业年金试行办法》同时废止。

本办法施行之日已经生效的企业年金方案,与本办法规定不一致的,应当在本办法施行之日起1年内变更。

机关事业单位职业年金办法

(2015年3月27日　国办发〔2015〕18号)

第一条 为建立多层次养老保险体系,保障机关事业单位工作人员退休后的生活水平,促进人力资源合理流动,根据《国务院关于机关事业单位工作人员养老保险制度改革的决定》(国发〔2015〕2号)等相关规定,制定本办法。

第二条 本办法所称职业年金,是指机关事业单位及其工作人员在参加机关事业单位基本养老保险的基础上,建立的补充养老保险制度。

第三条 本办法适用的单位和工作人员范围与参加机关事业单位基本养老保险的范围一致。

第四条 职业年金所需费用由单位和工作人员个人共同承担。单位缴纳职业年金费用的比例为本单位工资总额的8%,个人缴费比例为本人缴费工资的4%,由单位代扣。单位和个人缴费基数与机关事业单位工作人员基本养老保险缴费基数一致。

根据经济社会发展状况,国家适时调整单位和个人职业年金缴费的比例。

第五条 职业年金基金由下列各项组成:

(一)单位缴费;

(二)个人缴费;

(三)职业年金基金投资运营收益;

(四)国家规定的其他收入。

第六条 职业年金基金采用个人账户方式管理。个人缴费实行实账积累。对财政全额供款的单位,单位缴费根据单位提供的信息采取记账方式,每年按照国家统一公布的记账利率计算利息,工作人员退休前,本人职业年金账户的累计储存额由同级财政拨付资金记实;对非财政全额供款的单位,单位缴费实行实账积累。实账积累形成的职业年金基金,实行市场化投资运营,按实际收益计息。

职业年金基金投资管理应当遵循谨慎、分散风险的原则,保证职业年金基金的安全性、收益性和流动性。职业年金基金的具体投资管理办法由人力资源社会保障部、财政部会同有关部门另行制定。

第七条 单位缴费按照个人缴费基数的8%计入本人职业年金个人账户;个人缴费直接计入本人职业年金个人账户。

职业年金基金投资运营收益,按规定计入职业年金个人账户。

第八条 工作人员变动工作单位时,职业年金个人账户资金可以随同转移。工作人员升学、参军、失业期间或新就业单位没有实行职业年金或企业年金制度的,其职业年金个人账户由原管理机构继续管理运营。新就业单位已建立职业年金或企业年金制度的,原职业年金个人账户资金随同转移。

第九条 符合下列条件之一的可以领取职业年金:

(一)工作人员在达到国家规定的退休条件并依法办理退休手续后,由本人选择按月领取职业年金待遇的方式。可一次性用于购买商业养老保险产品,依据保险契约领取待遇并享受相应的继承权;可选择按照本人退休时对应的计发月数计发职业年金月待遇标准,发完为止,同时职业年金个人账户余额享有继承权。本人选择任一领取方式后不再更改。

（二）出国（境）定居人员的职业年金个人账户资金,可根据本人要求一次性支付给本人。

（三）工作人员在职期间死亡的,其职业年金个人账户余额可以继承。

未达到上述职业年金领取条件之一的,不得从个人账户中提前提取资金。

第十条 职业年金有关税收政策,按照国家有关法律法规和政策的相关规定执行。

第十一条 职业年金的经办管理工作,由各级社会保险经办机构负责。

第十二条 职业年金基金应当委托具有资格的投资运营机构作为投资管理人,负责职业年金基金的投资运营;应当选择具有资格的商业银行作为托管人,负责托管职业年金基金。委托关系确定后,应当签订书面合同。

第十三条 职业年金基金必须与投资管理人和托管人的自有资产或其他资产分开管理,保证职业年金财产独立性,不得挪作其他用途。

第十四条 县级以上各级人民政府人力资源社会保障行政部门、财政部门负责对本办法的执行情况进行监督检查。对违反本办法规定的,由人力资源社会保障行政部门和财政部门予以警告,责令改正。

第十五条 因执行本办法发生争议的,工作人员可按照国家有关法律、法规提请仲裁或者申诉。

第十六条 本办法自 2014 年 10 月 1 日起实施。已有规定与本办法不一致的,按照本办法执行。

第十七条 本办法由人力资源社会保障部、财政部负责解释。

人力资源社会保障部、财政部关于做好国有企业津贴补贴和福利管理工作的通知

（2023年2月16日　人社部发〔2023〕13号）

各省、自治区、直辖市及新疆生产建设兵团人力资源社会保障厅（局）、财政厅（局），中央和国家机关有关部委、直属机构，全国人大常委会办公厅，全国政协办公厅，国家监委，最高人民法院，最高人民检察院，有关民主党派中央，有关人民团体：

为贯彻落实党的二十大精神，进一步深化国有企业工资分配制度改革，规范收入分配秩序，按照党中央、国务院关于深化中央企业负责人薪酬制度改革意见和《国务院关于改革国有企业工资决定机制的意见》（国发〔2018〕16号）有关规定，现就做好国有企业津贴补贴和福利管理工作通知如下：

一、加强津贴补贴管理

企业应按照国家法律和行政法规，党中央、国务院制定或批准的规范性文件以及本通知规定（以下简称国家规定），结合实际制定完善津贴补贴制度。制度内容包括津贴补贴项目名称、适用范围、确定程序、发放标准、监督办法等。

企业应结合实际不断优化调整津贴补贴设置，除国家规定明确要求必须设置的项目外，减少一般性津贴补贴设置，鼓励在技术技能和一线艰苦岗位设置科技专项津贴、技能津贴、高温津贴等津贴补贴。

企业应合理确定津贴补贴项目水平，国家对津贴补贴项目水平有明确规定的，按照规定确定项目水平；国家没有明确规定的，应根据项目的功能，参照当地物价水平、同类项目市场水平、社会平均工资，并结合本企业职工工资水平、企业承受力等因素合理确定。

企业津贴补贴统一纳入工资总额管理并在应付职工薪酬中列支，不得以代金券或按人按标准报销等形式在工资总额外变相设置或发放。

二、规范福利管理

企业应按照国家规定并结合实际制定完善福利制度,明确福利项目名称、适用范围、确定程序、发放标准、监督办法等。

国家规定的福利项目主要包括:

(一)丧葬补助费、抚恤金、独生子女费、职工异地安家费、探亲假路费、防暑降温费、离退休人员统筹外费用等对职工出现特定情形的补偿性福利。

(二)救济困难职工的基金支出或者发放的困难职工补助等对出现特定生活困难职工的救助性福利。

(三)工作服装(非劳动保护性质工服)、体检、职工疗养、自办食堂或无食堂统一供餐等集体福利。

(四)国家规定的其他福利。

除上述四项情形外,企业不得自行设置其他福利项目。

国家对福利项目水平有明确规定的,按照规定执行;国家没有明确规定的,根据市场水平、企业承受力等因素合理确定。企业经济效益下降或亏损的,除国家另有规定外,原则上不得增加福利项目或提高水平,必要时应缩减项目或适当降低水平。

企业不得将本企业产品和服务免费或低价提供职工使用,确实需要的,应按市场价格公平交易。推进货币化福利改革,将取暖费等按人按标准定期发放的货币化福利纳入工资总额管理。除国家另有规定或企业在工资总额内设置津贴补贴外,企业不得以福利或其他名义承担职工个人支出。福利项目支出列入职工福利费管理,其中集体福利设备设施管理经费列入职工福利费管理,但与企业建立劳动关系的集体福利部门职工的工资性收入纳入工资总额管理。工会福利、职工教育经费、社会保险及住房公积金有关费用列支按照国家相关规定管理。

三、规范企业负责人薪酬外待遇

坚持国有企业负责人薪酬制度改革成果,严格规范企业负责人薪酬待遇,除下列情形外,企业负责人不得以任何名义领取其他货币性收入:

(一)国家规定的政府特殊津贴、院士津贴、高新工程津贴、国家科学技术奖等,纳入经批准的评比达标表彰项目按照国家规定给予个人非由企业资金承担的奖金。

（二）国家规定的境外工作补贴以及履职待遇、业务支出相关补贴等。参加或承担符合规定的非本单位课题、项目以及参加评审、讲课或写作等所获得的补贴（劳务费）。

（三）国家规定的社会保险、住房公积金等待遇和非货币性集体福利。

四、做好组织实施

各地区、各有关部门和国有企业要高度重视企业津贴补贴和福利管理工作，明确工作职责，认真做好政策实施。国有企业要根据本通知完善津贴补贴和福利制度，开展自查自纠，严肃分配纪律和财经纪律，确保分配合法合规。对本通知实施前企业在工资总额外发放的津贴补贴要予以妥善处理，其中，按照国家规定设置且未在工资总额内设置相同性质项目的，应纳入工资总额管理；不符合国家规定或已在工资总额内设置相同性质项目的，应予以取消并不得核增工资总额。在国家规定之外自行设置的福利项目，应予以调整取消。

本通知适用于国家出资的国有独资及国有控股企业。中央和地方有关部门或机构作为实际控制人的企业，参照本通知执行。

本通知自印发之日起实施，国家规定之外的其他规定与本通知不一致的，按照本通知执行。

八、争议处理

中华人民共和国劳动争议调解仲裁法

(2007年12月29日第十届全国人民代表大会常务委员会第三十一次会议通过 2007年12月29日中华人民共和国主席令第80号公布 自2008年5月1日起施行)

目 录

第一章 总 则
第二章 调 解
第三章 仲 裁
  第一节 一般规定
  第二节 申请和受理
  第三节 开庭和裁决
第四章 附 则

第一章 总 则

第一条 【立法目的】为了公正及时解决劳动争议,保护当事人合法权益,促进劳动关系和谐稳定,制定本法。

第二条 【适用范围】中华人民共和国境内的用人单位与劳动者发生的下列劳动争议,适用本法:

(一)因确认劳动关系发生的争议;
(二)因订立、履行、变更、解除和终止劳动合同发生的争议;
(三)因除名、辞退和辞职、离职发生的争议;
(四)因工作时间、休息休假、社会保险、福利、培训以及劳动保护发生的争议；

（五）因劳动报酬、工伤医疗费、经济补偿或者赔偿金等发生的争议；

（六）法律、法规规定的其他劳动争议。

第三条　【劳动争议处理的原则】解决劳动争议，应当根据事实，遵循合法、公正、及时、着重调解的原则，依法保护当事人的合法权益。

第四条　【劳动争议当事人的协商和解】发生劳动争议，劳动者可以与用人单位协商，也可以请工会或者第三方共同与用人单位协商，达成和解协议。

第五条　【劳动争议处理的基本程序】发生劳动争议，当事人不愿协商、协商不成或者达成和解协议后不履行的，可以向调解组织申请调解；不愿调解、调解不成或者达成调解协议后不履行的，可以向劳动争议仲裁委员会申请仲裁；对仲裁裁决不服的，除本法另有规定的外，可以向人民法院提起诉讼。

第六条　【举证责任】发生劳动争议，当事人对自己提出的主张，有责任提供证据。与争议事项有关的证据属于用人单位掌握管理的，用人单位应当提供；用人单位不提供的，应当承担不利后果。

第七条　【劳动争议处理的代表人制度】发生劳动争议的劳动者一方在十人以上，并有共同请求的，可以推举代表参加调解、仲裁或者诉讼活动。

第八条　【劳动争议处理的协调劳动关系三方机制】县级以上人民政府劳动行政部门会同工会和企业方面代表建立协调劳动关系三方机制，共同研究解决劳动争议的重大问题。

第九条　【劳动监察】用人单位违反国家规定，拖欠或者未足额支付劳动报酬，或者拖欠工伤医疗费、经济补偿或者赔偿金的，劳动者可以向劳动行政部门投诉，劳动行政部门应当依法处理。

第二章　调　　解

第十条　【调解组织】发生劳动争议，当事人可以到下列调解组织申请调解：

（一）企业劳动争议调解委员会；

（二）依法设立的基层人民调解组织；

（三）在乡镇、街道设立的具有劳动争议调解职能的组织。

企业劳动争议调解委员会由职工代表和企业代表组成。职工代表由工会成员担任或者由全体职工推举产生，企业代表由企业负责人指定。企业劳动争议调解委员会主任由工会成员或者双方推举的人员担任。

第十一条 【担任调解员的条件】劳动争议调解组织的调解员应当由公道正派、联系群众、热心调解工作，并具有一定法律知识、政策水平和文化水平的成年公民担任。

第十二条 【调解申请】当事人申请劳动争议调解可以书面申请，也可以口头申请。口头申请的，调解组织应当当场记录申请人基本情况、申请调解的争议事项、理由和时间。

第十三条 【调解方式】调解劳动争议，应当充分听取双方当事人对事实和理由的陈述，耐心疏导，帮助其达成协议。

第十四条 【调解协议】经调解达成协议的，应当制作调解协议书。

调解协议书由双方当事人签名或者盖章，经调解员签名并加盖调解组织印章后生效，对双方当事人具有约束力，当事人应当履行。

自劳动争议调解组织收到调解申请之日起十五日内未达成调解协议的，当事人可以依法申请仲裁。

第十五条 【申请仲裁】达成调解协议后，一方当事人在协议约定期限内不履行调解协议的，另一方当事人可以依法申请仲裁。

第十六条 【支付令】因支付拖欠劳动报酬、工伤医疗费、经济补偿或者赔偿金事项达成调解协议，用人单位在协议约定期限内不履行的，劳动者可以持调解协议书依法向人民法院申请支付令。人民法院应当依法发出支付令。

第三章 仲　　裁

第一节　一般规定

第十七条 【劳动争议仲裁委员会设立】劳动争议仲裁委员会按

照统筹规划、合理布局和适应实际需要的原则设立。省、自治区人民政府可以决定在市、县设立；直辖市人民政府可以决定在区、县设立。直辖市、设区的市也可以设立一个或者若干个劳动争议仲裁委员会。劳动争议仲裁委员会不按行政区划层层设立。

第十八条　【制定仲裁规则及指导劳动争议仲裁工作】国务院劳动行政部门依照本法有关规定制定仲裁规则。省、自治区、直辖市人民政府劳动行政部门对本行政区域的劳动争议仲裁工作进行指导。

第十九条　【劳动争议仲裁委员会组成及职责】劳动争议仲裁委员会由劳动行政部门代表、工会代表和企业方面代表组成。劳动争议仲裁委员会组成人员应当是单数。

劳动争议仲裁委员会依法履行下列职责：

（一）聘任、解聘专职或者兼职仲裁员；

（二）受理劳动争议案件；

（三）讨论重大或者疑难的劳动争议案件；

（四）对仲裁活动进行监督。

劳动争议仲裁委员会下设办事机构，负责办理劳动争议仲裁委员会的日常工作。

第二十条　【仲裁员资格条件】劳动争议仲裁委员会应当设仲裁员名册。

仲裁员应当公道正派并符合下列条件之一：

（一）曾任审判员的；

（二）从事法律研究、教学工作并具有中级以上职称的；

（三）具有法律知识、从事人力资源管理或者工会等专业工作满五年的；

（四）律师执业满三年的。

第二十一条　【仲裁管辖】劳动争议仲裁委员会负责管辖本区域内发生的劳动争议。

劳动争议由劳动合同履行地或者用人单位所在地的劳动争议仲裁委员会管辖。双方当事人分别向劳动合同履行地和用人单位所在地的劳动争议仲裁委员会申请仲裁的，由劳动合同履行地的劳动争议仲裁委员会管辖。

第二十二条 【仲裁案件当事人】发生劳动争议的劳动者和用人单位为劳动争议仲裁案件的双方当事人。

劳务派遣单位或者用工单位与劳动者发生劳动争议的,劳务派遣单位和用工单位为共同当事人。

第二十三条 【仲裁案件第三人】与劳动争议案件的处理结果有利害关系的第三人,可以申请参加仲裁活动或者由劳动争议仲裁委员会通知其参加仲裁活动。

第二十四条 【委托代理】当事人可以委托代理人参加仲裁活动。委托他人参加仲裁活动,应当向劳动争议仲裁委员会提交有委托人签名或者盖章的委托书,委托书应当载明委托事项和权限。

第二十五条 【法定代理和指定代理】丧失或者部分丧失民事行为能力的劳动者,由其法定代理人代为参加仲裁活动;无法定代理人的,由劳动争议仲裁委员会为其指定代理人。劳动者死亡的,由其近亲属或者代理人参加仲裁活动。

第二十六条 【仲裁公开】劳动争议仲裁公开进行,但当事人协议不公开进行或者涉及国家秘密、商业秘密和个人隐私的除外。

第二节 申请和受理

第二十七条 【仲裁时效】劳动争议申请仲裁的时效期间为一年。仲裁时效期间从当事人知道或者应当知道其权利被侵害之日起计算。

前款规定的仲裁时效,因当事人一方向对方当事人主张权利,或者向有关部门请求权利救济,或者对方当事人同意履行义务而中断。从中断时起,仲裁时效期间重新计算。

因不可抗力或者有其他正当理由,当事人不能在本条第一款规定的仲裁时效期间申请仲裁的,仲裁时效中止。从中止时效的原因消除之日起,仲裁时效期间继续计算。

劳动关系存续期间因拖欠劳动报酬发生争议的,劳动者申请仲裁不受本条第一款规定的仲裁时效期间的限制;但是,劳动关系终止的,应当自劳动关系终止之日起一年内提出。

第二十八条 【仲裁申请】申请人申请仲裁应当提交书面仲裁申请,并按照被申请人人数提交副本。

仲裁申请书应当载明下列事项：

（一）劳动者的姓名、性别、年龄、职业、工作单位和住所，用人单位的名称、住所和法定代表人或者主要负责人的姓名、职务；

（二）仲裁请求和所根据的事实、理由；

（三）证据和证据来源、证人姓名和住所。

书写仲裁申请确有困难的，可以口头申请，由劳动争议仲裁委员会记入笔录，并告知对方当事人。

第二十九条　【仲裁申请的受理和不予受理】劳动争议仲裁委员会收到仲裁申请之日起五日内，认为符合受理条件的，应当受理，并通知申请人；认为不符合受理条件的，应当书面通知申请人不予受理，并说明理由。对劳动争议仲裁委员会不予受理或者逾期未作出决定的，申请人可以就该劳动争议事项向人民法院提起诉讼。

第三十条　【仲裁申请送达与仲裁答辩书的提供】劳动争议仲裁委员会受理仲裁申请后，应当在五日内将仲裁申请书副本送达被申请人。

被申请人收到仲裁申请书副本后，应当在十日内向劳动争议仲裁委员会提交答辩书。劳动争议仲裁委员会收到答辩书后，应当在五日内将答辩书副本送达申请人。被申请人未提交答辩书的，不影响仲裁程序的进行。

第三节　开庭和裁决

第三十一条　【仲裁庭组成】劳动争议仲裁委员会裁决劳动争议案件实行仲裁庭制。仲裁庭由三名仲裁员组成，设首席仲裁员。简单劳动争议案件可以由一名仲裁员独任仲裁。

第三十二条　【书面通知仲裁庭组成情况】劳动争议仲裁委员会应当在受理仲裁申请之日起五日内将仲裁庭的组成情况书面通知当事人。

第三十三条　【仲裁员回避】仲裁员有下列情形之一，应当回避，当事人也有权以口头或者书面方式提出回避申请：

（一）是本案当事人或者当事人、代理人的近亲属的；

（二）与本案有利害关系的；

（三）与本案当事人、代理人有其他关系，可能影响公正裁决的；

（四）私自会见当事人、代理人，或者接受当事人、代理人的请客送礼的。

劳动争议仲裁委员会对回避申请应当及时作出决定，并以口头或者书面方式通知当事人。

第三十四条　【仲裁员的法律责任】仲裁员有本法第三十三条第四项规定情形，或者有索贿受贿、徇私舞弊、枉法裁决行为的，应当依法承担法律责任。劳动争议仲裁委员会应当将其解聘。

第三十五条　【开庭通知与延期开庭】仲裁庭应当在开庭五日前，将开庭日期、地点书面通知双方当事人。当事人有正当理由的，可以在开庭三日前请求延期开庭。是否延期，由劳动争议仲裁委员会决定。

第三十六条　【视为撤回仲裁裁决和缺席裁决】申请人收到书面通知，无正当理由拒不到庭或者未经仲裁庭同意中途退庭的，可以视为撤回仲裁申请。

被申请人收到书面通知，无正当理由拒不到庭或者未经仲裁庭同意中途退庭的，可以缺席裁决。

第三十七条　【鉴定】仲裁庭对专门性问题认为需要鉴定的，可以交由当事人约定的鉴定机构鉴定；当事人没有约定或者无法达成约定的，由仲裁庭指定的鉴定机构鉴定。

根据当事人的请求或者仲裁庭的要求，鉴定机构应当派鉴定人参加开庭。当事人经仲裁庭许可，可以向鉴定人提问。

第三十八条　【质证、辩论、陈述最后意见】当事人在仲裁过程中有权进行质证和辩论。质证和辩论终结时，首席仲裁员或者独任仲裁员应当征询当事人的最后意见。

第三十九条　【证据及举证责任】当事人提供的证据经查证属实的，仲裁庭应当将其作为认定事实的根据。

劳动者无法提供由用人单位掌握管理的与仲裁请求有关的证据，仲裁庭可以要求用人单位在指定期限内提供。用人单位在指定期限内不提供的，应当承担不利后果。

第四十条　【仲裁庭审笔录】仲裁庭应当将开庭情况记入笔录。

当事人和其他仲裁参加人认为对自己陈述的记录有遗漏或者差错的,有权申请补正。如果不予补正,应当记录该申请。

笔录由仲裁员、记录人员、当事人和其他仲裁参加人签名或者盖章。

第四十一条 【当事人自行和解】当事人申请劳动争议仲裁后,可以自行和解。达成和解协议的,可以撤回仲裁申请。

第四十二条 【仲裁庭调解】仲裁庭在作出裁决前,应当先行调解。

调解达成协议的,仲裁庭应当制作调解书。

调解书应当写明仲裁请求和当事人协议的结果。调解书由仲裁员签名,加盖劳动争议仲裁委员会印章,送达双方当事人。调解书经双方当事人签收后,发生法律效力。

调解不成或者调解书送达前,一方当事人反悔的,仲裁庭应当及时作出裁决。

第四十三条 【仲裁审理时限及先行裁决】仲裁庭裁决劳动争议案件,应当自劳动争议仲裁委员会受理仲裁申请之日起四十五日内结束。案情复杂需要延期的,经劳动争议仲裁委员会主任批准,可以延期并书面通知当事人,但是延长期限不得超过十五日。逾期未作出仲裁裁决的,当事人可以就该劳动争议事项向人民法院提起诉讼。

仲裁庭裁决劳动争议案件时,其中一部分事实已经清楚,可以就该部分先行裁决。

第四十四条 【先予执行】仲裁庭对追索劳动报酬、工伤医疗费、经济补偿或者赔偿金的案件,根据当事人的申请,可以裁决先予执行,移送人民法院执行。

仲裁庭裁决先予执行的,应当符合下列条件:

(一)当事人之间权利义务关系明确;

(二)不先予执行将严重影响申请人的生活。

劳动者申请先予执行的,可以不提供担保。

第四十五条 【作出裁决】裁决应当按照多数仲裁员的意见作出,少数仲裁员的不同意见应当记入笔录。仲裁庭不能形成多数意见时,裁决应当按照首席仲裁员的意见作出。

第四十六条 【裁决书】裁决书应当载明仲裁请求、争议事实、裁决理由、裁决结果和裁决日期。裁决书由仲裁员签名,加盖劳动争议仲裁委员会印章。对裁决持不同意见的仲裁员,可以签名,也可以不签名。

第四十七条 【终局裁决】下列劳动争议,除本法另有规定的外,仲裁裁决为终局裁决,裁决书自作出之日起发生法律效力:

(一)追索劳动报酬、工伤医疗费、经济补偿或者赔偿金,不超过当地月最低工资标准十二个月金额的争议;

(二)因执行国家的劳动标准在工作时间、休息休假、社会保险等方面发生的争议。

第四十八条 【劳动者提起诉讼】劳动者对本法第四十七条规定的仲裁裁决不服的,可以自收到仲裁裁决书之日起十五日内向人民法院提起诉讼。

第四十九条 【用人单位申请撤销终局裁决】用人单位有证据证明本法第四十七条规定的仲裁裁决有下列情形之一,可以自收到仲裁裁决书之日起三十日内向劳动争议仲裁委员会所在地的中级人民法院申请撤销裁决:

(一)适用法律、法规确有错误的;

(二)劳动争议仲裁委员会无管辖权的;

(三)违反法定程序的;

(四)裁决所根据的证据是伪造的;

(五)对方当事人隐瞒了足以影响公正裁决的证据的;

(六)仲裁员在仲裁该案时有索贿受贿、徇私舞弊、枉法裁决行为的。

人民法院经组成合议庭审查核实裁决有前款规定情形之一的,应当裁定撤销。

仲裁裁决被人民法院裁定撤销的,当事人可以自收到裁定书之日起十五日内就该劳动争议事项向人民法院提起诉讼。

第五十条 【不服仲裁裁决提起诉讼】当事人对本法第四十七条规定以外的其他劳动争议案件的仲裁裁决不服的,可以自收到仲裁裁决书之日起十五日内向人民法院提起诉讼;期满不起诉的,裁决书发生法律效力。

第五十一条 【生效调解书、裁决书的执行】当事人对发生法律效力的调解书、裁决书,应当依照规定的期限履行。一方当事人逾期不履行的,另一方当事人可以依照民事诉讼法的有关规定向人民法院申请执行。受理申请的人民法院应当依法执行。

第四章 附 则

第五十二条 【事业单位劳动争议的处理】事业单位实行聘用制的工作人员与本单位发生劳动争议的,依照本法执行;法律、行政法规或者国务院另有规定的,依照其规定。

第五十三条 【仲裁不收费】劳动争议仲裁不收费。劳动争议仲裁委员会的经费由财政予以保障。

第五十四条 【本法生效时间】本法自 2008 年 5 月 1 日起施行。

人事争议处理规定

(2007 年 8 月 9 日中共中央组织部、人事部、总政治部印发 根据 2011 年 8 月 15 日《中共中央组织部、人力资源和社会保障部、总政治部关于修改人事争议处理规定的通知》修正)

第一章 总 则

第一条 为公正及时地处理人事争议,保护当事人的合法权益,根据《中华人民共和国公务员法》、《中国人民解放军文职人员条例》等有关法律法规,制定本规定。

第二条 本规定适用于下列人事争议:

(一)实施公务员法的机关与聘任制公务员之间、参照《中华人民共和国公务员法》管理的机关(单位)与聘任工作人员之间因履行聘任合同发生的争议。

（二）事业单位与工作人员之间因解除人事关系、履行聘用合同发生的争议。

（三）社团组织与工作人员之间因解除人事关系、履行聘用合同发生的争议。

（四）军队聘用单位与文职人员之间因履行聘用合同发生的争议。

（五）依照法律、法规规定可以仲裁的其他人事争议。

第三条　人事争议发生后,当事人可以协商解决;不愿协商或者协商不成的,可以向主管部门申请调解,其中军队聘用单位与文职人员的人事争议,可以向聘用单位的上一级单位申请调解;不愿调解或调解不成的,可以向人事争议仲裁委员会申请仲裁。当事人也可以直接向人事争议仲裁委员会申请仲裁。当事人对仲裁裁决不服的,可以向人民法院提起诉讼。

第四条　当事人在人事争议处理中的地位平等,适用法律、法规平等。

当事人有使用本民族语言文字申请仲裁的权利。人事争议仲裁委员会对于不熟悉当地通用语言文字的当事人,应当为他们翻译。

第五条　处理人事争议,应当注重调解,遵循合法、公正、及时的原则,以事实为依据,以法律为准绳。

第二章　组织机构

第六条　省(自治区、直辖市)、副省级市、地(市、州、盟)、县(市、区、旗)设立人事争议仲裁委员会。

人事争议仲裁委员会独立办案,相互之间无隶属关系。

第七条　人事争议仲裁委员会由公务员主管部门代表、聘任(用)单位代表、工会组织代表、受聘人员代表以及人事、法律专家组成。人事争议仲裁委员会组成人员应当是单数,设主任一名、副主任二至四名,委员若干名。

同级人民政府分管人事工作的负责人或者政府人事行政部门的主要负责人任人事争议仲裁委员会主任。

第八条　人事争议仲裁委员会实行少数服从多数原则,不同意见应如实记录。

第九条 人事争议仲裁委员会的职责是：

(一)负责处理管辖范围内的人事争议。

(二)决定仲裁员的聘任和解聘。

(三)法律、法规规定由人事争议仲裁委员会承担的其他职责。

第十条 人事争议仲裁委员会下设办事机构，其职责是：负责人事争议案件的受理、仲裁文书送达、档案管理以及仲裁员的考核、培训等日常工作，办理人事争议仲裁委员会授权的其他事宜。办事机构设在同级人民政府人事部门。

第十一条 人事争议仲裁委员会处理人事争议案件实行仲裁庭制度，仲裁庭是人事争议仲裁委员会处理人事争议案件的基本形式。仲裁庭一般由三名仲裁员组成。人事争议仲裁委员会指定一名仲裁员担任首席仲裁员，主持仲裁庭工作；另两名仲裁员可由双方当事人各选定一名，也可由人事争议仲裁委员会指定。简单的人事争议案件，经双方当事人同意，人事争议仲裁委员会可以指定一名仲裁员独任处理。

第十二条 人事争议仲裁委员会可以聘任有关部门的工作人员、专家学者和律师为专职或兼职仲裁员。仲裁员的职责是：受人事争议仲裁委员会的委托或当事人的选择，负责人事争议案件的具体处理工作。

兼职仲裁员与专职仲裁员在仲裁活动中享有同等权利。

兼职仲裁员进行仲裁活动时，所在单位应当给予支持。

第三章 管 辖

第十三条 中央机关、直属机构、直属事业单位及其在京所属单位的人事争议由北京市负责处理人事争议的仲裁机构处理，也可由北京市根据情况授权所在地的区(县)负责处理人事争议的仲裁机构处理。

中央机关在京外垂直管理机构以及中央机关、直属机构、直属事业单位在京外所属单位的人事争议，由所在地的省(自治区、直辖市)设立的人事争议仲裁委员会处理，也可由省(自治区、直辖市)根据情况授权所在地的人事争议仲裁委员会处理。

第十四条　省(自治区、直辖市)、副省级市、地(市、州、盟)、县(市、区、旗)人事争议仲裁委员会的管辖范围,由省(自治区、直辖市)确定。

第十五条　军队聘用单位与文职人员的人事争议,一般由聘用单位所在地的县(市、区、旗)人事争议仲裁委员会处理,其中师级聘用单位与文职人员的人事争议,由所在地的地(市、州、盟)、副省级市人事争议仲裁委员会处理,军级以上聘用单位与文职人员的人事争议由所在地的省(自治区、直辖市)人事争议仲裁委员会处理。

第四章　仲　　裁

第十六条　当事人从知道或应当知道其权利受到侵害之日起六十日内,以书面形式向有管辖权的人事争议仲裁委员会申请仲裁。

当事人因不可抗力或者有其他正当理由超过申请仲裁时效,经人事争议仲裁委员会调查确认的,人事争议仲裁委员会应当受理。

第十七条　当事人向人事争议仲裁委员会申请仲裁,应当提交仲裁申请书,并按被申请人人数递交副本。

仲裁申请书应当载明下列事项:

(一)申请人和被申请人姓名、性别、年龄、职业及职务、工作单位、住所和联系方式。申请人或被申请人是单位的,应写明单位的名称、住所、法定代表人或者主要负责人的姓名、职务和联系方式。

(二)仲裁请求和所依据的事实、理由。

(三)证据和证据来源、证人姓名和住所。

发生人事争议的一方在五人以上,并且有共同的仲裁请求和理由的,可以推举一至两名代表参加仲裁活动。代表人放弃、变更仲裁请求或者承认对方的仲裁请求,进行和解,必须经过被代表的当事人同意。

第十八条　人事争议仲裁委员会在收到仲裁申请书之日起十个工作日内,认为不符合受理条件的,应当书面通知申请人不予受理,并说明理由;认为符合受理条件的,应当受理,将受理通知书送达申请人,将仲裁申请书副本送达被申请人。

第十九条　被申请人应当在收到仲裁申请书副本之日起十个工

作日内提交答辩书。被申请人没有按时提交或者不提交答辩书的,不影响仲裁的进行。

第二十条 仲裁应当公开开庭进行,涉及国家、军队秘密和个人隐私的除外。涉及商业秘密,当事人申请不公开开庭的,可以不公开开庭。当事人协议不开庭的,仲裁庭可以书面仲裁。

第二十一条 人事争议仲裁委员会应当在开庭审理人事争议案件五个工作日前,将开庭时间、地点、仲裁庭组成人员等书面通知当事人。申请人经书面通知无正当理由不到庭,或者到庭后未经仲裁庭许可中途退庭的,视为撤回仲裁申请。被申请人经书面通知无正当理由不到庭,或者未经仲裁庭许可中途退庭的,可以缺席裁决。

当事人有正当理由的,在开庭前可以申请延期开庭,是否延期由仲裁庭决定。

第二十二条 仲裁庭处理人事争议应注重调解。自受理案件到作出裁决前,都要积极促使当事人双方自愿达成调解协议。

当事人经调解自愿达成书面协议的,仲裁庭应当根据调解协议的内容制作仲裁调解书。协议内容不得违反法律法规,不得侵犯社会公共利益和他人的合法权益。

调解书由仲裁庭成员署名,加盖人事争议仲裁委员会印章。调解书送达后,即发生法律效力。

当庭调解未达成协议或者仲裁调解书送达前当事人反悔的,仲裁庭应当及时进行仲裁裁决。

第二十三条 当事人应当对自己的主张提供证据。仲裁庭认为有关证据由用人单位提供更方便的,应要求用人单位提供。

用人单位作出解除人事关系和不同意工作人员要求辞职或终止聘任(用)合同引发的人事争议,由用人单位负责举证。

仲裁庭认为需要调查取证的,可以自行取证。

第二十四条 人事争议仲裁委员会在处理人事争议时,有权向有关单位查阅与案件有关的档案、资料和其他证明材料,并有权向知情人调查,有关单位和个人不得拒绝并应当如实提供相关材料。人事争议仲裁委员会及其工作人员对调查人事争议案件中涉及的国家秘密、军队秘密、商业秘密和个人隐私应当保密。

第二十五条 当事人的举证材料应在仲裁庭上出示,并进行质证。只有经过质证认定的事实和证据,才能作为仲裁裁决的依据。

第二十六条 当事人在仲裁过程中有权进行辩论。辩论终结时,仲裁庭应当征询当事人的最后意见。

第二十七条 仲裁庭应当将开庭情况记入笔录。当事人和其他仲裁参与人认为对自己陈述的记录有遗漏或者差错的,有权申请补正。如果不予补正,应当记录该申请,并注明不予补正的原因。

笔录由仲裁员、书记员、当事人和其他仲裁参与人署名或者盖章。

第二十八条 仲裁裁决应当按照多数仲裁员的意见作出,少数仲裁员的不同意见应当记入笔录。

仲裁庭对重大、疑难以及仲裁庭不能形成多数处理意见案件的处理,应当提交人事争议仲裁委员会讨论决定;人事争议仲裁委员会作出的决定,仲裁庭必须执行。

仲裁庭应当在裁决作出后五个工作日内制作裁决书。裁决书由仲裁庭成员署名并加盖人事争议仲裁委员会印章。

第二十九条 仲裁庭处理人事争议案件,一般应当在受理案件之日起九十日内结案。需要延期的,经人事争议仲裁委员会批准,可以适当延期,但是延长的期限不得超过三十日。

第三十条 当事人、法定代理人可以委托一至二名律师或其他代理人进行仲裁活动。委托律师和其他代理人进行仲裁活动,应当向人事争议仲裁委员会提交有委托人签名或盖章的委托书。委托书应当明确委托事项和权限。

第三十一条 有下列情形之一的,仲裁员应当自行申请回避,当事人和代理人有权以口头或书面方式申请其回避:

(一)是案件的当事人、代理人或者当事人、代理人的近亲属。

(二)与案件有利害关系。

(三)与案件当事人、代理人有其他关系,可能影响公正仲裁的。

前款规定适用于书记员、鉴定人员、勘验人员和翻译人员。

第三十二条 当事人对仲裁裁决不服的,可以按照《中华人民共和国公务员法》、《中国人民解放军文职人员条例》以及最高人民法院相关司法解释的规定,自收到裁决书之日起十五日内向人民法院提起诉讼;逾期不起诉的,裁决书即发生法律效力。

第三十三条 对发生法律效力的调解书或者裁决书,当事人必须履行。一方当事人逾期不履行的,另一方当事人可以依照国家有关法律法规和最高人民法院相关司法解释的规定申请人民法院执行。

第五章 罚 则

第三十四条 当事人及有关人员在仲裁过程中有下列行为之一的,人事争议仲裁委员会应当予以批评教育、责令改正;触犯法律的,提请司法机关依法追究法律责任:

(一)干扰仲裁活动,阻碍仲裁工作人员工作的。

(二)拒绝提供有关文件、资料和其他证明材料的。

(三)提供虚假情况的。

(四)对仲裁工作人员、仲裁参与人、证人进行打击报复的。

(五)其他应予以批评教育、责令改正或应依法追究法律责任的行为。

第三十五条 仲裁工作人员在仲裁活动中有徇私舞弊、收受贿赂、敲诈勒索、滥用职权等侵犯当事人合法权益行为的,由所在单位或上级机关给予处分;是仲裁员的,由人事争议仲裁委员会予以解聘;触犯法律的,提请司法机关依法追究法律责任。

第六章 附 则

第三十六条 因考核、职务任免、职称评审等发生的人事争议,按照有关规定处理。

第三十七条 本规定由中共中央组织部、人力资源和社会保障部、中国人民解放军总政治部负责解释,省、自治区、直辖市可根据本规定制定实施办法。

第三十八条 本规定自2007年10月1日起施行,1997年人事部发布的《人事争议处理暂行规定》(人发〔1997〕71号)同时废止。

人力资源社会保障部、最高人民法院关于劳动人事争议仲裁与诉讼衔接有关问题的意见(一)

(2022年2月21日　人社部发〔2022〕9号)

各省、自治区、直辖市人力资源社会保障厅(局)、高级人民法院,解放军军事法院,新疆生产建设兵团人力资源社会保障局、新疆维吾尔自治区高级人民法院生产建设兵团分院:

为贯彻党中央关于健全社会矛盾纠纷多元预防调处化解综合机制的要求,落实《人力资源社会保障部最高人民法院关于加强劳动人事争议仲裁与诉讼衔接机制建设的意见》(人社部发〔2017〕70号),根据相关法律规定,结合工作实践,现就完善劳动人事争议仲裁与诉讼衔接有关问题,提出如下意见。

一、劳动人事争议仲裁委员会对调解协议仲裁审查申请不予受理或者经仲裁审查决定不予制作调解书的,当事人可依法就协议内容中属于劳动人事争议仲裁受理范围的事项申请仲裁。当事人直接向人民法院提起诉讼的,人民法院不予受理,但下列情形除外:

(一)依据《中华人民共和国劳动争议调解仲裁法》第十六条规定申请支付令被人民法院裁定终结督促程序后,劳动者依据调解协议直接提起诉讼的;

(二)当事人在《中华人民共和国劳动争议调解仲裁法》第十条规定的调解组织主持下仅就劳动报酬争议达成调解协议,用人单位不履行调解协议约定的给付义务,劳动者直接提起诉讼的;

(三)当事人在经依法设立的调解组织主持下就支付拖欠劳动报酬、工伤医疗费、经济补偿或者赔偿金事项达成调解协议,双方当事人依据《中华人民共和国民事诉讼法》第二百零一条规定共同向人民法院申请司法确认,人民法院不予确认,劳动者依据调解协议直接提起诉讼的。

二、经依法设立的调解组织调解达成的调解协议生效后,当事人可以共同向有管辖权的人民法院申请确认调解协议效力。

三、用人单位依据《中华人民共和国劳动合同法》第九十条规定,要求劳动者承担赔偿责任的,劳动人事争议仲裁委员会应当依法受理。

四、申请人撤回仲裁申请后向人民法院起诉的,人民法院应当裁定不予受理;已经受理的,应当裁定驳回起诉。

申请人再次申请仲裁的,劳动人事争议仲裁委员会应当受理。

五、劳动者请求用人单位支付违法解除或者终止劳动合同赔偿金,劳动人事争议仲裁委员会、人民法院经审查认为用人单位系合法解除劳动合同应当支付经济补偿的,可以依法裁决或者判决用人单位支付经济补偿。

劳动者基于同一事实在仲裁辩论终结前或者人民法院一审辩论终结前将仲裁请求、诉讼请求由要求用人单位支付经济补偿变更为支付赔偿金的,劳动人事争议仲裁委员会、人民法院应予准许。

六、当事人在仲裁程序中认可的证据,经审判人员在庭审中说明后,视为质证过的证据。

七、依法负有举证责任的当事人,在诉讼期间提交仲裁中未提交的证据的,人民法院应当要求其说明理由。

八、在仲裁或者诉讼程序中,一方当事人陈述的于己不利的事实,或者对于己不利的事实明确表示承认的,另一方当事人无需举证证明,但下列情形不适用有关自认的规定:

(一)涉及可能损害国家利益、社会公共利益的;

(二)涉及身份关系的;

(三)当事人有恶意串通损害他人合法权益可能的;

(四)涉及依职权追加当事人、中止仲裁或者诉讼、终结仲裁或者诉讼、回避等程序性事项的。

当事人自认的事实与已经查明的事实不符的,劳动人事争议仲裁委员会、人民法院不予确认。

九、当事人在诉讼程序中否认在仲裁程序中自认事实的,人民法

院不予支持,但下列情形除外:

(一)经对方当事人同意的;

(二)自认是在受胁迫或者重大误解情况下作出的。

十、仲裁裁决涉及下列事项,对单项裁决金额不超过当地月最低工资标准十二个月金额的,劳动人事争议仲裁委员会应当适用终局裁决:

(一)劳动者在法定标准工作时间内提供正常劳动的工资;

(二)停工留薪期工资或者病假工资;

(三)用人单位未提前通知劳动者解除劳动合同的一个月工资;

(四)工伤医疗费;

(五)竞业限制的经济补偿;

(六)解除或者终止劳动合同的经济补偿;

(七)《中华人民共和国劳动合同法》第八十二条规定的第二倍工资;

(八)违法约定试用期的赔偿金;

(九)违法解除或者终止劳动合同的赔偿金;

(十)其他劳动报酬、经济补偿或者赔偿金。

十一、裁决事项涉及确认劳动关系的,劳动人事争议仲裁委员会就同一案件应当作出非终局裁决。

十二、劳动人事争议仲裁委员会按照《劳动人事争议仲裁办案规则》第五十条第四款规定对不涉及确认劳动关系的案件分别作出终局裁决和非终局裁决,劳动者对终局裁决向基层人民法院提起诉讼、用人单位向中级人民法院申请撤销终局裁决、劳动者或者用人单位对非终局裁决向基层人民法院提起诉讼的,有管辖权的人民法院应当依法受理。

审理申请撤销终局裁决案件的中级人民法院认为该案件必须以非终局裁决案件的审理结果为依据,另案尚未审结的,可以中止诉讼。

十三、劳动者不服终局裁决向基层人民法院提起诉讼,中级人民法院对用人单位撤销终局裁决的申请不予受理或者裁定驳回申请,用人单位主张终局裁决存在《中华人民共和国劳动争议调解仲裁法》第四十九条第一款规定情形的,基层人民法院应当一并审理。

十四、用人单位申请撤销终局裁决，当事人对部分终局裁决事项达成调解协议的，中级人民法院可以对达成调解协议的事项出具调解书；对未达成调解协议的事项进行审理，作出驳回申请或者撤销仲裁裁决的裁定。

十五、当事人就部分裁决事项向人民法院提起诉讼的，仲裁裁决不发生法律效力。当事人提起诉讼的裁决事项属于人民法院受理的案件范围的，人民法院应当进行审理。当事人未提起诉讼的裁决事项属于人民法院受理的案件范围的，人民法院应当在判决主文中予以确认。

十六、人民法院根据案件事实对劳动关系是否存在及相关合同效力的认定与当事人主张、劳动人事争议仲裁委员会裁决不一致的，人民法院应当将法律关系性质或者民事行为效力作为焦点问题进行审理，但法律关系性质对裁判理由及结果没有影响，或者有关问题已经当事人充分辩论的除外。

当事人根据法庭审理情况变更诉讼请求的，人民法院应当准许并可以根据案件的具体情况重新指定举证期限。

不存在劳动关系且当事人未变更诉讼请求的，人民法院应当判决驳回诉讼请求。

十七、对符合简易处理情形的案件，劳动人事争议仲裁委员会按照《劳动人事争议仲裁办案规则》第六十条规定，已经保障当事人陈述意见的权利，根据案件情况确定举证期限、开庭日期、审理程序、文书制作等事项，作出终局裁决，用人单位以违反法定程序为由申请撤销终局裁决的，人民法院不予支持。

十八、劳动人事争议仲裁委员会认为已经生效的仲裁处理结果确有错误，可以依法启动仲裁监督程序，但当事人提起诉讼，人民法院已经受理的除外。

劳动人事争议仲裁委员会重新作出处理结果后，当事人依法提起诉讼的，人民法院应当受理。

十九、用人单位因劳动者违反诚信原则，提供虚假学历证书、个人履历等与订立劳动合同直接相关的基本情况构成欺诈解除劳动合同，劳动者主张解除劳动合同经济补偿或者赔偿金的，劳动人事争议仲裁委员会、人民法院不予支持。

二十、用人单位自用工之日起满一年未与劳动者订立书面劳动合同,视为自用工之日起满一年的当日已经与劳动者订立无固定期限劳动合同。

存在前款情形,劳动者以用人单位未订立书面劳动合同为由要求用人单位支付自用工之日起满一年之后的第二倍工资的,劳动人事争议仲裁委员会、人民法院不予支持。

二十一、当事人在劳动合同或者保密协议中约定了竞业限制和经济补偿,劳动合同解除或者终止后,因用人单位的原因导致三个月未支付经济补偿,劳动者请求解除竞业限制约定的,劳动人事争议仲裁委员会、人民法院应予支持。

劳动人事争议仲裁办案规则

(2017年4月24日人力资源社会保障部第123次部务会审议通过 2017年5月8日人力资源和社会保障部令第33号公布 自2017年7月1日起施行)

第一章 总 则

第一条 为公正及时处理劳动人事争议(以下简称争议),规范仲裁办案程序,根据《中华人民共和国劳动争议调解仲裁法》(以下简称调解仲裁法)以及《中华人民共和国公务员法》(以下简称公务员法)、《事业单位人事管理条例》、《中国人民解放军文职人员条例》和有关法律、法规、国务院有关规定,制定本规则。

第二条 本规则适用下列争议的仲裁:

(一)企业、个体经济组织、民办非企业单位等组织与劳动者之间,以及机关、事业单位、社会团体与其建立劳动关系的劳动者之间,因确认劳动关系,订立、履行、变更、解除和终止劳动合同,工作时间、休息休假、社会保险、福利、培训以及劳动保护,劳动报酬、工伤医疗费、经济补偿或者赔偿金等发生的争议；

（二）实施公务员法的机关与聘任制公务员之间、参照公务员法管理的机关（单位）与聘任工作人员之间因履行聘任合同发生的争议；

（三）事业单位与其建立人事关系的工作人员之间因终止人事关系以及履行聘用合同发生的争议；

（四）社会团体与其建立人事关系的工作人员之间因终止人事关系以及履行聘用合同发生的争议；

（五）军队文职人员用人单位与聘用制文职人员之间因履行聘用合同发生的争议；

（六）法律、法规规定由劳动人事争议仲裁委员会（以下简称仲裁委员会）处理的其他争议。

第三条 仲裁委员会处理争议案件，应当遵循合法、公正的原则，先行调解，及时裁决。

第四条 仲裁委员会下设实体化的办事机构，称为劳动人事争议仲裁院（以下简称仲裁院）。

第五条 劳动者一方在十人以上并有共同请求的争议，或者因履行集体合同发生的劳动争议，仲裁委员会应当优先立案，优先审理。

第二章　一　般　规　定

第六条 发生争议的用人单位未办理营业执照、被吊销营业执照、营业执照到期继续经营、被责令关闭、被撤销以及用人单位解散、歇业，不能承担相关责任的，应当将用人单位和其出资人、开办单位或者主管部门作为共同当事人。

第七条 劳动者与个人承包经营者发生争议，依法向仲裁委员会申请仲裁的，应当将发包的组织和个人承包经营者作为共同当事人。

第八条 劳动合同履行地为劳动者实际工作场所地，用人单位所在地为用人单位注册、登记地或者主要办事机构所在地。用人单位未经注册、登记的，其出资人、开办单位或者主管部门所在地为用人单位所在地。

双方当事人分别向劳动合同履行地和用人单位所在地的仲裁委员会申请仲裁的，由劳动合同履行地的仲裁委员会管辖。有多个劳动合同履行地的,由最先受理的仲裁委员会管辖。劳动合同履行地不明确的,由用人单位所在地的仲裁委员会管辖。

案件受理后,劳动合同履行地或者用人单位所在地发生变化的,不改变争议仲裁的管辖。

第九条 仲裁委员会发现已受理案件不属于其管辖范围的,应当移送至有管辖权的仲裁委员会,并书面通知当事人。

对上述移送案件,受移送的仲裁委员会应当依法受理。受移送的仲裁委员会认为移送的案件按照规定不属于其管辖,或者仲裁委员会之间因管辖争议协商不成的,应当报请共同的上一级仲裁委员会主管部门指定管辖。

第十条 当事人提出管辖异议的,应当在答辩期满前书面提出。仲裁委员会应当审查当事人提出的管辖异议,异议成立的,将案件移送至有管辖权的仲裁委员会并书面通知当事人;异议不成立的,应当书面决定驳回。

当事人逾期提出的,不影响仲裁程序的进行。

第十一条 当事人申请回避,应当在案件开庭审理前提出,并说明理由。回避事由在案件开庭审理后知晓的,也可以在庭审辩论终结前提出。

当事人在庭审辩论终结后提出回避申请的,不影响仲裁程序的进行。

仲裁委员会应当在回避申请提出的三日内,以口头或者书面形式作出决定。以口头形式作出的,应当记入笔录。

第十二条 仲裁员、记录人员是否回避,由仲裁委员会主任或者其委托的仲裁院负责人决定。仲裁委员会主任担任案件仲裁员是否回避,由仲裁委员会决定。

在回避决定作出前,被申请回避的人员应当暂停参与该案处理,但因案件需要采取紧急措施的除外。

第十三条 当事人对自己提出的主张有责任提供证据。与争议事项有关的证据属于用人单位掌握管理的,用人单位应当提供;用人单位不提供的,应当承担不利后果。

第十四条 法律没有具体规定、按照本规则第十三条规定无法确定举证责任承担的,仲裁庭可以根据公平原则和诚实信用原则,综合当事人举证能力等因素确定举证责任的承担。

第十五条 承担举证责任的当事人应当在仲裁委员会指定的期限内提供有关证据。当事人在该期限内提供证据确有困难的,可以向仲裁委员会申请延长期限,仲裁委员会根据当事人的申请适当延长。当事人逾期提供证据的,仲裁委员会应当责令其说明理由;拒不说明理由或者理由不成立的,仲裁委员会可以根据不同情形不予采纳该证据,或者采纳该证据但予以训诫。

第十六条 当事人因客观原因不能自行收集的证据,仲裁委员会可以根据当事人的申请,参照民事诉讼有关规定予以收集;仲裁委员会认为有必要的,也可以决定参照民事诉讼有关规定予以收集。

第十七条 仲裁委员会依法调查取证时,有关单位和个人应当协助配合。

仲裁委员会调查取证时,不得少于两人,并应当向被调查对象出示工作证件和仲裁委员会出具的介绍信。

第十八条 争议处理中涉及证据形式、证据提交、证据交换、证据质证、证据认定等事项,本规则未规定的,可以参照民事诉讼证据规则的有关规定执行。

第十九条 仲裁期间包括法定期间和仲裁委员会指定期间。

仲裁期间的计算,本规则未规定的,仲裁委员会可以参照民事诉讼关于期间计算的有关规定执行。

第二十条 仲裁委员会送达仲裁文书必须有送达回证,由受送达人在送达回证上记明收到日期,并签名或者盖章。受送达人在送达回证上的签收日期为送达日期。

因企业停业等原因导致无法送达且劳动者一方在十人以上的,或者受送达人拒绝签收仲裁文书的,通过在受送达人住所留置、张贴仲裁文书,并采用拍照、录像等方式记录的,自留置、张贴之日起经过三日即视为送达,不受本条第一款的限制。

仲裁文书的送达方式,本规则未规定的,仲裁委员会可以参照民事诉讼关于送达方式的有关规定执行。

第二十一条 案件处理终结后,仲裁委员会应当将处理过程中形成的全部材料立卷归档。

第二十二条 仲裁案卷分正卷和副卷装订。

正卷包括：仲裁申请书、受理（不予受理）通知书、答辩书、当事人及其他仲裁参加人的身份证明材料、授权委托书、调查证据、勘验笔录、当事人提供的证据材料、委托鉴定材料、开庭通知、庭审笔录、延期通知书、撤回仲裁申请书、调解书、裁决书、决定书、案件移送函、送达回证等。

副卷包括：立案审批表、延期审理审批表、中止审理审批表、调查提纲、阅卷笔录、会议笔录、评议记录、结案审批表等。

第二十三条 仲裁委员会应当建立案卷查阅制度。对案卷正卷材料，应当允许当事人及其代理人依法查阅、复制。

第二十四条 仲裁裁决结案的案卷，保存期不少于十年；仲裁调解和其他方式结案的案卷，保存期不少于五年；国家另有规定的，从其规定。

保存期满后的案卷，应当按照国家有关档案管理的规定处理。

第二十五条 在仲裁活动中涉及国家秘密或者军事秘密的，按照国家或者军队有关保密规定执行。

当事人协议不公开或者涉及商业秘密和个人隐私的，经相关当事人书面申请，仲裁委员会应当不公开审理。

第三章 仲裁程序

第一节 申请和受理

第二十六条 本规则第二条第（一）、（三）、（四）、（五）项规定的争议，申请仲裁的时效期间为一年。仲裁时效期间从当事人知道或者应当知道其权利被侵害之日起计算。

本规则第二条第（二）项规定的争议，申请仲裁的时效期间适用公务员法有关规定。

劳动人事关系存续期间因拖欠劳动报酬发生争议的，劳动者申请仲裁不受本条第一款规定的仲裁时效期间的限制；但是，劳动人事关系终止的，应当自劳动人事关系终止之日起一年内提出。

第二十七条　在申请仲裁的时效期间内,有下列情形之一的,仲裁时效中断:

(一)一方当事人通过协商、申请调解等方式向对方当事人主张权利的;

(二)一方当事人通过向有关部门投诉,向仲裁委员会申请仲裁,向人民法院起诉或者申请支付令等方式请求权利救济的;

(三)对方当事人同意履行义务的。

从中断时起,仲裁时效期间重新计算。

第二十八条　因不可抗力,或者有无民事行为能力或者限制民事行为能力劳动者的法定代理人未确定等其他正当理由,当事人不能在规定的仲裁时效期间申请仲裁的,仲裁时效中止。从中止时效的原因消除之日起,仲裁时效期间继续计算。

第二十九条　申请人申请仲裁应当提交书面仲裁申请,并按照被申请人人数提交副本。

仲裁申请书应当载明下列事项:

(一)劳动者的姓名、性别、出生日期、身份证件号码、住所、通讯地址和联系电话,用人单位的名称、住所、通讯地址、联系电话和法定代表人或者主要负责人的姓名、职务;

(二)仲裁请求和所根据的事实、理由;

(三)证据和证据来源,证人姓名和住所。

书写仲裁申请确有困难的,可以口头申请,由仲裁委员会记入笔录,经申请人签名、盖章或者捺印确认。

对于仲裁申请书不规范或者材料不齐备的,仲裁委员会应当当场或者在五日内一次性告知申请人需要补正的全部材料。

仲裁委员会收取当事人提交的材料应当出具收件回执。

第三十条　仲裁委员会对符合下列条件的仲裁申请应当予以受理,并在收到仲裁申请之日起五日内向申请人出具受理通知书:

(一)属于本规则第二条规定的争议范围;

(二)有明确的仲裁请求和事实理由;

(三)申请人是与本案有直接利害关系的自然人、法人或者其他组织,有明确的被申请人;

（四）属于本仲裁委员会管辖范围。

第三十一条 对不符合本规则第三十条第（一）、（二）、（三）项规定之一的仲裁申请，仲裁委员会不予受理，并在收到仲裁申请之日起五日内向申请人出具不予受理通知书；对不符合本规则第三十条第（四）项规定的仲裁申请，仲裁委员会应当在收到仲裁申请之日起五日内，向申请人作出书面说明并告知申请人向有管辖权的仲裁委员会申请仲裁。

对仲裁委员会逾期未作出决定或者决定不予受理的，申请人可以就该争议事项向人民法院提起诉讼。

第三十二条 仲裁委员会受理案件后，发现不应当受理的，除本规则第九条规定外，应当撤销案件，并自决定撤销案件后五日内，以决定书的形式通知当事人。

第三十三条 仲裁委员会受理仲裁申请后，应当在五日内将仲裁申请书副本送达被申请人。

被申请人收到仲裁申请书副本后，应当在十日内向仲裁委员会提交答辩书。仲裁委员会收到答辩书后，应当在五日内将答辩书副本送达申请人。被申请人逾期未提交答辩书的，不影响仲裁程序的进行。

第三十四条 符合下列情形之一，申请人基于同一事实、理由和仲裁请求又申请仲裁的，仲裁委员会不予受理：

（一）仲裁委员会已经依法出具不予受理通知书的；

（二）案件已在仲裁、诉讼过程中或者调解书、裁决书、判决书已经发生法律效力的。

第三十五条 仲裁处理结果作出前，申请人可以自行撤回仲裁申请。申请人再次申请仲裁的，仲裁委员会应当受理。

第三十六条 被申请人可以在答辩期间提出反申请，仲裁委员会应当自收到被申请人反申请之日起五日内决定是否受理并通知被申请人。

决定受理的，仲裁委员会可以将反申请和申请合并处理。

反申请应当另行申请仲裁的，仲裁委员会应当书面告知被申请人另行申请仲裁；反申请不属于本规则规定应当受理的，仲裁委员会应当向被申请人出具不予受理通知书。

被申请人答辩期满后对申请人提出反申请的,应当另行申请仲裁。

第二节 开庭和裁决

第三十七条 仲裁委员会应当在受理仲裁申请之日起五日内组成仲裁庭并将仲裁庭的组成情况书面通知当事人。

第三十八条 仲裁庭应当在开庭五日前,将开庭日期、地点书面通知双方当事人。当事人有正当理由的,可以在开庭三日前请求延期开庭。是否延期,由仲裁委员会根据实际情况决定。

第三十九条 申请人收到书面开庭通知,无正当理由拒不到庭或者未经仲裁庭同意中途退庭的,可以按撤回仲裁申请处理;申请人重新申请仲裁的,仲裁委员会不予受理。被申请人收到书面开庭通知,无正当理由拒不到庭或者未经仲裁庭同意中途退庭的,仲裁庭可以继续开庭审理,并缺席裁决。

第四十条 当事人申请鉴定的,鉴定费由申请鉴定方先行垫付,案件处理终结后,由鉴定结果对其不利方负担。鉴定结果不明确的,由申请鉴定方负担。

第四十一条 开庭审理前,记录人员应当查明当事人和其他仲裁参与人是否到庭,宣布仲裁庭纪律。

开庭审理时,由仲裁员宣布开庭、案由和仲裁员、记录人员名单,核对当事人,告知当事人有关的权利义务,询问当事人是否提出回避申请。

开庭审理中,仲裁员应当听取申请人的陈述和被申请人的答辩,主持庭审调查、质证和辩论、征询当事人最后意见,并进行调解。

第四十二条 仲裁庭应当将开庭情况记入笔录。当事人或者其他仲裁参与人认为对自己陈述的记录有遗漏或者差错的,有权当庭申请补正。仲裁庭认为申请无理由或者无必要的,可以不予补正,但是应当记录该申请。

仲裁员、记录人员、当事人和其他仲裁参与人应当在庭审笔录上签名或者盖章。当事人或者其他仲裁参与人拒绝在庭审笔录上签名或者盖章的,仲裁庭应当记明情况附卷。

第四十三条 仲裁参与人和其他人应当遵守仲裁庭纪律,不得有下列行为:

(一)未经准许进行录音、录像、摄影;
(二)未经准许以移动通信等方式现场传播庭审活动;
(三)其他扰乱仲裁庭秩序、妨害审理活动进行的行为。

仲裁参与人或者其他人有前款规定的情形之一的,仲裁庭可以训诫、责令退出仲裁庭,也可以暂扣进行录音、录像、摄影、传播庭审活动的器材,并责令其删除有关内容。拒不删除的,可以采取必要手段强制删除,并将上述事实记入庭审笔录。

第四十四条 申请人在举证期限届满前可以提出增加或者变更仲裁请求;仲裁庭对申请人增加或者变更的仲裁请求审查后认为应当受理的,应当通知被申请人并给予答辩期,被申请人明确表示放弃答辩期的除外。

申请人在举证期限届满后提出增加或者变更仲裁请求的,应当另行申请仲裁。

第四十五条 仲裁庭裁决案件,应当自仲裁委员会受理仲裁申请之日起四十五日内结束。案情复杂需要延期的,经仲裁委员会主任或者其委托的仲裁院负责人书面批准,可以延期并书面通知当事人,但延长期限不得超过十五日。

第四十六条 有下列情形的,仲裁期限按照下列规定计算:

(一)仲裁庭追加当事人或者第三人的,仲裁期限从决定追加之日起重新计算;
(二)申请人需要补正材料的,仲裁委员会收到仲裁申请的时间从材料补正之日起重新计算;
(三)增加、变更仲裁请求的,仲裁期限从受理增加、变更仲裁请求之日起重新计算;
(四)仲裁申请和反申请合并处理的,仲裁期限从受理反申请之日起重新计算;
(五)案件移送管辖的,仲裁期限从接受移送之日起重新计算;
(六)中止审理期间、公告送达期间不计入仲裁期限内;
(七)法律、法规规定应当另行计算的其他情形。

第四十七条 有下列情形之一的,经仲裁委员会主任或者其委托的仲裁院负责人批准,可以中止案件审理,并书面通知当事人:

(一)劳动者一方当事人死亡,需要等待继承人表明是否参加仲裁的;

(二)劳动者一方当事人丧失民事行为能力,尚未确定法定代理人参加仲裁的;

(三)用人单位终止,尚未确定权利义务承继者的;

(四)一方当事人因不可抗拒的事由,不能参加仲裁的;

(五)案件审理需要以其他案件的审理结果为依据,且其他案件尚未审结的;

(六)案件处理需要等待工伤认定、伤残等级鉴定以及其他鉴定结论的;

(七)其他应当中止仲裁审理的情形。

中止审理的情形消除后,仲裁庭应当恢复审理。

第四十八条 当事人因仲裁庭逾期未作出仲裁裁决而向人民法院提起诉讼并立案受理的,仲裁委员会应当决定该案件终止审理;当事人未就该争议事项向人民法院提起诉讼的,仲裁委员会应当继续处理。

第四十九条 仲裁庭裁决案件时,其中一部分事实已经清楚的,可以就该部分先行裁决。当事人对先行裁决不服的,可以按照调解仲裁法有关规定处理。

第五十条 仲裁庭裁决案件时,申请人根据调解仲裁法第四十七条第(一)项规定,追索劳动报酬、工伤医疗费、经济补偿或者赔偿金,如果仲裁裁决涉及数项,对单项裁决数额不超过当地月最低工资标准十二个月金额的事项,应当适用终局裁决。

前款经济补偿包括《中华人民共和国劳动合同法》(以下简称劳动合同法)规定的竞业限制期限内给予的经济补偿、解除或者终止劳动合同的经济补偿等;赔偿金包括劳动合同法规定的未签订书面劳动合同第二倍工资、违法约定试用期的赔偿金、违法解除或者终止劳动合同的赔偿金等。

根据调解仲裁法第四十七条第(二)项的规定,因执行国家的劳动标准在工作时间、休息休假、社会保险等方面发生的争议,应当适用终局裁决。

仲裁庭裁决案件时,裁决内容同时涉及终局裁决和非终局裁决的,应当分别制作裁决书,并告知当事人相应的救济权利。

第五十一条 仲裁庭对追索劳动报酬、工伤医疗费、经济补偿或者赔偿金的案件,根据当事人的申请,可以裁决先予执行,移送人民法院执行。

仲裁庭裁决先予执行的,应当符合下列条件:

(一)当事人之间权利义务关系明确;

(二)不先予执行将严重影响申请人的生活。

劳动者申请先予执行的,可以不提供担保。

第五十二条 裁决应当按照多数仲裁员的意见作出,少数仲裁员的不同意见应当记入笔录。仲裁庭不能形成多数意见时,裁决应当按照首席仲裁员的意见作出。

第五十三条 裁决书应当载明仲裁请求、争议事实、裁决理由、裁决结果、当事人权利和裁决日期。裁决书由仲裁员签名,加盖仲裁委员会印章。对裁决持不同意见的仲裁员,可以签名,也可以不签名。

第五十四条 对裁决书中的文字、计算错误或者仲裁庭已经裁决但在裁决书中遗漏的事项,仲裁庭应当及时制作决定书予以补正并送达当事人。

第五十五条 当事人对裁决不服向人民法院提起诉讼的,按照调解仲裁法有关规定处理。

第三节 简易处理

第五十六条 争议案件符合下列情形之一的,可以简易处理:

(一)事实清楚、权利义务关系明确、争议不大的;

(二)标的额不超过本省、自治区、直辖市上年度职工年平均工资的;

(三)双方当事人同意简易处理的。

仲裁委员会决定简易处理的,可以指定一名仲裁员独任仲裁,并应当告知当事人。

第五十七条 争议案件有下列情形之一的,不得简易处理:

(一)涉及国家利益、社会公共利益的;

(二)有重大社会影响的;

(三)被申请人下落不明的;

(四)仲裁委员会认为不宜简易处理的。

第五十八条 简易处理的案件,经与被申请人协商同意,仲裁庭可以缩短或者取消答辩期。

第五十九条 简易处理的案件,仲裁庭可以用电话、短信、传真、电子邮件等简便方式送达仲裁文书,但送达调解书、裁决书除外。

以简便方式送达的开庭通知,未经当事人确认或者没有其他证据证明当事人已经收到的,仲裁庭不得按撤回仲裁申请处理或者缺席裁决。

第六十条 简易处理的案件,仲裁庭可以根据案件情况确定举证期限、开庭日期、审理程序、文书制作等事项,但应当保障当事人陈述意见的权利。

第六十一条 仲裁庭在审理过程中,发现案件不宜简易处理的,应当在仲裁期限届满前决定转为按照一般程序处理,并告知当事人。

案件转为按照一般程序处理的,仲裁期限自仲裁委员会受理仲裁申请之日起计算,双方当事人已经确认的事实,可以不再进行举证、质证。

第四节 集体劳动人事争议处理

第六十二条 处理劳动者一方在十人以上并有共同请求的争议案件,或者因履行集体合同发生的劳动争议案件,适用本节规定。

符合本规则第五十六条第一款规定情形之一的集体劳动人事争议案件,可以简易处理,不受本节规定的限制。

第六十三条 发生劳动者一方在十人以上并有共同请求的争议的,劳动者可以推举三至五名代表参加仲裁活动。代表人参加仲裁的行为对其所代表的当事人发生效力,但代表人变更、放弃仲裁请求或者承认对方当事人的仲裁请求,进行和解,必须经被代表的当事人同意。

因履行集体合同发生的劳动争议,经协商解决不成的,工会可以依法申请仲裁;尚未建立工会的,由上级工会指导劳动者推举产生的代表依法申请仲裁。

第六十四条 仲裁委员会应当自收到当事人集体劳动人事争议仲裁申请之日起五日内作出受理或者不予受理的决定。决定受理的,应当自受理之日起五日内将仲裁庭组成人员、答辩期限、举证期限、开庭日期和地点等事项一次性通知当事人。

第六十五条 仲裁委员会处理集体劳动人事争议案件,应当由三名仲裁员组成仲裁庭,设首席仲裁员。

仲裁委员会处理因履行集体合同发生的劳动争议,应当按照三方原则组成仲裁庭处理。

第六十六条 仲裁庭处理集体劳动人事争议,开庭前应当引导当事人自行协商,或者先行调解。

仲裁庭处理集体劳动人事争议案件,可以邀请法律工作者、律师、专家学者等第三方共同参与调解。

协商或者调解未能达成协议的,仲裁庭应当及时裁决。

第六十七条 仲裁庭开庭场所可以设在发生争议的用人单位或者其他便于及时处理争议的地点。

第四章 调解程序

第一节 仲裁调解

第六十八条 仲裁委员会处理争议案件,应当坚持调解优先,引导当事人通过协商、调解方式解决争议,给予必要的法律释明以及风险提示。

第六十九条 对未经调解、当事人直接申请仲裁的争议,仲裁委员会可以向当事人发出调解建议书,引导其到调解组织进行调解。当事人同意先行调解的,应当暂缓受理;当事人不同意先行调解的,应当依法受理。

第七十条 开庭之前,经双方当事人同意,仲裁庭可以委托调解组织或者其他具有调解能力的组织、个人进行调解。

自当事人同意之日起十日内未达成调解协议的,应当开庭审理。

第七十一条 仲裁庭审理争议案件时,应当进行调解。必要时可以邀请有关单位、组织或者个人参与调解。

第七十二条 仲裁调解达成协议的,仲裁庭应当制作调解书。

调解书应当写明仲裁请求和当事人协议的结果。调解书由仲裁员签名,加盖仲裁委员会印章,送达双方当事人。调解书经双方当事人签收后,发生法律效力。

调解不成或者调解书送达前,一方当事人反悔的,仲裁庭应当及时作出裁决。

第七十三条 当事人就部分仲裁请求达成调解协议的,仲裁庭可以就该部分先行出具调解书。

第二节 调解协议的仲裁审查

第七十四条 经调解组织调解达成调解协议的,双方当事人可以自调解协议生效之日起十五日内,共同向有管辖权的仲裁委员会提出仲裁审查申请。

当事人申请审查调解协议,应当向仲裁委员会提交仲裁审查申请书、调解协议和身份证明、资格证明以及其他与调解协议相关的证明材料,并提供双方当事人的送达地址、电话号码等联系方式。

第七十五条 仲裁委员会收到当事人仲裁审查申请,应当及时决定是否受理。决定受理的,应当出具受理通知书。

有下列情形之一的,仲裁委员会不予受理:

(一)不属于仲裁委员会受理争议范围的;

(二)不属于本仲裁委员会管辖的;

(三)超出规定的仲裁审查申请期间的;

(四)确认劳动关系的;

(五)调解协议已经人民法院司法确认的。

第七十六条 仲裁委员会审查调解协议,应当自受理仲裁审查申请之日起五日内结束。因特殊情况需要延期的,经仲裁委员会主任或者其委托的仲裁院负责人批准,可以延长五日。

调解书送达前,一方或者双方当事人撤回仲裁审查申请的,仲裁委员会应当准许。

第七十七条 仲裁委员会受理仲裁审查申请后,应当指定仲裁员对调解协议进行审查。

仲裁委员会经审查认为调解协议的形式和内容合法有效的,应当制作调解书。调解书的内容应当与调解协议的内容相一致。调解书经双方当事人签收后,发生法律效力。

第七十八条 调解协议具有下列情形之一的,仲裁委员会不予制作调解书:

(一)违反法律、行政法规强制性规定的;

(二)损害国家利益、社会公共利益或者公民、法人、其他组织合法权益的;

(三)当事人提供证据材料有弄虚作假嫌疑的;

(四)违反自愿原则的;

(五)内容不明确的;

(六)其他不能制作调解书的情形。

仲裁委员会决定不予制作调解书的,应当书面通知当事人。

第七十九条 当事人撤回仲裁审查申请或者仲裁委员会决定不予制作调解书的,应当终止仲裁审查。

第五章 附 则

第八十条 本规则规定的"三日"、"五日"、"十日"指工作日,"十五日"、"四十五日"指自然日。

第八十一条 本规则自 2017 年 7 月 1 日起施行。2009 年 1 月 1 日人力资源社会保障部公布的《劳动人事争议仲裁办案规则》(人力资源和社会保障部令第 2 号)同时废止。

劳动人事争议仲裁组织规则

(2017年4月24日人力资源社会保障部第123次部务会审议通过 2017年5月8日人力资源和社会保障部令第34号公布 自2017年7月1日起施行)

第一章 总 则

第一条 为公正及时处理劳动人事争议(以下简称争议),根据《中华人民共和国劳动争议调解仲裁法》(以下简称调解仲裁法)和《中华人民共和国公务员法》、《事业单位人事管理条例》、《中国人民解放军文职人员条例》等有关法律、法规,制定本规则。

第二条 劳动人事争议仲裁委员会(以下简称仲裁委员会)由人民政府依法设立,专门处理争议案件。

第三条 人力资源社会保障行政部门负责指导本行政区域的争议调解仲裁工作,组织协调处理跨地区、有影响的重大争议,负责仲裁员的管理、培训等工作。

第二章 仲裁委员会及其办事机构

第四条 仲裁委员会按照统筹规划、合理布局和适应实际需要的原则设立,由省、自治区、直辖市人民政府依法决定。

第五条 仲裁委员会由干部主管部门代表、人力资源社会保障等相关行政部门代表、军队文职人员工作管理部门代表、工会代表和用人单位方面代表等组成。

仲裁委员会组成人员应当是单数。

第六条 仲裁委员会设主任一名,副主任和委员若干名。

仲裁委员会主任由政府负责人或者人力资源社会保障行政部门主要负责人担任。

第七条 仲裁委员会依法履行下列职责:

（一）聘任、解聘专职或者兼职仲裁员；

（二）受理争议案件；

（三）讨论重大或者疑难的争议案件；

（四）监督本仲裁委员会的仲裁活动；

（五）制定本仲裁委员会的工作规则；

（六）其他依法应当履行的职责。

第八条 仲裁委员会应当每年至少召开两次全体会议,研究本仲裁委员会职责履行情况和重要工作事项。

仲裁委员会主任或者三分之一以上的仲裁委员会组成人员提议召开仲裁委员会会议的,应当召开。

仲裁委员会的决定实行少数服从多数原则。

第九条 仲裁委员会下设实体化的办事机构,具体承担争议调解仲裁等日常工作。办事机构称为劳动人事争议仲裁院(以下简称仲裁院),设在人力资源社会保障行政部门。

仲裁院对仲裁委员会负责并报告工作。

第十条 仲裁委员会的经费依法由财政予以保障。仲裁经费包括人员经费、公用经费、仲裁专项经费等。

仲裁院可以通过政府购买服务等方式聘用记录人员、安保人员等办案辅助人员。

第十一条 仲裁委员会组成单位可以派兼职仲裁员常驻仲裁院,参与争议调解仲裁活动。

第三章 仲 裁 庭

第十二条 仲裁委员会处理争议案件实行仲裁庭制度,实行一案一庭制。

仲裁委员会可以根据案件处理实际需要设立派驻仲裁庭、巡回仲裁庭、流动仲裁庭,就近就地处理争议案件。

第十三条 处理下列争议案件应当由三名仲裁员组成仲裁庭,设首席仲裁员：

（一）十人以上并有共同请求的争议案件；

（二）履行集体合同发生的争议案件；

（三）有重大影响或者疑难复杂的争议案件；

（四）仲裁委员会认为应当由三名仲裁员组庭处理的其他争议案件。

简单争议案件可以由一名仲裁员独任仲裁。

第十四条 记录人员负责案件庭审记录等相关工作。

记录人员不得由本庭仲裁员兼任。

第十五条 仲裁庭组成不符合规定的，仲裁委员会应当予以撤销并重新组庭。

第十六条 仲裁委员会应当有专门的仲裁场所。仲裁场所应当悬挂仲裁徽章，张贴仲裁庭纪律及注意事项等，并配备仲裁庭专业设备、档案储存设备、安全监控设备和安检设施等。

第十七条 仲裁工作人员在仲裁活动中应当统一着装，佩戴仲裁徽章。

第四章 仲 裁 员

第十八条 仲裁员是由仲裁委员会聘任、依法调解和仲裁争议案件的专业工作人员。

仲裁员分为专职仲裁员和兼职仲裁员。专职仲裁员和兼职仲裁员在调解仲裁活动中享有同等权利，履行同等义务。

兼职仲裁员进行仲裁活动，所在单位应当予以支持。

第十九条 仲裁委员会应当依法聘任一定数量的专职仲裁员，也可以根据办案工作需要，依法从干部主管部门、人力资源社会保障行政部门、军队文职人员工作管理部门、工会、企业组织等相关机构的人员以及专家学者、律师中聘任兼职仲裁员。

第二十条 仲裁员享有以下权利：

（一）履行职责应当具有的职权和工作条件；

（二）处理争议案件不受干涉；

（三）人身、财产安全受到保护；

（四）参加聘前培训和在职培训；

（五）法律、法规规定的其他权利。

第二十一条 仲裁员应当履行以下义务：

(一)依法处理争议案件；

(二)维护国家利益和公共利益,保护当事人合法权益；

(三)严格执行廉政规定,恪守职业道德；

(四)自觉接受监督；

(五)法律、法规规定的其他义务。

第二十二条 仲裁委员会聘任仲裁员时,应当从符合调解仲裁法第二十条规定的仲裁员条件的人员中选聘。

仲裁委员会应当根据工作需要,合理配备专职仲裁员和办案辅助人员。专职仲裁员数量不得少于三名,办案辅助人员不得少于一名。

第二十三条 仲裁委员会应当设仲裁员名册,并予以公告。

省、自治区、直辖市人力资源社会保障行政部门应当将本行政区域内仲裁委员会聘任的仲裁员名单报送人力资源社会保障部备案。

第二十四条 仲裁员聘期一般为五年。仲裁委员会负责仲裁员考核,考核结果作为解聘和续聘仲裁员的依据。

第二十五条 仲裁委员会应当制定仲裁员工作绩效考核标准,重点考核办案质量和效率、工作作风、遵纪守法情况等。考核结果分为优秀、合格、不合格。

第二十六条 仲裁员有下列情形之一的,仲裁委员会应当予以解聘：

(一)聘期届满不再续聘的；

(二)在聘期内因工作岗位变动或者其他原因不再履行仲裁员职责的；

(三)年度考核不合格的；

(四)因违纪、违法犯罪不能继续履行仲裁员职责的；

(五)其他应当解聘的情形。

第二十七条 人力资源社会保障行政部门负责对拟聘任的仲裁员进行聘前培训。

拟聘为省、自治区、直辖市仲裁委员会仲裁员及副省级市仲裁委员会仲裁员的,参加人力资源社会保障部组织的聘前培训；拟聘为地(市)、县(区)仲裁委员会仲裁员的,参加省、自治区、直辖市人力资源社会保障行政部门组织的仲裁员聘前培训。

第二十八条　人力资源社会保障行政部门负责每年对本行政区域内的仲裁员进行政治思想、职业道德、业务能力和作风建设培训。

仲裁员每年脱产培训的时间累计不少于四十学时。

第二十九条　仲裁委员会应当加强仲裁员作风建设,培育和弘扬具有行业特色的仲裁文化。

第三十条　人力资源社会保障部负责组织制定仲裁员培训大纲,开发培训教材,建立师资库和考试题库。

第三十一条　建立仲裁员职业保障机制,拓展仲裁员职业发展空间。

第五章　仲裁监督

第三十二条　仲裁委员会应当建立仲裁监督制度,对申请受理、办案程序、处理结果、仲裁工作人员行为等进行监督。

第三十三条　仲裁员不得有下列行为:

(一)徇私枉法,偏袒一方当事人;

(二)滥用职权,侵犯当事人合法权益;

(三)利用职权为自己或者他人谋取私利;

(四)隐瞒证据或者伪造证据;

(五)私自会见当事人及其代理人,接受当事人及其代理人的请客送礼;

(六)故意拖延办案、玩忽职守;

(七)泄露案件涉及的国家秘密、商业秘密和个人隐私或者擅自透露案件处理情况;

(八)在受聘期间担任所在仲裁委员会受理案件的代理人;

(九)其他违法违纪的行为。

第三十四条　仲裁员有本规则第三十三条规定情形的,仲裁委员会视情节轻重,给予批评教育、解聘等处理;被解聘的,五年内不得再次被聘为仲裁员。仲裁员所在单位根据国家有关规定对其给予处分;构成犯罪的,依法追究刑事责任。

第三十五条　记录人员等办案辅助人员应当认真履行职责,严守工作纪律,不得有玩忽职守、偏袒一方当事人、泄露案件涉及的国家秘密、商业秘密和个人隐私或者擅自透露案件处理情况等行为。

办案辅助人员违反前款规定的,应当按照有关法律法规和本规则第三十四条的规定处理。

第六章　附　　则

第三十六条　被聘任为仲裁员的,由人力资源社会保障部统一免费发放仲裁员证和仲裁徽章。

第三十七条　仲裁委员会对被解聘、辞职以及其他原因不再聘任的仲裁员,应当及时收回仲裁员证和仲裁徽章,并予以公告。

第三十八条　本规则自 2017 年 7 月 1 日起施行。2010 年 1 月 20 日人力资源社会保障部公布的《劳动人事争议仲裁组织规则》(人力资源和社会保障部令第 5 号)同时废止。

最高人民法院关于人民法院审理事业单位人事争议案件若干问题的规定

(2003 年 6 月 17 日最高人民法院审判委员会第 1278 次会议通过　2003 年 8 月 27 日公布　法释〔2003〕13 号　自 2003 年 9 月 5 日起施行)

为了正确审理事业单位与其工作人员之间的人事争议案件,根据《中华人民共和国劳动法》的规定,现对有关问题规定如下:

第一条　事业单位与其工作人员之间因辞职、辞退及履行聘用合同所发生的争议,适用《中华人民共和国劳动法》的规定处理。

第二条　当事人对依照国家有关规定设立的人事争议仲裁机构所作的人事争议仲裁裁决不服,自收到仲裁裁决之日起十五日内向人民法院提起诉讼的,人民法院应当依法受理。一方当事人在法定期间内不起诉又不履行仲裁裁决,另一方当事人向人民法院申请执行的,人民法院应当依法执行。

第三条 本规定所称人事争议是指事业单位与其工作人员之间因辞职、辞退及履行聘用合同所发生的争议。

最高人民法院关于事业单位人事争议案件适用法律等问题的答复

(2004年4月30日 法函〔2004〕30号)

北京市高级人民法院：

你院《关于审理事业单位人事争议案件如何适用法律及管辖的请示》(京高法〔2003〕353号)收悉。经研究,答复如下：

一、《最高人民法院关于人民法院审理事业单位人事争议案件若干问题的规定》(法释〔2003〕13号)第一条规定,"事业单位与其工作人员之间因辞职、辞退及履行聘用合同所发生的争议,适用《中华人民共和国劳动法》的规定处理。"这里"适用《中华人民共和国劳动法》的规定处理"是指人民法院审理事业单位人事争议案件的程序运用《中华人民共和国劳动法》的相关规定。人民法院对事业单位人事争议案件的实体处理应当适用人事方面的法律规定,但涉及事业单位工作人员劳动权利的内容在人事法律中没有规定的,适用《中华人民共和国劳动法》的有关规定。

二、事业单位人事争议案件由用人单位或者聘用合同履行地的基层人民法院管辖。

三、人民法院审理事业单位人事争议案件的案由为"人事争议"。

最高人民法院关于审理拒不支付劳动报酬刑事案件适用法律若干问题的解释

（2013年1月14日最高人民法院审判委员会第1567次会议通过　2013年1月16日公布　法释〔2013〕3号　自2013年1月23日起施行）

为依法惩治拒不支付劳动报酬犯罪，维护劳动者的合法权益，根据《中华人民共和国刑法》有关规定，现就办理此类刑事案件适用法律的若干问题解释如下：

第一条　劳动者依照《中华人民共和国劳动法》和《中华人民共和国劳动合同法》等法律的规定应得的劳动报酬，包括工资、奖金、津贴、补贴、延长工作时间的工资报酬及特殊情况下支付的工资等，应当认定为刑法第二百七十六条之一第一款规定的"劳动者的劳动报酬"。

第二条　以逃避支付劳动者的劳动报酬为目的，具有下列情形之一的，应当认定为刑法第二百七十六条之一第一款规定的"以转移财产、逃匿等方法逃避支付劳动者的劳动报酬"：

（一）隐匿财产、恶意清偿、虚构债务、虚假破产、虚假倒闭或者以其他方法转移、处分财产的；

（二）逃跑、藏匿的；

（三）隐匿、销毁或者篡改账目、职工名册、工资支付记录、考勤记录等与劳动报酬相关的材料的；

（四）以其他方法逃避支付劳动报酬的。

第三条　具有下列情形之一的，应当认定为刑法第二百七十六条之一第一款规定的"数额较大"：

（一）拒不支付一名劳动者三个月以上的劳动报酬且数额在五千元至二万元以上的；

（二）拒不支付十名以上劳动者的劳动报酬且数额累计在三万元

至十万元以上的。

各省、自治区、直辖市高级人民法院可以根据本地区经济社会发展状况,在前款规定的数额幅度内,研究确定本地区执行的具体数额标准,报最高人民法院备案。

第四条 经人力资源社会保障部门或者政府其他有关部门依法以限期整改指令书、行政处理决定书等文书责令支付劳动者的劳动报酬后,在指定的期限内仍不支付的,应当认定为刑法第二百七十六条之一第一款规定的"经政府有关部门责令支付仍不支付",但有证据证明行为人有正当理由未知悉责令支付或者未及时支付劳动报酬的除外。

行为人逃匿,无法将责令支付文书送交其本人、同住成年家属或者所在单位负责收件的人的,如果有关部门已通过在行为人的住所地、生产经营场所等地张贴责令支付文书等方式责令支付,并采用拍照、录像等方式记录的,应当视为"经政府有关部门责令支付"。

第五条 拒不支付劳动者的劳动报酬,符合本解释第三条的规定,并具有下列情形之一的,应当认定为刑法第二百七十六条之一第一款规定的"造成严重后果":

(一)造成劳动者或者其被赡养人、被扶养人、被抚养人的基本生活受到严重影响、重大疾病无法及时医治或者失学的;

(二)对要求支付劳动报酬的劳动者使用暴力或者进行暴力威胁的;

(三)造成其他严重后果的。

第六条 拒不支付劳动者的劳动报酬,尚未造成严重后果,在刑事立案前支付劳动者的劳动报酬,并依法承担相应赔偿责任的,可以认定为情节显著轻微危害不大,不认为是犯罪;在提起公诉前支付劳动者的劳动报酬,并依法承担相应赔偿责任的,可以减轻或者免除刑事处罚;在一审宣判前支付劳动者的劳动报酬,并依法承担相应赔偿责任的,可以从轻处罚。

对于免除刑事处罚的,可以根据案件的不同情况,予以训诫、责令具结悔过或者赔礼道歉。

拒不支付劳动者的劳动报酬,造成严重后果,但在宣判前支付劳动者的劳动报酬,并依法承担相应赔偿责任的,可以酌情从宽处罚。

第七条 不具备用工主体资格的单位或者个人,违法用工且拒不支付劳动者的劳动报酬,数额较大,经政府有关部门责令支付仍不支付的,应当依照刑法第二百七十六条之一的规定,以拒不支付劳动报酬罪追究刑事责任。

第八条 用人单位的实际控制人实施拒不支付劳动报酬行为,构成犯罪的,应当依照刑法第二百七十六条之一的规定追究刑事责任。

第九条 单位拒不支付劳动报酬,构成犯罪的,依照本解释规定的相应个人犯罪的定罪量刑标准,对直接负责的主管人员和其他直接责任人员定罪处罚,并对单位判处罚金。

最高人民法院关于在民事审判工作中适用《中华人民共和国工会法》若干问题的解释

(2003年1月9日最高人民法院审判委员会第1263次会议通过 根据2020年12月23日最高人民法院审判委员会第1823次会议通过的《最高人民法院关于修改〈最高人民法院关于在民事审判工作中适用《中华人民共和国工会法》若干问题的解释〉等二十七件民事类司法解释的决定》修正)

为正确审理涉及工会经费和财产、工会工作人员权利的民事案件,维护工会和职工的合法权益,根据《中华人民共和国民法典》《中华人民共和国工会法》和《中华人民共和国民事诉讼法》等法律的规定,现就有关法律的适用问题解释如下:

第一条 人民法院审理涉及工会组织的有关案件时,应当认定依照工会法建立的工会组织的社团法人资格。具有法人资格的工会组织依法独立享有民事权利,承担民事义务。建立工会的企业、事业单位、机关与所建工会以及工会投资兴办的企业,根据法律和司法解释的规定,应当分别承担各自的民事责任。

第二条 根据工会法第十八条规定,人民法院审理劳动争议案件,涉及确定基层工会专职主席、副主席或者委员延长的劳动合同期限的,应当自上述人员工会职务任职期限届满之日起计算,延长的期限等于其工会职务任职的期间。

工会法第十八条规定的"个人严重过失",是指具有《中华人民共和国劳动法》第二十五条第(二)项、第(三)项或者第(四)项规定的情形。

第三条 基层工会或者上级工会依照工会法第四十三条规定向人民法院申请支付令的,由被申请人所在地的基层人民法院管辖。

第四条 人民法院根据工会法第四十三条的规定受理工会提出的拨缴工会经费的支付令申请后,应当先行征询被申请人的意见。被申请人仅对应拨缴经费数额有异议的,人民法院应当就无异议部分的工会经费数额发出支付令。

人民法院在审理涉及工会经费的案件中,需要按照工会法第四十二条第一款第(二)项规定的"全部职工""工资总额"确定拨缴数额的,"全部职工""工资总额"的计算,应当按照国家有关部门规定的标准执行。

第五条 根据工会法第四十三条和民事诉讼法的有关规定,上级工会向人民法院申请支付令或者提起诉讼,要求企业、事业单位拨缴工会经费的,人民法院应当受理。基层工会要求参加诉讼的,人民法院可以准许其作为共同申请人或者共同原告参加诉讼。

第六条 根据工会法第五十二条规定,人民法院审理涉及职工和工会工作人员因参加工会活动或者履行工会法规定的职责而被解除劳动合同的劳动争议案件,可以根据当事人的请求裁判用人单位恢复其工作,并补发被解除劳动合同期间应得的报酬;或者根据当事人的请求裁判用人单位给予本人年收入二倍的赔偿,并根据劳动合同法第四十六条、第四十七条规定给予解除劳动合同时的经济补偿。

第七条 对于企业、事业单位无正当理由拖延或者拒不拨缴工会经费的,工会组织向人民法院请求保护其权利的诉讼时效期间,适用民法典第一百八十八条的规定。

第八条 工会组织就工会经费的拨缴向人民法院申请支付令的,

应当按照《诉讼费用交纳办法》第十四条的规定交纳申请费;督促程序终结后,工会组织另行起诉的,按照《诉讼费用交纳办法》第十三条规定的财产案件受理费标准交纳诉讼费用。

最高人民法院关于当前形势下做好劳动争议纠纷案件审判工作的指导意见

(2009年7月6日 法发〔2009〕41号)

受国际金融市场动荡和世界经济衰退的影响,当前,因企业经营困难、亏损、欠薪和关闭等原因引发的各种劳动争议纠纷案件大幅攀升,给民事审判工作带来新的挑战。为充分发挥人民法院服务经济社会发展与社会和谐稳定的职能作用,积极应对宏观经济形势变化,为"保增长、保民生、保稳定"的工作大局提供更加有力的司法保障,现就人民法院在当前形势下做好劳动争议纠纷案件审判工作,提出以下意见。

1. 努力做到保障劳动者合法权益与维护用人单位的生存发展并重。我国社会主义条件下的劳动关系矛盾本质上是非对抗性的,矛盾双方是对立统一体和利益共同体,具有根本利益的高度一致性和具体利益的相对差异性。在审理劳动争议纠纷案件时,既要依法维护劳动者合法权益,又要促进企业的生存发展,努力做到双方互利共赢,对于在当前形势下妥善处理好劳动争议纠纷案件具有十分重要的意义。

2. 积极促进劳动关系的和谐稳定。在审理劳动争议纠纷案件时,要尽量维护劳动合同的效力,慎重简单使用解除劳动合同的方法来解决劳动争议纠纷案件。既要鼓励、规范企业自觉履行义务、承担社会责任,又要倡导职工理解企业确因经济困难所采取的合理应对行为。要积极引导职工与企业协商通过缩短工时、轮岗培训、暂时放假、协商薪酬等多种措施,有效稳定劳动关系。

3. 准确把握法律法规与国家相关政策。在审理劳动争议纠纷案件时,不仅要严格执行法律、法规,还要充分考虑国家为应对国际金融危机出台的一系列方针政策。要全面、正确理解劳动合同法、劳动争议调解仲裁法的立法原意和宗旨,充分发挥人民法院审判工作服务大局、应对危机的职能作用。对于历史遗留的劳动问题,要按照当时的法律法规及国家的方针政策处理。

4. 充分发挥诉讼调解的功能作用。在审理劳动争议纠纷案件的全过程中,要尽可能采取调解、和解方法,寻找各方利益平衡点,做到案结事了。同时还要注意调解程序的正当性、灵活性和可操作性,努力化解劳动关系的矛盾和隐患,使诉讼调解的职能作用得到更加有效的发挥,力争案件处理达到法律效果与社会效果的统一。

5. 积极发挥人民调解的职能作用。在审理劳动争议纠纷案件时,要加强与政府部门的沟通和协调,积极主动地邀请企业工会、居民委员会、村民委员会、人民调解员、人民陪审员等社会各方力量参与调解,促成劳动关系双方当事人互谅互让。要充分尊重人民调解在社会矛盾纠纷调解工作体系的基础作用,加强对人民调解的业务指导,依法确认人民调解协议的效力,促进人民调解制度更加有效地发挥预防和及时化解矛盾纠纷、维护社会和谐稳定的功能。

6. 建立健全多渠道解决劳动争议纠纷机制。要通过正面宣传教育,增强劳动者和用人单位守法的自觉性;积极采取措施,创新对策,引导劳动者合法、合理地表达利益诉求。要立足预防,重在化解,创建和完善劳动争议多方联动解决机制和应急处理机制,全力预防和化解劳动争议,促进劳动关系的有序运行和经济社会的健康发展。

7. 妥善处理因解除劳动合同和追索经济补偿引发的纠纷。在审理解除劳动合同纠纷案件时,既要保障劳动者的就业权和辞职权,又要尊重用人单位的用工自主权。要引导劳动关系双方依照法律规定解除劳动合同,既要防止劳动者不诚信的辞职行为影响用人单位的正常生产经营秩序,又要避免用人单位违法解除劳动合同侵犯劳动者的合法权益。在审理劳动争议经济补偿纠纷案件时,要严格依照劳动合同法第四十六条和第四十七条的规定,准确把握支付经济补偿的法定条件,合理确定经济补偿的计算基数和方式。

8. 妥善处理因拖欠基本工资和追索加班费引发的纠纷。要从充分保护劳动者生存权利的角度出发,依法及时处理因拖欠基本工资引发的劳动争议,按照"快立、快调、快审、快执"的原则,尽快受理,适时调解,及时判决,优先执行。在审理涉及加班费的案件中,就加班事实应注意合理分配举证责任;加班费的确定,应当结合劳动合同约定、劳动者的岗位性质以及工作要求等因素综合考量、合理裁判。

9. 妥善处理因企业裁员引发的纠纷。要严格审查用人单位的裁员行为是否符合劳动合同法规定的程序和条件,积极鼓励和引导用人单位与劳动者进行协商,尽量不裁员或少裁员。对于困难企业经过多方努力仍不得不实行经济性裁员,且一次性支付经济补偿确有困难的,要尽可能促使用人单位与工会或职工就分期支付或以其他方式支付经济补偿问题达成调解协议或和解协议。

10. 妥善处理因竞业限制引发的纠纷。在审理竞业限制纠纷案件时,要充分考虑到我国经济和科技发展的实际水平,坚持以社会公共利益为基点,既要维护社会主义市场经济的公平竞争秩序,又要注意平衡市场主体的利益关系;既要防止因不适当扩大竞业限制的范围而妨碍劳动者的择业自由,又要保护用人单位的商业秘密等合法权益,最大限度地实现设立竞业限制制度的立法本意和目的。

11. 合理采取财产保全措施。对受到金融危机影响较为严重的企业,在处理财产保全申请时,要充分考虑企业的生存发展、劳动者的生计保障和社会的和谐稳定,灵活采取财产保全措施,既要注意确保劳动者的合法权益将来能够实现,又要防止因采取财产保全措施不当,给用人单位造成生产经营困难。对有转移财产、逃避债务迹象的企业,要加大财产保全力度,及时采取查封、扣押、冻结等措施,防止因企业资产流失导致劳动者权益受损;对暂时资金周转困难、尚有经营发展前景的负债企业,采用"活扣"、"活封"等诉讼保全方式,慎用冻结、划拨流动资金,不拍卖、变卖厂房设备,避免因保全措施不当影响企业的生产经营或导致企业倒闭停业。

12. 要积极探讨劳动争议诉讼程序和仲裁程序的有效衔接。要建立与劳动争议仲裁委员会的沟通协调机制,及时交流劳动争议处理的新情况、新问题,积极探索和创建诉讼程序与仲裁程序有效衔接的新规则、新制度。要准确把握劳动合同法和劳动争议调解仲裁法的新规定和新精神,严格审查仲裁时效,合理把握仲裁审理时限超期的认定标准,对于仲裁委员会确有正当理由未能在规定时限内作出受理决定或仲裁裁决,劳动者以此为由向人民法院起诉的,人民法院应告知劳动者等待仲裁委员会的决定或裁决。要妥善解决劳动者不服仲裁裁决提起诉讼的同时,用人单位又申请撤销仲裁裁决出现的有关问题,切实规范仲裁委员会逾期未作出受理决定和仲裁裁决的相关程序。

13. 各级人民法院要积极争取党委的领导和政府的支持,加强与相关职能部门的沟通和协作,紧紧围绕经济发展和社会稳定的大局,密切关注国际金融危机的不断变化,依法审理劳动争议,调节社会关系,化解矛盾纠纷,为促进我国经济平稳较快发展提供公正高效权威的司法保障。

最高人民法院关于审理工伤保险行政案件若干问题的规定

(2014年4月21日最高人民法院审判委员会第1613次会议通过 2014年6月18日公布 法释〔2014〕9号 自2014年9月1日起施行)

为正确审理工伤保险行政案件,根据《中华人民共和国社会保险法》《中华人民共和国劳动法》《中华人民共和国行政诉讼法》《工伤保险条例》及其他有关法律、行政法规规定,结合行政审判实际,制定本规定。

第一条 人民法院审理工伤认定行政案件,在认定是否存在《工伤保险条例》第十四条第(六)项"本人主要责任"、第十六条第(二)项"醉酒或者吸毒"和第十六条第(三)项"自残或者自杀"等情形时,应当以有权机构出具的事故责任认定书、结论性意见和人民法院生效裁判等法律文书为依据,但有相反证据足以推翻事故责任认定书和结论性意见的除外。

前述法律文书不存在或者内容不明确,社会保险行政部门就前款事实作出认定的,人民法院应当结合其提供的相关证据依法进行审查。

《工伤保险条例》第十六条第(一)项"故意犯罪"的认定,应当以刑事侦查机关、检察机关和审判机关的生效法律文书或者结论性意见为依据。

第二条 人民法院受理工伤认定行政案件后,发现原告或者第三人在提起行政诉讼前已经就是否存在劳动关系申请劳动仲裁或者提起民事诉讼的,应当中止行政案件的审理。

第三条 社会保险行政部门认定下列单位为承担工伤保险责任单位的,人民法院应予支持:

(一)职工与两个或两个以上单位建立劳动关系,工伤事故发生时,职工为之工作的单位为承担工伤保险责任的单位;

(二)劳务派遣单位派遣的职工在用工单位工作期间因工伤亡的,派遣单位为承担工伤保险责任的单位;

(三)单位指派到其他单位工作的职工因工伤亡的,指派单位为承担工伤保险责任的单位;

(四)用工单位违反法律、法规规定将承包业务转包给不具备用工主体资格的组织或者自然人,该组织或者自然人聘用的职工从事承包业务时因工伤亡的,用工单位为承担工伤保险责任的单位;

(五)个人挂靠其他单位对外经营,其聘用的人员因工伤亡的,被挂靠单位为承担工伤保险责任的单位。

前款第(四)、(五)项明确的承担工伤保险责任的单位承担赔偿责任或者社会保险经办机构从工伤保险基金支付工伤保险待遇后,有权向相关组织、单位和个人追偿。

第四条 社会保险行政部门认定下列情形为工伤的,人民法院应予支持:

(一)职工在工作时间和工作场所内受到伤害,用人单位或者社会保险行政部门没有证据证明是非工作原因导致的;

(二)职工参加用人单位组织或者受用人单位指派参加其他单位组织的活动受到伤害的;

（三）在工作时间内，职工来往于多个与其工作职责相关的工作场所之间的合理区域因工受到伤害的；

（四）其他与履行工作职责相关，在工作时间及合理区域内受到伤害的。

第五条 社会保险行政部门认定下列情形为"因工外出期间"的，人民法院应予支持：

（一）职工受用人单位指派或者因工作需要在工作场所以外从事与工作职责有关的活动期间；

（二）职工受用人单位指派外出学习或者开会期间；

（三）职工因工作需要的其他外出活动期间。

职工因工外出期间从事与工作或者受用人单位指派外出学习、开会无关的个人活动受到伤害，社会保险行政部门不认定为工伤的，人民法院应予支持。

第六条 对社会保险行政部门认定下列情形为"上下班途中"的，人民法院应予支持：

（一）在合理时间内往返于工作地与住所地、经常居住地、单位宿舍的合理路线的上下班途中；

（二）在合理时间内往返于工作地与配偶、父母、子女居住地的合理路线的上下班途中；

（三）从事属于日常工作生活所需要的活动，且在合理时间和合理路线的上下班途中；

（四）在合理时间内其他合理路线的上下班途中。

第七条 由于不属于职工或者其近亲属自身原因超过工伤认定申请期限的，被耽误的时间不计算在工伤认定申请期限内。

有下列情形之一耽误申请时间的，应当认定为不属于职工或者其近亲属自身原因：

（一）不可抗力；

（二）人身自由受到限制；

（三）属于用人单位原因；

（四）社会保险行政部门登记制度不完善；

（五）当事人对是否存在劳动关系申请仲裁、提起民事诉讼。

第八条 职工因第三人的原因受到伤害,社会保险行政部门以职工或者其近亲属已经对第三人提起民事诉讼或者获得民事赔偿为由,作出不予受理工伤认定申请或者不予认定工伤决定的,人民法院不予支持。

职工因第三人的原因受到伤害,社会保险行政部门已经作出工伤认定,职工或者其近亲属未对第三人提起民事诉讼或者尚未获得民事赔偿,起诉要求社会保险经办机构支付工伤保险待遇的,人民法院应予支持。

职工因第三人的原因导致工伤,社会保险经办机构以职工或者其近亲属已经对第三人提起民事诉讼为由,拒绝支付工伤保险待遇的,人民法院不予支持,但第三人已经支付的医疗费用除外。

第九条 因工伤认定申请人或者用人单位隐瞒有关情况或者提供虚假材料,导致工伤认定错误的,社会保险行政部门可以在诉讼中依法予以更正。

工伤认定依法更正后,原告不申请撤诉,社会保险行政部门在作出原工伤认定时有过错的,人民法院应当判决确认违法;社会保险行政部门无过错的,人民法院可以驳回原告诉讼请求。

第十条 最高人民法院以前颁布的司法解释与本规定不一致的,以本规定为准。

九、典型案例

指导性案例240号：秦某丹诉北京某汽车技术开发服务有限公司劳动争议案

（最高人民法院审判委员会讨论通过
2024年12月20日发布）

关键词

民事　劳动争议　确认劳动关系　新业态用工　代驾司机　必要运营管理　不存在劳动关系

裁判要点

平台企业或者平台用工合作企业为维护平台正常运营、提供优质服务等进行必要运营管理，但未形成支配性劳动管理的，对于劳动者提出的与该企业之间存在劳动关系的主张，人民法院依法不予支持。

基本案情

秦某丹于2020年12月31日注册某代驾平台司机端APP，申请成为代驾司机。该平台运营者为北京某汽车技术开发服务有限公司（以下简称北京某汽车公司）。平台中的《信息服务协议》约定：北京某汽车公司为代驾司机提供代驾信息有偿服务，代驾司机通过北京某汽车公司平台接单，与代驾服务使用方达成并履行《代驾服务协议》，由平台记录代驾服务过程中的各项信息数据；代驾司机以平台数据为依据，向代驾服务使用方收取代驾服务费，向北京某汽车公司支付信息服务费；北京某汽车公司不实际提供代驾服务，也不代理平台任何一方用户，仅充当代驾司机与代驾服务使用方之间的中间人，促成用户达成《代驾服务协议》；北京某汽车公司与代驾司机不存在任何劳动、劳务、雇佣等关系,但有权根据平台规则,对代驾司机的代驾服务活动及收费情况进行监督,有权根据平台用户的反馈,对代驾司机的代驾服务活动进行评价,以及进行相应调查、处理。

在协议实际履行过程中,北京某汽车公司未对秦某丹按照员工进行管理,亦未要求其遵守公司劳动规章制度。代驾服务使用方发出代驾服务需求信息后,平台统一为符合条件的司机派单,秦某丹自行决定是否接单、抢单。秦某丹仅需购买工服、接受软件使用培训、进行路考、接受抽查仪容等,其在工作时间、工作量上具有较高的自主决定权,可以自行决定是否注册使用平台、何时使用平台从事代驾服务等。秦某丹从事代驾服务所取得的报酬系代驾服务费,由代驾服务使用方直接支付。

此外,平台根据代驾司机接单率对其进行赠送或者扣减金币等奖罚措施。平台奖励金币可用于代驾司机购买平台道具以提高后续抢单成功率,与其收入不直接关联。平台统计代驾司机的成单量、有责取消率等数据,并对接单状况存在明显异常的代驾司机账号实行封禁账号等相关风控措施。

后双方发生劳动争议,秦某丹申请劳动仲裁,请求北京某汽车公司支付 2021 年 1 月 31 日至 2022 年 1 月 31 日未订立书面劳动合同的二倍工资差额人民币 8074.38 元。北京市石景山区劳动人事争议仲裁委员会裁决:驳回秦某丹的仲裁请求。秦某丹不服,向北京市石景山区人民法院提起诉讼。

裁判结果

北京市石景山区人民法院于 2023 年 3 月 31 日作出(2023)京 0107 民初 2196 号民事判决:驳回秦某丹的诉讼请求。宣判后,秦某丹不服,提起上诉。北京市第一中级人民法院于 2023 年 9 月 15 日作出(2023)京 01 民终 6036 号民事判决:驳回上诉,维持原判。

裁判理由

本案的争议焦点为:平台运营者北京某汽车公司与代驾司机秦某丹之间是否存在劳动关系。

劳动关系的本质特征是支配性劳动管理,即劳动者与用人单位之间存在较强的人格从属性、经济从属性、组织从属性。在新就业形态下，认定是否存在劳动管理，仍然应当着重考察、准确判断企业对劳动者是否存在支配性劳动管理，劳动者提供的劳动是否具有从属性特征。

本案中，虽然北京某汽车公司根据约定对代驾司机秦某丹进行一定程度的运营管理，但该管理不属于支配性劳动管理；秦某丹有权自主决定是否注册使用平台，何时使用平台，是否接单、抢单，其对北京某汽车公司并无较强的从属性。具体而言：其一，从相关协议内容来看，北京某汽车公司为代驾司机提供代驾信息有偿服务，代驾司机通过北京某汽车公司平台接单，与代驾服务使用方达成交易；代驾司机依约向代驾服务使用方收取代驾服务费，向北京某汽车公司支付信息服务费；北京某汽车公司不实际提供代驾服务，也不代理平台任何一方用户，仅充当代驾司机与代驾服务使用方之间的中间人；代驾司机可以自由决定是否使用平台接受信息服务。其二，从协议实际履行情况来看，秦某丹有权自行决定工作时间、地点，而非根据北京某汽车公司的工作安排接受订单，且北京某汽车公司未对秦某丹在上下班时间、考勤等方面进行员工管理，故双方之间不存在管理与被管理的从属关系。秦某丹的收入系从平台账号中提现，提现款项来源于代驾服务使用方，由代驾服务使用方直接支付到秦某丹在平台的账户，再由秦某丹向平台申请提现，提现时间由秦某丹自主决定，并非由北京某汽车公司支付劳动报酬。其三，尽管北京某汽车公司让秦某丹购买工服、接受软件使用培训、进行路考、接受抽查仪容等，以及根据秦某丹接单率对其进行赠送或者扣减金币，但属于维护平台正常运营、提供优质服务等进行的必要运营管理；北京某汽车公司根据秦某丹的成单量、有责取消率等数据，以及接单状况异常情况实行封禁账号等措施，亦系基于合理风控采取的必要运营措施。

综上，北京某汽车公司对代驾司机秦某丹提出的有关工作要求，是基于维护平台正常运营、提供优质服务等而采取的必要运营管理措施，不属于支配性劳动管理，故依法不应认定双方之间存在劳动关系。

相关法条

《中华人民共和国劳动合同法》第 7 条

《最高人民法院关于适用〈中华人民共和国民事诉讼法〉的解释》（法释〔2022〕11 号）第 90 条

指导性案例 239 号：王某诉北京某文化传媒有限公司劳动争议案

（最高人民法院审判委员会讨论通过
2024 年 12 月 20 日发布）

关键词

民事　劳动争议　确认劳动关系　新业态用工　网络主播　经纪合同　不存在劳动关系

裁判要点

经纪公司对从业人员的工作时间、工作内容、工作过程控制程度不强，从业人员无需严格遵守公司劳动管理制度，且对利益分配等事项具有较强议价权的，应当认定双方之间不存在支配性劳动管理，不存在劳动关系。

基本案情

王某系网络主播，其在网络平台创建并运营自媒体账号。2020 年 3 月，王某与北京某文化传媒有限公司（以下简称北京某传媒公司）签订《独家经纪合同》。该合同约定：王某授权北京某传媒公司独家为其提供自媒体平台图文、音频视频事务有关的经纪服务和商务运作；王某主要收入为按照月交易金额获取收益，王某的保底费用和提成根据月交易金额确定，北京某传媒公司将收入扣除相关必要费用后由双方按比例分成，王某有权对收入分配结算提出异议；王某应当按照北京某传媒公司的安排，准时抵达工作场所，按约定完成工作事项；该合同为合作服务合同，并非劳动合同，双方并不因签订本合同而建立劳动关系。在签订合同过程中，王某着重对收益分配部分作了对其有利的修改。

在合同实际履行过程中，王某按照双方约定参与运营自媒体账号，其每月收入并不固定，收入多少取决于双方合作经营的平台广告收入。合同签订后,王某的自媒体账号由其与北京某传媒公司共同运营管理,粉丝量由签订合同前的近百万逐步涨至400万。此外,王某在北京某传媒公司推荐下参与广告制作和发布、综艺演出等活动。

后双方发生争议,王某申请劳动仲裁,请求确认其与北京某传媒公司在2020年3月1日至2021年4月13日期间存在劳动关系,北京某传媒公司向其支付2021年2月1日至2021年4月13日奖金人民币255,217.5元(币种下同),以及2020年3月1日至2021年2月28日未订立书面劳动合同的二倍工资差额11万元。北京市朝阳区劳动人事争议仲裁委员会裁决:驳回王某的仲裁请求。王某不服,向北京市朝阳区人民法院提起诉讼。

裁判结果

北京市朝阳区人民法院于2022年11月25日作出(2022)京0105民初9090号民事判决:驳回王某的诉讼请求。宣判后,王某不服,提起上诉。北京市第三中级人民法院于2023年9月5日作出(2023)京03民终7051号民事判决:驳回上诉,维持原判。

裁判理由

本案的争议焦点为:北京某传媒公司与其旗下网络主播王某之间是否存在劳动关系。

劳动关系的本质特征是支配性劳动管理,即劳动者与用人单位之间存在较强的人格从属性、经济从属性、组织从属性。在新就业形态下,对于有关企业与网络主播之间的法律关系,要立足具体案件具体分析,重点审查企业与网络主播之间的权利义务内容及确定方式,准确区分因经纪关系所产生的履约要求与劳动管理,判定平台企业是否对网络主播存在支配性劳动管理,两者之间是否存在劳动关系。

本案中,从双方订立的合同及实际履行情况看,北京某传媒公司未对网络主播王某进行支配性劳动管理。具体而言:第一,根据北京某传媒公司与王某订立的经纪合同,王某应当按照北京某传媒公司的安排,准时抵达工作场所,按约定完成工作事项。但王某无需遵守北京某传媒公司的有关工作规则、劳动纪律和奖惩办法。因此,虽然北京某传媒公司可以根据经纪合同约定对王某的演艺行为等进行必要的约束,但这并不属于劳动法律意义上的劳动管理,而是王某按照约定应当履行的合同义务。第二,王某对收益分配方式等内容具有较强的协商权和议价权。王某在与北京某传媒公司订立协议的过程中,着重对收益的分配比例等核心内容进行谈判议价,双方之间的法律关系体现出平等协商的特点,而且约定分成的收益分配方式明显有别于劳动关系。第三,从合同目的和内容看,双方合作本意是通过北京某传媒公司的孵化,进一步提升王某在自媒体平台的艺术、表演、广告、平面形象影响力和知名度,继而通过王某独立参与商业活动获取相应广告收入,并按合同约定进行分配。合同内容主要包括有关经纪事项、报酬及收益分配、违约责任等权利义务约定,不具有劳动合同的要素内容。

综上,北京某传媒公司与旗下网络主播王某之间的权利义务不符合劳动管理所要求的劳动者与用人单位之间存在人格从属性、经济从属性、组织从属性的特征,依法不应认定存在劳动关系。

相关法条

《中华人民共和国劳动合同法》第 7 条

《最高人民法院关于适用〈中华人民共和国民事诉讼法〉的解释》(法释〔2022〕11 号)第 90 条

指导性案例 238 号:圣某欢诉江苏某网络科技有限公司确认劳动关系纠纷案

(最高人民法院审判委员会讨论通过
2024 年 12 月 20 日发布)

关键词

民事　确认劳动关系　新业态用工　个体工商户　承揽、合作协议　实际履行情况　劳动管理

裁判要点

1. 平台企业或者平台用工合作企业要求劳动者注册为个体工商

户后再签订承揽、合作协议,劳动者主张根据实际履行情况认定劳动关系的,人民法院应当在查明事实的基础上,依据相关法律,准确作出认定。对于存在用工事实,构成支配性劳动管理的,依法认定存在劳动关系。

2. 对于主营业务存在转包情形的,人民法院应当根据用工事实和劳动管理程度,结合实际用工管理主体、劳动报酬来源等因素,依法认定劳动者与其关系最密切的企业建立劳动关系。

基本案情

江苏某网络科技有限公司(以下简称江苏某网络公司)承包某外卖平台在江苏省苏州市虎丘区浒墅关片区的外卖配送服务。2019年4月25日,圣某欢通过特定APP注册成为该外卖平台浒墅关片区专送骑手。专送骑手的具体运行模式为:在注册方式上,专送骑手必须通过站点授权才能下载注册该APP;在派单方式上,平台根据定位向专送骑手派单,骑手不可拒绝,因特殊情况不能接单需申请订单调配;在骑手管理上,专送骑手受其专属站点管理,站长决定订单调配、骑手排班,骑手需按照排班上线接单;在薪资构成及结算上,专送骑手薪资包括订单提成、骑手补贴及其他补贴等。在注册过程中,圣某欢进行人脸识别并根据提示讲出"我要成为个体工商户"。自此,圣某欢通过上述APP接单,接单后使用自有车辆配送。江苏某网络公司对圣某欢有明确的上班时间及考勤要求,请假会扣除相应奖励。

2019年5月30日,江苏某网络公司与江苏某企业管理有限公司(以下简称江苏某管理公司)签订服务协议,约定委托江苏某管理公司提供市场推广服务;江苏某管理公司承接项目订单后可以另行转包;接活方在执行任务期间受到或对任何第三方造成人身伤害、财产损害,江苏某网络公司应当自行承担后果,不得要求江苏某管理公司承担侵权等赔偿责任;每月双方对上个月接活方名单、佣金费用、服务费用等进行核对,由江苏某网络公司将相应款项存入其设在第三方平台的账户,由第三方平台将相应费用划至接活方账户。同年6月10日,圣某欢委托江苏某管理公司为其注册"个体工商户",并以"个体工商户"名义与江苏某管理公司签订《项目转包协议》,约定:双方系独立的民事承包关系,不属于劳动关系;个体工商户独立承包配送服务业务,承担承揽过程中所可能产生的一切风险和责任;江苏某管理公司按月将服务费结算给个体工商户。同年6月13日,圣某欢注册成为"个体工商户",经营范围为市场营销策划、市场推广服务、展览展示服务。2019年6月至8月,圣某欢分别收到薪资人民币5035.5元、6270.5元、5807.7元(币种下同)。圣某欢在上述APP中的薪资账单页面显示,薪资规则说明为江苏某网络公司制定,薪资构成包括底薪、提成、补贴奖励等,其中底薪0元。

2019年8月24日晚10时许,圣某欢在外卖配送过程中因交通事故受伤。因工伤认定问题与江苏某网络公司发生争议,圣某欢申请仲裁,请求确认其与江苏某网络公司在2019年4月26日至8月24日期间存在劳动关系。江苏省苏州市虎丘区劳动争议仲裁委员会裁决:驳回圣某欢的仲裁请求。圣某欢不服,向江苏省苏州市虎丘区人民法院提起诉讼。诉讼过程中,江苏省苏州市虎丘区人民法院依职权追加江苏某管理公司作为第三人参加诉讼。

裁判结果

江苏省苏州市虎丘区人民法院于2021年8月2日作出(2020)苏0505民初5582号民事判决:圣某欢与江苏某网络科技有限公司在2019年4月25日至2019年8月24日期间存在劳动关系。宣判后,双方当事人均未提起上诉,判决已发生法律效力。

裁判理由

本案的争议焦点为:外卖骑手圣某欢与江苏某网络公司之间是否存在劳动关系。

劳动关系是劳动者个人与用人单位之间基于用工建立的关系。但实践中存在企业要求劳动者登记为"个体工商户"后再签订承揽、合作等合同,以规避与劳动者建立劳动关系的情况。发生纠纷后,劳动者主张与该企业存在劳动关系的,人民法院不能仅凭双方签订的承揽、合作协议作出认定,而应当根据用工事实,综合考虑人格从属性、经济从属性、组织从属性等因素,准确认定企业与劳动者是否存在劳动关系。劳动者被要求注册为"个体工商户",并不妨碍劳动者与用人单位建立劳动关系。对于存在用工事实,构成支配性劳动管理的,应当依法认定存在劳动关系。

本案中，江苏某网络公司要求外卖骑手圣某欢登记为"个体工商户"后再与其签订承揽、合作协议，意在规避用人单位应当承担的法律责任，双方实际存在较强的人格从属性、经济从属性、组织从属性，构成支配性劳动管理。具体而言：其一，圣某欢成为专送骑手需通过站点授权才能完成 APP 注册，而后圣某欢通过 APP 接单，根据劳动表现获取薪酬，不得拒绝平台派发订单，特殊情况不能接单时需向江苏某网络公司申请订单调配；而且，江苏某网络公司制定考勤规则，对圣某欢的日常工作进行管理。其二，根据 APP 薪资账单中的薪资规则说明、平台服务协议可以看出，圣某欢薪资来源、薪资规则制定方为江苏某网络公司，发放金额由江苏某网络公司确定，双方实际结算薪资。其三，圣某欢注册成为专送骑手，隶属于江苏某网络公司承包的某外卖平台浒墅关片区站点，其从事外卖配送服务属于该公司主营业务。综上，江苏某网络公司要求、引导圣某欢注册成为"个体工商户"，以建立所谓平等主体之间合作关系的形式规避用人单位责任，但实际存在用工事实，对圣某欢进行支配性劳动管理，符合劳动关系的本质特征，应当认定双方之间存在劳动关系。

关于圣某欢是与江苏某网络公司还是与江苏某管理公司存在劳动关系的问题。经查，江苏某网络公司虽然通过签订平台服务协议将配送业务转包给江苏某管理公司，但实际圣某欢依然通过此前注册的 APP 进行接单和配送，江苏某网络公司也通过该 APP 派单并进行工资结算。圣某欢系由江苏某网络公司直接安排工作、直接管理、结算薪资等，其与江苏某网络公司之间联系的密切程度明显超过与江苏某管理公司的联系。故对江苏某网络公司仅以其与江苏某管理公司存在内部分包关系为由，提出其与圣某欢之间不存在劳动关系的抗辩，依法不予支持。

相关法条

《中华人民共和国劳动法》第 16 条

《中华人民共和国劳动合同法》第 7 条、第 10 条

指导性案例237号：郎溪某服务外包有限公司诉徐某申确认劳动关系纠纷案

（最高人民法院审判委员会讨论通过
2024年12月20日发布）

关键词

民事　确认劳动关系　新业态用工　承揽、合作协议　实际履行情况　劳动管理

裁判要点

平台企业或者平台用工合作企业与劳动者订立承揽、合作协议，劳动者主张与该企业存在劳动关系的，人民法院应当根据用工事实，综合考虑劳动者对工作时间及工作量的自主决定程度、劳动过程受管理控制程度、劳动者是否需要遵守有关工作规则、算法规则、劳动纪律和奖惩办法、劳动者工作的持续性、劳动者能否决定或者改变交易价格等因素，依法作出相应认定。对于存在用工事实，构成支配性劳动管理的，应当依法认定存在劳动关系。

基本案情

郎溪某服务外包有限公司（以下简称郎溪某服务公司）与某咚买菜平台的运营者上海某网络科技有限公司（以下简称上海某网络公司）于2019年4月1日订立《服务承揽合同》。该合同约定：郎溪某服务公司为上海某网络公司完成商品分拣、配送等工作；双方每月定期对郎溪某服务公司前一个月的承揽费用进行核对后由上海某网络公司支付；郎溪某服务公司自行管理所涉提供服务的人员，并独立承担相应薪酬、商业保险费、福利待遇，以及法律法规规定的雇主责任或者其他责任。

2019年7月，郎溪某服务公司安排徐某申到某咚买菜平台九亭站从事配送工作。郎溪某服务公司与徐某申订立《自由职业者合作协

议》《新业态自由职业者任务承揽协议》。两份协议均约定：徐某申与郎溪某服务公司建立合作关系，二者的合作关系不适用劳动合同法。其中，《新业态自由职业者任务承揽协议》约定：郎溪某服务公司根据合作公司确认的项目服务人员服务标准及费用标准向徐某申支付服务费用；无底薪、无保底服务费，实行多劳多得、不劳不得制。但郎溪某服务公司并未按照以上协议约定的服务费计算方式支付费用，实际向徐某申支付的报酬包含基本报酬、按单计酬、奖励等项目。2019年8月12日，郎溪某服务公司向徐某申转账人民币9042.74元（币种下同）。2019年8月13日，徐某申在站点听从指示做木架，因切割木板意外导致右脚受伤，住院接受治疗，自此未继续在该站点工作。2019年9月3日，郎溪某服务公司以"服务费"名义向徐某申支付15,000元。徐某申在站点工作期间，出勤时间相对固定，接受站点管理，按照排班表打卡上班，根据系统派单完成配送任务，没有配送任务时便在站内做杂活。

徐某申因就工伤认定问题与郎溪某服务公司发生争议，申请劳动仲裁。上海市松江区劳动人事争议仲裁委员会裁决：徐某申与郎溪某服务公司在2019年7月5日至2019年8月13日期间存在劳动关系。郎溪某服务公司不服，向上海市松江区人民法院提起诉讼。

裁判结果

上海市松江区人民法院于2021年7月5日作出（2021）沪0117民初600号民事判决：确认徐某申与郎溪某服务外包有限公司在2019年7月5日至2019年8月13日期间存在劳动关系。宣判后，郎溪某服务外包有限公司不服，提起上诉。上海市第一中级人民法院于2022年3月7日作出（2021）沪01民终11591号民事判决：驳回上诉，维持原判。

裁判理由

本案的争议焦点为：在郎溪某服务公司与徐某申订立承揽、合作协议的情况下，能否以及如何认定双方之间存在劳动关系。

是否存在劳动关系，对劳动者的权益有重大影响。存在劳动关系的，劳动者依法享有取得劳动报酬、享受社会保险和福利、获得经济补偿和赔偿金等一系列权利，同时也承担接受用人单位管理等义务。根据《中华人民共和国劳动法》《中华人民共和国劳动合同法》的规定：

"用人单位自用工之日起即与劳动者建立劳动关系","建立劳动关系应当订立劳动合同"。但实践中存在企业与劳动者签订承揽、合作等合同,以规避与劳动者建立劳动关系的情况。对此,人民法院应当根据用工事实,综合考虑人格从属性、经济从属性、组织从属性等因素,准确认定企业与劳动者是否存在劳动关系,依法处理劳动权益保障案件。《劳动和社会保障部关于确立劳动关系有关事项的通知》(劳社部发〔2005〕12号)第一条规定:"用人单位招用劳动者未订立书面劳动合同,但同时具备下列情形的,劳动关系成立。(一)用人单位和劳动者符合法律、法规规定的主体资格;(二)用人单位依法制定的各项劳动规章制度适用于劳动者,劳动者受用人单位的劳动管理,从事用人单位安排的有报酬的劳动;(三)劳动者提供的劳动是用人单位业务的组成部分。"可见,劳动关系的本质特征是支配性劳动管理。在新就业形态下,平台企业生产经营方式发生较大变化,劳动管理的具体形式也随之具有许多新的特点,但对劳动关系的认定仍应综合考量人格从属性、经济从属性、组织从属性的有无及强弱。具体而言,应当综合考虑劳动者对工作时间及工作量的自主决定程度、劳动过程受管理控制程度、劳动者是否需要遵守有关工作规则、算法规则、劳动纪律和奖惩办法、劳动者工作的持续性、劳动者能否决定或者改变交易价格等因素,依法作出相应认定。

  本案中,虽然郎溪某服务公司与徐某申订立的是承揽、合作协议,但根据相关法律规定,结合法庭查明的事实,应当认定徐某申与郎溪某服务公司之间存在劳动关系。具体而言:其一,徐某申在站点从事配送工作,接受站点管理,按照站点排班表打卡上班,并根据派单按时完成配送任务,在配送时间、配送任务等方面不能自主选择,即使没有配送任务时也要留在站内做杂活。其二,徐某申的报酬组成包含基本报酬、按单计酬及奖励等项目,表明郎溪某服务公司对徐某申的工作情况存在相应的考核与管理,并据此支付报酬。其三,郎溪某服务公司从上海某网络公司承揽商品分拣、配送等业务,徐某申所从事的配送工作属于郎溪某服务公司承揽业务的重要组成部分。综上,徐某申与郎溪某服务公司之间存在用工事实,构成支配性劳动管理,符合劳动关系的本质特征,应当认定存在劳动关系。

相关法条

《中华人民共和国劳动法》第 16 条

《中华人民共和国劳动合同法》第 7 条、第 10 条

指导性案例 190 号：王山诉万得信息技术股份有限公司竞业限制纠纷案

（最高人民法院审判委员会讨论通过
2022 年 12 月 8 日发布）

关键词

民事　竞业限制　审查标准　营业范围

裁判要点

人民法院在审理竞业限制纠纷案件时，审查劳动者自营或者新入职单位与原用人单位是否形成竞争关系，不应仅从依法登记的经营范围是否重合进行认定，还应当结合实际经营内容、服务对象或者产品受众、对应市场等方面是否重合进行综合判断。劳动者提供证据证明自营或者新入职单位与原用人单位的实际经营内容、服务对象或者产品受众、对应市场等不相同，主张不存在竞争关系的，人民法院应予支持。

相关法条

《中华人民共和国劳动合同法》第 23 条、第 24 条

基本案情

王山于 2018 年 7 月 2 日进入万得信息技术股份有限公司（以下简称万得公司）工作，双方签订了期限为 2018 年 7 月 2 日至 2021 年 8 月 31 日的劳动合同，约定王山就职智能数据分析工作岗位，月基本工资 4500 元、岗位津贴 15,500 元，合计 20,000 元。

2019 年 7 月 23 日，王山、万得公司又签订《竞业限制协议》，对竞业行为、竞业限制期限、竞业限制补偿金等内容进行了约定。2020 年

7月27日,王山填写《辞职申请表》,以个人原因为由解除与万得公司的劳动合同。

2020年8月5日,万得公司向王山发出《关于竞业限制的提醒函》,载明"……您(即王山)从离职之日2020年7月27日起须承担竞业限制义务,不得到竞业企业范围内工作或任职。从本月起我们将向您支付竞业限制补偿金,请您在收到竞业限制补偿金的10日内,提供新单位签订的劳动合同及社保记录,若为无业状态的请由所在街道办事处等国家机关出具您的从业情况证明。若您违反竞业限制义务或其他义务,请于10日内予以改正,继续违反竞业协议约定的,则公司有权再次要求您按《竞业限制协议》约定承担违约金,违约金标准为20万元以上,并应将公司在离职后支付的竞业限制补偿金全部返还……"。

2020年10月12日,万得公司向王山发出《法务函》,再次要求王山履行竞业限制义务。

另查明,万得公司的经营范围包括:计算机软硬件的开发、销售,计算机专业技术领域及产品的技术开发、技术转让、技术咨询、技术服务。

王山于2020年8月6日加入上海哔哩哔哩科技有限公司(以下简称哔哩哔哩公司),按照营业执照记载,该公司经营范围包括:信息科技、计算机软硬件、网络科技领域内的技术开发、技术转让、技术咨询、技术服务等。

王山、万得公司一致确认:王山竞业限制期限为2020年7月28日至2022年7月27日;万得公司已支付王山2020年7月28日至2020年9月27日竞业限制补偿金6796.92元。

2020年11月13日,万得公司向上海市浦东新区劳动人事争议仲裁委员会申请仲裁,要求王山:1.按双方签订的《竞业限制协议》履行竞业限制义务;2.返还2020年8月、9月支付的竞业限制补偿金6796元;3.支付竞业限制违约金200万元。2021年2月25日,仲裁委员会作出裁决:王山按双方签订的《竞业限制协议》继续履行竞业限制义务,王山返还万得公司2020年8月、9月支付的竞业限制补偿金6796元,王山支付万得公司竞业限制违约金200万元。王山不服仲裁裁决,诉至法院。

裁判结果

上海市浦东新区人民法院于2021年6月29日作出(2021)沪0115民初35993号民事判决:一、王山与万得公司继续履行竞业限制义务;二、王山于本判决生效之日起十日内返还万得公司2020年7月28日至2020年9月27日竞业限制补偿金6796元;三、王山于本判决生效之日起十日内支付万得公司违反竞业限制违约金240,000元。王山不服一审判决,提起上诉。上海市第一中级人民法院于2022年1月26日作出(2021)沪01民终12282号民事判决:一、维持上海市浦东新区人民法院(2021)沪0115民初35993号民事判决第一项;二、撤销上海市浦东新区人民法院(2021)沪0115民初35993号民事判决第二项、第三项;三、上诉人王山无需向被上诉人万得公司返还2020年7月28日至2020年9月27日竞业限制补偿金6796元;四、上诉人王山无需向被上诉人万得公司支付违反竞业限制违约金200万元。

裁判理由

法院生效裁判认为:关于王山是否违反了竞业限制协议的问题。所谓竞业限制是指对原用人单位负有保密义务的劳动者,于离职后在约定的期限内,不得生产、自营或为他人生产、经营与原用人单位有竞争关系的同类产品及业务,不得在与原用人单位具有竞争关系的用人单位任职。竞业限制制度的设置系为了防止劳动者利用其所掌握的原用人单位的商业秘密为自己或为他人谋利,从而抢占了原用人单位的市场份额,给原用人单位造成损失。所以考量劳动者是否违反竞业限制协议,最为核心的是应评判原用人单位与劳动者自营或者入职的单位之间是否形成竞争关系。

需要说明的是,正是因为竞业限制制度在保护用人单位权益的同时对劳动者的就业权利有一定的限制,所以在审查劳动者是否违反了竞业限制义务时,应当全面客观地审查劳动者自营或入职公司与原用人单位之间是否形成竞争关系。一方面考虑到实践中往往存在企业登记经营事项和实际经营事项不相一致的情形,另一方面考虑到经营范围登记类别是工商部门划分的大类,所以这种竞争关系的审查,不应拘泥于营业执照登记的营业范围,否则对劳动者抑或对用人单位都可能造成不公平。故在具体案件中,还可以从两家企业实际经营的内容是否重合、服务对象或者所生产产品的受众是否重合、所对应的市场是否重合等多角度进行审查,以还原事实之真相,从而能兼顾用人单位和劳动者的利益,以达到最终的平衡。

本案中,万得公司的经营范围为计算机软硬件的开发、销售、计算机专业技术领域及产品的技术开发、技术转让、技术咨询、技术服务。而哔哩哔哩公司的经营范围包括从事信息科技、计算机软硬件、网络科技领域内的技术开发、技术转让、技术咨询、技术服务等。对比两家公司的经营范围,确实存在一定的重合。但互联网企业往往在注册登记时,经营范围都包含了软硬件开发、技术咨询、技术转让、技术服务。若仅以此为据,显然会对互联网就业人员尤其是软件工程师再就业造成极大障碍,对社会人力资源造成极大的浪费,也有悖于竞业限制制度的立法本意。故在判断是否构成竞争关系时,还应当结合公司实际经营内容及受众等因素加以综合评判。

本案中,王山举证证明万得公司在其 Wind 金融手机终端上宣称 Wind 金融终端是数十万金融专业人士的选择、最佳的中国金融业生产工具和平台。而万得公司的官网亦介绍,"万得公司(下称 Wind)是中国大陆领先的金融数据、信息和软件服务企业,在国内金融信息服务行业处于领先地位,是众多证券公司、基金管理公司、保险公司、银行、投资公司、媒体等机构不可或缺的重要合作伙伴,在国际市场中,Wind 同样受到了众多中国证监会批准的合格境外机构投资者的青睐。此外,知名的金融学术研究机构和权威的监管机构同样是 Wind 的客户;权威的中英文媒体、研究报告、学术论文也经常引用 Wind 提供的数据……"由此可见,万得公司目前的经营模式主要是提供金融信息服务,其主要的受众为相关的金融机构或者金融学术研究机构。而反观哔哩哔哩公司,众所周知其主营业务是文化社区和视频平台,即提供网络空间供用户上传视频、进行交流。其受众更广,尤其年轻人对其青睐有加。两者对比,不论是经营模式、对应市场还是受众,都存在显著差别。即使普通百姓,也能轻易判断两者之差异。虽然哔哩哔哩公司还涉猎游戏、音乐、影视等领域,但尚无证据显示其与万得公司经营的金融信息服务存在重合之处。在此前提下,万得公司仅以双方所登记的经营范围存在重合即主张两家企业形成竞争关系,尚未完成其举证义务。且万得公司在竞业限制协议中所附录的重点限制企业均为金融信息行业,足以表明万得公司自己也认为其主要的竞争对手应为金融信息服务企业。故一审法院仅以万得公司与哔哩哔哩公司的经营范围存在重合,即认定王山入职哔哩哔哩公司违反了竞业限制协议的约定,继而判决王山返还竞业限制补偿金并支付违反竞业限制违约金,有欠妥当。

关于王山是否应当继续履行竞业限制协议的问题。王山与万得公司签订的竞业限制协议不存在违反法律法规强制性规定的内容,故该协议合法有效,对双方均有约束力。因协议中约定双方竞业限制期限为2020年7月28日至2022年7月27日,目前尚在竞业限制期限内。故一审法院判决双方继续履行竞业限制协议,并无不当。王山主张无需继续履行竞业限制协议,没有法律依据。需要强调的是,根据双方的竞业限制协议,王山应当按时向万得公司报备工作情况,以供万得公司判断其是否违反了竞业限制协议。本案即是因为王山不履行报备义务导致万得公司产生合理怀疑,进而产生了纠纷。王山在今后履行竞业限制协议时,应恪守约定义务,诚信履行协议。

指导性案例184号:马筱楠诉北京搜狐新动力信息技术有限公司竞业限制纠纷案

(最高人民法院审判委员会讨论通过
2022年7月4日发布)

关键词

民事 竞业限制 期限 约定无效

裁判要点

用人单位与劳动者在竞业限制条款中约定,因履行竞业限制条款发生争议申请仲裁和提起诉讼的期间不计入竞业限制期限的,属于劳动合同法第二十六条第一款第二项规定的"用人单位免除自己的法定责任、排除劳动者权利"的情形,应当认定为无效。

相关法条

《中华人民共和国劳动合同法》第 23 条第 2 款、第 24 条、第 26 条第 1 款

基本案情

马筱楠于 2005 年 9 月 28 日入职北京搜狐新动力信息技术有限公司(以下简称搜狐新动力公司),双方最后一份劳动合同期限自 2014 年 2 月 1 日起至 2017 年 2 月 28 日止,马筱楠担任高级总监。2014 年 2 月 1 日,搜狐新动力公司(甲方)与马筱楠(乙方)签订《不竞争协议》,其中第 3.3 款约定:"……,竞业限制期限从乙方离职之日开始计算,最长不超过 12 个月,具体的月数根据甲方向乙方实际支付的竞业限制补偿费计算得出。但如因履行本协议发生争议而提起仲裁或诉讼时,则上述竞业限制期限应将仲裁和诉讼的审理期限扣除;即乙方应履行竞业限制义务的期限,在扣除仲裁和诉讼审理的期限后,不应短于上述约定的竞业限制月数。"2017 年 2 月 28 日劳动合同到期,双方劳动关系终止。2017 年 3 月 24 日,搜狐新动力公司向马筱楠发出《关于要求履行竞业限制义务和领取竞业限制经济补偿费的告知函》,要求其遵守《不竞争协议》,全面并适当履行竞业限制义务。马筱楠自搜狐新动力公司离职后,于 2017 年 3 月中旬与优酷公司开展合作关系,后于 2017 年 4 月底离开优酷公司,违反了《不竞争协议》。搜狐新动力公司以要求确认马筱楠违反竞业限制义务并双倍返还竞业限制补偿金、继续履行竞业限制义务、赔偿损失并支付律师费为由向北京市劳动人事争议仲裁委员会申请仲裁,仲裁委员会作出京劳人仲字〔2017〕第 339 号裁决:一、马筱楠一次性双倍返还搜狐新动力公司 2017 年 3 月、4 月竞业限制补偿金共计 177,900 元;二、马筱楠继续履行对搜狐新动力公司的竞业限制义务;三、驳回搜狐新动力公司的其他仲裁请求。马筱楠不服,于法定期限内向北京市海淀区人民法院提起诉讼。

裁判结果

北京市海淀区人民法院于 2018 年 3 月 15 日作出(2017)京 0108

民初45728号民事判决:一、马筱楠于判决生效之日起七日内向搜狐新动力公司双倍返还2017年3月、4月竞业限制补偿金共计177,892元;二、确认马筱楠无需继续履行对搜狐新动力公司的竞业限制义务。搜狐新动力公司不服一审判决,提起上诉。北京市第一中级人民法院于2018年8月22日作出(2018)京01民终5826号民事判决:驳回上诉,维持原判。

裁判理由

法院生效裁判认为:本案的争议焦点为《不竞争协议》第3.3款约定的竞业限制期限的法律适用问题。搜狐新动力公司上诉主张该协议第3.3款约定有效,马筱楠的竞业限制期限为本案仲裁和诉讼的实际审理期限加上12个月,以实际发生时间为准且不超过二年,但本院对其该项主张不予采信。

一、竞业限制协议的审查

法律虽然允许用人单位可以与劳动者约定竞业限制义务,但同时对双方约定竞业限制义务的内容作出了强制性规定,即以效力性规范的方式对竞业限制义务所适用的人员范围、竞业领域、限制期限均作出明确限制,且要求竞业限制约定不得违反法律、法规的规定,以期在保护用人单位商业秘密、维护公平竞争市场秩序的同时,亦防止用人单位不当运用竞业限制制度对劳动者的择业自由权造成过度损害。

二、"扣除仲裁和诉讼审理期限"约定的效力

本案中,搜狐新动力公司在《不竞争协议》第3.3款约定马筱楠的竞业限制期限应扣除仲裁和诉讼的审理期限,该约定实际上要求马筱楠履行竞业限制义务的期限为:仲裁和诉讼程序的审理期限+实际支付竞业限制补偿金的月数(最长不超过12个月)。从劳动者择业自由权角度来看,虽然法律对于仲裁及诉讼程序的审理期限均有法定限制,但就具体案件而言该期限并非具体确定的期间,将该期间作为竞业限制期限的约定内容,不符合竞业限制条款应具体明确的立法目的。加之劳动争议案件的特殊性,相当数量的案件需要经过"一裁两审"程序,上述约定使得劳动者一旦与用人单位发生争议,则其竞业限制期限将被延长至不可预期且相当长的一段期间,乃至达到二年。这

实质上造成了劳动者的择业自由权在一定期间内处于待定状态。另一方面,从劳动者司法救济权角度来看,对于劳动者一方,如果其因履行《不竞争协议》与搜狐新动力公司发生争议并提起仲裁和诉讼,依照该协议第3.3款约定,仲裁及诉讼审理期间劳动者仍需履行竞业限制义务,即出现其竞业限制期限被延长的结果。如此便使劳动者陷入"寻求司法救济则其竞业限制期限被延长""不寻求司法救济则其权益受损害"的两难境地,在一定程度上限制了劳动者的司法救济权利;而对于用人单位一方,该协议第3.3款使得搜狐新动力公司无需与劳动者进行协商,即可通过提起仲裁和诉讼的方式单方地、变相地延长劳动者的竞业限制期限,一定程度上免除了其法定责任。综上,法院认为,《不竞争协议》第3.3款中关于竞业限制期限应将仲裁和诉讼的审理期限扣除的约定,即"但如因履行本协议发生争议而提起仲裁或诉讼时……乙方应履行竞业限制义务的期限,在扣除仲裁和诉讼审理的期限后,不应短于上述约定的竞业限制月数"的部分,属于劳动合同法第二十六条第一款第二项规定的"用人单位免除自己的法定责任、排除劳动者权利"的情形,应属无效。而根据该法第二十七条规定,劳动合同部分无效,不影响其他部分效力的,其他部分仍然有效。

三、本案竞业限制期限的确定

据此,依据《不竞争协议》第3.3款仍有效部分的约定,马筱楠的竞业限制期限应依据搜狐新动力公司向其支付竞业限制补偿金的月数确定且最长不超过12个月。鉴于搜狐新动力公司已向马筱楠支付2017年3月至2018年2月期间共计12个月的竞业限制补偿金,马筱楠的竞业限制期限已经届满,其无需继续履行对搜狐新动力公司的竞业限制义务。

指导性案例 183 号：房玥诉中美联泰大都会人寿保险有限公司劳动合同纠纷案

（最高人民法院审判委员会讨论通过
2022 年 7 月 4 日发布）

关键词

民事　劳动合同　离职　年终奖

裁判要点

年终奖发放前离职的劳动者主张用人单位支付年终奖的，人民法院应当结合劳动者的离职原因、离职时间、工作表现以及对单位的贡献程度等因素进行综合考量。用人单位的规章制度规定年终奖发放前离职的劳动者不能享有年终奖，但劳动合同的解除非因劳动者单方过失或主动辞职所导致，且劳动者已经完成年度工作任务，用人单位不能证明劳动者的工作业绩及表现不符合年终奖发放标准，年终奖发放前离职的劳动者主张用人单位支付年终奖的，人民法院应予支持。

相关法条

《中华人民共和国劳动合同法》第 40 条

基本案情

房玥于 2011 年 1 月至中美联泰大都会人寿保险有限公司（以下简称大都会公司）工作，双方之间签订的最后一份劳动合同履行日期为 2015 年 7 月 1 日至 2017 年 6 月 30 日，约定房玥担任战略部高级经理一职。2017 年 10 月，大都会公司对其组织架构进行调整，决定撤销战略部，房玥所任职的岗位因此被取消。双方就变更劳动合同等事宜展开了近两个月的协商，未果。12 月 29 日，大都会公司以客观情况发生重大变化、双方未能就变更劳动合同协商达成一致，向房玥发出《解除劳动合同通知书》。房玥对解除决定不服，经劳动仲裁程序后起诉要求恢复与大都会公司之间的劳动关系并诉求 2017 年 8 月－12 月未签劳动合同二倍工资差额、2017年度奖金等。大都会公司《员工手册》规定：年终奖金根据公司政策，按公司业绩、员工表现计发，前提是该员工在当年度10月1日前已入职，若员工在奖金发放月或之前离职，则不能享有。据查，大都会公司每年度年终奖会在次年3月份左右发放。

裁判结果

上海市黄浦区人民法院于2018年10月29日作出（2018）沪0101民初10726号民事判决：一、大都会公司于判决生效之日起七日内向原告房玥支付2017年8月——12月期间未签劳动合同双倍工资差额人民币192,500元；二、房玥的其他诉讼请求均不予支持。房玥不服，上诉至上海市第二中级人民法院。上海市第二中级人民法院于2019年3月4日作出（2018）沪02民终11292号民事判决：一、维持上海市黄浦区人民法院（2018）沪0101民初10726号民事判决第一项；二、撤销上海市黄浦区人民法院（2018）沪0101民初10726号民事判决第二项；三、大都会公司于判决生效之日起七日内支付上诉人房玥2017年度年终奖税前人民币138,600元；四、房玥的其他请求不予支持。

裁判理由

法院生效裁判认为：本案的争议焦点系用人单位以客观情况发生重大变化为依据解除劳动合同，导致劳动者不符合员工手册规定的年终奖发放条件时，劳动者是否可以获得相应的年终奖。对此，一审法院认为，大都会公司的《员工手册》明确规定了奖金发放情形，房玥在大都会公司发放2017年度奖金之前已经离职，不符合奖金发放情形，故对房玥要求2017年度奖金之请求不予支持。二审法院经过审理后认为，现行法律法规并没有强制规定年终奖应如何发放，用人单位有权根据本单位的经营状况、员工的业绩表现等，自主确定奖金发放与否、发放条件及发放标准，但是用人单位制定的发放规则仍应遵循公平合理原则，对于在年终奖发放之前已经离职的劳动者可否获得年终奖，应当结合劳动者离职的原因、时间、工作表现和对单位的贡献程度等多方面因素综合考量。本案中，大都会公司对其组织架构进行调整，双方未能就劳动合同的变更达成一致，导致劳动合同被解除。房玥在大都会公司工作至2017年12月29日，此后两日系双休日，表明房玥在 2017 年度已在大都会公司工作满一年;在大都会公司未举证房玥的 2017 年度工作业绩、表现等方面不符合规定的情况下,可以认定房玥在该年度为大都会公司付出了一整年的劳动且正常履行了职责,为大都会公司做出了应有的贡献。基于上述理由,大都会公司关于房玥在年终奖发放月之前已离职而不能享有该笔奖金的主张缺乏合理性。故对房玥诉求大都会公司支付 2017 年度年终奖,应予支持。

指导性案例 182 号:彭宇翔诉南京市城市建设开发(集团)有限责任公司追索劳动报酬纠纷案

(最高人民法院审判委员会讨论通过
2022 年 7 月 4 日发布)

关键词

民事　追索劳动报酬　奖金　审批义务

裁判要点

用人单位规定劳动者在完成一定绩效后可以获得奖金,其无正当理由拒绝履行审批义务,符合奖励条件的劳动者主张获奖条件成就,用人单位应当按照规定发放奖金的,人民法院应予支持。

相关法条

《中华人民共和国劳动法》第 4 条、《中华人民共和国劳动合同法》第 3 条

基本案情

南京市城市建设开发(集团)有限责任公司(以下简称城开公司)于 2016 年 8 月制定《南京城开集团关于引进投资项目的奖励暂行办法》(以下简称《奖励办法》),规定成功引进商品房项目的,城开公司将综合考虑项目规模、年化平均利润值合并表等综合因素,以项目审定的预期利润或收益为奖励基数,按照 0.1% - 0.5% 确定奖励总额。该奖励由投资开发部拟定各部门或其他人员的具体奖励构成后提出

申请,经集团领导审议、审批后发放。2017年2月,彭宇翔入职城开公司担任投资开发部经理。2017年6月,投资开发部形成《会议纪要》,确定部门内部的奖励分配方案为总经理占部门奖金的75%、其余项目参与人员占部门奖金的25%。

彭宇翔履职期间,其所主导的投资开发部成功引进无锡红梅新天地、扬州GZ051地块、如皋约克小镇、徐州焦庄、高邮鸿基万和城、徐州彭城机械六项目,后针对上述六项目投资开发部先后向城开公司提交了六份奖励申请。

直至彭宇翔自城开公司离职,城开公司未发放上述奖励。彭宇翔经劳动仲裁程序后,于法定期限内诉至法院,要求城开公司支付奖励1,689,083元。

案件审理过程中,城开公司认可案涉六项目初步符合《奖励办法》规定的受奖条件,但以无锡等三项目的奖励总额虽经审批但具体的奖金分配明细未经审批,及徐州等三项目的奖励申请未经审批为由,主张彭宇翔要求其支付奖金的请求不能成立。对于法院"如彭宇翔现阶段就上述项目继续提出奖励申请,城开公司是否启动审核程序"的询问,城开公司明确表示拒绝,并表示此后也不会再启动六项目的审批程序。此外,城开公司还主张,彭宇翔在无锡红梅新天地项目、如皋约克小镇项目中存在严重失职行为,二项目存在严重亏损,城开公司已就拿地业绩突出向彭宇翔发放过奖励,但均未提交充分的证据予以证明。

裁判结果

南京市秦淮区人民法院于2018年9月11日作出(2018)苏0104民初6032号民事判决:驳回彭宇翔的诉讼请求。彭宇翔不服,提起上诉。江苏省南京市中级人民法院于2020年1月3日作出(2018)苏01民终10066号民事判决:一、撤销南京市秦淮区人民法院(2018)苏0104民初6032号民事判决;二、城开公司于本判决生效之日起十五日内支付彭宇翔奖励1,259,564.4元。

裁判理由

法院生效裁判认为:本案争议焦点为城开公司应否依据《奖励办法》向彭宇翔所在的投资开发部发放无锡红梅新天地等六项目奖励。

首先，从《奖励办法》设置的奖励对象来看，投资开发部以引进项目为主要职责，且在城开公司引进各类项目中起主导作用，故其系该文适格的被奖主体；从《奖励办法》设置的奖励条件来看，投资开发部已成功为城开公司引进符合城开公司战略发展目标的无锡红梅新天地、扬州 GZ051 地块、如皋约克小镇、徐州焦庄、高邮鸿基万和城、徐州彭城机械六项目，符合该文规定的受奖条件。故就案涉六项目而言，彭宇翔所在的投资开发部形式上已满足用人单位规定的奖励申领条件。城开公司不同意发放相应的奖励，应当说明理由并对此举证证明。但本案中城开公司无法证明无锡红梅新天地项目、如皋约克小镇项目存在亏损，也不能证明彭宇翔在二项目中确实存在失职行为，其关于彭宇翔不应重复获奖的主张亦因欠缺相应依据而无法成立。故而，城开公司主张彭宇翔所在的投资开发部实质不符合依据《奖励办法》获得奖励的理由法院不予采纳。

其次，案涉六项目奖励申请未经审核或审批程序尚未完成，不能成为城开公司拒绝支付彭宇翔项目奖金的理由。城开公司作为奖金的设立者，有权设定相应的考核标准、考核或审批流程。其中，考核标准系员工能否获奖的实质性评价因素，考核流程则属于城开公司为实现其考核权所设置的程序性流程。在无特殊规定的前提下，因流程本身并不涉及奖励评判标准，故而是否经过审批流程不能成为员工能否获得奖金的实质评价要素。城开公司也不应以六项目的审批流程未启动或未完成为由，试图阻却彭宇翔获取奖金的实体权利的实现。此外，对劳动者的奖励申请进行实体审批，不仅是用人单位的权利，也是用人单位的义务。本案中，《奖励办法》所设立的奖励系城开公司为鼓励员工进行创造性劳动所承诺给员工的超额劳动报酬，其性质上属于《国家统计局关于工资总额组成的规定》第 7 条规定中的"其他奖金"，此时《奖励办法》不仅应视为城开公司基于用工自主权而对员工行使的单方激励行为，还应视为城开公司与包括彭宇翔在内的不特定员工就该项奖励的获取形成的约定。现彭宇翔通过努力达到《奖励办法》所设奖励的获取条件，其向城开公司提出申请要求兑现该超额劳动报酬，无论是基于诚实信用原则，还是基于按劳取酬原则，城开公司皆有义务启动审核程序对该奖励申请进行核查，以确定彭宇翔关于奖金的权利能否实现。如城开公司拒绝审核,应说明合理理由。本案中,城开公司关于彭宇翔存在失职行为及案涉项目存在亏损的主张因欠缺事实依据不能成立,该公司也不能对不予审核的行为作出合理解释,其拒绝履行审批义务的行为已损害彭宇翔的合法权益,对此应承担相应的不利后果。

综上,法院认定案涉六项目奖励的条件成就,城开公司应当依据《奖励办法》向彭宇翔所在的投资开发部发放奖励。

指导性案例181号:郑某诉霍尼韦尔自动化控制(中国)有限公司劳动合同纠纷案

(最高人民法院审判委员会讨论通过
2022年7月4日发布)

关键词

民事　劳动合同　解除劳动合同　性骚扰　规章制度

裁判要点

用人单位的管理人员对被性骚扰员工的投诉,应采取合理措施进行处置。管理人员未采取合理措施或者存在纵容性骚扰行为、干扰对性骚扰行为调查等情形,用人单位以管理人员未尽岗位职责,严重违反规章制度为由解除劳动合同,管理人员主张解除劳动合同违法的,人民法院不予支持。

相关法条

《中华人民共和国劳动合同法》第39条

基本案情

郑某于2012年7月入职霍尼韦尔自动化控制(中国)有限公司(以下简称霍尼韦尔公司),担任渠道销售经理。霍尼韦尔公司建立有工作场所性骚扰防范培训机制,郑某接受过相关培训。霍尼韦尔公司《商业行为准则》规定经理和主管"应确保下属能畅所欲言且无须担心遭到报复,所有担忧或问题都能专业并及时地得以解决",不允许任何报复行为。2017年版《员工手册》规定:对他人实施性骚扰、违反公司《商业行为准则》、在公司内部调查中做虚假陈述的行为均属于会导致立即辞退的违纪行为。上述规章制度在实施前经过该公司工会沟通会议讨论。

郑某与霍尼韦尔公司签订的劳动合同约定郑某确认并同意公司现有的《员工手册》及《商业行为准则》等规章制度作为本合同的组成部分。《员工手册》修改后,郑某再次签署确认书,表示已阅读、明白并愿接受2017年版《员工手册》内容,愿恪守公司政策作为在霍尼韦尔公司工作的前提条件。

2018年8月30日,郑某因认为下属女职工任某与郑某上级邓某(已婚)之间的关系有点僵,为"疏解"二人关系而找任某谈话。郑某提到昨天观察到邓某跟任某说了一句话,而任某没有回答,其还专门跑到任某处帮忙打圆场。任某提及其在刚入职时曾向郑某出示过间接上级邓某发送的性骚扰微信记录截屏,郑某当时对此答复"我就是不想掺和这个事""我往后不想再回答你后面的事情""我是觉得有点怪,我也不敢问"。谈话中,任某强调邓某是在对其进行性骚扰,邓某要求与其发展男女关系,并在其拒绝后继续不停骚扰,郑某不应责怪其不搭理邓某,也不要替邓某来对其进行敲打。郑某则表示"你如果这样干工作的话,让我很难过""你越端着,他越觉得我要把你怎么样""他这么直接,要是我的话,先靠近你,摸摸看,然后聊聊天"。

后至2018年11月,郑某以任某不合群等为由向霍尼韦尔公司人事部提出与任某解除劳动合同,但未能说明解除任某劳动合同的合理依据。人事部为此找任某了解情况。任某告知人事部其被间接上级邓某骚扰,郑某有意无意撮合其和邓某,其因拒绝骚扰行为而受到打击报复。霍尼韦尔公司为此展开调查。

2019年1月15日,霍尼韦尔公司对郑某进行调查,并制作了调查笔录。郑某未在调查笔录上签字,但对笔录记载的其对公司询问所做答复做了诸多修改。对于调查笔录中有无女员工向郑某反映邓某跟其说过一些不合适的话、对其进行性骚扰的提问所记录的"没有"的答复,郑某未作修改。

2019年1月31日,霍尼韦尔公司出具《单方面解除函》,以郑某未尽经理职责,在下属反映遭受间接上级骚扰后没有采取任何措施帮助下属不再继续遭受骚扰,反而对下属进行打击报复,在调查过程中就上述事实做虚假陈述为由,与郑某解除劳动合同。

2019年7月22日,郑某向上海市劳动争议仲裁委员会申请仲裁,要求霍尼韦尔公司支付违法解除劳动合同赔偿金368,130元。该请求未得到仲裁裁决支持。郑某不服,以相同请求诉至上海市浦东新区人民法院。

裁判结果

上海市浦东新区人民法院于2020年11月30日作出(2020)沪0115民初10454号民事判决:驳回郑某的诉讼请求。郑某不服一审判决,提起上诉。上海市第一中级人民法院于2021年4月22日作出(2021)沪01民终2032号民事判决:驳回上诉,维持原判。

裁判理由

法院生效裁判认为,本案的争议焦点在于:一、霍尼韦尔公司据以解除郑某劳动合同的《员工手册》和《商业行为准则》对郑某有无约束力;二、郑某是否存在足以解除劳动合同的严重违纪行为。

关于争议焦点一,霍尼韦尔公司据以解除郑某劳动合同的《员工手册》和《商业行为准则》对郑某有无约束力。在案证据显示,郑某持有异议的霍尼韦尔公司2017年版《员工手册》《商业行为准则》分别于2017年9月、2014年12月经霍尼韦尔公司工会沟通会议进行讨论。郑某与霍尼韦尔公司签订的劳动合同明确约定《员工手册》《商业行为准则》属于劳动合同的组成部分,郑某已阅读并理解和接受上述制度。在《员工手册》修订后,郑某亦再次签署确认书,确认已阅读、明白并愿接受2017年版《员工手册》,愿恪守公司政策作为在霍尼韦尔公司工作的前提条件。在此情况下,霍尼韦尔公司的《员工手册》《商业行为准则》应对郑某具有约束力。

关于争议焦点二,郑某是否存在足以解除劳动合同的严重违纪行为。一则,在案证据显示霍尼韦尔公司建立有工作场所性骚扰防范培训机制,郑某亦接受过相关培训。霍尼韦尔公司《商业行为准则》要求经理、主管等管理人员在下属提出担忧或问题时能够专业并及时帮助解决,不能进行打击报复。霍尼韦尔公司2017年版《员工手册》还将违反公司《商业行为准则》的行为列为会导致立即辞退的严重违纪行为范围。现郑某虽称相关女职工未提供受到骚扰的切实证据,其无法判断骚扰行为的真伪、对错,但从郑某在2018年8月30日谈话录音中对相关女职工初入职时向其出示的微信截屏所做的"我是觉得有点怪,我也不敢问""我就是不想掺和这个事"的评述看,郑某本人亦不认为相关微信内容系同事间的正常交流,且郑某在相关女职工反复强调间接上级一直对她进行骚扰时,未见郑某积极应对帮助解决,反而说"他这么直接,要是我的话,先靠近你,摸摸看,然后聊聊天"。所为皆为积极促成自己的下级与上级发展不正当关系。郑某的行为显然有悖其作为霍尼韦尔公司部门主管应尽之职责,其相关答复内容亦有违公序良俗。此外,依据郑某自述,其在2018年8月30日谈话后应已明确知晓相关女职工与间接上级关系不好的原因,但郑某不仅未采取积极措施,反而认为相关女职工处理不当。在任某明确表示对邓某性骚扰的抗拒后,郑某于2018年11月中旬向人事经理提出任某性格不合群,希望公司能解除与任某的劳动合同,据此霍尼韦尔公司主张郑某对相关女职工进行打击报复,亦属合理推断。二则,霍尼韦尔公司2017年版《员工手册》明确规定在公司内部调查中做虚假陈述的行为属于会导致立即辞退的严重违纪行为。霍尼韦尔公司提供的2019年1月15日调查笔录显示郑某在调查过程中存在虚假陈述情况。郑某虽称该调查笔录没有按照其所述内容记录,其不被允许修改很多内容,但此主张与郑某对该调查笔录中诸多问题的答复都进行过修改的事实相矛盾,法院对此不予采信。该调查笔录可以作为认定郑某存在虚假陈述的判断依据。

综上,郑某提出的各项上诉理由难以成为其上诉主张成立的依据。霍尼韦尔公司主张郑某存在严重违纪行为,依据充分,不构成违法解除劳动合同。对郑某要求霍尼韦尔公司支付违法解除劳动合同赔偿金368,130元的上诉请求,不予支持。

指导性案例 180 号:孙贤锋诉淮安西区人力资源开发有限公司劳动合同纠纷案

(最高人民法院审判委员会讨论通过
2022 年 7 月 4 日发布)

关键词

民事　劳动合同　解除劳动合同　合法性判断

裁判要点

人民法院在判断用人单位单方解除劳动合同行为的合法性时,应当以用人单位向劳动者发出的解除通知的内容为认定依据。在案件审理过程中,用人单位超出解除劳动合同通知中载明的依据及事由,另行提出劳动者在履行劳动合同期间存在其他严重违反用人单位规章制度的情形,并据此主张符合解除劳动合同条件的,人民法院不予支持。

相关法条

《中华人民共和国劳动合同法》第 39 条

基本案情

2016 年 7 月 1 日,孙贤锋(乙方)与淮安西区人力资源开发有限公司(以下简称西区公司)(甲方)签订劳动合同,约定:劳动合同期限为自 2016 年 7 月 1 日起至 2019 年 6 月 30 日止;乙方工作地点为连云港,从事邮件收派与司机岗位工作;乙方严重违反甲方的劳动纪律、规章制度的,甲方可以立即解除本合同且不承担任何经济补偿;甲方违约解除或者终止劳动合同的,应当按照法律规定和本合同约定向乙方支付经济补偿金或赔偿金;甲方依法制定并通过公示的各项规章制度,如《员工手册》《奖励与处罚管理规定》《员工考勤管理规定》等文件作为本合同的附件,与本合同具有同等效力。之后,孙贤锋根据西区公司安排,负责江苏省灌南县堆沟港镇区域的顺丰快递收派邮件工作。西区公司自2016年8月25日起每月向孙贤锋银行账户结算工资,截至2017年9月25日,孙贤锋前12个月的平均工资为6329.82元。2017年9月12日、10月3日、10月16日,孙贤锋先后存在工作时间未穿工作服、代他人刷考勤卡、在单位公共平台留言辱骂公司主管等违纪行为。事后,西区公司依据《奖励与处罚管理规定》,由用人部门负责人、建议部门负责人、工会负责人、人力资源部负责人共同签署确认,对孙贤锋上述违纪行为分别给予扣2分、扣10分、扣10分处罚,但具体扣分处罚时间难以认定。

2017年10月17日,孙贤锋被所在单位用人部门以未及时上交履职期间的营业款项为由安排停工。次日,孙贤锋至所在单位刷卡考勤,显示刷卡信息无法录入。10月25日,西区公司出具离职证明,载明孙贤锋自2017年10月21日从西区公司正式离职,已办理完毕手续,即日起与公司无任何劳动关系。10月30日,西区公司又出具解除劳动合同通知书,载明孙贤锋在未履行请假手续也未经任何领导批准情况下,自2017年10月20日起无故旷工3天以上,依据国家的相关法律法规及单位规章制度,经单位研究决定自2017年10月20日起与孙贤锋解除劳动关系,限于2017年11月15日前办理相关手续,逾期未办理,后果自负。之后,孙贤锋向江苏省灌南县劳动人事争议仲裁委员会申请仲裁,仲裁裁决后孙贤锋不服,遂诉至法院,要求西区公司支付违法解除劳动合同赔偿金共计68,500元。

西区公司在案件审理过程中提出,孙贤锋在职期间存在未按规定着工作服、代人打卡、谩骂主管以及未按照公司规章制度及时上交营业款项等违纪行为,严重违反用人单位规章制度;自2017年10月20日起,孙贤锋在未履行请假手续且未经批准的情况下无故旷工多日,依法自2017年10月20日起与孙贤锋解除劳动关系,符合法律规定。

裁判结果

江苏省灌南县人民法院于2018年11月15日作出(2018)苏0724民初2732号民事判决:一、被告西区公司于本判决发生法律效力之日起十日内支付原告孙贤锋经济赔偿金18,989.46元。二、驳回原告孙贤锋的其他诉讼请求。西区公司不服,提起上诉。江苏省连云港市中级人民法院于2019年4月22日作出(2019)苏07民终658号民事判决:驳回上诉,维持原判。

裁判理由

法院生效裁判认为:用人单位单方解除劳动合同是根据劳动者存在违法违纪、违反劳动合同的行为,对其合法性的评价也应以作出解除劳动合同决定时的事实、证据和相关法律规定为依据。用人单位向劳动者送达的解除劳动合同通知书,是用人单位向劳动者作出解除劳动合同的意思表示,对用人单位具有法律约束力。解除劳动合同通知书明确载明解除劳动合同的依据及事由,人民法院审理解除劳动合同纠纷案件时应以该决定作出时的事实、证据和法律为标准进行审查,不宜超出解除劳动合同通知书所载明的内容和范围。否则,将偏离劳资双方所争议的解除劳动合同行为的合法性审查内容,导致法院裁判与当事人诉讼请求以及争议焦点不一致;同时,也违背民事主体从事民事活动所应当秉持的诚实信用这一基本原则,造成劳资双方权益保障的失衡。

本案中,孙贤锋与西区公司签订的劳动合同系双方真实意思表示,合法有效。劳动合同附件《奖励与处罚管理规定》作为用人单位的管理规章制度,不违反法律、行政法规的强制性规定,合法有效,对双方当事人均具有约束力。根据《奖励与处罚管理规定》,员工连续旷工3天(含)以上的,公司有权对其处以第五类处罚责任,即解除合同、永不录用。西区公司向孙贤锋送达的解除劳动合同通知书明确载明解除劳动合同的事由为孙贤锋无故旷工达3天以上,孙贤锋诉请法院审查的内容也是西区公司以其无故旷工达3天以上而解除劳动合同行为的合法性,故法院对西区公司解除劳动合同的合法性审查也应以解除劳动合同通知书载明的内容为限,而不能超越该诉争范围。虽然西区公司在庭审中另提出孙贤锋在工作期间存在不及时上交营业款、未穿工服、代他人刷考勤卡、在单位公共平台留言辱骂公司主管等其他违纪行为,也是严重违反用人单位规章制度,公司仍有权解除劳动合同,但是根据在案证据及西区公司的陈述,西区公司在已知孙贤锋存在上述行为的情况下,没有提出解除劳动合同,而是主动提出重新安排孙贤锋从事其他工作,在向孙贤锋出具解除劳动合同通知书时也没有将上述行为作为解除劳动合同的理由。对于西区公司在诉讼期间提出的上述主张,法院不予支持。

西区公司以孙贤锋无故旷工达 3 天以上为由解除劳动合同,应对孙贤锋无故旷工达 3 天以上的事实承担举证证明责任。但西区公司仅提供了本单位出具的员工考勤表为证,该考勤表未经孙贤锋签字确认,孙贤锋对此亦不予认可,认为是单位领导安排停工并提供刷卡失败视频为证。因孙贤锋在工作期间被安排停工,西区公司之后是否通知孙贤锋到公司报到、如何通知、通知时间等事实,西区公司均没有提供证据加以证明,故孙贤锋无故旷工 3 天以上的事实不清,西区公司应对此承担举证不能的不利后果,其以孙贤锋旷工违反公司规章制度为由解除劳动合同,缺少事实依据,属于违法解除劳动合同。

指导性案例 179 号:聂美兰诉北京林氏兄弟文化有限公司确认劳动关系案

(最高人民法院审判委员会讨论通过
2022 年 7 月 4 日发布)

关键词

民事　确认劳动关系　合作经营　书面劳动合同

裁判要点

1. 劳动关系适格主体以"合作经营"等为名订立协议,但协议约定的双方权利义务内容、实际履行情况等符合劳动关系认定标准,劳动者主张与用人单位存在劳动关系的,人民法院应予支持。

2. 用人单位与劳动者签订的书面协议中包含工作内容、劳动报酬、劳动合同期限等符合劳动合同法第十七条规定的劳动合同条款,劳动者以用人单位未订立书面劳动合同为由要求支付第二倍工资的,人民法院不予支持。

相关法条

《中华人民共和国劳动合同法》第 10 条、第 17 条、第 82 条

基本案情

2016年4月8日,聂美兰与北京林氏兄弟文化有限公司(以下简称林氏兄弟公司)签订了《合作设立茶叶经营项目的协议》,内容为:"第一条:双方约定,甲方出资进行茶叶项目投资,聘任乙方为茶叶经营项目经理,乙方负责公司的管理与经营。第二条:待项目启动后,双方相机共同设立公司,乙方可享有管理股份。第三条:利益分配:在公司设立之前,乙方按基本工资加业绩方式取酬。公司设立之后,按双方的持股比例进行分配。乙方负责管理和经营,取酬方式:基本工资+业绩、奖励+股份分红。第四条:双方在运营过程中,未尽事宜由双方友好协商解决。第五条:本合同正本一式两份,公司股东各执一份。"

协议签订后,聂美兰到该项目上工作,工作内容为负责《中国书画》艺术茶社的经营管理,主要负责接待、茶叶销售等工作。林氏兄弟公司的法定代表人林德汤按照每月基本工资10,000元的标准,每月15日通过银行转账向聂美兰发放上一自然月工资。聂美兰请假需经林德汤批准,且实际出勤天数影响工资的实发数额。2017年5月6日林氏兄弟公司通知聂美兰终止合作协议。聂美兰实际工作至2017年5月8日。

聂美兰申请劳动仲裁,认为双方系劳动关系并要求林氏兄弟公司支付未签订书面劳动合同二倍工资差额,林氏兄弟公司主张双方系合作关系。北京市海淀区劳动人事争议仲裁委员会作出京海劳人仲字(2017)第9691号裁决:驳回聂美兰的全部仲裁请求。聂美兰不服仲裁裁决,于法定期限内向北京市海淀区人民法院提起诉讼。

裁判结果

北京市海淀区人民法院于2018年4月17日作出(2017)京0108民初45496号民事判决:一、确认林氏兄弟公司与聂美兰于2016年4月8日至2017年5月8日期间存在劳动关系;二、林氏兄弟公司于判决生效后七日内支付聂美兰2017年3月1日至2017年5月8日期间工资22,758.62元;三、林氏兄弟公司于判决生效后七日内支付聂美兰2016年5月8日至2017年4月7日期间未签订劳动合同二倍工资差额103,144.9元;四、林氏兄弟公司于判决生效后七日内支付聂美兰违法解除劳动关系赔偿金27,711.51元;五、驳回聂美兰的其他诉讼请求。林氏兄弟公司不服一审判决，提出上诉。北京市第一中级人民法院于 2018 年 9 月 26 日作出（2018）京 01 民终 5911 号民事判决：一、维持北京市海淀区人民法院（2017）京 0108 民初 45496 号民事判决第一项、第二项、第四项；二、撤销北京市海淀区人民法院（2017）京 0108 民初 45496 号民事判决第三项、第五项；三、驳回聂美兰的其他诉讼请求。林氏兄弟公司不服二审判决，向北京市高级人民法院申请再审。北京市高级人民法院于 2019 年 4 月 30 日作出（2019）京民申 986 号民事裁定：驳回林氏兄弟公司的再审申请。

裁判理由

法院生效裁判认为：申请人林氏兄弟公司与被申请人聂美兰签订的《合作设立茶叶经营项目的协议》系自愿签订的，不违反强制性法律、法规规定，属有效合同。对于合同性质的认定，应当根据合同内容所涉及的法律关系，即合同双方所设立的权利义务来进行认定。双方签订的协议第一条明确约定聘任聂美兰为茶叶经营项目经理，"聘任"一词一般表明当事人有雇佣劳动者为其提供劳动之意；协议第三条约定了聂美兰的取酬方式，无论在双方设定的目标公司成立之前还是之后，聂美兰均可获得"基本工资""业绩"等报酬，与合作经营中的收益分配明显不符。合作经营合同的典型特征是共同出资，共担风险，本案合同中既未约定聂美兰出资比例，也未约定共担风险，与合作经营合同不符。从本案相关证据上看，聂美兰接受林氏兄弟公司的管理，按月汇报员工的考勤、款项分配、开支、销售、工作计划、备用金的申请等情况，且所发工资与出勤天数密切相关。双方在履行合同过程中形成的关系，符合劳动合同中人格从属性和经济从属性的双重特征。故原判认定申请人与被申请人之间存在劳动关系并无不当。双方签订的合作协议还可视为书面劳动合同，虽缺少一些必备条款，但并不影响已约定的条款及效力，仍可起到固定双方劳动关系、权利义务的作用，二审法院据此依法改判是正确的。林氏兄弟公司于 2017 年 5 月 6 日向聂美兰出具了《终止合作协议通知》，告知聂美兰终止双方的合作，具有解除双方之间劳动关系的意思表示，根据《最高人民法院关于民事诉讼证据的若干规定》第六条，在劳动争议纠纷案件中，因用人单位作出的开除、除名、辞退、解除劳动合同等决定而发生的劳动争议，由用人单位负举证责任,林氏兄弟公司未能提供解除劳动关系原因的相关证据,应当承担不利后果。二审法院根据本案具体情况和相关证据所作的判决,并无不当。

最高人民法院发布4起新就业形态劳动者权益保障典型案例

(2025年4月30日)

就业是最基本的民生。近年来,随着平台经济快速发展,新就业形态在稳增长、稳就业等方面发挥了重要作用。党的二十大报告要求"加强灵活就业和新就业形态劳动者权益保障",党的二十届三中全会明确提出"支持和规范发展新就业形态"。

最高人民法院深入贯彻党的二十大和二十届三中全会精神,全面贯彻习近平总书记关于就业促进和劳动保护工作等重要指示批示精神,充分发挥司法机关在统一裁判标准、妥善化解纠纷、促推"劳动管理算法向善"等方面的职能作用,助力构建和谐劳动关系。2024年12月,最高人民法院发布首批新就业形态劳动争议指导性案例,明确新就业形态劳动关系认定标准,对于存在用工事实,构成支配性劳动管理的,依法认定劳动关系,保障劳动者依法享受劳动权益。

为进一步贯彻落实"支持和规范发展新就业形态"重大部署,回应司法实践需求和社会关切,在"五一"国际劳动节到来之际,最高人民法院围绕网约货车领域新就业形态劳动关系认定标准,聚焦新就业形态劳动者受到损害和致人损害责任承担规则,今日发布新就业形态劳动者权益保障典型案例,依法妥善保护劳动者、受害者、企业等各方权益,促推平台企业、平台经济健康有序发展。本批案例着力明晰以下内容:

第一,参照适用新就业形态劳动争议专题指导性案例认定标准,案例1"某运输公司诉杨某劳动争议案"明确,企业与网约货车司机之间存在用工事实、构成支配性劳动管理的,应当认定存在劳动关系,依法保障网约货车司机享受劳动权益。

第二,依法审理涉新就业形态责任保险合同纠纷案件,案例2"某餐饮配送公司诉某保险公司责任保险合同纠纷案"明确,认定是否属于相关责任保险中约定的"业务有关工作",应当依据保险合同约定的具体理赔情形,结合法律规定、企业经营范围、劳动者从业类型、从事有关行为对于完成业务工作的必要性及是否受企业指派等因素综合考量。鼓励企业通过购买商业保险,保障遭受职业伤害的新就业形态劳动者及因劳动者执行工作任务造成损害的第三人,及时获得救济,分散企业风险,推动新业态经济健康规范发展。

第三,妥善审理劳动者执行工作任务受到损害案件,案例3"冯某诉某物业公司身体权纠纷案",强调人民法院在处理相关案件时应当充分考虑新就业形态人员职业伤害保障的制度功能,确保案件处理结果与有关试点制度安排相向而行。依法支持劳动者关于第三人承担民事赔偿责任的请求,明确第三人的侵权责任不因劳动者获得新就业形态人员职业伤害保障待遇而免除或者减轻,筑牢职业安全"防护网"。

第四,妥善审理劳动者执行工作任务致人损害案件,案例4"陈某诉张某、某物流公司、某保险公司等非机动车交通事故责任纠纷案",明确受害人请求将承保商业保险的保险公司列为共同被告的,人民法院应予准许;保险法规定或者保险合同约定的受害方直接向保险人请求赔偿的条件已成就的,人民法院应当判令保险公司直接承担赔偿责任。保险赔偿金不足部分,受害人依据民法典第一千一百九十一条第一款、民法典侵权责任编司法解释(一)第十五条第一款请求指派工作任务的企业承担侵权责任的,人民法院应予支持;企业有证据证明劳动者致人损害的行为与执行工作任务无关的除外。

下一步,最高人民法院将持续坚持新就业形态劳动者权益保障和平台经济健康有序发展互促共进理念,加强对涉新就业形态民事纠纷案件的审判指导,推动出台有关司法解释,做深做实定分止争,维护社会和谐稳定。

新就业形态劳动者权益保障典型案例

目　录

案例1　企业与网约货车司机之间存在用工事实、构成支配性劳动管理的,应当认定存在劳动关系——某运输公司诉杨某劳动争议案

案例2　是否属于新就业形态相关责任保险中的"业务有关工作",应当依据具体理赔情形,结合相关行为对于完成业务工作的必要性等因素综合审查认定——某餐饮配送公司诉某保险公司责任保险合同纠纷案

案例3　劳动者获得新就业形态人员职业伤害保障待遇后,有权请求第三人依法承担侵权责任——冯某诉某物业公司身体权纠纷案

案例4　新就业形态劳动者执行工作任务致人损害,相关商业保险属责任保险的,受害人可以依法在侵权责任纠纷中一并向保险人主张赔付——陈某诉张某、某物流公司、某保险公司等非机动车交通事故责任纠纷案

案例1

企业与网约货车司机之间存在用工事实、构成支配性劳动管理的,应当认定存在劳动关系
——某运输公司诉杨某劳动争议案

基本案情

杨某在某运输公司从事混凝土运输工作,双方未订立书面劳动合同。杨某入职后先通过微信群接受某运输公司派单,后在某平台注册账号绑定该公司,由该公司审批通过之后,通过平台接受该公司派单。某运输公司根据接单数、运输量、是否超时、有无罚款等按月向杨某支

付运费报酬。杨某与某运输公司产生争议,申请劳动仲裁,请求确认劳动关系。劳动仲裁裁决杨某与某运输公司存在劳动关系。某运输公司不服仲裁裁决,诉至法院。

裁判结果及理由

一审法院判决确认杨某与某运输公司存在劳动关系。某运输公司不服,提起上诉。二审法院判决驳回上诉,维持原判。

法院生效裁判认为,本案主要争议焦点为某运输公司与杨某是否存在劳动关系。《中华人民共和国劳动合同法》第七条规定:"用人单位自用工之日起即与劳动者建立劳动关系",据此,人民法院应当根据用工事实认定企业和劳动者的法律关系。而劳动关系的本质特征是支配性劳动管理。本案中,其一,某运输公司确认杨某在某平台注册的账号须选择该公司绑定,并经公司审批。杨某在工作过程中需要服从某运输公司安排,某运输公司存在对杨某进行扣罚等劳动管理行为。杨某对运输任务、运输价格均不具有自主决定权。其二,某运输公司与杨某按月结算工资,某运输公司确认杨某基本每天都有接单,相关运输收入构成杨某主要经济来源。其三,杨某从事的是混凝土运输工作,属于某运输公司的业务组成。综上,某运输公司与杨某之间存在用工事实,构成支配性劳动管理,应当认定双方存在劳动关系。

典型意义

互联网平台及数字技术要素的加入一定程度上改变了传统劳动管理方式,但未改变劳动管理的性质。参照指导性案例237号"郎溪某服务外包有限公司诉徐某申确认劳动关系纠纷案"裁判要点,支配性劳动管理是劳动关系的本质特征。如何判断存在"支配性劳动管理",可以参照指导性案例237号"郎溪某服务外包有限公司诉徐某申确认劳动关系纠纷案"、指导性案例238号"圣某欢诉江苏某网络科技有限公司确认劳动关系纠纷案"、《最高人民法院关于为稳定就业提供司法服务和保障的意见》(法发〔2022〕36号)第7条、《劳动和社会保障部关于确立劳动关系有关事项的通知》(劳社部发〔2005〕12号)第一条等作出认定。故此,认定企业与网约货车司机之间是否存在劳动关系,应当根据用工事实进行实质审查,综合考量企业是否通过制定奖惩规则等对司机进行劳动管理,司机能否自主决定运输任务、运输价格,劳动报酬是否构成司机主要收入来源,司机从事的运输工作是否属于企业业务有机组成部分等要素,存在用工事实、构成支配性劳动管理的,依法认定双方存在劳动关系。

案例 2

是否属于新就业形态相关责任保险中的"业务有关工作",应当依据具体理赔情形,结合相关行为对于完成业务工作的必要性等因素综合审查认定
——某餐饮配送公司诉某保险公司责任保险合同纠纷案

基本案情

某餐饮配送公司向某保险公司投保雇主责任险,被保险人为某餐饮配送公司,保险金额(每人限额)65 万元,雇员工种为外卖骑手,雇员 1 人"阚某"。保单"特别约定"栏载明,本保单附加个人第三者责任:承保对被雇佣人员在本保险单有效期内从事本保险单所载明的被保险人业务有关工作时,由于意外或者疏忽,造成被保险人及其雇员以外的第三者人身伤亡或者财产损失的直接实际损失,保障限额 40 万元。阚某经某餐饮配送公司指派,驾驶电动自行车前往公司定点医院办理健康证明,途中与钱某发生碰撞,致钱某受伤。交警部门认定阚某负事故全部责任,钱某无责。某餐饮配送公司实际赔偿钱某 7.1 万元后,向某保险公司申请理赔。某保险公司认为,该交通事故未发生在阚某送餐途中,办理健康证明不属于从事"被保险人业务有关工作",该交通事故赔偿责任不属于保险责任范围,拒绝赔偿。某餐饮配送公司诉至法院,请求判令某保险公司在保险责任范围内赔偿 7.1 万元。

裁判结果及理由

一审法院判决某保险公司赔偿某餐饮配送公司保险金 7.1 万元。一审判决已经发生法律效力。

法院生效裁判认为，本案主要争议焦点为案涉保险事故是否属于雇主责任险附加个人第三者责任险的保险责任范围，即外卖骑手阚某办理健康证明是否属于保单"特别约定"载明的从事"被保险人业务有关工作"。认定"被保险人业务有关工作"，应当结合被保险人经营范围、劳动者工种、所从事有关工作对于其完成业务工作的必要性以及是否受企业指派等因素综合考量。《中华人民共和国食品安全法》第四十五条规定，从事接触直接入口食品工作的食品生产经营人员应当每年进行健康检查，取得健康证明后方可上岗工作。因此，健康证明是包括餐饮外卖配送人员在内的餐饮工作人员必须办理的证件，是否办理健康证明与外卖骑手主要工作紧密相关，直接影响其后续能否实施接单配送行为。另外，本案中阚某前往定点医院办证亦是受某餐饮配送公司指派。因此，阚某办理健康证明应当属于从事与某餐饮配送公司业务有关工作，在此过程中发生的致人损害事故属于案涉附加个人第三者责任险保险责任范围，某保险公司应当依照保单约定赔付某餐饮配送公司保险金。

典型意义

新就业形态劳动者工作时间、工作地点、工作内容相对灵活，司法实践中，认定是否属于相关责任保险中约定的"业务有关工作"，应当依据保险合同约定的具体理赔情形，结合法律规定、企业经营范围、劳动者从业类型、从事有关行为对于完成业务工作的必要性及是否受企业指派等因素综合考量。设置雇主责任险、第三者责任险等商业保险，目的是分散新就业形态劳动者职业伤害和致第三人损害风险，保障劳动者、受害人权益。不论劳动者与企业是否建立劳动关系，企业是否参加新就业形态人员职业伤害保障试点，均鼓励企业通过购买雇主责任险、第三者责任险等商业保险，保障遭受职业伤害的新就业形态劳动者及因劳动者执行工作任务造成损害的第三人，及时获得医疗救治或者经济补偿等，分散平台企业和平台用工合作企业风险，推动新业态经济健康规范发展。

案例 3

劳动者获得新就业形态人员职业伤害保障待遇后，有权请求第三人依法承担侵权责任
——冯某诉某物业公司身体权纠纷案

基本案情

外卖骑手冯某骑行电动自行车进入上海市某小区时，左手持手机放在车把上，通过进出口处被正在关闭的电动门撞及车辆后部，倒地受伤，经医院诊断为颈部脊髓损伤等。事发后，经某企业服务外包公司申请，上海市某区人力资源社会保障局作出职业伤害确认结论书，载明：冯某受到的事故伤害，符合《新就业形态就业人员职业伤害保障办法（试行）》第十条第一款第一项、《上海市新就业形态就业人员职业伤害保障试点实施办法》第十二条第一款第一项之规定，属于职业伤害确认范围，现予以确认为职业伤害。冯某伤情经上海市某区劳动能力鉴定委员会鉴定为因工致残程度十级。上海市社会保险事业管理中心核定冯某鉴定检测费、一次性伤残补助金，由某保险公司向冯某支付，摘要为"职业伤害保障待遇"。此后，冯某诉至法院，要求该小区物业公司赔偿残疾赔偿金等。

裁判结果及理由

一审法院判决某物业公司赔偿残疾赔偿金等；某物业公司不服，提起上诉。二审法院判决驳回上诉，维持原判。

法院生效裁判认为，某物业公司在操作电动门时未能为冯某安全通过留下足够时间，致冯某通过时受伤，对损害发生承担主要责任，冯某自身存在未安全操控电动车的行为，对损害发生承担次要责任。根据人力资源社会保障部等十部门《关于开展新就业形态就业人员职业伤害保障试点工作的通知》及《上海市新就业形态就业人员职业伤害保障试点实施办法》等规定，冯某系提供外卖配送劳动并获得报酬的新就业形态人员，其在工作期间受伤，被认定属于职业伤害。职业伤害保障具有社会保险性质，而某物业公司的侵权责任，属于第三人侵权损害赔偿范畴，该两种制度的特点和功能不同。冯某已获得的职业

伤害保障待遇赔偿项目为一次性伤残补助金及鉴定检测费,系其基于该市某区劳动能力鉴定委员会鉴定的因职业伤害致残程度十级所获得的赔偿;冯某提起诉讼向侵权人主张残疾赔偿金等,该项侵权赔偿责任不因冯某已获得职业伤害保障待遇而减轻或者免除。综上,依法判定某物业公司承担冯某损害相应比例的赔偿责任,其余部分由冯某自行承担。

典型意义

新就业形态人员职业伤害保障试点工作开展以来,劳动者权益保障水平进一步提高,平台企业经营风险有效分散,凸显社会保险制度的兜底性。党的二十届三中全会通过的《中共中央关于进一步全面深化改革、推进中国式现代化的决定》提出,健全灵活就业人员、农民工、新就业形态人员社保制度。下一步,将推动健全新就业形态人员社保制度,扩大新就业形态人员职业伤害保障试点范围,进一步保障"职有所安"。处理涉及新就业形态人员职业伤害保障待遇与新就业形态劳动者损害赔偿案件时,应当充分考虑新就业形态人员职业伤害保障的制度功能,案件处理结果应当与有关试点制度安排相向而行。

参照《最高人民法院关于审理人身损害赔偿案件适用法律若干问题的解释》第三条"依法应当参加工伤保险统筹的用人单位的劳动者,因工伤事故遭受人身损害,劳动者或者其近亲属向人民法院起诉请求用人单位承担民事赔偿责任的,告知其按《工伤保险条例》的规定处理;因用人单位以外的第三人侵权造成劳动者人身损害,赔偿权利人请求第三人承担民事赔偿责任的,人民法院应予支持"之规定,参加新就业形态人员职业伤害保障统筹的劳动者,因执行工作任务受到损害的,按相关职业伤害保障试点规定处理;因企业以外的第三人侵权造成劳动者损害,劳动者请求第三人承担民事赔偿责任的,人民法院应予支持。具体赔偿项目上,本案的一次性伤残补助金和残疾赔偿金,属于涉及身体、健康、生命权益等受到损害无法用金钱衡量的赔偿项目,不能以受害人获得一次性伤残补助金减轻或者免除第三人应承担的残疾赔偿金。

案例 4

新就业形态劳动者执行工作任务致人损害，相关商业保险属责任保险的，受害人可以依法在侵权责任纠纷中一并向保险人主张赔付
——陈某诉张某、某物流公司、某保险公司等
非机动车交通事故责任纠纷案

基本案情

某物流公司经授权在特定区域内经营某订餐平台的即时配送业务。张某经某物流公司同意注册为某订餐平台的骑手，接受该物流公司指派的订单配送任务，并由该公司发放工资。某物流公司作为投保人、被保险人在某保险公司处投保雇主责任险，含"配送人员意外险及个人责任保险"，雇员名称为张某。张某通过某订餐平台接单，驾驶电动自行车送餐途中，与陈某发生碰撞致陈某骨折。陈某诉至法院，请求判令张某、某物流公司、某保险公司赔偿医疗费、住院伙食补助费、残疾赔偿金等。

裁判结果及理由

一审法院判决某保险公司赔偿陈某保险金，不足部分由某物流公司赔付。一审判决已经发生法律效力。

法院生效裁判认为，《中华人民共和国保险法》第六十五条规定，"保险人对责任保险的被保险人给第三者造成的损害，可以依照法律的规定或者合同的约定，直接向该第三者赔偿保险金"。"责任保险是指以被保险人对第三者依法应负的赔偿责任为保险标的的保险"。某物流公司投保的雇主责任险所包括的"个人责任保险"，保障范围是骑手造成的第三者损失，以骑手或其用工单位等被保险人对第三者依法应负的赔偿责任为保险标的，属于明确的财产保险中责任保险类别。依据前述规定，保险人可以直接向该第三者赔偿保险金。从减轻各方当事人诉累、发挥保险化解社会矛盾纠纷功能考虑，判令某保险公司在本案中直接向陈某赔偿保险金。

关于保险赔偿金不足部分的赔偿义务主体。根据张某在某订餐平台的骑手基础档案信息载明其所在的"代理商"为某物流公司，某物流公司向张某发放工资等事实，应当认定张某接受某物流公司劳动管理，交通事故发生时张某系执行某物流公司工作任务；某物流公司对保险赔偿金不足部分向陈某承担赔偿责任。

典型意义

外卖骑手执行工作任务造成第三者损害，企业购买了商业第三者责任保险，当事人请求将承保商业保险的保险公司列为共同被告的，人民法院应予准许；保险法规定或者保险合同约定的受害方直接向保险人请求赔偿的条件已成就的，人民法院应当判令保险公司直接承担赔偿责任，以更好发挥保险化解社会矛盾纠纷功能，及时有效保障受害人合法权益。保险赔偿金不足部分，受害人依据《中华人民共和国民法典》第一千一百九十一条第一款、《最高人民法院关于适用〈中华人民共和国民法典〉侵权责任编的解释（一）》第十五条第一款，请求指派工作任务的企业承担侵权责任的，人民法院应予支持；企业有证据证明劳动者致人损害的行为与执行工作任务无关的除外。

最高人民法院发布六个劳动争议典型案例

（2024年4月30日）

光荣属于劳动者，幸福属于劳动者。党的二十大报告要求，健全劳动法律法规，完善劳动关系协商协调机制，完善劳动者权益保障制度，加强灵活就业和新就业形态劳动者权益保障。习近平总书记指出，就业是最大的民生工程、民心工程、根基工程，是社会稳定的重要保障，必须抓紧抓实抓好。

面对劳动者日渐多元的司法需求，最高人民法院坚持以习近平新时代中国特色社会主义思想为指导，全面贯彻党的二十大精神，深入贯彻习近平法治思想，立足和延伸司法职能，加强审判指导，制发司法解释、司法建议书、规范性文件,发布典型案例,支持和规范新就业形态,加强超龄劳动者权益保障,巩固拓展根治欠薪成果,多措并举落实我国劳动用工和社会保障制度,推动审判工作及诉源治理不断取得新成效。

人民法院对劳动争议的妥善化解,不仅关涉劳动者合法权益的维护,更是与经济社会发展大局息息相关。为进一步发挥司法服务保障促进构建和谐劳动关系的职能作用及典型案例的引领示范价值,最高人民法院此次发布六个劳动争议典型案例。这批案例主要有以下几个特点:

一是贯彻以人民为中心的发展理念,更好满足劳动者对美好生活的向往。就业是最基本的民生。党中央、国务院将就业摆在经济社会发展的优先位置,把稳就业提高到战略高度通盘考虑。人民法院保障劳动者的工资收入等基本需求,并不断满足劳动者在确认劳动关系、平等就业、休息休假等方面的更高要求,促进高质量充分就业,实现体面劳动,通过奋力书写稳就业"答卷",筑牢"万家灯火"的幸福根基。如李某与某服饰公司劳动争议案中,李某陪妻子待产,要求用人单位支付护理假工资,人民法院依法予以支持,减轻女性在育儿阶段的负担,推动用人单位构建生育友好的就业环境。又如某公司与李某竞业限制纠纷案中,某公司与普通员工李某约定竞业限制条款,在李某入职新用人单位之后,某公司要求李某承担违约金,人民法院依法认定李某在日常工作中接触到的公司信息不属于核心经营信息,李某不属于其他负有保密义务的人员,充分保护劳动者的自由择业权,促进人力资源有序社会性流动和合理配置。

二是推动经济社会高质量发展,提升企业竞争力。在市场经济条件下,市场主体的生存发展与劳动人才竞争密切相关,构成了既相互促进又相互制约的关系。人民法院衡平保护劳动者与用人单位的合法权益,为推动经济社会高质量发展,构建公平、合理、有序的良性市场竞争环境提供了有力支撑。如张某与某体育公司劳动争议案中,张某与某体育公司签订竞业限制协议,其妻持有95%股份的某公司与某体育公司存在竞争关系。面对劳动者通过配偶投资、经营有竞争关系企业等隐蔽型违反竞业限制行为,人民法院在查明事实的基础上,认定劳动者违反竞业限制约定,判令劳动者返还竞业经济补偿并承担违约责任,制止劳动者违反竞业限制的行为,有利于激励企业依法获取经营优势,促进市场经济健康发展。又如某公司与李某劳动争议案,李某作为该公司研发人员,在辞职后拒不与公司办理工作交接手续,致使该公司启动备用方案,补救研发项目,因迟延交付样机承担了违约责任,人民法院依法判令李某赔偿某公司损失,维护了用人单位的合法权益,有利于促进企业技术创新和产业升级。

三是完善裁判规则,助推劳动关系治理现代化。劳动法律法规是国家实施就业政策、贯彻收入分配制度、构建劳动关系协商协调机制的重要制度安排,是国家劳动关系治理的重要手段和保障,也是推进国家治理体系和治理能力现代化的重要内容。人民法院在劳动争议审判中不断完善裁判规则,发挥法治固根本、稳预期、利长远的保障作用,为推进劳动关系治理体系现代化贡献司法力量。如某高纤公司与崔某劳动合同纠纷案中,某高纤公司与崔某等车间工作人员签订承包合同。崔某在工作中受伤后,因是否存在劳动关系与公司发生争议。人民法院以人身、经济等从属性特征作为判断标准,准确认定双方存在劳动关系,保障了劳动者的合法权益。再如张某与某公交公司劳动合同纠纷案中,张某与某公交公司订立二次固定期限劳动合同后已经符合订立无固定期限劳动合同条件,某公交公司因张某投诉而拒绝与其订立无固定期限劳动合同。人民法院明确在劳动者符合订立无固定期限劳动合同的情况下,用人单位负有强制缔约义务,劳动者具有单方选择权的裁判规则,为劳动者维护自身合法权益撑起了法律保护伞。

下一步,最高人民法院将深入学习贯彻习近平法治思想,认真贯彻落实习近平总书记关于劳动者权益保护的重要指示批示精神,立足审判职能优势,不断加强劳动争议案件审判指导,扎实有效推进劳动者权益保障工作,助力构建和谐劳动关系,不断推动劳动争议审判工作取得新成效,为经济高质量发展与社会和谐稳定提供有力法治保障。

劳动争议典型案例

案例一：用人单位不能通过订立承包合同规避劳动关系
——某高纤公司与崔某劳动合同纠纷案
案例二：劳动者对于是否订立无固定期限劳动合同具有单方选择权
——张某与某公交公司劳动合同纠纷案
案例三：竞业限制协议不能限制非负有保密义务的劳动者的自主择业权
——某公司与李某竞业限制纠纷案
案例四：劳动者的配偶投资、经营与劳动者原用人单位存在竞争关系的企业属于违反竞业限制的行为
——张某与某体育公司劳动争议案
案例五：研发人员辞职后拒不交接工作给用人单位造成损失的，应承担赔偿责任
——某公司与李某劳动争议案
案例六：男职工在妻子生育子女后依法享受护理假
——李某与某服饰公司劳动争议案

案例一

用人单位不能通过订立承包合同规避劳动关系
——某高纤公司与崔某劳动合同纠纷案

【基本案情】

2022年2月，崔某到某高纤公司的车间工作。2022年3月，某高纤公司与该车间全体人员（含崔某）签订车间承包协议。承包协议约定，崔某等要遵守某高纤公司的各项安全制度、本协议视为某高纤公司与该车间全体人员（含崔某）签订的集体劳动合同。某高纤公司于2022年3月、4月、5月分别向崔某支付报酬。2022年6月，崔某在工作中受伤。崔某向某劳动人事争议仲裁委员会申请仲裁，请求确认其

与某高纤公司存在劳动关系。某劳动人事争议仲裁委员会予以支持。某高纤公司不服，诉至人民法院，请求确认其与崔某之间不存在劳动关系。

【裁判结果】

审理法院认为，崔某具备劳动者主体资格，某高纤公司具备用工主体资格。崔某自 2022 年 2 月至 6 月一直在某高纤公司的生产线工作，所从事的工作是公司业务的组成部分，按月领取劳动报酬。双方签订的承包协议载明该协议视为某高纤公司与崔某等人签订的集体劳动合同，崔某需遵守公司各项安全制度等约定亦证实某高纤公司的相关规章制度适用于崔某，崔某接受公司的劳动管理。审理法院判令崔某与某高纤公司之间存在劳动关系。

【典型意义】

随着市场经济的转型和发展，劳动密集型企业出于降低成本、提高效益等考虑，采取种类多样的经营模式。实践中存在部分企业滥用承包经营方式，通过与劳动者签订内部承包合同规避订立劳动合同的情形。用人单位以已经签订承包合同为由否认与劳动者之间的劳动关系，转嫁用工风险。人民法院在判断用人单位与劳动者之间是否存在劳动关系时，不仅要审查双方签订合同的名称，更要通过合同的内容和实际履行情况实质性审查双方之间的法律关系是否具备劳动关系的从属性特征，准确认定双方之间的法律关系，纠正通过签订承包合同等规避用人单位义务的违法用工行为，切实维护劳动者的合法权益。

案例二

劳动者对于是否订立无固定期限劳动合同
具有单方选择权
——张某与某公交公司劳动合同纠纷案

【基本案情】

张某与某公交公司连续订立二次固定期限劳动合同，其中第二次订立的劳动合同期限至 2020 年 7 月 31 日止。2020 年 6 月 10 日，某公交公司通知张某等人续订劳动合同。2020年6月12日,张某在某平台实名投诉公司不按规定配发口罩。同日,某公交公司通知张某劳动合同到期终止,办理离职手续并交接工作。此后,张某多次要求某公交公司与其订立无固定期限劳动合同。2020年7月,某公交公司通知张某,双方于2020年7月31日终止劳动合同,并通过转账方式向张某支付终止劳动合同的经济补偿。张某在某公交公司工作至2020年7月31日。张某向某劳动人事争议仲裁委员会申请仲裁,要求某公交公司于2020年8月1日起依法与其订立无固定期限劳动合同。某劳动人事争议仲裁委员会裁决驳回张某的仲裁请求。张某不服,诉至人民法院。

【裁判结果】

审理法院认为,张某与某公交公司已连续订立二次固定期限劳动合同,张某不存在劳动合同法第三十九条规定的过失性辞退情形,亦不存在第四十条第一项规定的"因劳动者患病或者非因工负伤,在规定的医疗期满后不能从事原工作,也不能从事由用人单位另行安排的工作"及第二项规定的"劳动者不能胜任工作,经过培训或者调整工作岗位,仍不能胜任工作"的情形,张某提出与某公交公司订立无固定期限劳动合同符合法定条件,某公交公司应依法与张某订立无固定期限劳动合同。某公交公司单方作出终止劳动合同通知不符合法律规定。审理法院判令某公交公司与张某订立无固定期限劳动合同。

【典型意义】

无固定期限劳动合同强制缔约制度的立法初衷在于解决劳动合同短期化问题,从而保障劳动者的就业权。劳动合同法第十四条第二款第三项规定了连续二次订立固定期限劳动合同后的强制缔约义务。强制用人单位缔约虽然对合同自由、意思自治有所限制,但这种限制的根本目的是为了实现处于弱势地位的劳动者与用人单位的实质平等。本案中,劳动者投诉用人单位不属于过失性辞退情形,亦不符合无过失性辞退中因劳动者自身原因用人单位可以不续订无固定期限劳动合同的情形,只要劳动者符合续订无固定期限劳动合同的条件,其就具有单方选择权,用人单位无权拒绝续订。人民法院依法判令用人单位与劳动者订立无固定期限劳动合同,既符合立法目的,又有助于构建和谐稳定的劳动关系。

案例三

竞业限制协议不能限制非负有保密义务的劳动者的自主择业权
——某公司与李某竞业限制纠纷案

【基本案情】

2017年1月10日,李某入职某公司从事推拿师工作,双方签订员工保密协议,约定李某离职后两年内不得从事同类产品或同类企业的相关服务,否则应当一次性向某公司支付不低于50,000元的违约金。2017年11月,李某取得高级小儿推拿职业培训师证书。2021年5月,李某从该公司离职,7月入职某社区卫生服务中心中药房工作。某公司主张李某掌握该公司的客户资料、产品报价方案、培训课程等信息,属于其他负有保密义务的人员,向某劳动人事争议仲裁委员会申请仲裁,要求李某支付违反竞业限制义务违约金50,000元,某劳动人事争议仲裁委员会未予支持。某公司不服,诉至人民法院。

【裁判结果】

审理法院认为,李某系某公司的推拿师及培训师,不属于公司的高级管理人员及高级技术人员。李某掌握的客户资料是提供服务过程中必然接触到的基本信息,例如客户名称、联系方式等;李某接触到的产品报价方案对服务的客户公开,潜在的客户经过咨询即可获得;某公司提供的培训课程虽然为自己制作的课件,但课件内的知识多为行业内中医小儿推拿的常识性内容。此外,李某在公司工作期间通过培训获取的按摩推拿知识及技能也是该行业通用的专业知识及技能。某公司提供的证据仅能证明李某在日常工作中接触到该公司的一般经营信息,而非核心经营信息。在正常履职期间仅接触用人单位一般经营信息的劳动者不属于劳动合同法第二十四条第一款规定的其他负有保密义务的人员。某公司主张李某属于负有保密义务的竞业限制人员,证据不足。审理法院判令驳回某公司要求李某支付竞业限制违约金的诉讼请求。

【典型意义】

劳动合同法规定竞业限制制度的主要目的在于保护用人单位的商业秘密和与知识产权相关的保密事项,规制不正当竞争,而非限制人才在企业间的正常流动。实践中,竞业限制条款存在适用主体泛化等滥用现象。部分用人单位不区分劳动者是否属于掌握本单位商业秘密、与知识产权相关保密事项的人员,无差别地与劳动者签订竞业限制协议,并约定高额违约金。劳动者往往囿于用人单位的优势地位,无法拒绝签订竞业限制协议。不负有保密义务的劳动者离职后进入有竞争关系的新用人单位,原用人单位要求劳动者承担高额违约金,侵害了劳动者的合法权益。本案中,人民法院认定不负有保密义务的劳动者即使签订了竞业限制协议,也无需承担竞业限制义务。审判实践中,人民法院不仅要审理新用人单位与原用人单位之间是否存在竞争关系,更要审理劳动者是否属于应当承担竞业限制义务的人员,旗帜鲜明否定侵害劳动者自主择业权的违法竞业限制行为,畅通劳动力资源的社会性流动渠道。

案例四

劳动者的配偶投资、经营与劳动者原用人单位存在竞争关系的企业属于违反竞业限制的行为
——张某与某体育公司劳动争议案

【基本案情】

2018 年 7 月 31 日,张某入职某体育公司,任教学研发中心总经理,负责教学教研管理。双方签订竞业限制协议,约定张某在劳动关系存续期间及二年的竞业限制期间,不得实施违反竞业限制的相关行为,同时约定竞业限制期间某体育公司向张某支付经济补偿,张某违约应支付违约金,违约金金额为双方劳动关系终止或解除前 12 个月张某自某体育公司及关联公司取得收入的 10 倍。张某于 2021 年 7 月

31日离职,离职前12个月的平均工资为34,097.44元。某体育公司向张某支付了5个月的竞业限制经济补偿。张某之妻于2021年12月变更为某公司的投资人(持有95%的股份),经营业务与某体育公司存在竞争关系。张某之妻设立的某公司的关联公司为张某缴纳社会保险。某体育公司认为张某违反竞业限制约定,应返还竞业经济补偿并承担违约责任,向某劳动人事争议仲裁委员会申请仲裁。某劳动人事争议仲裁委员会裁决,张某返还某体育公司竞业经济补偿、支付违约金。张某不服,诉至人民法院,请求无需返还竞业经济补偿及支付违约金。

【裁判结果】

审理法院认为,张某任教学研发中心总经理,负责管理工作,对某体育公司的经营管理有决策权,应按照竞业限制协议等约定履行竞业限制义务。张某之妻作为投资人的某公司,在经营业务上与某体育公司存在竞争关系,属于竞业限制单位。考虑到张某与配偶之间具有紧密的人身和财产关系,经济利益上具有一致性,且其配偶的投资行为基本发生在张某从某体育公司离职后,故认定张某违反了竞业限制约定。综合考量劳动者给用人单位造成的损害、劳动者的主观过错程度、工资收入水平、职务、在职时间、违约期间、用人单位应支付的经济补偿数额以及当地的经济水平等因素,审理法院酌定张某支付某体育公司违反竞业限制违约金的数额,并判令返还竞业限制经济补偿。

【典型意义】

在市场经济条件下,市场主体的生存发展与劳动人才竞争密切相关,构成了既相互促进又相互制约的关系。用人单位预先通过竞业限制约定等形式约束劳动者再就业的工作单位及就业方向,保护企业经济利益和竞争优势。本案中,作为高级管理人员的劳动者采取通过配偶实际经营竞争企业的方式实施竞业限制行为,违反竞业限制约定的方式更为隐蔽。人民法院在查明事实的基础上,准确认定劳动者违反竞业限制约定,判令其承担违约责任,秉持适当惩戒与维持劳动者生存的标准合理确定违约金数额,最大限度发挥制度优势,衡平劳动者自主择业与市场公平竞争之间的关系,为构建公平、合理、有序的良性市场竞争环境提供了有力支撑。

案例五

研发人员辞职后拒不交接工作给用人单位造成损失的,应承担赔偿责任
—— 某公司与李某劳动争议案

【基本案情】

2020年12月1日,某公司与李某订立劳动合同,约定李某担任研发岗位工作,合同期限3年;离职应当办理工作交接手续,交还工具、技术资料等,造成损失据实赔偿等内容。2022年2月15日,李某向某公司提出辞职,随即离开且拒不办理工作交接手续。某公司通过启动备用方案、招聘人员、委托设计等措施补救研发项目,因研发设计进度延误、迟延交付样机承担了违约责任。某公司向某劳动人事争议仲裁委员会申请仲裁,提出李某赔偿损失等请求。某劳动人事争议仲裁委员会不予受理。某公司诉至人民法院。

【裁判结果】

审理法院认为,劳动合同解除或者终止后,劳动者应当按照双方约定,办理工作交接手续。劳动者未履行前述义务给用人单位造成损失的,应当承担赔偿责任。李某作为某公司的研发人员,未提前三十日通知某公司即自行离职,且拒绝办理交接手续,其行为违反了劳动合同法第三十七条规定的劳动者提前三十日以书面形式通知用人单位,可以解除劳动合同的规定,应当按照第九十条有关劳动者赔偿责任的规定对某公司的损失承担赔偿责任。审理法院综合考量李某参与研发的时间、离职的时间、本人工资水平等因素,酌定李某赔偿某公司损失50,000元。

【典型意义】

党的十八大以来,以习近平同志为核心的党中央高度重视科技创新。党的二十大报告在"完善科技创新体系"部分提出,"坚持创新在我国现代化建设全局中的核心地位"。创新型企业竞争力的重要来源之一为研发人员。研发人员掌握着项目重要资料,主动解除劳动合同时,应秉持诚信原则,遵守劳动合同约定和法律规定,提前通知用人单

位,办理交接手续,便于用人单位继续开展研究工作。本案中,人民法院在劳动者拒不履行工作交接义务给用人单位造成损失的情况下,依法判令其承担赔偿责任,为科技创新提供优质的法治保障。

案例六

男职工在妻子生育子女后依法享受护理假
——李某与某服饰公司劳动争议案

【基本案情】

2021年5月5日,李某至某服饰公司从事摄影工作。因妻子待产,李某于2021年7月2日起回家陪产未再出勤。李某之子于2021年7月3日出生。2021年7月20日,李某回到某服饰公司继续工作至2021年11月17日。2021年11月18日,李某至某服饰公司结算工资时发生冲突。李某向某劳动人事争议仲裁委员会申请仲裁,提出某服饰公司支付护理假工资等请求。某劳动人事争议仲裁委员会终结案件审理。李某诉至人民法院。

【裁判结果】

审理法院认为,根据《江苏省人口与计划生育条例》第二十四条规定,符合本条例规定生育子女的夫妻,女方在享受国家规定产假的基础上,延长产假不少于三十天,男方享受护理假不少于十五天,假期视为出勤,在规定假期内照发工资。李某在护理假期间视为出勤,某服饰公司应当发放工资。审理法院支持李某要求某服饰公司支付十五天护理假工资等诉讼请求。

【典型意义】

近年来,各地落实《中共中央 国务院关于优化生育政策促进人口长期均衡发展的决定》,出台支持优化生育的政策措施。在家庭中,丈夫和妻子共同承担着生儿育女的责任。陪产护理假是男职工在妻子生育期间享有的看护、照料妻子与子女的权利。本案中,人民法院判令用人单位支付男职工护理假期间的工资,有助于引导用人单位严格执行国家相关规定,发挥男性在生育中不可或缺的丈夫和父亲的角色作用,强化两性在生育事务中的平等合作,有利于下一代的健康成长、生育支持政策体系的进一步完善及人口的高质量发展。

最高人民法院公布 2 起拖欠劳动报酬典型案例

(2015 年 12 月 4 日)

"用公开促公正 建设核心价值"
主题教育活动拖欠劳动报酬典型案例

目 录

1. 王凤生拒不支付农民工工资案
2. 徐成海拒不支付劳动报酬案

一、王凤生拒不支付农民工工资案

(一)基本案情

2010 年 6 月,葫芦岛某建筑工程有限公司(简称某建筑公司)与某某集团签订合同,由某建筑公司负责承建葫芦岛市龙港区某小区其中六栋住宅楼的工程。被告人王凤生作为某建筑公司该公司项目负责人承建该小区 15 号楼的施工工程。王凤生先后找到刘某(力工)、岳某某(放线工人)、乔某某(散水工人)、田某某(水暖工人)、满某某(抹灰、砌砖工人)、于某某(外墙保温)等人,随即开始施工。该工程于 2011 年 10 月交工,期间某建筑公司负责人宋某某多次以现金、转账等方式将工程款支付给王凤生 20 余笔,总金额达 230 万余元。在工程结束后,王凤生便更换电话号码失去联系,工人多次寻找王凤生,王凤生均以"现在手里没钱"、"甲方未结账"等言辞推脱工人,拒绝支付工资,后王凤生在给个别工人打下欠条后便再次失去联系。因某某集团与某建筑公司(王凤生承建的 15 号楼工程)无法结算,为此某某集团于 2013 年 1 月 16 日将上述情况公告于葫芦岛日报,但因未找到王凤生,造成工程无法结算。经龙港区劳动监察大队核实,王凤生共拖欠工人工资达 50 余万元。2014 年 1 月 13 日,龙港区人力资源和社会保障局劳动监察大队向某建筑公司下达了《劳动保障监察责令改正决定书》责令其支付工资,1 月 22 日某建筑公司先后分别支付刘某、于某某工资款 10 万元和 5 万元。被告人王凤生被抓获后对其通过更换电话号码、推脱等方式将工程款以隐匿、转移,拒不支付劳动者劳动报酬的犯罪事实供认不讳,但对欠款数额存在异议,后经过王凤生与上述工人逐一核对账目,欠刘某 178,500 元(某建筑公司已支付 10 万元)、欠岳某某 10,000 元,欠乔某某 4000 元,欠田某某 30,000 元,欠满某某 60,000 元,欠于某某 65,000 元(某建筑公司已支付 5 万元),应欠劳动者工资共计 34,7500 元。2014 年 12 月,葫芦岛某建筑公司将此款全部支付。

(二)裁判结果

葫芦岛市龙港区人民法院经审理认为,被告人王凤生作为某建筑公司名下的项目负责人是工人工资发放的实际主体,在收到工程款后逃匿、拒不支付拖欠的工人工资,龙港区人力资源和社会保障局劳动监察大队对某建筑公司已下发并送达《劳动保障监察责令改正决定书》,被告人王凤生作为某建筑公司的项目负责人,因其逃匿行为导致某建筑公司在收到责令改正决定书后无法找到被告人王凤生,应视为该决定书已经对被告人王凤生送达。被告人王凤生以逃匿的方式逃避支付劳动者的劳动报酬,数额较大,经政府有关部门责令支付仍不支付,构成拒不支付劳动报酬罪,公诉机关指控正确,应予确认。鉴于被告人王凤生自愿认罪,在提起公诉前已经由某建筑公司支付工人工资,可以从轻处罚。依照《中华人民共和国刑法》第二百七十六条之一、第五十二条的规定,判决被告人王凤生犯拒不支付劳动报酬罪,判处有期徒刑一年六个月,并处罚金人民币十万元。

(三)典型意义

一段时期以来,部分地方用工单位拒不支付劳动者的劳动报酬的现象比较突出,广大劳动者、特别是农民工成为了拒不支付劳动报酬行为的主要受害者。《刑法修正案(八)》增设拒不支付劳动报酬罪。各级法院高度重视运用法律手段惩治拒不支付劳动报酬行为,认真贯彻执行拒不支付劳动报酬罪的规定。依法惩治拒不支付劳动报酬犯罪,对于维护劳动者的合法权益,促进社会和谐稳定发挥了重要作用。

二、徐成海拒不支付劳动报酬案

(一)基本案情

1999年被告人徐成海与林殿杰、崔淑霞投资成立吉林市金马实业有限责任公司,主营日用百货等批发零售。被告人徐成海为对外投资,于2008年10月22日与张建军投资注册成立吉林市大德投资有限公司,两公司法定代表人均为被告人徐成海。

2008年11月,蛟河市盛财煤矿投资人冷淑奎找被告人徐成海为其煤矿投资。同年11月18日,冷淑奎作为甲方蛟河市盛财煤矿法人代表,徐成海代表大德投资有限公司作为乙方,大德公司的股东张建军作为丙方,三方签订《合作协议书》,由甲方以整合后的蛟河市盛财煤矿及全部固定资产和大型设备、材料出资,乙方、丙方出资1200万元,对盛财煤矿改造和开采。利润按甲方47%,乙方45%,丙方8%比例分配,合作期限为自乙、丙方第一笔资金到位之日起至本矿区域内资源枯竭停采止。

2011年5月16日,三方签订《解除合作协议书》,甲方和丙方放弃了盛财煤矿,由乙方大德公司独自经营,乙方补偿给甲方1万吨原煤及现金30万元,如两年内甲方不能拉足1万吨原煤,煤矿所有权归甲乙双方。2011年12月拖欠侯建锋、张广秋等174名工人工资33.9万余元,由市财政借款发放给工人29万余元(有部分工人未来领取)。2012年8月,蛟河市劳动监察大队责令其支付拖欠的工人工资,徐成海采取逃匿的方式拒不支付工人工资。

2011年5月至2012年年末,被告人徐成海经营的吉林市大德投资有限公司和吉林市金马实业有限责任公司,拖欠公司员工林殿杰、张扬、梁志强、孙明研等11人的工资38万余元。2013年3月28日,吉林市劳动监察支队责令其支付拖欠的工人工资,徐成海采取逃匿的方式拒不支付工人工资。

(二)裁判结果

吉林省蛟河市人民法院经审理认为,被告人徐成海采取逃匿的方式拒不支付其实际经营蛟河市盛财煤矿期间拖欠的工人工资和其作为法定代表人的吉林市大德投资有限公司和吉林市金马实业有限责任公司职工工资,数额较大,经劳动监察机关责令支付仍不支付,其行为已构成拒不支付劳动报酬罪。依照刑法有关规定,判决被告人徐成海犯拒不支付劳动报酬罪,判处有期徒刑一年,并处罚金人民币七万元。

(三)典型意义

拖欠农民工工资问题一度成为社会关注的热点,刑法修正案八将"拒不支付劳动报酬罪"写进刑法,经过几年的打击,取得了很大成效,但该类犯罪还时有发生。做为一名企业的经营者应当合法经营、诚信经营,当企业经营出现困难时,要正确面对,妥善解决,而不能采取逃避的方式进行处理。本案被告人由于经营不善导致亏损,却逃之夭夭,导致大批劳动者的劳动报酬无法兑现,数额较大,其行为构成拒不支付劳动报酬罪,但尚未造成严重后果。依据刑法第276条之一规定,应当判处三年以下有期徒刑或者拘役,并处或者单处罚金。本案对被告人判处有期徒刑的同时判处罚金,彰显刑法的打击力度。

最高法发布劳动争议典型案例

(2025年8月1日)

劳动争议典型案例

目　录

案例一:转承包建设工程的个人招用的劳动者被认定工伤后,承包人负有支付工伤保险待遇的责任

——某建筑公司与张某工伤保险待遇纠纷案

案例二：关联企业混同用工，人民法院可根据劳动者主张并结合案情认定劳动关系

——王某与某数字公司劳动合同纠纷案

案例三：劳动者故意不订立书面劳动合同，用人单位不负有支付二倍工资的责任

——冉某与某宾馆、某农旅公司劳动争议案

案例四：劳动者负有的竞业限制义务应与其知悉的商业秘密和与知识产权相关的保密事项范围相适应

——某甲医药公司与郑某竞业限制纠纷案

案例五：劳动者违反在职竞业限制义务约定，应依法承担违约责任

——黄某与某纺织公司竞业限制纠纷案

案例六：有关不缴纳社会保险费的约定无效，劳动者以此为由解除劳动合同时有权请求用人单位支付经济补偿

——朱某与某保安公司劳动争议案

案例一

转承包建设工程的个人招用的劳动者被认定工伤后，承包人负有支付工伤保险待遇的责任

——某建筑公司与张某工伤保险待遇纠纷案

【基本案情】

某建筑公司将所承包工程转包给刘某。2021年8月，刘某招用张某到工地工作。2021年10月10日，张某在作业时从高处坠落受伤，诊断为腰椎骨折。生效判决已确认某建筑公司与张某之间不存在劳动关系。2023年3月14日，人社部门作出《认定工伤决定书》，认定张某受到的事故伤害为工伤，某建筑公司对张某受到的事故伤害承担工伤保险责任。经劳动能力鉴定委员会鉴定，确定张某劳动功能障碍等级为八级，生活自理障碍等级未达级，停工留薪期6个月。张某向某劳动人事争议仲裁委员会申请仲裁，请求某建筑公司支付八级伤残应

享有的工伤保险待遇。某劳动人事争议仲裁委员会予以支持。某建筑公司不服,诉至人民法院。

【裁判结果】

审理法院认为,根据《最高人民法院关于审理工伤保险行政案件若干问题的规定》,工伤保险责任的承担并非必须以存在劳动关系作为前提条件。在建筑工程转包给个人的情况下,一旦发生工伤事故,具备用工主体资格的承包人应当承担工伤保险责任。本案中,某建筑公司将案涉工程转包给刘某,刘某招用的张某在施工过程中受伤且已被认定为工伤。虽某建筑公司与张某之间不存在劳动关系,但某建筑公司作为案涉工程的承包人,仍需承担工伤保险责任。在某建筑公司未为张某缴纳工伤保险费的情况下,审理法院判令其向张某支付相应的工伤保险待遇。

【典型意义】

工伤保险作为社会保障体系的重要组成部分,对于保障工伤职工的权益、促进社会公平具有重要意义。实践中,有的承包人为了规避直接用工的劳动法义务,将其承包的业务转包、分包给不具备合法经营资格的组织或者个人。此类组织或者个人往往没有足够的能力承担相应的法律责任。《最高人民法院关于审理工伤保险行政案件若干问题的规定》第三条第一款规定:"社会保险行政部门认定下列单位为承担工伤保险责任单位的,人民法院应予支持:……(四)用工单位违反法律、法规规定将承包业务转包给不具备用工主体资格的组织或者自然人,该组织或者自然人聘用的职工从事承包业务时因工伤亡的,用工单位为承担工伤保险责任的单位;……"发生工伤后,劳动者可以向社会保险行政部门申请认定工伤、承包人为承担工伤保险责任的单位。认定工伤后,如果承包人未为劳动者缴纳工伤保险费,劳动者可以要求承包人承担支付工伤保险待遇的责任。本案中,承包人承担支付工伤保险待遇等用工主体责任的规则,既体现了对转包、分包行为的否定性评价,又能够使劳动者在发生工伤后获得及时救济,有利于健全和规范建筑市场秩序,充分保护劳动者的合法权益。

案例二

关联企业混同用工，人民法院可根据
劳动者主张并结合案情认定劳动关系
——王某与某数字公司劳动合同纠纷案

【基本案情】

某数字公司系一人公司，其法定代表人、股东均为梁某。某科技公司的法定代表人为梁某，股东为梁某（持股比例60%）、胡某（持股比例40%）。两公司系关联企业，营业执照记载的经营范围重合。某科技公司发布招聘启事，王某应聘后于2022年8月1日入职并工作至2023年2月22日。工作期间，王某的工作地点悬挂有"某数字公司"名牌，日常工作沟通使用的微信、QQ聊天软件有"某数字公司"字样。两公司均未与王某订立书面劳动合同、亦未缴纳社会保险费与办理招退工手续，王某工资系通过梁某个人账户发放。王某认为，某数字公司与某科技公司合署办公、业务相同、人员混同，两公司已对其形成混同用工，遂择一向某劳动人事争议仲裁委员会申请仲裁，提出确认其与某数字公司存在劳动关系并支付欠发工资等请求。某劳动人事争议仲裁委员会不予支持。王某不服，诉至人民法院。

【裁判结果】

审理法院认为，某数字公司、某科技公司属关联企业，经营业务存在重合，梁某同时担任两公司股东及法定代表人，王某难以确定实际用人单位。王某虽通过某科技公司名义应聘入职，但是其工作场所张贴有"某数字公司"名牌、工作沟通使用的通讯软件冠以"某数字公司"名称，王某的工作内容包含某数字公司经营业务，其有理由相信是为某数字公司提供劳动。审理法院判决支持王某要求确认与某数字公司存在劳动关系并支付欠发工资等诉讼请求。

【典型意义】

混同用工多发生于关联企业之间。关联企业采取不订立书面劳动合同等方式，人为造成劳动关系归属模糊，并在诉讼中相互推诿，进而达到规避承担用人单位责任的目的。在关联企业对劳动者混同用工但均未订立书面劳动合同的情况下,人民法院主要根据用工管理行为,综合考虑工作时间、工作内容、劳动报酬支付、社会保险费缴纳等因素确认劳动关系。本案中,人民法院根据王某的诉请,结合用工事实,支持其要求确认与某数字公司存在劳动关系等诉讼请求,依法纠正用人单位借混同用工规避义务等违法行为,有利于充分保障劳动者的合法权益、引导用人单位规范用工。

案例三

劳动者故意不订立书面劳动合同,用人单位不负有支付二倍工资的责任
——冉某与某宾馆、某农旅公司劳动争议案

【基本案情】

2018年12月11日,冉某与某康旅公司订立劳动合同,约定合同期限为2018年12月11日至2023年12月10日,职务为财务部负责人。劳动合同到期后,某康旅公司多次通过口头及微信方式通知冉某续订劳动合同,冉某以"公司要解散,不签合同可以拿二倍工资"为由拒绝续订。2024年4月30日,冉某与某康旅公司订立《解除劳动合同协议书》,双方同意解除劳动合同,并确认某康旅公司不拖欠冉某2024年4月30日前的工资及其他报酬。某康旅公司为冉某缴纳社会保险费至2024年4月,为冉某发放的经济补偿计算年限截至日期为2024年4月30日。2024年5月,某康旅公司注销登记,其权利义务由某宾馆承继。某农旅公司系某康旅公司股东。冉某向某劳动人事争议仲裁委员会申请仲裁,提出某宾馆、某农旅公司支付未订立书面劳动合同二倍工资等请求。某劳动人事争议仲裁委员会作出不予受理通知书。冉某不服,诉至人民法院。

【裁判结果】

审理法院认为,某康旅公司与冉某的劳动合同到期后,冉某继续工作,某康旅公司仍按照原劳动合同约定支付劳动报酬并为冉某缴纳社会保险费。期间,某康旅公司多次要求与冉某续订书面劳动合同,

但冉某拒绝订立。在冉某故意不订立书面劳动合同的情况下,某康旅公司无需承担支付二倍工资的责任,承继其权利义务的某宾馆及其股东某农旅公司亦不承担责任。审理法院判决驳回冉某有关支付二倍工资等诉讼请求。

【典型意义】

劳动合同法第八十二条规定:"用人单位自用工之日起超过一个月不满一年未与劳动者订立书面劳动合同的,应当向劳动者每月支付二倍的工资。用人单位违反本法规定不与劳动者订立无固定期限劳动合同的,自应当订立无固定期限劳动合同之日起向劳动者每月支付二倍的工资。"用人单位未订立书面劳动合同支付二倍工资规则是法律为维护劳动者合法权益、督促用人单位履行法定义务而作出的规定,不应使不诚信者不当获利。本案明确了支付二倍工资规则不适用于劳动者故意不与用人单位订立书面劳动合同的情形,体现鲜明价值导向,制约和惩处违背诚信原则的行为,引导劳动者、用人单位自觉履行法定义务。

案例四

劳动者负有的竞业限制义务应与其知悉的商业秘密和与知识产权相关的保密事项范围相适应
——某甲医药公司与郑某竞业限制纠纷案

【基本案情】

郑某入职某甲医药公司(主要经营生物医药业务),担任生产运营部首席技术官。在职期间,郑某接触过关联公司某乙医药公司两款药物化学成分生产与控制细节等保密信息。郑某于2021年9月29日提出辞职申请并订立《竞业限制协议》,约定的竞业限制期为24个月。郑某离职后入职某生物公司,担任高级副总裁并告知某甲医药公司。2022年2月,某甲医药公司以某生物公司与该公司均系生物医药公司,两公司存在竞争关系,郑某违反竞业限制约定为由,向某劳动人事争议仲裁委员会申请仲裁,提出郑某支付竞业限制违约金710万元、赔偿损失100万元并返还已支付的经济补偿196185元、继续履行《竞业限制协议》等请求。某劳动人事争议仲裁委员会以超过法定期限为由终结案件审理。某甲医药公司不服，诉至人民法院。

【裁判结果】

审理法院认为，首先，根据立法目的，劳动者的竞业限制范围应限于竞业限制制度保护事项的必要范围之内，应与劳动者知悉的关联方的商业秘密和与知识产权相关的保密事项范围相适应。某甲医药公司与郑某约定的不竞争的主体包括关联公司某乙医药公司。郑某仅接触过某乙医药公司两款药物的保密信息，其负有的不竞争义务应当限于上述两款药物。其次，竞业限制纠纷案件中，有竞争关系的其他用人单位应指能够提供具有较为紧密替代关系的产品或者服务的其他用人单位。就生物医药公司的竞争关系而言，应根据经营的药品适应症、作用机理、临床用药方案等，在判断药品之间可替代性的基础上进行认定。对比郑某入职的某生物公司的产品与某甲医药公司的产品、某乙医药公司的上述两款药物，虽然均包括癌症治疗产品，但从适应症和用药方案上看，不具有可替代性。审理法院据此认定，郑某入职的公司不属于与某甲医药公司或者其关联方经营同类产品、从事同类业务的有竞争关系的其他用人单位，判决驳回某甲医药公司的全部诉讼请求。

【典型意义】

人才是中国式现代化的基础性、战略性支撑之一。《中共中央关于进一步全面深化改革、推进中国式现代化的决定》提出"完善人才有序流动机制"。劳动合同法规定竞业限制制度，主要是为了保护用人单位的商业秘密和与知识产权相关的保密事项，防止不正当竞争，并不限制人才有序流动。人民法院在审理竞业限制纠纷案件过程中，要衡平好劳动者自主择业与市场公平竞争之间的关系，促进人才有序流动和合理配置。本案中，劳动者属于竞业限制人员。人民法院在双方约定的竞业限制范围包括用人单位关联公司的情况下，将劳动者负有的竞业限制义务限制在劳动者知悉的关联方商业秘密和与知识产权相关的保密事项范围内。同时，在根据当事人申请准许具有专门知识的人到庭，辅助查明相关药物的技术原理、适应症、用药方案以及劳动者新入职单位与原单位经营的产品不具有较为紧密的替代关系的基础上,准确认定两公司没有竞争关系,有效保障高技术人才的有序流动。

案例五

劳动者违反在职竞业限制义务约定,应依法承担违约责任
—— 黄某与某纺织公司竞业限制纠纷案

【基本案情】

黄某于2020年11月与某纺织公司订立劳动合同,约定其从事布匹销售工作,担任销售经理。2022年6月10日,黄某与某纺织公司订立《保守商业秘密及竞业限制协议》,约定:竞业限制的期限包括但不限于合同期内及离职后两年内,不得自营或者为他人经营与某纺织公司有竞争的业务;黄某若违反协议约定,某纺织公司有权要求黄某承担违约责任。2022年9月至2022年10月期间,黄某多次自行联系供货商向某纺织公司的客户于某出售布匹,于某共向黄某支付货款122400元。此外,黄某自认,其在订立《保守商业秘密及竞业限制协议》之前也曾自行联系供货商向案外人出售过布匹,销售额为468900元。2022年10月28日,黄某以个人原因为由向某纺织公司提出辞职。某纺织公司向某劳动人事争议仲裁委员会申请仲裁,要求黄某承担违反竞业限制义务的违约责任。某劳动人事争议仲裁委员会作出不予受理通知书。某纺织公司不服,诉至人民法院。

【裁判结果】

审理法院认为,黄某与某纺织公司订立《保守商业秘密及竞业限制协议》,约定合同期内不得自营或者为他人经营与某纺织公司有竞争关系的业务,否则应承担相应的违约责任。黄某作为销售经理,掌握客户信息,其与某纺织公司所订协议系双方当事人真实意思表示,内容不违反法律、行政法规的强制性规定,双方均应依约履行。黄某在订立协议后多次自行联系其他供货商向某纺织公司的客户出售布匹,所得货款归己所有,此属于自营与某纺织公司有竞争关系业务的

行为，违反了协议约定。审理法院判决黄某依法向某纺织公司承担违约责任。

【典型意义】

忠实义务包含竞业限制义务。实践中，竞业限制人员自营或者为他人经营与用人单位有竞争关系的业务，会对用人单位造成较大损害。用人单位为维护自身合法权益，与竞业限制人员以书面协议形式依法约定在职期间负有竞业限制义务的，劳动者应依约履行。本案中，人民法院判决违反在职期间竞业限制义务的劳动者依法承担违约责任，有利于引导劳动者自觉遵守法律法规、职业道德，不得为了个人利益而牺牲用人单位利益，对于促进用人单位经营发展具有积极作用。

案例六

有关不缴纳社会保险费的约定无效，劳动者以此为由解除劳动合同时有权请求用人单位支付经济补偿
—— 朱某与某保安公司劳动争议案

【基本案情】

2022年7月，朱某入职某保安公司，双方约定某保安公司不为朱某缴纳社会保险费，而是将相关费用以补助形式直接发放给朱某。此后，某保安公司未为朱某缴纳社会保险费。朱某认为有关不缴纳社会保险费的约定是某保安公司事先打印好的格式条款，剥夺其法定权利，与现行法律法规相悖，不具有法律效力。朱某以此为由解除劳动合同，向某劳动人事争议仲裁委员会申请仲裁，提出某保安公司支付解除劳动合同经济补偿等请求。某劳动人事争议仲裁委员会未支持朱某有关支付解除劳动合同经济补偿的请求。朱某不服，诉至人民法院。

【裁判结果】

审理法院认为，缴纳社会保险费是用人单位和劳动者的法定义务，除法律规定的事由外，不因双方约定而免除，双方有关不缴纳社

保险费的约定无效。某保安公司未依法为朱某缴纳社会保险费,朱某以此为由解除劳动合同,符合用人单位应当支付经济补偿的法定情形。审理法院判决某保安公司支付朱某解除劳动合同的经济补偿。

【典型意义】

依法参加社会保险是用人单位和劳动者的法定义务。人民法院在本案中明确了用人单位与劳动者有关不缴纳社会保险费的约定因违法而无效的规则。若用人单位与劳动者订立此类协议、以补助等形式发放社会保险费,劳动者可以用人单位未依法缴纳社会保险费为由提出解除劳动合同,用人单位要承担支付经济补偿的责任。此规则有助于督促用人单位通过依法缴纳社会保险费的方式分散用工风险,引导劳动者关注长远利益,充分发挥社会保险制度保障和改善民生的作用。